Volkswirtschaftslehre

Einführung und Grundlagen

Von

Dr. Rainer Fischbach

Professor für Volkswirtschaftslehre

8., völlig neu gestaltete Auflage

R. Oldenbourg Verlag München Wien

Die Deutsche Bibliothek – CIP-Einheitsaufnahme

Fischbach, Rainer:
Volkswirtschaftslehre : Einführung und Grundlagen / von
Rainer Fischbach. – 8., völlig neu gestaltete Aufl. – München ;
Wien : Oldenbourg, 1994
ISBN 3-486-22792-0

Gesamtherstellung: R. Oldenbourg Graphische Betriebe GmbH, München

ISBN 3-486-22792-0

Inhalt

Vorwort (zur 3. Auflage)

Immer breiteren Bevölkerungskreisen wird bewußt, wie sehr unser Leben von wirtschaftlichen und volkswirtschaftlichen Zusammenhängen geprägt wird. Es nimmt deshalb in den Wirtschaftswissenschaften heute die Volkswirtschaftslehre eine zentrale Stellung ein. Dies gilt dabei nicht nur für die Ausbildung im Hochschulbereich, sondern auch in den vielen Formen der heutigen wirtschaftlichen Aus- und Weiterbildung.

Hier nun hat sich das vorliegende Lehrbuch das Ziel gesetzt, in die Grundlagen und elementaren Denkweisen der modernen Volkswirtschaftslehre einzuführen. Es wendet sich somit an die Studenten in den Anfangssemenstern, vor allem der wirtschaftswissenschaftlichen Fachrichtungen an Universitäten und Fachhochschulen. Darüber hinaus spricht es auch den Praktiker im Beruf und alle in Aus- und Weiterbildung Stehenden an.

Es wurde eine Sprache gewählt, die zwar die termini technici mit einbaut, diese aber wie auch die ökonomische Denkweise ausreichend erklärt und somit berücksichtigt, daß es gerade dem Anfänger oft große Schwierigkeiten bereitet, sich in die fachspezifische Ausdrucksweise einzuarbeiten.

Das Lehrbuch umfaßt den Grundlagenstoff, den sich ein Student neben anderen speziellen Gebieten bis zur Vor- bzw. Zwischenprüfung im Rahmen des Grundstudiums aneignen sollte. Nach einer Einführung, in der die wichtigsten ökonomischen Grundbegriffe und Denkweisen erörtert werden, folgt die Darlegung der Wirtschaftssysteme, d.h. die Analyse der Markt- und Planwirtschaft. Das anschließende volkswirtschaftliche Rechnungswesen untersucht die Kreislaufanalyse, die Sozialproduktberechnung und die volkswirtschaftliche Gesamtrechnung.

Einen breiten Raum nimmt die Mikroökonomik ein. In ihr wird die übliche Nachfrage- und Angebotstheorie sowie die Markt- und Preistheorie als einem Kernstück der Volkswirtschaftslehre entsprechend ausführlich behandelt.

Wie heute üblich und wie es sich auch als didaktisch zweckmäßig erwiesen hat, wird der Stoff durch Beispiele aus dem täglichen Leben, durch Zahlenbeispiele, Übersichten und graphische Darstellungen reichhaltig aufgelockert und so dem Leser leichter zugänglich gemacht.

Vorwort (zur 4. Auflage)

Die dritte Auflage war derart rasch vergriffen, daß ich mich darauf beschränken konnte, den Text kritisch durchzusehen.

Vorwort (zur 5. Auflage)

Wieder war die Vorauflage in kurzer Zeit vergriffen. In der fünften Auflage wurde der Abschnitt über reale Wirtschaftssysteme wesentlich erweitert, und insbesondere dabei die Mischsysteme der DDR und der Bundesrepublik Deutschland ausführlicher behandelt.

Vorwort (zur 6. Auflage)

Wiederum war die Vorauflage rasch vergriffen. In der sechsten Auflage wurde der Abschnitt über reale Wirtschaftssysteme den politischen Entwicklungen, soweit sie Angang 1990 schon konkrete Konturen aufwiesen, angepaßt.

Vorwort (zur 7. Auflage)

Neu aufgenommen wurde die kontenmäßige Darstellung der Sozialproduktberechnung in der VGR. Völlig überarbeitet wurde der Abschnitt über reale Wirtschaftssysteme.

Vorwort (zur 8. Auflage)

Die achte Auflage wurde nun auch formal völlig neu gestaltet.

Grundlagen

1. Einführung

1.1 Untersuchungsgegenstand der Wirtschaftswissenschaft - der Volkswirtschaftslehre

Der Mensch kommt in seinem Leben mit einer ganzen Reihe von Phänomenen in Berührung. Jedes dieser Phänomene versucht ein anderer Zweig der Wissenschaften zu erklären. So befaßt sich die Medizin mit dem Menschen, hier vornehmlich mit seinen Leiden und Krankheiten. Die Biologie befaßt sich mit der pflanzlichen und tierischen Natur, die Geographie mit der Erdoberfläche und deren Beschaffenheit. Auch die *Wirtschaftswissenschaft* (und die Volkswirtschaftslehre) versucht eines dieser Phänomene, das sich in seiner Bedeutung immer mehr in den Vordergrund geschoben hat, zu *erklären*, nämlich *sämtliche Erscheinungen des realen Wirtschaftslebens.*

Wie sehen einige dieser realen Erscheinungen des Wirtschaftslebens heute in einem modernen Industriestaat aus? Anhand eines Beispieles soll dies verdeutlicht werden:

Ein Maschinenbauunternehmen hat einen Stanzautomaten gekauft (hat investiert), an dem eine Reihe von Facharbeitern Präzisionsdichtungen herstellen (produzieren). Das Unternehmen verkauft diese Dichtungen an Autofirmen im Inland, ein Teil wird auch ins Ausland exportiert. Durch diese Dichtungsverkäufe fließt dem Maschinenbauunternehmen Geld zu (Erlöse). Mit diesen Erlösen ist es ihm möglich, den aufgenommenen Kredit bei seiner Hausbank für den Kauf des Stanzautomaten zurückzuzahlen. Mit diesen Erlösen kann das Unternehmen auch seine Facharbeiter bezahlen, die an dem Stanzautomaten arbeiten. Den Lohn, den einer dieser Facharbeiter erhält, verwendet er, um seine laufenden festen Ausgaben wie Miete, Strom und dergl. zu bezahlen.
Mit seinem Lohn kauft er sich Nahrungsmittel, u.a. ein Brathähnchen aus Holland, das z.B. nur deshalb importiert werden konnte, weil durch den Export der Dichtungen Devisen in unser Land gekommen sind. Den Rest seines Lohnes spart unser Facharbeiter bei seiner Bank auf einem Sparkonto. Nur, weil unser Facharbeiter

spart, war es der Bank u.a. möglich, dem Unternehmen einen Kredit zu gewähren, der zum Kauf des Automaten verwendet wurde.
Vom Lohn eines Arbeiternehmers behält der Staat die Sozialabgaben und die Lohnsteuer ein. Eine der Sozialabgaben ist der Beitrag zur Arbeitslosenversicherung, die auch unser Facharbeiter zu entrichten hat. Mit den Beiträgen zur Arbeitslosenversicherung erhält u.a. ein ungelernter Arbeiter Unterstützung, der dadurch arbeitslos wurde, weil in unserem Unternehmen ein Stanzautomat eingesetzt wurde, der seine Arbeit überflüssig machte.

Aus dem Musterbeispiel lassen sich einige spezifische Besonderheiten der Wirtschaftswissenschaften ableiten:

1) Die *Kernfrage der Wirtschaftswissenschaft ist* und wird sein: *Wovon leben die Menschen*? Daraus folgt, daß sich die Wirtschaftswissenschaft mit einem Phänomen beschäftigt, das nicht immer auf unserem Planeten existierte, sondern eng mit der menschlichen Entwicklung verbunden ist.

2) Die Antwort darauf, wovon der *Mensch heute letzten Endes lebt,* ist eine *komplizierte und vielschichtige Frage*, die der *Einzelne* heute in aller Regel *nicht mehr überblicken kann*. Daraus resultiert dann oft das Gefühl der Menschen eines Ausgeliefertseins an anonyme Mächte.

   Greifen wir auf unser Beispiel zurück: Der Arbeitsplatz (und alles, was damit zusammenhängt) unseres Facharbeiters könnte davon abhängen, ob das Maschinenbauunternehmen wie bisher seine Dichtungen an Fiat in Italien exportieren kann. Verschlechtert sich die Wirtschaftslage Italiens (worauf der Facharbeiter keinerlei Einfluß hat) und greift Italien darauf zu Importbeschränkungen, so könnte der Facharbeiter daraufhin seinen Arbeitsplatz verlieren.

3) Das *komplizierte Wirtschaftsleben*, in dem der Einzelne heute steht, ist im wesentlichen das Zusammenwirken von *vier Einflußfaktoren*:

   a) *Technische Vorgänge*, die im weitesten Sinne jeder Art von Produktion zugrunde liegen. Im Musterbeispiel war dies u.a. der Produktionsvorgang am Stanzautomaten. Aber es zählen auch die Produktion von Dienstleistungen, wie z.B. der Transport der Dichtungen zu den weiterverarbeitenden Firmen dazu.

   b) *Juristische Vorgänge*. Im Musterbeispiel wären dies u.a.: Beschäftigung unseres Facharbeiters = Arbeitsvertrag. Verkauf der Dichtungen = Kaufvertrag. Zahlung der Arbeitslosenunterstützung = Recht der Sozialversicherung. Zahlen an Steuern = Steuerrecht.

c) *Soziale Vorgänge*, wie im Beispiel:
Arbeiten in einem Unternehmen mit anderen Kollegen. Abzug von Sozialabgaben. Leben in einer Gemeinschaft.

d) *Wirtschaftliche Vorgänge*, die uns eine Antwort darauf geben sollen, warum die Menschen technische, juristische und soziale Vorgänge bestimmter Art überhaupt wählen. Die Antwort darauf führt wieder zur Kernfrage des Wirtschaftslebens, nämlich: Die Menschen beteiligen sich an diesen Vorgängen des Wirtschaftslebens, weil sie dadurch ein Einkommen erlangen, das sie imstande setzt, die Güter zu kaufen, die sie benötigen.

Nach dieser einfachen, am Beispiel aufgezogenen Einführung, was der Untersuchungsgegenstand der Wirtschaftswissenschaft bzw. der Volkswirtschaftslehre ist, muß das gefundene Resultat prägnanter gefaßt und differenziert werden. D.h. die Frage nach dem Untersuchungsgegenstand der Wirtschaftswissenschaften wird unter einem anderen Blickwinkel noch einmal gestellt.

Dabei ist zu klären, *wo im Gebäude der Wissenschaften die Wirtschaftswissenschaften einzuordnen sind.*
Die Antwort hängt selbstverständlich davon ab, welcher Systematik der Wissenschaften man sich anschließt. Dies erklärt auch, daß man zu verschiedenen Einteilungsergebnissen gelangen kann. In der Vergangenheit hat man deshalb, je nach verfolgter Systematik, eine unterschiedliche Zuordnung der Wirtschaftswissenschaft vorgenommen.

Nach der *heute* vorherrschenden Einteilung der Wissenschaften differenziert man in Formal- und Realwissenschaften. Die *Formalwissenschaften* (wie Mathematik, Logik, Methodik) stellen Denkformen bereit, die u.a. bei den Realwissenschaften zur Erkenntnis mit verwendet werden. Die *Realwissenschaften* (wie Naturwissenschaft, Geistes- und Sozialwissenschaft) befassen sich mit der Realität, mit der Empirie des Lebens schlechthin. Das Englische drückt dies noch konkreter aus, indem Formalwissenschaften als theoretical sciences und Realwissenschaften als practical sciences bezeichnet werden. Die Wirtschaftswissenschaften gehören u.a. zusammen mit der Soziologie und Rechtswissenschaft zu den Sozialwissenschaften und sind somit eine Realwissenschaft (siehe dazu Abb. 1-1).

Sehr unexakt und unwissenschaftlich wurde bisher "Wirtschaftswissenschaft" und "Volkswirtschaftslehre" ohne Unterscheidung gleichzeitig verwendet. Nun ist es aber insbesondere im deutschen Sprachbereich üblich, hier *eine Differenzierung der Begriffe einzuhalten* (im englischen Sprachbereich ist diese Unterscheidung nicht üblich, hier spricht man für alles, was bei uns unterschieden wird, nur von economics). Nach heute herrschender Auffassung sind die *Wirtschaftswissenschaften* der *Oberbegriff*, der entsprechend unserer Einleitung sämtliche Erscheinungen des realen Wirtschaftslebens umfaßt.

Die Wirtschaftswissenschaften unterteilt man in Wirtschaftsgeschichte, Betriebswirtschaftslehre, Volkswirtschaftslehre und Finanzwissenschaft (siehe Abb. 1-1).

Die *Wirtschaftsgeschichte* - als Spezialzweig der Geschichtswissenschaft - formuliert Aussagen, die vergangene wirtschaftliche Ereignisse und Vorgänge beschreiben. Das Wissen um historische Vorgänge ist zum Verständnis gegenwärtigen Geschehens sehr nützlich. Sehr weittragende und bedeutungsvolle ökonomische Ansichten haben ihren Ursprung in aktuellen Gegebenheiten und sind nur so richtig zu verstehen. So ist die sozialistische Auffassung eines Karl Marx u.a. aus dem Elend der Arbeiter des beginnenden Industriezeitalters entsprungen.

Die *Betriebswirtschaftslehre* (ein Begriff vor allem im deutschen Sprachraum) ist zunächst historisch erklärbar entstanden.

Der Bedarf an gut ausgebildeten Kaufleuten führte in Deutschland um die Jahrhundertwende zur Gründung sog. Handelshochschulen. Später gingen aus diesen Handelshochschulen teils Universitäten hervor (wie in Frankfurt, Köln und Mannheim) oder aber bereits bestehende Universitäten richteten Studiengänge für Kaufleute ein. Das Objekt mit dem sich die BWL befaßt, ist die wirtschaftliche Seite des Unternehmens. D.h. somit, die BWL befaßt sich mit einem ganz bestimmten Teil der Erscheinungen des realen Wirtschaftslebens, nämlich Betrieb und Unternehmung sehr ausführlich (erklärbar mit dem Bedarf und dem Berufsbild des Kaufmannes).

Die *Volkswirtschaftslehre* (schon älter und damit ehrwürdiger) befaßt sich traditionell ebenfalls mit den wirtschaftlichen Erscheinungen im Betrieb und Unternehmen (allerdings nicht so tief und differenziert). Dies erklärt, warum eine Reihe von ökonomischen Teilbereichen sowohl in der BWL als auch in der VWL erörtert werden.

Die Volkswirtschaftslehre (auch Nationalökonomie genannt) befaßt sich grundsätzlich mit sämtlichen realen Erscheinungen des Wirtschaftslebens, aber unter einem besonderen Blickwinkel. Im Mittelpunkt ihres Interesses steht *nicht* (im Gegensatz zur BWL) das Handeln eines einzelnen Wirtschaftssubjektes, wie eines Unternehmens oder Familienhaushaltes, *sondern* deren *Zusammenwirken* und die sich daraus ergebenden gesamtwirtschaftlichen Probleme. Wenn sich somit die VWL im Rahmen von Preisüberlegungen mit dem Gewinn des Unternehmens befaßt, dann nicht wie die BWL mit der (wohl letzten) Absicht, warum ist der Gewinn dieses Unternehmens so hoch und wie könnte er u.U. gesteigert werden, sondern weil z.B. Gewinne die Grundlage für Investitionen sind und dadurch (hoffentlich) neue Arbeitsplätze geschaffen werden.

Die *Finanzwissenschaft* betrachtet ähnlich wie die BWL nur einen Teil der Erscheinungen des realen Wirtschaftslebens, nämlich die wirtschaftliche Seite von Gebietskörperschaften (Bund, Länder, Gemeinden), von öffentlich-rechtlichen Körperschaften (Kirche und Kammern) und internationalen Organisationen (Europäische Gemeinschaft). Trotzdem wird sie traditionell als Teil der Volkswirtschaftslehre angesehen.
Die Systematik der Wissenschaften hin bis zur Systematik der Wirtschaftswissenschaften zeigt das folgende Schaubild (siehe Ab. 1-1).

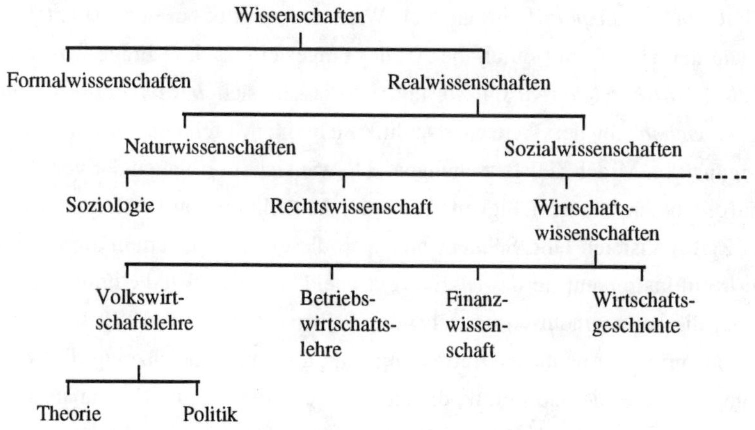

Abb.: 1-1: Systematik der Wissenschaften und der Wirtschaftswissenschaften

Da sich das vorliegende Buch vornehmlich mit der *Volkswirtschaftslehre* befaßt, ist *deren Untersuchungsgegenstand* etwas genauer darzulegen.

Der *Name* Volkswirtschaftslehre kommt in der Zeit der aufstrebenden europäischen Nationalstaaten (18. Jhh.) auf und wird dem Venezianer *J.M. Ortes* zugeschrieben. Dieser historische Background erklärt die zunächst ausschließliche Verwendung des Begriffes Volkswirtschaftslehre auf Erscheinungen des realen Wirtschaftslebens innerhalb der Staatsgrenzen eines Volkes (sog. *Nationalwirtschaft*).

Heute wird oft diese enge Begriffsdefinition zugunsten einer weiteren aufgegeben, indem man unter Volkswirtschaftslehre den Zusammenhang der wirtschaftlichen Tätigkeit ohne Rücksicht auf die staatliche Einheit versteht und somit zur *Weltwirtschaft* gelangt. Da Volkswirtschaftslehre sowohl die engere wie weitere Definition einschließt, wäre zu erläutern, was u.U. im Einzelfall verstanden werden soll.

Innerhalb der Volkswirtschaftslehre unterscheidet man gewöhnlich noch zwischen Volkswirtschaftstheorie und Volkswirtschaftspolitik (abgesehen von der dargelegten Finanzwissenschaft).
Die *Volkswirtschaftstheorie* (manchmal auch Wirtschaftstheorie, älter auch allg. Volkswirtschaftslehre genannt) versucht, innerhalb des Wirtschaftsbereichs die Frage zu erklären, *warum etwas so ist.* Ihre Aufgabe besteht somit darin, wirtschaftliche Zusammenhänge zu erklären. Ihr Ziel ist es dabei, ökonomische Gesetzmäßigkeiten zu erforschen.

Die *Volkswirtschaftspolitik* (oft auch als Wirtschaftspolitik bezeichnet) unterscheidet sich von der Theorie nur durch die Art der Fragestellung. Ihre Frage lautet: *Was ist im Wirtschaftsbereich realisierbar* und *wie* lassen sich *bestimmte wirtschaftliche Ziele erreichen*? In der Wirtschaftspolitik steht im Mittelpunkt des Interesses die Darlegung von Mittel-Ziel-Beziehungen, d.h. wie sich im Rahmen der von der Theorie aufgedeckten Gesetzmäßigkeiten mit welchen Mitteln ein bestimmtes ökonomisches Ziel realisieren läßt. Schließt man sich dieser Argumentation an, dann ist die Theorie ein Instrument für das letztlich entscheidende, nämlich die Politik (eine Auffassung, die heute einem vorherrschenden Selbstverständnis der Wirtschaftswissenschaft entspricht). Aus dieser Auffassung folgt aber auch gleichzeitig die enge Verzahnung von Theorie und Politik, die das nämliche Erkenntnisobjekt analysieren, lediglich mit unterschiedlichen Fragestellungen. Obwohl in diesem Band zur Volkswirtschaftslehre vornehmlich die Grundlagen zu legen sind, d.h. die Fragestellung der Theorie vorherrscht, wird bei den entsprechenden Abschnitten die Kopplung zur Politik aufzuzeigen sein.

Wie am Anfang dieses Abschnittes bereits dargelegt wurde, besteht das Wirtschaftsleben heute aus dem Zusammenwirken von im wesentlichen vier Einflußfaktoren.

Dies drückt sich dadurch aus, daß die Wirtschaftswissenschaft und die Volkswirtschaftslehre zur Analyse eine Reihe von *Hilfs- bzw. Ergänzngswissenschaften* benötigt. Dies ist auch der Grund dafür, warum es beim Studium der Wirtschaftswissenschaften üblich ist, einige dieser Hilfswissenschaften in deren Grundlagen mit zu studieren.

In der Betriebswirtschaftslehre wird u.a. die *Produktionslehre* zur Erläuterung von technischen Vorgängen dargelegt. Im technischen Bereich hat dies zur Entwicklung des Wirtschaftsingenieurs geführt. Voraussetzungen der Technik schildert die *Wirtschaftsgeographie*. Die juristische Seite wird durch die *wirtschaftlich wesentlichen Teile des öffentlichen und privaten Rechts* berücksichtigt. Die weitgehende Mathematisierung und Hervorhebung von Quantitäten berücksichtigen die *wirtschaftliche Mathematik* und die *Statistik*. Die Problematik des menschlichen Zusammenlebens analysieren die *Soziologie* und die *Psychologie*. Einen ergänzenden Bezug zur Wirtschaftspolitik stellt die *Politologie* her. Die *Ökonometrie* schließlich ist eine Kombination aus Wirtschaftstheorie, Mathematik und Statistik.

Im ersten Abschnitt wurden *zusammenfassend* folgende Erkenntnisse gewonnen:

Die Wirtschaftswissenschaft erklärt eines der immer bedeutungsvolleren Phänomene des menschlichen Lebens, nämlich, sämtliche realen Erscheinungen des Wirtschaftslebens.

Betrachtet man die Summe der denkbaren Wirtschaftserscheinungen beispielhaft, so zeigen sich folgende wirtschaftswissenschaftliche Besonderheiten: 1. Kernfrage der Wirtschaft ist, wovon leben die Menschen? 2. Wovon der Mensch heute lebt, ist eine vielschichtige und komplizierte Frage. 3. Dieses heutige komplizierte Wirtschaftsleben wird durch die vier Einflußfaktoren, der technischen, juristischen, sozialen und ökonomischen Vorgänge bestimmt.

Bei einer Einteilung der Wissenschaften in Formal- und Realwissenschaften zählen die Wirtschaftswissenschaften zu den Realwissenschaften. Im deutschen Sprachraum versteht man unter dem Oberbegriff der Wirtschaftswissenschaften sämtliche realen Wirtschaftserscheinungen. Die Wirtschaftsgeschichte betrachtet historische ökonomische Ereignisse. Die Betriebswirtschaftslehre analysiert einen Teil der wirtschaftlichen Vorgänge, nämlich die im Betrieb und Unternehmen, sehr ausführlich. Die Volkswirtschaftslehre betrachtet prinzipiell alle ökonomischen Geschehnisse, aber unter dem Blickwinkel ihres gegenseitigen Zusammenwirkens. Die Finanzwirtschaft, die zur VWL gezählt wird, untersucht die wirtschaftliche Seite des Staates.

Die Volkswirtschaftstheorie stellt die Frage, warum etwas so ist und analysiert somit Tatsachen. Die Volkswirtschaftspolitik fragt, was ist im Bereich der Wirtschaft realisierbar und analysiert deshalb, mit welchen Mitteln ein wirtschaftliches Ziel erreichbar ist. Öffentliches und privates Recht, Mathematik und Statistik, Soziologie, Psychologie, Geographie und Ökonometrie stellen für die Wirtschaftswissenschaften Hilfswissenschaften dar.

1.2 Grundtatsachen der Wirtschaft

Bei der Erörterung des Untersuchungsgegenstandes der Volkswirtschaftslehre wurde der sachliche Inhalt des Begriffes Wirtschaft bzw. das Verbum wirtschaften nur kurz und grob dargelegt als: Kernfrage der Wirtschaft ist: Wovon leben die Menschen. Dies ist im Folgenden zu präzisieren, was üblicherweise mit den Begriffen Bedürfnisse, Knappheit, ökonomisches Prinzip geschieht.

1.2.1 Bedürfnisse, Knappheit, ökonomisches Prinzip

1.2.1.1 Bedürfnisse - Bedarf - Güter

1.2.1.1.1. Bedürfnisse

Die erste wichtige Ausgangstatsache dafür, daß man sich mit Problemen der Wirtschaft befassen muß, sind die menschlichen Bedürfnisse. Sie stehen am Anfang allen Wirtschaftens.

Selbst primitive Organismen haben Bedürfnisse wie z.B. Pflanzen nach Licht, Wasser und Mineralsalzen. Umso höher ein Lebewesen entwickelt ist, umso umfangreicher und differenzierter sind seine Bedürfnisse. Der Mensch hat entsprechend seiner Entwicklungsstufe nicht nur den größten Umfang an denkbaren Bedürfnissen, er allein empfindet die Bedürfnisse bewußt und strebt danach, sie zu befriedigen.

Die Ursache für die Entstehung der menschlichen Bedürfnisse sieht man in den Wirtschaftswissenschaften meistens als außerhalb des eigenen Forschungsbereichs liegend an, d.h. betrachtet sie als sog. *Datum* (= als gegebene Größe).

> Definition:
> Unter einem Bedürfnis versteht man das Gefühl eines Mangels verbunden mit dem Wunsch, diesen Mangel zu befriedigen, zu erfüllen.

Entsprechend dieser Definition hat der Mensch heute eine sehr breite Palette an Bedürfnissen, die man zunächst systematisch einteilt. Von den Systematisierungsvorschlägen soll der heute üblichste gebracht werden (siehe Abb. 1-2).

Immaterielle Bedürfnisse sind geistig-seelischer Natur wie Liebe, Geborgenheit, Zufriedenheit, Ehre usw., entziehen sich einer Bewirtschaftung und werden somit als nicht-wirtschaftliche Bedürfnisse bezeichnet. Sie stellen somit kein Objekt der Wirtschaft dar, obwohl diese Systematik, wie meist jede Einteilung, problematisch ist (z.B. verbinden heute die meisten Menschen mit dem Begriff Geborgenheit u.a. eine entsprechende Wohnung = mit einem wirtschaftlichen Gut).

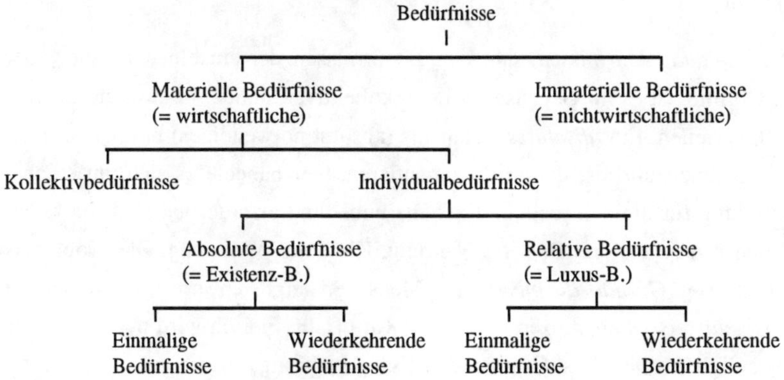

Abb.: 1-2: Systematik der menschlichen Bedürfnisse

Unter *materiellen Bedürfnissen* versteht man wirtschaftliche Bedürfnisse. Der Terminus materiell - bzw. Materie ist eigentlich falsch, denn es zählen hierzu auch kulturelle Bedürfnisse im weitesten Sinne. Wer möchte bestreiten, daß Pop- oder Jazzkonzerte keine wirtschaftliche Sache wären. Es rechnen somit all die Bedürfnisse dazu, die zur Erfüllung eine Dienstleistung erfordern.

Kollektivbedürfnisse, manchmal auch soziale oder öffentliche Bedürfnisse genannt, entstehen aus dem Zusammenleben in einer Gemeinschaft. Der Einzelne kann sie nicht befriedigen, dies ist nur kooperativ möglich. Eine Reihe recht wichtiger kollektiver Bedürfnisse empfindet der einzelne Mensch meist nicht als unmittelbare Notwendigkeit (eher ihr Nicht-Vorhandensein) wie die allg. Staatsverwaltung, Rechtsordnung, Schutz und Landesverteidigung. Eine Menge anderer kollektiver Bedürfnisse treffen den Menschen unmittelbarer, ihre Notwendigkeit leuchtet deshalb direkt ein, wie Bildung, Forschung, kommunale Ver- und Entsorgung, Transport, Erholung, Gesundheit. Zur Deckung bzw. Erfüllung aller kollektiven Bedürfnisse ist der Staat in seiner Gesamtheit aufgerufen. Einen Katalog aller im Moment erfüllten kollektiven Bedürfnisse erhielte man, indem man sämtliche Staatshaushalte nach ihren Ausgabenarten zusammenstellt.

Seit etwa 150 Jahren kann man in den Industriestaaten beobachten, daß die kollektiven Bedürfnisse ständig ansteigen. Dies zeigt sich in einer überproportionalen Zunahme des Staatsbudgets in Relation zum Sozialprodukt. Bereits 1863 formulierte der deutsche Nationalökonom *Adolph Wagner* diesen Zusammenhang als Gesetzt der wachsenden Staatsausgaben, das ihm zu Ehren als sog. *Wagnersches Gesetz* bezeichnet wird.

Bei den *Individualbedürfnissen*, d.h. den Bedürfnissen der einzelnen Person, aber auch der Familie, ist es im Gegensatz zu den kollektiven üblich, in absolute und relative zu unterteilen. Ein *absolutes* Bedürfnis (absolut notwendiges) bezeichnet man auch als Existenzbedürfnis, um zu dokumentieren, hier handele es sich um solche, deren Erfüllung für die menschliche Existenz unbedingt erforderlich sind. Es fallen dabei üblicherweise die drei Begriffe Nahrung, Kleidung, Wohnung. Die Problematik dieser drei sog. *Grundbedürfnisse* eines Menschen zeigt sich sofort, wenn man sie von *Luxusbedürfnissen* abgrenzen will. Brot, Kartoffeln, Fleisch wird man sofort als Erfüllungsmöglichkeiten des Grundbedürfnisses Nahrung anerkennen. Bei russischem Kaviar und französischem Champagner wird die Mehrheit diese Dinge zum Luxus rechnen. Noch schwieriger wird die Einteilung bei manchen anderen Dingen wie z.B. Wohnung = Grundbedürfnis; Bungalow mit Schwimmbad und dergl. = Luxusbedürfnis; was ist ein normales Eigenheim? Bei der Einteilung in Grund- und Luxusbedürfnisse läßt sich lediglich festhalten:

1) Was der Einzelne als Grund- oder Luxusbedürfnis einstufen würde, hängt von seinem Einkommen, seiner Lebensart, Herkunft und dergl. ab.

2) Vieles, was früher einmal Luxus war, ist heute für die meisten Menschen ein Grundbedürfnis wie Radio, Fernsehen, Auto, Urlaub.
3) Es ist zu berücksichtigen, für welche Region bzw. welches Land die Frage gestellt wurde (siehe die Antwort für ein Industrieland oder ein Entwicklungsland).
4) Jede Art von Einteilung sollte sich dies vor Augen führen und ihre relative Information klar machen.

Trotz der gemachten Einschränkungen hat die Einteilung in Grund- und Luxusbedürfnisse eine wichtige ökonomische Komponente. Bei den meisten Grundbedürfnissen kann man einen unelastischen Bedarf, bei Luxusbedürfnissen dagegen einen elastischen Bedarf annehmen (siehe dazu Abschnitt Elastizität).

Die weitere Unterteilungsmöglichkeit in einmalige und wiederkehrende Bedürfnisse besitzt ebenfalls einen wirtschaftlichen Bezugspunkt.

Ein *einmaliges Bedürfnis* erlischt nach seiner Befriedigung zumindest für eine längere Zeitperiode, z.B. der Wunsch eines Eigenheimbesitzes oder der Abschluß einer Lebensversicherung als Altersvorsorge. Ein *wiederkehrendes Bedürfnis* kommt nach der Erfüllung dagegen periodisch oder ständig wieder. Die Mehrzahl der menschlichen Bedürfnisse sind wiederkehrende. Für die Nachfrage bzw. das Angebot ist dies recht bedeutungsvoll, ermöglichen doch wiederkehrende Bedürfnisse eine kontinuierliche Produktion, während bei einmaligen beträchtliche Schwankungen auftreten können.

Eine letzte Zweiteilung unterscheidet zwischen offenen und latenten Bedürfnissen. *Offene Bedürfnisse*, auch Gegenwartsbedürfnisse genannt, sind bereits ins Bewußtsein des Menschen getreten, ihm bewußt und wollen erfüllt werden. *Latente Bedürfnisse* dagegen sind noch in ihm verborgen, ihm nicht bewußt, sind Zukunftsbedürfnisse. Entsprechende Maßnahmen wie Werbung und Mode wecken sie im Menschen und machen sie somit zu offenen.

Die Wirtschaftswissenschaft geht von der bisher gültigen Erfahrungstatsache aus, daß die Bedürfnisse der Menschen qualitativ wie quantitativ praktisch unbegrenzt ausdehnbar sind, d.h. daß sie letztlich nie ganz zu befriedigen sind.

1.2.1.1.2 Bedarf

Ein Bedarf entsteht, wenn einem Bedürfnis seitens des Menschen Kaufkraft gewidmet wird, d.h. wenn der Mensch nach dem Empfinden des Bedürfnisses den *nächsten Schritt tut* und sich entschließt, daß er sich dieses Bedürfnis (diesen Wunsch) erfüllen *will* und *kann* und bereit ist, dafür Kaufkraft herzugeben. Der Bedarf stellt sich auf dem Markt dann schließlich als *Nachfrage* nach bestimmten *Gütern* dar.

> Bedarf entsteht, wenn einem Bedürfnis Kaufkraft gewidmet wird.

Aus der Darlegung ergibt sich folgerichtig, daß die Wirtschaftswissenschaft (und insbesondere die Betriebswirtschaftslehre) primär am Bedarf und nicht an den Bedürfnissen ein Interesse hat. Soweit Bedürfnisse nicht mit der Einkommenswidmung zu Bedarf werden, treten sie eigentlich nicht in den Bereich der Wirtschaft ein. In einem Entwicklungsland besteht sicher in größerem Umfang das Bedürfnis, einen Pkw zu besitzen. Fehlendes Einkommen läßt daraus keinen Bedarf werden. Alles, was man bei uns als Schlüsselindustrie Autobranche bezeichnet, existiert dort deshalb nicht. Es ist aus diesem Grund dort auch das kollektive Bedürfnis nach modernen Straßen nicht wie bei uns vorhanden.

1.2.1.1.3 Güter

All die Mittel, die der Bedürfnisbefriedigung dienen können, wie Produkte, Waren, Sachgüter und sämtliche Dienstleistungen faßt man unter dem Oberbegriff Güter zusammen.

> Güter (im wirtschaflichen Sinne) sind Waren und Dienstleistungen, die der Bedürfnisbefriedigung dienen.

Für die Güter gibt es eine große Zahl von Einteilungsmögichkeiten, wobei jede Systematisierung bestimmte Erkenntnisse vermitteln soll. Die wichtigsten seien kurz erwähnt.

Zunächst eine Einteilung in Analogie zu den Bedürfnissen (siehe Abb. 1-2), deren Begriffsinhalte und Problematik in Anlehnung zu den Ausführungen leicht selbst erarbeitbar sind.

1) Materielle - zu immateriellen Gütern
2) Kollektive - zu individuellen Gütern

3) Grund - zu Luxusgütern

Einige weitere Einteilungen mit bekannten Grundbegriffen wären

4) Konsumgüter zu Investitionsgütern.

Konsumgüter, die zum Letztverbrauch beim Konsumenten, Verbraucher bestimmt sind, dienen unmittelbar der Bedürfnisbefriedigung. Dabei kann das Bedürfnis in einem einzigen Konsumakt erfüllt werden wie z.B. bei Nahrungsmitteln (oft als *Verbrauchsgut* bezeichnet), oder aber das Bedürfnis wird in mehreren Akten über eine längere Zeitspanne befriedigt, z.B. ein Fernseher (sog. *Gebrauchsgut*). Meist denkt man (wie bei obigen Beispielen) bei Konsumgütern an solche des Individuums. Sehr viele der kollektiven Güter sind aber auch Konsumgüter, wie Verkehrsleistungen, Versorgung mit Wasser und Strom und dergl.

Investitionsgüter dienen nur mittelbar der Bedürfniserfüllung, nämlich indem sie dazu beitragen, daß Konsumgüter produziert werden können.

5) Entfernung von der *Konsumreife* = sog. *Güter*ordnung

Vor allem in älteren Lehrbüchern wird die von *C. Menger* entwickelte Güterordnung als Entfernung von der Konsumreife dargelegt.

Güter 1. Ordnung sind demnach solche, die unmittelbar dem Konsum zugeführt werden können. Güter 2. Ordnung sind solche, die eingesetzt in den Produktionsvorgang zum Gut 1. Ordnung führen. Solche der 3. Ordnung sind die, die im Prodkuktionsvorgang das Gut der 2. Ordnung ergeben, usw.

Beispiel: Brot = Gut Nr. 1; Mehl = Gut Nr. 2; Getreide = Gut Nr. 3; Boden und Arbeit des Landwirts = Gut Nr. 4.

6) Im Hinblick auf den Bedarf zeigen die Güter folgende Beziehungen: unabhängige, substitutive und komplementäre Güter.

Von *unabhängigen Gütern* spricht man dann, wenn der Bedarf nach zwei Gütern keinerlei Beziehung zueinander aufweist wie z.B. der Bedarf nach Schnürsenkeln und Brathähnchen.

Substitutive Güter können sich gegenseitig in ihrer Nutzanwendung *ersetzen* und sich somit im Bedarf verdrängen. Viele Güter des täglichen Lebens sind substituierbare Güter wie z.B. die Fleischsorten, die Energiearten, die Transportmöglichkeiten usw.

Komplementäre (limitationale) Güter bedingen, *erfordern* sich dagegen im Hinblick auf die Nutzenerzielung *gegenseitig* wie z.B. Pfeife und Tabak, Auto und Benzin und Kfz-Haftpflichtversicherung, Maschine und Energie usw.

7) Freie - gegenüber wirtschaftlilchen Gütern.

Freie Güter stellt die Natur dem Menschen frei und (grundsätzlich) in ausreichender Menge unmittelbar zur Bedürfnisbefriedigung zur Verfügung, ohne daß er zu ihrer Erlangung Arbeit leisten muß wie z.B. Luft und Tageslicht. Freie Güter sind nicht Gegenstand des Wirtschaftens, da sie ex definitione für Jedermann in ausreichender Menge ohne Arbeitsaufwendung zur Verfügung stehen. So gesehen gibt es heute nicht mehr all zu viele freie Güter. Weiterhin werden in bestimmten Situationen sonst freie Güter zu wirtschaftlichen, da sie nur mit Arbeit zur Verfügung stehen wie z.B. Luft im Bergwerk oder in der Raumfahrt.

Die überwiegende Mehrzahl sind dagegen *wirtschaftliche Güter*, da sie nicht ausreichend vorhanden sind und unmittelbar für Bedürfnisse verwendet werden können, sondern nur begrenzt zur Verfügung stehen und nur unter Arbeitseinsatz nutzbar sind. Damit kommt die zweite wichtige ökonomische Grundtatsache, die Knappheit, zum Tragen.

1.2.1.2. Knappheit

Mit dem Begriff der Knappheit und seiner sachlichen Aussage hat man den Dreh- und Angelpunkt der Wirtschaftswissenschaften erfaßt. Die Knappheit ist das entscheidende Charakteristikum dieser Wissenschaft. Ohne Knappheit gäbe es keine wirtschaflichen Probleme, keine Kosten, Preise, Löhne, Zinsen, keinen Reichtum, keine Armut, kein Geld, man würde demgegenüber in immer währender Bedürfnisbefriedigung leben, in einer Art Schlaraffenland.

Aus den Darlegungen in den Abschnitten Bedürfnisse, Bedarf, Güter und aus jeder eigenen Lebenserfahrung folgt die Tatsache, daß der Mensch für seine physische Existenz zwanghaft ununterbrochen auf die Verwendung von Gütern angewiesen ist. Nur Güter besitzen die Macht, den Menschen letztlich am Leben zu erhalten. Warum dem so ist, kann die Wirtschaftswissenschaft nicht erklären (für sie ist dies eine Grundtatsache), dies wäre eine Aufgabe der Philosophie oder der Theologie. Diese Grundtatsache hatte für den Menschen der Steinzeit genauso Gültigkeit wie für denjenigen in einem modernen Industriestaat. Sie unterscheiden sich "nur" durch den absoluten Umfang des Angewiesenseins auf Güter. Über den Begriff der Knappheit wird diese grundlegende menschliche Abhängigkeit noch unter zwei Aspekten verschärft, d.h. die Knappheit umfaßt zwei sachliche Aussagen:

1) Für die meisten Güter dieser Welt gilt, daß sie keine freien, sondern knappe Güter (= wirtschafliche Güter) sind. Knappheit (an Gütern) heißt zunächst, daß nur wenige Güter (siehe Abschn. - Güter) in so ausreichender Anzahl vorhanden sind, daß jedes Bedürfnis danach ohne Schwierigkeiten erfüllt werden kann. *Knappheit* so gesehen *ist relativ*, d.h. sie bedeutet nicht absolute Seltenheit wie z.B. beim Uran. Knappheit heißt vielmehr, es ist eine Differenz vorhanden zwischen der Menge an verfügbaren Gütern und der Summe der Bedürfnisse nach diesen Gütern, wobei die Summe der Güter kleiner ist als die der Bedürfnisse.

2) Knappheit besagt zweitens, daß wirtschaftliche Güter zur Bedürfnisbefriedigung nicht sofort verwendbar sind, sondern zuerst einer Mühewaltung bedürfen, d.h. Kosten verursachen und somit einen Preis haben. Sie müssen deshalb auch unter diesem Gesichtspunkt bewirtschaftet werden (der Begriff von Kosten und Preis ist hier denkbar weit zu fassen). Auch dieser Zusammenhang führt bei oberflächlicher Betrachtung oft zu Falschdeutungen. So kann man heute (scheinbar) ein Gut nutzen, ohne dafür einen Preis zu zahlen, trotzdem entstehen aber beträchtliche Kosten z.B. bei der "kostenlosen" Inanspruchnahme einer Hochschulausbildung. Die Preiszahlung ist hier lediglich eine kollektive über Steuergelder.

Die Knappheit besagt zweierlei:

1) Abgesehen von den wenigen freien Gütern, besteht für die meisten Güter eine Differenz zwischen ihrer verfügbaren Menge in Relation zu den Bedürfnissen danach. Die Summe der Bedürfnisse ist dabei größer.
2) Wirtschaftliche = knappe Güter erfordern zur Bedürfniserfüllung den Aufwand von Mühewaltung = Kosten und haben somit einen Preis.

In der Gegenwart wird vor allem mit drei Argumenten die *Behauptung* aufgestellt, das *Gesetz der Knappheit sei* (wenigstens) teilweise *außer Kraft gesetzt*.

1) Der Zustand einer teilweise ausgeprägten Sättigung der Verbraucher bei bestimmten Gütern. Trotz steigender Kaufkraft werden diese Güter nicht vermehrt nachgefragt. Ergo: Bedürfnisse sind gleich groß (oder schon kleiner) als Gütermenge. Antwort: Würden diese Güter nichts (oder erheblich weniger als bisher) kosten, so würde die momentane Sättigung verschwinden. Des weiteren besagt Sättigung aus der Sicht der Verbraucher, daß das Bedürfnis danach nicht mehr so dringend ist, vielmehr andere, intensivere jetzt zum Zug kommen, es zunächst auf Eis

gelegt wird, nicht aber, daß es schon verschwunden wäre (zur genaueren Darlegung siehe Abschnitt über die Theorie der Nachfrage).

2) Die Beobachtung einer Überproduktion einiger Güter (siehe Agrarberge in der EG). Auch die insbesondere in den Industriestaaten bei technischen Erzeugnissen und Agrarprodukten festzustellende, die momentane Nachfrage übersteigende Produktion ist kein Beweis, daß die Knappheit bereits aufgehoben ist. Eine Überproduktion technischer Artikel beruht meist auf einer falschen Einschätzung der Nachfrage (die Bedürfnisse der Verbraucher waren anders als die Produzenten annahmen, oder sie haben sich gewandelt) bzw. der wirtschaftlichen Entwicklung. Die Überproduktion bei Agrarerzeugnissen entspringt einem Grundzug der gegenwärtigen Agrarpolitik, die durch Preisgarantien die Produktion anregt, ohne darauf zu achten, daß die Bedürfnisse sich anderen Gütern zugewandt haben.

3) Schließlich sind die Titel einiger Bücher, die Aufsehen verbreiteten, in dieser Richtung oft gründlich mißverstanden worden. Es waren dies: "The affluent society" = Gesellschaft im Überfluß von J.K Galbraith und "The waste makers" = die große Verschwendung von V. Packard. Die Titel können, oberflächlich gesehen, hier falsch interpretiert werden. Beiden Autoren geht es aber nicht darum, einen Überfluß generell zu behaupten, vielmehr üben sie Sozialkritik. Im Kern geht es ihnen darum, auf das Ungleichgewicht (wohl primär für die USA zutreffend, aber ein Grundfaktum aller Industriestaaten des Westens), zwischen der Vielfalt (der nach ihrer Auffassung der Überfluß ist) an privaten Gütern im Vergleich zum Mangel an öffentlichen Gütern wie Umwelt, Sicherheit, Ausbildung hinzuweisen. Es werden nach den Autoren zu viele unnütze Dinge dem privaten Konsum zugeführt, während öffentlicher Mangel herrscht. Das zweite bekannte Buch von V. Packard = "The hidden persuaders" = Die geheimen Verführer deutet dies auch vom Titel her an.

Gegen alle drei Argumente läßt sich endlich anführen, daß würde man eine Befragung aller Verbraucher nach ihren Wünschen durchführen, die Bedürfnisse sicher über das Angebot an Gütern hinausgehen. Dabei wurde völlig außer acht gelassen, daß die Frage des Überflusses für höchtens 1/5 der Menschheit überhaupt ein Thema darstellt. Ca. nur 1/3 der Menschheit wird nach westlichen Maßstäben richtig satt.

Die Knappheit ist somit auch heute noch aktueller denn je, die Beispiele sind eher Probleme einer ungleichen Verteilung. Man kann sich schließlich keinen Zustand vorstellen, in dem die Knappheit allgemein verschwindet.

1.2.1.3 Das ökonomische Prinzip

Die bisherigen Darlegungen zu den Grundtatsachen der Wirtschaft lassen sich in dem Satz zusammenfassen:
Der Mensch dieser Erde lebt ökonomisch gesehen zwischen zwei Polen, auf der einen Seite die Bedürfnisse, auf der anderen die Knappheit. Zwischen beiden besteht zunächst kein Ausgleich, es herrscht eine Spannung. Wie diese Spannung ausgeglichen wird (werden sollte), darauf antwortet das ökonomische Prinzip.

1.2.1.3.1 Formale Darlegung des ökonomischen Prinzips

Aus dem Vorhandensein der Knappheit und den Bedürfnissen (dem Mehr an Wünschen in Relation zu den Erfüllungsmöglichkeiten), ergibt sich für die Einzelperson, die Familie, das Unternehmen, den Staat, für die Volkswirtschaft als Ganzes, daß man wählen, auswählen muß, nämlich, welche der Bedürfnisse im Vergleich zu den knappen Gütern befriedigt werden sollen. Es sind sog. *Wahlhandlungen* vorzunehmen.

Die nächste Überlegung lautet, wie, nach welchem Verfahren oder Grundsätzen sollen infolge der Knappheit aus 5 Wünschen z.B. 3 ausgewählt werden. Die Antwort auf die Frage, wie unter den angenommenen Bedingungen auszuwählen ist, vermittelt das ökonomische Prinzip. Bei ihm handelt es sich demzufolge um die Beschreibung einer Handlungsweise.

Wenn man weiterhin annimmt, daß es dem vernunftbegabten Menschen möglich ist, so logisch und rationell zu handeln, daß er infolge der Kanppheit bei seiner Wahlhandlung möglichst günstig, optimal wegkommen will, so läßt sich das ökonomische Prinzip (auch *Rationalprinzip* genannt) wie folgt formulieren:

1) Einen gegebenen Gütervorrat (z.B. durch einen Einkommensbetrag repräsentiert) will ich so auf meine sämtlichen Bedürfnisse verteilen, daß ich dabei ein Maximum an Bedürfnisbefriedigung erziele. Handelt (überlegt) man so, dann stellt sich das ökonomische Prinzip als sog. *Maximalprinzip* dar.

Dabei liegt eine Handlungsweise vor, die im täglichen Leben oft praktiziert wird. Wenn ein Student sich überlegt: Im Monat stehen mir 850,-- DM zur Verfügung. Das Zimmer kostet 260,-- DM, fürs Essen brauche ich (bei Mensa incl.) 280,-- DM, für Tramfahrt so viel, für dieses so viel, als Luxus rauche ich und abends 1-2 Bier usw., handelt er nach dem Maximalprinzip.

2) Den Grundgedanken des ökonomischen Prinzips kann man auch umgekehrt formulieren als: Ein bestimmtes Bedürfnis soll mit einem möglichst geringem Aufwand an Gütern, an Mitteln (z.B. Geld) erfüllt werden. Handelt man so nach dem Rationalprinzip, so liegt die Form des *Minimalprinzips* vor. Ein Student handelt nach dem Minimalprinzip, wenn er sich überlegt, wie er den benötigten Taschenrechner möglichst preiswert einkaufen kann.

Das ökonomische Prinzip bzw. Rationalprinzip beschreibt die Handlungsweise, wie infolge der Knappheit die Bedürfnisse möglichst optimal erfüllt werden können. Es tritt in 2 Formen auf:
1) Als Maximalprinzip: Setze einen gegebenen Güter- bzw. Mittelvorrat so ein, daß sich dabei ein Maximum als Bedürfnisbefriedigung ergibt.
2) Als Minimalprinzip: Erfülle dir ein bestimmtes Bedürfnis so, daß du dafür ein Minimum an Gütern bzw. Mitteln aufwenden mußt.

Mit dem ökonomischen Prinzip hat es viele Mißverständnisse, Falschdeutungen und ideologische Aussagen gegeben. So z.B., das ökonomische Prinzip sei immanent mit dem Wirtschaftssystem des Kapitalismus verbunden, stelle dessen Grundhandlungsweise dar und bedeute somit im Endergebnis Profitgier, Ausbeutung der Masse der Erwerbstätigen, ökonomische Unterdrückung.

Allen derartigen Deutungen und Aussagen ist gemeinsam, daß grundsätzlich mißverstanden wurde, *was* das ökonomische Prinzip beschreiben soll. Es soll eine vernünftige, logisch richtige Handlungsweise zum Ausdruck bringen. Eine Art, Wahlhandlungen vorzunehmen, die letztlich zu jeder Zeit, an jedem Ort der Erde und für Jedermann die unter den vorhandenen Gegebenheiten die einzig richtige ist. Es liegt mit diesem Prinzip somit ein sog. *systemneutrales Prinzip* vor, nach dem auch in einer sozialistischen Wirtschaft, oder sonst einer Form, verfahren wird (der Begriff Rationalprinzip wäre deshalb vorteilhafter).

Auch der Arzt, der unter erschwerten Bedingungen in einem Entwicklungsland eine Leprastation leitet (Profit, Ausbeutung wird hier wohl nicht unterstellt werden können) handelt nach diesem Prinzip.
Auch er überlegt sich, wie er die sicher zu knappen Mittel auf die Bedürfnisse der Leprastation möglichst günstig verteilt.

Damit wird nicht die Behauptung aufgestellt, es gäbe keine Profitgier, keine Ausbeutung und dergleichen. Nur sollte man entsprechend der heute weit vorherrschenden Auffassung damit nicht das ökonomische Prinzip verbinden.

Das gleiche ergibt sich bei der Personifizierung des Prinzips als sog. *homo oeconomicus*, als Mensch, der ausschließlich nach dem Rationalprinzip handelt. Da mit dem homo oeconomicus keine wesentlichen Erkenntnisse zu gewinnen sind (das Prinzip sagt das nämliche) ist es besser, man arbeitet nicht damit und vermeidet so Mißverständnisse.

Festzuhalten wäre abschließend zum ökonomischen Prinzip:
Es beschreibt, *wie* in der Wirtschaft eine bestimmte Handlungweise durchgeführt werden soll (Wahlhandlungen). *Nicht* beschreibt es dagegen, *was* mit dieser Handlungsweise angestrebt werden soll. So kann es durchaus sein, daß man nach diesem Prinzip handelt und sich dabei unnützen Kram anschafft. *Nicht* beschreibt es auch, *warum* man dies tut. Die Motive, die Beweggründe für das Handeln nach diesem Prinzip werden damit ebenfalls nicht ausgedrückt.

Mit den drei Begriffen Bedürfnisse, Knappheit und ökonomisches Prinzip ist es endlich möglich, zu definieren, was man letztlich unter "Wirtschaften" versteht:

Wirtschaften ist die planvolle Entscheidung, wie entsprechend dem ökonomischen Prinzip die knappen Güter auf die Bedürfnisse verteilt werden.

Wirtschaften bedeutet somit, wie kann man mit den eingesetzten Mitteln das höchste Maß an Nutzeffekt erzielen. So gesehen ist Wirtschaften letztlich ein geistiger Vorgang, der sich im Unternehmensbereich in den Kalkulationen, Berechnungen, Planungen, organisatorischen Entscheidungen und dergl. niederschlägt.

1.2.1.3.2 Die Kapazitäts-Transformationskurve

Eine erste Anwendung der durchzuführenden Wahlhandlungen im Wirtschaftsbereich (nach dem ökonomischen Prinzip) wird mit der sog. Kapazitäts-Transformantions-Produktionsmöglichkeitenkurve zum Ausdruck gebracht.

Wir machen folgende Annahmen: Für jeden Zeitpunkt stehen einer Volkswirtschaft nur bestimmte Mengen und Qualitäten an Arbeitsleistungen, Bodenanbauflächen und technischen Ausrüstungen (= sog. Produktionsfaktoren; siehe dazu Abschnitt 122) zur Verfügung. Die damit maximal zu produzierenden Güter teilen wir in die Gruppe der Konsum- und Investitionsgüter ein. Für Konsumgüter wählen wir als Musterbeispiel Brot, für Investitionsgüter eine Wohnungseinheit. Die alternativ maximal produzierbaren Mengen an Brot und Wohnungen sind in der folgenden Tabelle (siehe Tab. 1-1) festgehalten.

Alternative Produktions-möglichkeiten	Wohnungs-einheiten in 1.000	Brot in Mio. Tonnen	Differenz beim Übergang zum nächsten Punkt für	
			Wohnung	Brot
A	21	-	-	-
B	20	3	1	3
C	18	6	2	3
D	15	9	3	3
E	11	12	4	3
F	6	15	5	3
G	-	18	-	-

Tab.: 1-1: Ausgangsdaten zur Kapazitätkurve in Abb.: 1-3

Bei gegebener Produktionsausrüstung kann die Volkswirtschaft bei maximalem und ausschließlichem Einsatz für Wohnungen den Punkt A realisieren, d.h. 21.000 Einheiten. Brotproduktion in A = Null. Bei einer Alternative D werden 15.000 Wohnungseinheiten und 9 Mio. Tonnen Brot produziert, usw.

Diese Daten in ein Diagramm übertragen und die Punkte A bis G als geglättete Kurve verbunden, ergibt die Kapazitäts-Transformations-Produktionsmöglichkeitskurve (siehe Abb. 1-3).

Die Punkte *auf* der Transformationskurve sind die maximal möglichen alternativen Produktionsmöglichkeiten einer Volkswirtschaft bei gegebener Ausrüstung mit Produktionsfaktoren. Die Punkte A bis G entsprechen somit dem Zustand einer Vollbeschäftigung.

Eine Wirtschaft kann dabei *nur* das Produktionsresultat *eines* der Punkte A bis G (oder Zwischenpunkte) realisieren.
Ein Produktionsergebnis *außerhalb* (rechts) der Kurve ist mit dieser Ausstattung an Produktionsfaktoren nicht möglich. So kann diese Wirtschaft z.B. den Punkt Z = 18.000 Wohnungen und 15 Mio. Tonnen Brot *nicht* realisieren.

D.h. somit, die Kapazitätskurve begrenzt die im Moment für eine Wirtschaft höchstens mögliche Produktion bei voller Auslastung.

Ein Produktionsresultat *innerhalb* der Kurve und dem Koordinatenkreuz ist dagegen selbstverständlich möglich, z.B. Punkt X mit 12.000 Wohnungen und 6 Mio. Tonnen Brot. Ein Punkt in dieser Fläche, wie z.B. X, entspricht dabei dem Zustand einer

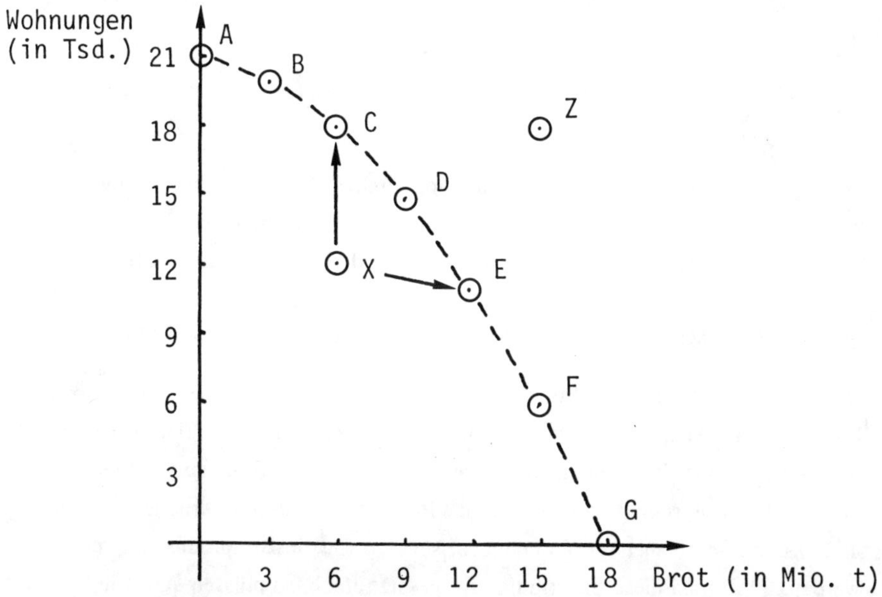

Abb.: 1-3: Kapazitätskurve zur Tabelle 1-1

Unterbeschäftigung mit Arbeitslosigkeit und nicht voller Auslastung der vorhandenen Produktionsfaktoren bzw. -möglichkeiten. Ist das Produktionsergebnis z.B. entsprechend dem Punkt X (= Unterbeschäftigung), so kann bei verstärktem Einsatz der (noch brachliegenden) Produktionsfaktoren eine Steigerung des bisherigen Ergebnisses der Produktion ausschließlich zugunsten der Wohnungen (= Richtung Punkt C) realisiert werden. Ebenso wäre eine ausschließliche Produktionssteigerung zugunsten von Brot (= ca. Richtung E) oder einer Kombination aus beiden denkbar.

Befindet sich eine Wirtschaft mit ihrem Produktionsresultat dagegen bereits auf der Transformationskurve und soll z.B. der Wohnungsbau gesteigert werden, so geht dies nur auf Kosten einer Einschränkung der Brotproduktion. Eine Variation in der Mischung der Produktion entlang der Kapazitätskurve entspricht dem Gedanken der Substitution (siehe Abschnitt 121.13). Die Daten der Tabelle 1-1 (siehe dort) zeigen, daß die Substitution auf der Kapazitätskurve eine Besonderheit aufweist, nämlich daß bei fortschreitender Substitution (des Produktionsergebnisses) der Wohnungsproduktion zugunsten der Brotproduktion auf laufend mehr Wohnungen für die gleiche Menge an Brot verzichtet werden muß. Man nennt diesen Vorgang das *Gsetzt der zunehmenden Opportunitätskosten* (oder auch die Gesetzmäßigkeit der steigenden Kosten).

Die beiden letzten Spalten der Tab. 1-1 zeigen dies einfach (den geometrischen Beweis anhand der Kurve vollziehe der Leser selbst):

Bewegt man sich im Produktionsresultat von Punkt A zu Punkt B, so muß man um 3 Mio. t. Brot zu produzieren auf die Produktion von 1.000 Einheiten Wohnungen verzichten. Von B nach C muß man bereits auf 2.000 Wohnungen zur Mehrproduktion von 3 Mio. t. Brot verzichten; und bewegt man sich schließlich von F nach G, so muß man für 3 Mio. t. Brot auf 6.000 Wohnungen verzichten.

Diese Eigenschaft der Produktionsmöglichkeitenkurve hängt mit dem nach außen gekrümmten (konvexen) Verlauf der Kurve zusammen. Einfach erklärt verbirgt sich dahinter folgender Zusammenhang: Eine Substitution der Wohnungsproduktion zugunsten der Brotproduktion bedeutet, daß Produktionsfaktoren (Arbeiter, Maschinen usw.) nicht wie bisher für Wohnungen, sondern für die Brotproduktion verwendet werden. Führt man diese Substitution fortgesetzt durch, so müssen auch die Produktionsfaktoren auf die andere Herstellung umgesetzt werden, die sich nicht so sehr dafür eignen. Der Einsatz nicht so geeigneter Faktoren ergibt dann eine schlechtere Relation des Produktionsergebnisses. In letzter Konsequenz verbirgt sich hinter dieser Aussage der Produktionsverlauf nach dem Ertragsgesetz (siehe dazu diesen Abschnitt).

Befindet sich das Produktionsergebnis einer Volkswirtschaft bereits auf der Kapazitätskurve und soll die Produktion beider Güter (Brot und Wohnungen) erhöht werden, so geht dies nur, indem die Produktionsmöglichkeiten gesteigert werden. Graphisch bedeutet dies eine Verschiebung der *gesamten* Transformationskurve nach rechts (in Richtung auf Punkt Z). Verschiebt sich die Produktionsmöglichkeitenkurve nach rechts, so liegt reales wirtschaftliches Wachstum vor. Über längere Zeiträume gesehen, hat sich für die Industriestaaten bis heute die Transformationskurve ständig nach rechts verlagert und somit eine Steigerung der gesamten Produktion und des Lebensstandards ermöglicht.

Zusammenfassung:

1) Ein Mangelempfinden verbunden mit dem Wunsch ihn zu erfüllen nennt man ein Bedürfnis. Eine wichtige Unterscheidung differenziert zwischen den Individualbedürfnissen (= solche der Einzelperson) und den Kollektivbedürfnissen (= solche der Gemeinschaft). Individualbedürfnisse unterteilt man in Grund- (=unbedingt notwendig) und Luxusbedürfnisse. Eine Differenzierung zwischen beiden Gruppen ist schwierig, hängt wenigstens von der Zeit und dem Ort ab. Kollektivbedürfnisse zeigen eine stetige Zunahme = Wagner'sches Gesetz der wachsenden Staatstätigkeit.
2) Wird einem Bedürfnis seitens eines Wirtschaftssubjektes Kaufkraft gewidmet, so ist Bedarf entstanden, der auf dem Markt die Nachfrage darstellt.
3) Waren und Diestleistungen sind (wirtschaftliche) Güter, die der Bedürfniserfüllung dienen. Substitutive Güter ersetzen sich gegenseitig in der Nutzanwendung (Fleischsorten), während sich komplementäre gegenseitig bedingen (Auto und Benzin).
4) Knappheit besagt, daß die überwiegende Mehrzahl der Güter als wirtschaftliche Güter zu bezeichnen sind, da ihre Menge in Relation zu den Bedürfnissen geringer ist. Demgegenüber gibt es fast keine freien Güter mehr. Weder die Sättigungserscheinungen bei manchen Gütern, noch die Überproduktion sind ein Gegenargument gegen die Knappheit.
5) Das ökonomische Prinzip (Rationalprinzip) beschreibt die allgemein richtige Handlungsweise, wie angesichts der Knappheit die Bedürfnisse am besten erfüllt werden können. Es tritt als Maximalprinzip (= vorhandene Gütermenge soll ein Maximum an Bedürfnisbefriedigung ergeben) oder als Minimalprinzip auf (= ein Bedürfnis soll mit einem Minimum an Güteraufwand erfüllt werden). Es handelt sich dabei um ein systemneutrales Prinzip.
6) Wirtschaften ist die planvolle Entscheidung, wie mit dem Rationalprinzip Bedürfnisse und Knappheit ausgeglichen werden können.
7) Die Kapazitäts-Transformationskurve veranschaulicht graphisch, daß eine Wirtschaft ebenfalls Wahlhandlungen hinsichtlich der Zusammensetzung der insgesamt produzierbaren Güter vornehmen muß. Liegt Vollbeschäftigung vor, so geht eine Erweiterung einer Produktgruppe nur zu Lasten einer anderen. Ein Wachstum, d.h. Produktionszunahme aller Produktionsgruppen ist bei Vollbeschäftigung nur durch eine Erhöhung der Produktionsfaktoren möglich.

1.2.2. Die Produktionsfaktoren

Beim Stichwort "Produktionsfaktoren" muß an den Anfang eine Einschränkung gestellt werden. Es ist möglich und teilweise üblich, bei der Darlegung der Begriffe Arbeit-Boden-Kapital eine Menge von ökonomischen Problemen darzulegen. Im Rahmen dieser grundrißartigen Darlegung kann dabei nur auf die wichtigsten dieser Fragen eingegangen werden.

> Unter den *Produktionsfaktoren versteht man* die elementaren, grundsätzlichen Voraussetzungen, die in einer Wirtschaft vorhanden sein müssen, damit Güter und Dienste zur Bedürfnisbefriedigung hergestellt (produziert) werden können. Diese Grundvoraussetzungen teilt die VWL (klassisch) in die Faktoren Arbeit-Boden-Kapital ein.

Neben dieser schon von den Klassikern der Nationalökonomie vertretenen Dreiteilung der Produktionsfaktoren gibt es entsprechend der jeweils gestellten Aufgabenstellung andere Einteilungsmöglichkeiten.

1) Als eine moderne, heute vielfach anerkannte Einteilung in der VWL nimmt man zu den drei Faktoren Arbeit, Boden und Kapital einen vierten noch dazu, nämlich den Technischen Fortschritt. Begründet wird dies mit der großen Bedeutung dieses Faktors für heutige Volkswirtschaften. Wir schließen uns dieser Einteilung in der Darlegung an.

2) Zum ersten Mal von *J.B. Say* vertreten, in neuerer Zeit stark von *J.M. Keynes* betont, wird zu den drei üblichen Faktoren als vierter die Unternehmerleistung dazugenommen. In der VWL ist dies heute etwas in den Hintergrund getreten.

3) Die BWL teilt entsprechend ihrer speziellen Aufgabe etwas unterschiedlich ein. Manchmal haben spezielle Betriebswirtschaftslehren (Handel, Banken, Versicherungen) u.U. eine eigene Faktoreneinteilung. Eine vorherrschende Einteilung, die auf *E. Gutenberg* zurückgeht, unterscheidet:
   1. Die Elementarfaktoren. Dazu zählen
      a) die menschliche Arbeitsleistung
      b) die Betriebsmittel (Gebäude, Maschinen, Geschäftsausstattung)
      c) die Werkstoffe (Rohstoffe, Halb- und Fertigerzeugnisse).
   2. Die dispositiven Faktoren: Sie vertreten die unternehmerische Tätigkeit (wie Geschäftsleitung, rationelle Planung, gestaltende Organisation).

Beim *Begriff der Produktion* ist zu unterscheiden, ob man ihn im technischen oder im wirtschaftlichen Sinne gebraucht.

Produktion als technischer Begriff ist die physische Herstellung von Sachgütern in Betrieben. Wenn der technische Vorgang der Umformung oder Weiterverarbeitung von realen Gegenständen beendet ist, ist die technische Produktion abgeschlossen.

Im Alltagsleben denkt man bei der Produktion meist an die technische Seite und stellt sich dabei eine Werkstatt oder Fabrikhalle vor.

Produktion als wirtschaftlicher Begriff ist die Hervorbringung von Waren und Dienstleistungen (d.h. von materiellen und immateriellen Gütern) zur unmittelbaren (= Konsumgüter) und mittelbaren (= Investitionsgüter) Bedürfnisbefriedigung.

Produktion als wirtschaftlicher Begriff ist somit umfassender, er schließt die technische Produktion mit ein und rechnet die Vielzahl der Dienstleistungen mit zur Produktion.

1.2.2.1 Produktionsfaktor Arbeit

Wann spricht man von Arbeit im ökonomischen Sinne, wann handelt es sich somit um einen Produktionsfaktor.

Arbeit im wirtschaftlichen Sinne liegt immer dann vor, wenn mit dieser menschlichen Tätigkeit unmittelbar eine Einkommenserzielung angestrebt wird, ohne Unterschied, ob es eine manuelle oder geistige Beschäftigung ist.

Mit dieser Begriffsbestimmung der Arbeit kann man einfach eine Abgrenzung zu anderen menschlichen Tätigkeiten vornehmen, z.B. Hobby (Freizeitbeschäftigung) und Arbeit. Die Tätigkeit eines Gärtners wird volkswirtschaftlich zur Arbeit gezählt. Der Besitzer eines Gartens vollzieht die nämliche Tätigkeit, da er damit aber kein Einkommen erzielen will (in aller Regel), rechnet seine Tätigkeit im Garten nicht zur Arbeit.

Jeder Student arbeitet so gesehen nicht, sondern studiert. Da mit der Tätigkeit einer Hausfrau auch keine (unmittelbare) Einkommenserzielung verbunden ist, wird auch sie volkswirtschaftlich nicht zur Arbeit gerechnet (siehe dazu auch Abschnitt 2.2 und 2.3).

Bei der Erörterung des Produktionsfaktors Arbeit kann man folgende Probleme darlegen:

1) Die Einteilung in die verschiedenen Arten von Arbeit und deren Probleme.

2) Die Struktur der Arbeit (der Arbeitnehmer) heute in einem Staat, z.B. in der Bundesrepublik Deutschland und deren Bedeutung.

3) Die Bedeutung der Arbeitsteilung für eine Wirtschaft.

4) Die Frage des Beschäftigungsgrades in einer Wirtschaft, damit das Problem der Unterbeschäftigung und somit die Arten der Arbeitslosigkeit.

5) Die Grundsätze der Entlohnung einer Arbeitsleistung.

6) Das Problem des Bevölkerungswachstums.

1) Eine gängige Einteilung in die verschiedenen *Arten der Arbeit* wäre das folgende Schaubild (siehe Abb. 1-4)

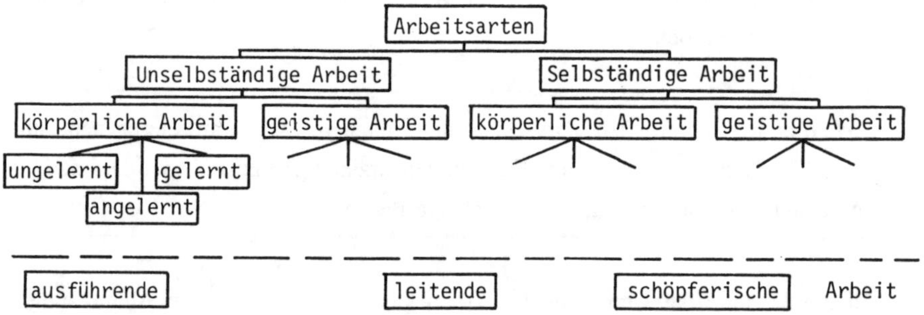

Abb.: 1- 4: Systematik der Arten der Arbeit.

Bei der Einteilung in *unselbständige und selbständige Arbeit* betrachtet man die sog. Stellung im Beruf bzw. die Weisungsgebundenheit bei der Arbeitsdurchführung. Die selbständige Arbeit ist an keine Weisung gebunden, es liegt Arbeit der Selbständigen (Unternehmer, Arzt etc.) vor. Unselbständige Arbeit ist an Weisungen anderer gebunden, d.h. es handelt sich um die Arbeit des Arbeiters, der Angestellten und der Beamten.

Die Differenzierung zwischen *körperlicher und geistiger Arbeit* betrachtet das Faktum, ob eine Arbeitsleistung mehr physische Muskelarbeit oder mehr geistige Verstandes- und Gefühlskräfte beansprucht. Sinnvoll erscheint dies, wenn man das Überwiegen eines der Kräfte sieht. Wenig sinnvoll erscheint eine daraus abgeleitete Wertung. Zudem trifft man eine exakte und strenge Trennung in geistige und körperliche Arbeit praktisch kaum an.

Die Unterscheidung in *ungelernte, angelernte und gelernte Arbeit* stellt auf die vorhandene Berufsausbildung des Arbeitnehmers ab. In den Grenzbereichen auch hier Abstimmungsschwierigkeiten.

Die Differenzierungsmöglichkeit in *ausführende, leitende* oder *schöpferische* betrachtet die Stellung zum Arbeitsverfahren.

Die Grundgedanken derartiger Arbeitsgliederungen hat man zur Arbeitswertlehre weiterentwickelt (ein Spezialgebiet der BWL, insbesondere der Produktionslehre).

2) Die *Struktur der Arbeit* (der Erwerbspersonen) einer Volkswirtschaft ist heute überwiegend ein statistisches Problem. Im Einzelnen sollen folgende Informationen ermittelt werden:

1) Der Altersaufbau der Arbeitenden zur Gesamtbevölkerung, nach Geschlechtern unterteilt (Graphik einer sogn. Bevölkerungspyramide).
2) Das Ausbildungsniveau nach Alter und Geschlecht.
3) Anzahl, Geschlecht, Alter, Bildungsniveau der Berufstätigen in den verschiedenen Branchen usw.

3) *Die Grundsätze zur Arbeitsentlohnung* sind entweder ein Thema der BWL (z.B. Arbeitswertlehre) oder ein eigenes Gebiet im Rahmen der Verteilungstheorie. Zur Einführung in die VWL ist nur ein wichtiger Grundgedanke auszuführen.

Besonders deutlich zeigt sich mit dem Beginn der sogn. Industriealisierung (England Anfang des 19. Jahrhunderts als erstes Land), daß für immer mehr Menschen die fremdbestimmte Arbeit entscheidend wird. D.h. immer mehr Menschen erbringen ihre Arbeitsleistung für einen fremden Dritten und bekommen dafür einen Lohn. In einem westlichen Industriestaat, wie der BRD, leben heute fast 9/10 aller Erwerbstätigen als Unselbständige (gut 1/10 = Selbständige plus mithelfende Familienangehörige). Für diesen Personenkreis ist die Frage der Entlohnung die entscheidende Frage schlechthin.

Vom Beginn der Industrialisierung bis zu entsprechenden Sozialgesetzen und dem Erstarken der Gewerkschaften war die Entlohnung nach dem Grundsatz von Angebot und Nachfrage (siehe Abschn. 3) geregelt. D.h. wollten viele Menschen arbeiten und gab es wenig Arbeitsplätze, so sank der Lohn entsprechend. Genau diese Situation war am Anfang des Industriezeitalters aber gegeben. Karl Marx prägte diese Lage mit dem Begriff der Verelendung der Arbeitermassen. Von vielen Feinheiten abgesehen, ist das prinzipiell Unterschieldiche bei der heutigen Entlohnung im Vergleich zu der vorangegangenen Zeit im Tarifvertrag zu erblicken. Der Tarifvertrag verhindert, daß selbst bei vielen Arbeitswilligen und wenig Arbeitsmöglichkeiten der Lohn des Arbeitenden unter die Grenze des Tarifs sinkt. Eine Bezahlung zu sog. "Hungerlöhnen" ist deshalb heute grundsätzlich nicht mehr möglich.

4) Die *Tatsache des Bevölkerungswachstums* war eine der wichtigsten Ursachen für die niedrige Entlohnung mit dem Einsetzen der Industrialisierung. Die Problematik liegt darin, daß die Bevölkerung (und damit die Arbeit-Suchenden) schneller wächst als es möglich ist, ausreichend bezahlte Arbeitsplätze zu schaffen. Eine Schwierigkeit, vor der heute fast sämtliche Entwicklungsländer stehen und eine, vor der die europäischen Staaten im 19. Jhh. standen. Z.Zt. beträgt die Erdbevölkerung etwa 5,4 Mrd. Menschen. Heute werden alle 10 Sekunden 35 Menschen geboren, während "nur" 15 sterben. Pro Sekunde nimmt die Erdbevölkerung somit um 2 Menschen zu. Geht diese Entwicklung weiter, beträgt die Erdbevölkerung im Jahre 2.000 6,5 bis 7,0 Mrd. Menschen. Angesichts dieser oder ähnlicher Rechenoperationen (wobei man bei der Prognose immer skeptisch sein sollte) stellt sich das Problem noch grundsätzlicher, nämlich, ist es möglich, derartige Menschenmassen ausreichend zu ernähren. Der erste, der daraus eine pessimistische Konsequenz für das Problem des Bevölkerungswachstums zog, war *Robert Malthus* (1766-1834). Seine Erkenntnis war, daß die Bevölkerung wesentlich schneller wächst (in Form einer geometrischen Reihe), als es gleichzeitig möglich ist, die Nahrungsmittelproduktion zu steigern (in Form einer arithmetischen Reihe). Seine Überlegungen gründeten sich stark auf das sog. Ertragsgesetz (siehe Absch. 3.2). Ohne hier in dieses Thema weiter einzudringen, wird es sich darum drehen, ob sich das Bevölkerungswachstum stark genug verringern und gleichzeitig die Nahrungsmittelproduktion ausreichend steigern läßt.

5) Als eine der Quellen für die Produktionssteigerung (nicht nur für Nahrungsmittel) sieht man die *Arbeitsteilung* an. Die Überlegung geht auf einen der Stammväter der Nationalökonomie, auf *Adam Smith* (1723-1790) zurück. In seinem Werk *"Wealth of Nations"* würde er dies sinngemäß so erklären (anhand seines bekannten Stecknadelbeispiels): Wenn jeder Mensch, wie ein Robinson Crusoe, alles für die Lebensführung selbst erzeugen müßte, so könnten sich die Menschen nur schlecht und ungenügend versorgen. Eine heutige, arbeitsteilige Wirtschaft produziert fast ausschließlich für einen Fremdbedarf. Die Vorteile einer Arbeitsteilung liegen darin:

1) Bei wiederholender Tätigkeit entfallen Umstellzeiten, die bei wechselnden Produktionsvorgängen unvermeidbar sind.

2) Da die Arbeitsqualitäten der Menschen unterschiedlich sind, läßt sich das Produktionsergebnis allein dadurch steigern, daß jeder nach seinen spezifischen Fähigkeiten eingesetzt wird.

3) Wird ein Arbeitsvorgang in einzelne Akte (= Arbeitszerlegung) aufgeteilt, so erlangt der Einzelne darin eine besondere Geschicklichkeit.

4) Beschränkt sich die Tätigkeit eines Menschen auf relativ einfache Verrichtungen (teils am Fließband), wird die Ausbildung verkürzt.

5) Das Entscheidende ist, daß die Arbeitsteilung den Einsatz von immer mehr Maschinen (bei einfacheren und immer gleichartigen Vorgängen) ermöglicht.

Die Steigerung der Produktion und des Lebensstandards hängen wesentlich vom Umsetzen der Vorteile der Arbeitsteilung auf nationaler und immer stärker auch auf internationaler Ebene ab. Daraus folgt, daß sich diese Entwicklung nicht mehr umkehren läßt. Nicht zu übersehen ist dabei allerdings, daß die *Arbeitsteilung Nachteile* vor allem im sozialen Bereich hat. Stichwortartig sind dies die bekannten Erscheinungen wie:

1) Die im Produktionsprozeß nur einseitig beanspruchten Arbeitskräfte ermüden stärker bei dem meist raschen Tempo der Arbeit.

2) Monotonie mindert die Arbeitslust.

3) Es fehlt die Beziehung zum fertigen Arbeitsprodukt.

4) Da die Tätigkeit ganz eng begrenzt ist, verschwinden bekannte Berufsbilder, man spricht dann nur noch vom "Job".

5) Wichtig ist hierbei, daß das Berufsrisiko für den Einzelnen u.U. größer wird, da er eng und einseitig beruflich orientiert ist.

6) Die Frage des *Beschäftigungsgrades* einer Wirtschaft und damit gekoppelt das *Problem der Arbeitslosigkeit* rückt immer mehr in den Mittelpunkt des ökonomischen Interesses. Für dieses vielschichtige Problem kann hier zunächst nur eine Begriffsdefinition gegeben werden.

Unter dem Beschäftigungsgrad einer Wirtschaft versteht man eine statistisch quantitative Größe, nämlich wieviel Prozent der Arbeitswilligen z.Z. einen Arbeitsplatz haben. Beträgt die Zahl z.B. 94,5%, so besagt dieser Beschäftigungsgrad, daß im Moment nur 94,5% all derjenigen, die arbeiten wollen, einen Arbeitsplatz haben. Die Differenz von 94,5% zu 100% ergibt dann die momentane Arbeitslosenquote von 5,5%. In der BRD werden diese Daten von der Bundesanstalt für Arbeit in Nürnberg errechnet, wobei die Arbeitslosenquote wie folgt bestimmt wird (die Differenz dazu ergibt denn den Beschäftigungsgrad):

$$\text{Arbeitslosen-quote (BRD)} = \frac{\text{Anzahl der Arbeitslosen}}{\text{Anzahl der Arbeitnehmer}} \times 100$$

Die Problematik dieser Zahlen wäre eine statistische Sonderfrage. Nach dem Gesetz über Arbeitsvermittlung und Arbeitslosenversicherung in der BRD ist man arbeitslos, wenn man trotz Arbeitsfähigkeit und Arbeitswilligkeit vorübergehend nicht in einem Arbeitsverhältnis steht. Daraus abgeleitet wird der Begriff der *Vollbeschäftigung* in ökonomischer Sicht: Sie liegt vor, wenn jeder, der arbeitswillig und -fähig ist, einen entsprechend seiner Ausbildung angemessen bezahlten (Tarif!) Arbeitsplatz erhält. Der Terminus "entsprechend seiner Ausbildung" wird bei hoher Arbeitslosigkeit meist sehr weit ausgelegt bzw. von der Arbeitsverwaltung durch den Begriff der Zumutbarkeit relativiert. Um diese Definition der Vollbeschäftigung zu konkretisieren, ist es üblich, mit Zahlen zu operieren, etwa bei einem Beschäftigungsgrad von 98% und mehr liegt Vollbeschäftigung vor, darunter leichte oder entsprechend schwere Arbeitslosigkeit = Zustand der *Unterbeschäftigung*. Argumentiert man derartig mit Zahlen und Begriffen, so lassen sie sich selbstverständlich unterschiedlich interpretieren (was man auch regelmäßig tut).

Von der *subjektiven, unechten, freiwilligen Arbeitslosigkeit,* d.h. von den Arbeitslosen, bei denen die Arbeitswilligkeit nicht vorhanden ist, spricht man vor allem dann, wenn Arbeitslosigkeit das ökonomische Thema ist. Wie stark diese ist, wird sich sicher nicht eindeutig ausmachen lassen.

Die *objektive Arbeitslosigkeit* kann auf einer Reihe von Ursachen beruhen, wobei meistens bei starker Arbeitslosigkeit einige Ursachen kombiniert auftreten und dadurch ihre Überwindung beträchtlich erschweren. Man unterscheidet hier: Friktionelle, technologische, saisonale, strukturelle und konjunkturelle Ursachen.

Von einer *friktionellen Arbeitslosigkeit* spricht man, wenn jemand *auch in guten wirtschaftlichen Zeiten* infolge von Betriebsauflösungen - Konkursen u. dergl. oder beim Arbeitsplatzwechsel (Fluktuation) arbeitlos wurde. Diese Ursache wird immer vorhanden sein und ist u.a. ein Grund dafür, daß ein Beschäftigungsgrad von 100% praktisch nicht auftritt. Da sie für die Gesamtbeschäftigung nicht ins Gewicht fällt, sieht man sie als nicht entscheidend an.

Die *technologische Arbeitslosigkeit* (Rationalisierungsarbeitslosigkeit) kann bei der Automatisierung oder Rationalisierung dann entstehen, wenn menschliche Arbeit durch verstärkten Maschineneinsatz substituiert wird. Sie ist sicher sehr problematisch, wenn noch andere Ursachen herrschen, da dann in aller Regel ein Unterkommen der freigesetzten Arbeitskräfte wegen der allgemeinen Wirtschaftsflaute nicht möglich ist. Über den Umfang und die gesamtwirtschaftliche Bedeutung dieser Ursache bestehen fast immer divergierende Ansichten.

Die *saisonale Arbeitslosigkeit* beruht auf den ungünstigen jahreszeitlchen Voraussetzungen für bestimmte Tätigkeiten, so in der Landwirtschaft, Baubranche und Tourismus. Vermeidungsmöglichkeit, indem man diese Voraussetzungen verbessert (siehe den Versuch der sog. Winterbauweise der Baubranche). Sie fällt bei einer entsprechenden Bedeutung dieser Branchen ins Gewicht.

Die *strukturelle Arbeitslosigkeit* kann zunächst auf endogenen Ursachen beruhen, wenn z.B. durch Zuwanderung von Flüchtlingen das Arbeitsangebot plötzlich ansteigt, oder wenn durch Kriegszerstörungen die Produktionsanlagen fehlen. *Heute* bedeutungsvoll sind starke Bedarfswandlungen, die zu einem größeren Nachfragerückgang bei wichtigen Branchen führen. Das früher erwähnte Musterbeispiel ist die Baubranche, bei der infolge der Sättigung der Nachfrage erhebliche Arbeitslosigkeit auftrat. Die strukturelle Arbeitslosigkeit in der Textilbranche (der BRD) ist im wesentlichen als exogene Ursache einzustufen, denn durch die billigen Textilimporte wurden hier Arbeitskräfte im Inland arbeitslos. Von einer weiteren exogenen Ursache spricht man, wenn wie z.B. in der BRD die Arbeitsplätze stark vom Export abhängen und aus einer Reihe von Gründen der Export deutlich zurückgeht. Typische Branchen in welchen schwerpunktmäßig Arbeitslosigkeit auftrat sind diejenigen aus dem sekundären Bereich wie u.a. Kohle, Stahl und Werften.

Die *konjunkturelle Arbeitslosigkeit* schließlich beruht nicht auf deutlichen Einzelursachen (deren Veränderungen) oder bezieht sich nur auf bestimmte Branchen, sondern hängt mit den die ganze Volkswirtschaft erfassenden Schwankungen der Wirtschaftstätigkeit (sog. Konjunkturschwankungen) zusammen. Ein die gesamte Wirtschaft erfassender Produktionsrückgang ist mit einer größeren Entlassung von Arbeitskräften verbunden. Die klassische Konjunkturpolitik zielt u.a. gerade darauf ab, diese Ursache der Arbeitslosigkeit zu vermeiden.

1.2.2.2 Produktionsfaktor Boden

Der Produktionsfaktor Boden ist ein Oberbegriff für all die Hilfsquellen, die uns die Natur für die Produktion zur Verfügung stellt. Es zählt zum Produktionsfaktor Boden somit nicht nur die Bodenfläche (sei es als Standort für ein Haus oder eine Fabrik bzw. alle Acker-,Grünland- und Waldflächen), sondern auch alle Arten von Bodenschätzen, alle Gewässer, alle Vegetation, das ganze Klima (Wind, Regen, Wärme).

Die Vielfalt der Nutzungsmöglichkeiten des Produktionsfaktors Boden teilt man in 3 Gruppen ein:

Boden zum *Anbau*	(Land - Forstwirtschaft)
Boden zum *Abbau*	(Rohstoffgewinnung)
Boden als *Standort*	(Häuser - Betriebe)

Der *Produktionsfaktor Boden* weist unter zwei Gesichtspunkten gegenüber den anderen Produktionsfaktoren folgende *Besonderheiten* auf:

1) Der Boden ist *unvermehrbar,* da die verfügbare Fläche kaum vergrößert werden kann (Aussnahmen: Eindeichung, Wüstenbewässerung), d.h. er ist das knappste Gut.

2) Der Boden ist ein *unbeweglicher* Produktionsfaktor, da seine Lage nicht verändert werden kann. Man kann ihn nicht dorthin befördern, wo er dringend benötigt würde. Dies zeigt sich in den enormen Unterschieden der Bodenpreise.

Der Boden als Anbauboden:

Hier tritt uns der Boden als Träger organischer (biologischer) Substanzen und Kräfte entgegen (Humus, Wasser, Aufbaustoffe, Wärme, Licht, Bakterien). Diese seine Ausstattung ermöglicht das Pflanzenwachstum und damit auch die Tierhaltung. Bei einer Nutzbarmachung für die Menschen spricht man von der Land- und Forstwirtschaft und der Fischerei.

Bisher beschränkte sich der Mensch bei der Nutzung des Bodens zum Anbau nur auf festes Land. Von der Erdoberfläche sind aber nur 3/10 festes Land, 7/10 sind Wasser (Meer). Die evtl. Nutzungsmöglichkeiten der Meere zum Anbau befinden sich noch im (bescheidenen) Stadium der wissenschaftlichen Erforschung. Die Meere sind bisher von Menschen nach der Art der Sammler und Jäger nur ausgebeutet worden, eine Hege und Pflege fehlt völlig. Für die reine Ausbeutung der Meere (landwirtschaftlich) zeigen sich bereits deutliche Grenzen. Man sehe dazu u.a. die Ausdehnung der Hoheitsrechte auf die 200-Meilen-Zone, die Begrenzung der Fangquoten und die Probleme auf der Seerechtskonferenz.

Von der festen Erdoberfläche ist auch nur ein Teil land- und forstwirtschaftlich nutzbar, wobei hier die Verhältnisse in der BRD gegenüber der Welt als günstig bezeichnet werden können. In der BRD sind nur 13% der Fläche nicht landwirtschaftlich genutzt oder nutzbar, während auf der gesamten Welt dieser Satz 40% beträgt. Die folgende Tabelle stellt dies genauer dar (siehe Tab. 1-2), wobei die Zahlen für sich sprechen.

	Landnutzungsarten als ... (in Prozent)				
	Ackerland	Wiese/Weide	Wald	Übriges	Insgesamt
BRD	35%	23%	29%	13%	100%
Welt	10%	20%	30%	40%	100%

Tab.: 1-2: Vergleich der Landnutzung BRD zu Welt

Solche Daten führen wieder zu den wirtschaftlichen Schwierigkeiten, die heutige Erdbevölkerung ausreichend zu ernähren, ganz abgesehen von den Problemen der rapid anwachsenden Menschenmassen.
Dazu folgende Aspekte:

1) Die kultivierte Nutzbarmachung der Meere zum Anbau, deren Pflege und Hege ist unter diesen Gesichtspunkten heute weder bei der politischen Verantwortung der Staaten, noch bei den Menschen selbst erkannt und in die Tat umgesetzt worden.

2) Auch beim festen Land gibt es keine ewige Fruchtbarkeit oder Unzerstörbarkeit. Abholzung, Verkarstung, Verwüstung, Verödung und Erosion zeigen, daß durch den Menschen die nutzbare Fläche verringert wurde und wird. Die Einsicht für eine sachgemäße Bodenpflege und Zuführung der notwendigen Nährstoffe plus eine Intensivierung der Agrarwirtschaft in den Entwicklungsländern würde einen bedeutenden "Sprung nach vorne" ergeben.

3) Ein ebenfalls ökonomisches Problem ist die Frage, in welchem Ausmaß sich mit dem zunächst zur Verfügung stehenden Boden die Agrarproduktion steigern läßt, durch z.B. vernünftige Düngung, Einsatz von Maschinen und dergl. Dieses Problem wird in der Nationalökonomie unter dem Stichwort des *Ertragsgesetzes* abgehandelt (siehe dazu Absch. 3.2).

4) Erwähnt sei die Problematik der Agrarüberschüsse (Butterberge u.ä.) in den Industriestaaten einerseits und die Hungersnöte in manchen Entwicklungsländern andererseits.

Der Boden als Abbauboden:

Bei der Nutzbarmachung des Produktionsfaktors Boden zum Abbau betrachtet man den Boden als Träger anorganischer Stoffe wie Mineralien, Kohle, Erze, Steine, Erdgas, Erdöl, d.h. als Träger anorganischer Rohstoffe.

Unter wirtschaftlichen Aspekten sind hier zwei Themenbereiche wichtig, einmal der begrenzte Vorrat anorganischer Rohstoffe, zum anderen die sehr ungleichmäßige Verteilung in den einzelnen Staaten.

Die einzelnen *Staaten* dieser Erde sind *sehr unterschiedlich* mit den für die Industrie *notwendigen Rohstoffen ausgestattet.* Der einzige nennenswerte Rohstoffvorrat der BRD ist die Kohle. Alle übrigen müssen importiert werden, wobei bei einer Reihe eine totale Abhängigkeit vom Ausland herrscht. Stockt diese Zufuhr in einem entsprechenden Ausmaß, so können infolge der gegenseitig abhängigen Produktionsprozesse erhebliche ökonomische Störungen auftreten. Das Beispiel der Energiekrise zeigte dies am deutlichsten. Unter dem Eindruck der sehr ausgeprägten Rohstoff-Energie-abhängigkeit der Veredelungs-Umwandlungsindustrie der BRD heißt die Devise für die Wirtschaftspolitik:

1) Die Gefahr der Abhängigkeit ist dadurch zu mildern, indem man sie verteilt, d.h. man *nicht mehr nur noch von einem Lieferanten abhängig ist.* Siehe dazu u.a. auch die Uranlieferungen nicht nur aus den USA, sondern auch aus Australien, Südafrika und Brasilien zu sichern.

2) Der seinerzeitige Rückgang in der Förderung der einzigen heimischen Rohstoffquelle, der Kohle, der aus Kostengründen erfolgte, wird heute z.T. auch in einem anderen Licht gesehen.

3) Ein weiterer Programmpunkt heißt *Sparen*, d.h. Energie und Rohstoffe sparsamer einsetzen. Siehe u.a. die stetige Reduzierung des Benzinverbrauches beim Auto, oder besser isolierte Fenster in den Häusern u.s.w.

4) Das *Recycling* von Rohstoffen befindet sich erst in der Anfangsphase.

5) Durch eine *Kooperation mit Rohstoffländern* versucht man eine gegenseitige Abhängigkeit aufzubauen, so z.B. beim Uran-Reaktoren-Geschäft mit Brasilien oder beim Erdgas-Röhren-Geschäft mit der ehemaligen UdSSR.

6) Schließlich versucht man die Energieabhängigkeit (und zusätzlich den Umweltaspekt) durch *Alternativen*, wie insbesondere durch die Solartechnik, zu mildern.

Der sog. *Nord-Süd-Dialog* ist zu einem wesentlichen Teil auch ein Rohstoffverteilungsproblem.

Für die *anorganischen Rohstoffe* gilt, daß ihr *Vorrat eine begrenzte Menge* darstellt. Obwohl die einzelnen Prognosen, wie lange z.B. das Erdöl bei unterstelltem bisherigen Verbrauch (?) noch ausreicht (die genauen Vorräte sind offensichtlich nicht bekannt), erheblich abweichen, kann man dazu festhalten:

1) Keine bisherige Zeitperiode hat in einem derart rasanten Tempo und recht oft bedenkenlos die Erde nach Rohstoffen, die nicht wieder herstellbar sind, ausgebeutet.

2) Bei den wichtigen Rohstoffen ergibt sich, unterstellt man die bisherige Entwicklung, eine Erschöpfung der Vorräte, wobei es letztlich eine relative Frage ist, ob dieser Zustand in 50 oder 80 Jahren eintritt.

3) Die Möglichkeit, einen Teil dieser Rohstoffe aus den Abfallprodukten wieder zu gewinnen, befindet sich erst in einem sehr bescheidenen Anfangsstadium.

Ein nicht unwesentlicher Teil ist dagegen nach dem Verbrauchsakt unwiderruflich verbraucht, z.B. die Energieträger.

Der Boden als Standort:

Jede Art wirtschaftlicher Tätigkeit (nicht nur die landwirtschaftliche und industrielle Produktion, jede Art von Dienstleistung und Verwaltung) hat mit einem Stück Boden zu tun, oder wenigstens mit einem Raum, der über einem Bodenstück errichtet wurde. Dies erklärt, warum sich die Wirtschaftswissenschaft schon lange mit der *Standortfrage* bzw. der *-theorie* befaßte. Dabei wird ein Teil der Fragen von der BWL bearbeitet; in der VWL stellt dies einen Sonderbereich dar.

Die Kernfrage der Standorttheorie ist dabei, warum wählt eine Wirtschaftseinheit für seine wirtschaftliche Tätigkeit einen bestimmten Standort.

Die *Frage nach der Wahl eines Standortes* wird für viele Produktionsbetriebe letztlich vom Boden selbst entschieden, nämlich immer bei Betrieben des Anbaus oder Abbaus des Bodens, d.h. der Land- und Forstwirtschaft und Fischerei und der Rohstoffgewinnung. Aber auch für manche Dienstleistungsbetriebe ist der Standort vom Boden selbst vorgegeben wie z.B. durch die landschaftliche Lage und das gesunde oder bevorzugte Klima bei Tourismusbetrieben.

Die gewerbliche Produktion, die Dienstleistungsbetriebe, der Handelsbetrieb ist an derartige natürliche Ursachen zunächst nicht gebunden. Seine Standortwahl läßt sich mit den ökonomischen Begriffen der *Kosten*, der *Verfügbarkeit über Produktionsfaktoren* (vorallem qualifizierte Arbeit) oder der *Nachfrage nach seinen Produkten* bzw. Leistungen erklären. Warum verlegt ein Textilunternehmen seine Hemdenproduktion von der BRD nach Marokko. Antwort, aufgrund einer Kostenkalkulation. Insbesondere wegen: Niedrigere Steuerkosten, erheblich niedrigere Kosten für die einfache Arbeit, oft niedrigere Kapitalkosten (Staat gibt Zuschüsse). Warum wählt ein hochwertig spezialisiertes Dienstleistungsunternehmen, z.B. Beratung im EDV-Bereich (meist sog. Soft-ware und Organisation) eine Großstadt? Weil es dort die Art des Produktionsfaktors Arbeit vorfindet, qualifizierte Fachkräfte, die für das Unternehmen entscheidend sind. Handelsbetriebe, die die Masse der Verbraucher als Kunden haben, lassen sich dort nieder, wo sie die Nachfrage nach ihren Erzeugnissen vorfinden. Ein Großunternehmen des Lebensmitteleinzelhandels wird dabei seine vielen Filialen dezentral gleichmäßig in den Wohngebieten ansiedeln.

Der erste, der wissenschaftlich und modellmäßig (theoretisch) die Standortfrage untersucht hat, war der deutsche Landwirt und Nationalökonom *Johann Heinrich von*

Thünen (1783-1850). Thünen sieht man dabei nicht nur als Vater der Standorttheorie, sondern auch als ersten Vertreter und Interpreten der klassichen Nationalökonomie in Deutschland an. Darüber hinaus hat Thünen als einer der ersten am konsequentesten die deduktive und modellmäßige Forschungsmethode verwandt (siehe auch Absch. 131 und 132 dazu). In seinem Werk, der *isolierte Staat* in Beziehung auf Landwirtschaft und Nationalökonomie, untersucht er die Standortfrage im Hinblick auf die Art der landwirtschaftlichen Produktion, d.h. warum findet hier Viehzucht und dort Gemüseanbau statt. Zur Beantwortung dieser Fragen entwickelt er das Modell des isolierten Staates, der völlig autark, d.h. nur auf sich gestellt und ohne jede Beziehung zum Ausland, lebt. Der Boden des Staates ist überall von gleich guter Qualität, natürliche Transporthindernisse wie Berge usw. gibt es nicht. Genau in der Mitte befindet sich das Verbraucherzentrum (die Stadt), zu der die landwirtschaftlichen Güter geliefert werden. Um dieses Verbrauchszentrum herum werden in immer größer werdenden konzentrischen Kreisen ganz bestimmte landwirtschaftliche Erzeugnisse produziert. Die folgende Abbildung zeigt dieses Modell (siehe Abb. 1-5) und die sog. Thünenschen Kreise.

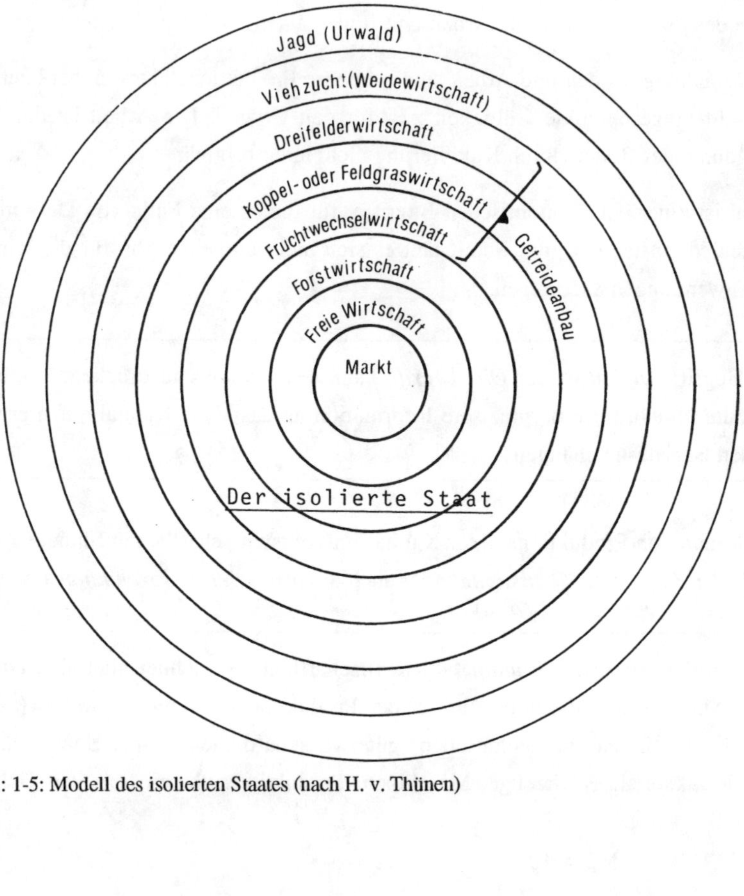

Abb.: 1-5: Modell des isolierten Staates (nach H. v. Thünen)

Die Thünenschen Kreise ergeben sich dabei durch den Vergleich der Produktionskosten (incl. der Bodenrente = Verzinsung des Bodens) für das Produkt und den Transportkosten zum Markt. Der Preis am Markt für das einzelne Erzeugnis muß beide Kostenarten abdecken. Da mit zunehmender Marktentfernung die Transportkosten steigen (siehe Kreise), müssen die Produktionskosten sinken. Dies wiederum bedeutet (in der Landwirtschaft) den Übergang von der teuren intensiven zur billigeren extensiven Bewirtschaftung.

1.2.2.3 Produktionsfaktor Kapital

Der Produktionsfaktor Kapital hat gegenüber den Produktionsfaktoren Arbeit und Boden eine Besonderheit. Die *Produktionsfaktoren Arbeit und Boden sind sog. originäre* bzw. ursprüngliche Produktionsfaktoren, d.h. beide waren von Anfang an als natürliche Bedingungen auf der Erde vorhanden. Den *Produktionsfaktor Kapital bezeichnet man dagegen als derivativen* bzw. abgeleiteten Produktionsfaktor, d.h. Kapital war ursprünglich nicht vorhanden, sondern entstand erst aus dem Zusammenwirken des Produktionsfaktors Arbeit und Boden als menschliche Leistung.

Die Bezeichung, Boden und Arbeit sind originäre Produktionsfaktoren, hat heute nur noch sehr eingeschränkte Gültigkeit z.B. für den Urwald. Die Arbeit ist durch die Ausbildung, der Boden durch Kultivierung nicht mehr originär.

Kapital ist einer der ökonomischen Begriffe, für die es eine Fülle von Definitionen unterschiedlichster Art gibt. Somit läßt es sich nicht umgehen, ihn für die wichtigsten Anwendungen darzulegen.

> Der Begriff *Kapital* ist der *Oberbegriff,* kann deshalb alles ausdrücken. Somit ist es heute üblich, für eine präzisere Information an das Wort Kapital einen ergänzenden Begriff anzuhängen.

Spricht man von Produktionsfaktor Kapital im volkswirtschaftlichen Sinne, so nennt man dieses Kapital das *Realkapital* oder auch die *produzierten Produktionsmittel.*

> Den *Produktionsfaktor Kapital* (volkswirtschaftlich) bezeichnet man als *Realkapital.* Man versteht darunter alle bei der Produktion notwendigen Mittel (außer Arbeit und Boden) im technischen, güterwirtschaftlichen Sinne. Somit zählen zum Realkapital: Werkzeuge, Maschinen, Produktionsanlagen (mit den Gebäu-

den), aber auch Roh- und Hilfsstoffe und die Warenvorräte (noch nicht an den Verbraucher verkauft) wie Halb- und Fertigerzeugnisse. Das Realkapital besteht somit aus Gütern, die in früheren Produktionsprozessen erzeugt wurden und jetzt dazu dienen, Konsumgüter herzustellen. Nach *Böhm-Bawerk* nennt man es deshalb auch *produzierte Produktionsmittel.*

Dem sachlichen Inhalt von Realkapital entspricht auch am ehesten die wortgeschichtliche Ableitung von Kapital. Es kommt vom lateinischen *caput* = Viehkopf, d.h. in der agrarisch orientierten Frühzeit war das Vieh gleichsam das Kapital der Menschen.

Vom Produktionsfaktor Kapital = dem Realkapital ist das Geldkapital im volkswirtschaftlichen Sinne zu unterscheiden.

Geldkapital (volkswirtschaftlich) sind dagegen diejenigen finanziellen Mittel (= Geldmittel), die für Investitionen bereitgestellt sind oder bereitgestellt werden können, d.h. es sind die Mittel in Geldform, die zu Realkapital werden können (nämlich dann, wenn sie investiert werden). Volkswirtschaftlich stellt das Geldkapital die Vorstufe zum Realkapital dar, zwischen beiden liegt der Vorgang der Investitionen.

Als *Sozialkapital* bezeichnet man alle kollektiven Einrichtungen, wie Straßen, Brücken, Hafenanlagen, Eisenbahnlinien, Krankenhäuser, Bildungsstätten usw., die der Gesellschaft als Ganzes auch für den Wirtschaftsbereich dienen. Die *Infrakstruktur* einer Volkswirtschaft ist ein anderer Ausdruck dafür.

Der Kapitalbegriff der BWL kommt dem Begriff des Geldkapitals der VWL noch am nächsten (umfaßt aber mehr) und schließt den Investitionsvorgang mit ein. Der Betriebswirt sagt: Ein Unternehmen hat Kapital aufgenommen = Finanzierungsmittel kamen herein. Mit diesen Mitteln (= Geld) wurden dem Unternehmen dienende Gegenstände gekauft = investiert.

Kapital (betriebswirtschaftlich) ist die Wertsumme (ausgedrückt in Geld), die in einem Unternehmen (Betrieb) investiert wurde, um die erforderliche Betriebsausrüstung (Anlagen, Boden, Gebäude, Waren) die Entlohnung der Arbeit und die

Rechtsverhältnisse (Patente, Konzessionen) zu kaufen bzw. vornehmen zu können. Die Aktivseite der Bilanz zeigt, wozu dieses Kapital verwendet wurde, die Passivseite zeigt, wer es aufgebracht hat.

Bei dem hier interessierenden Produktionsfaktor Kapital = dem Realkapital sind zwei Themen von Bedeutung.

1. Worin liegt der Vorteil des Realkapitals für eine Volkswirtschaft.
2. Wovon hängt es grundsätzlich ab, wie gut eine Volkswirtschaft mit Realkapital ausgestattet ist.

1. Der *Vorteil des Realkapitals* besteht darin, daß mit seiner Hilfe insgesamt sich ein höheres Produktionsergebnis erzielen läßt. Versucht der Mensch als Produktionsfaktor Arbeit allein mit dem Produktionsfaktor Boden Güter zu erlangen, so erhält er insgesamt weniger, als wenn er dazu noch den Produktionsfaktor Kapital (als Werkzeug z.B.) mit verwendet. Ein altes chinesisches Sprichwort beschreibt dies so: Gib einem Menschen einen Fisch, so kann er sich einen Tag ernähren; gib ihm aber eine Angel (= Produktionsfaktor Kapital), so kann er sich ein ganzes Leben ernähren. Schon früh hat der Mensch erkannt, daß sein Leben "besser" ist, wenn er das Wild mit Pfeil und Bogen erlegt und nicht nur hinter ihm herrennt. Die heutige Massenproduktion an Gütern und der damit gekoppelte Lebensstandard ist nur unter Verwendung von Realkapital möglich. Allerdings ist dieser Vorteil des Realkapitals nicht umsonst zu erlangen, vielmehr muß zuerst, nach *Böhm-Bawerk*, eine *Umwegproduktion* stattfinden. Für das Beispiel unseres Urahnen, des Jägers, heißt das: Während er Pfeil und Bogen anfertigt, muß er auf eine Jagdmöglichkeit verzichten (= Sparen). Statt wie bisher das Wild zu jagen, schlägt er einen Umweg ein, er fertigt (produziert) zunächst seine Jagdausrüstung. Erst wenn die Produktion dieses Umweges abgeschlossen ist, geht er sein eigentliches Ziel, das Wild zu erlegen (= die Produktion von Konsumgütern) an. Die ganze Investitionsgüterindustrie einer modernen Volkswirtschaft befindet sich ausschließlich in dieser Umwegproduktion. Sie produziert Realkapital, das nicht dem Konsum (Verbrauch) zugeführt wird, das vielmehr als produzierte Produktionsmittel (nach diesem Umweg) mithilft, mehr und bessere Konsummittel herzustellen.

Die steigende Anzahl der Menschen und die Notwendigkeit, sie zu ernähren, plus der Wunsch eines steigenden Lebensstandards erfordert eine immer ergiebigere Produktion. Dies ist nur durch das Einschlagen noch weiterer Umwege, d.h. über die Produktion von noch mehr Realkapital möglich. Dies führt auch zu einer völligen Wirtschaftsumschichtung. Immer mehr Menschen werden in der Investitionsindustrie beschäftigt sein, das Realkapital wird immer wichtiger werden, d.h. die "Ära des Kapitalismus" kommt noch verstärkt; wobei dies für den "Westen" genauso gilt wie für den "Osten".

2. Angesichts dieser Überlegungen fragt es sich, *wovon es abhängt, wie gut eine Volkswirtschaft mit Realkapital ausgerüstet ist.*

Zur Erörterung dieser Frage eignen sich gut die dargelegten Begriffe des Geld- und des Realkapitals.

Die Realkaptialbildung vollzieht sich in zwei getrennten Abschnitten, wobei als 1. Stufe Geldkapital bereitgestellt werden muß und als zweite Stufe durch den Investitionsvorgang daraus dann Realkapital entsteht.

Wer, bzw. wodurch wird in einer Volkswirtschaft *Geldkapital bereitgestellt.* Für eine moderne Industriewirtschaft (westlicher Prägung) lassen sich folgende Quellen zur Geldkapitalbereitstellung ermitteln:

1. Durch das (klassische) Sparen der privaten Haushalte. Meistens in der Form, daß die Haushalte ihre Sparbeträge zu den Banken bringen und über die Banken es in Form von Krediten als Geldkapital zur Verfügung gestellt wird. In einem wesentlich kleineren Umfang sparen die Haushalte durch den Kauf von Wertpapieren. Ohne Rücksicht auf die Spurart liegt beim Sparen der Haushalte stets ein *Konsumverzicht* vor, d.h. der Haushalt könnte die gesparten Geldbeträge auch für den Kauf von Konsumgütern verwenden.

2. Über das Unternehmenssparen werden heute berächtliche Geldkapitalmittel aufgebracht. Die Mittel dazu stammen aus Erlösanteilen, die nicht zur Bezahlung von eingekauften Produktionsfaktoren verwendet werden müssen. Diese Erlösanteile können aus kalkulatorischen Abschreibungen stammen, aber auch echter Gewinn sein, der für die Investition verwendet und nicht ausgeschüttet wird. Die Geldkapitalien aus dem Unternehmen stellen die sog. *Selbstfinanzierung* dar, die vor allem nach dem 2. Weltkrieg äußerst an Umfang zugenommen hat. Die Mittel für die Selbstfinanzierung *können* auch durch ein sog. *Zwangssparen der Verbraucher* aufgebracht werden, wenn über erhöhte Preise die Geldkapitalmittel vom Verbraucher zwangsgespart den Unternehmen zur Verfügung stehen.

3. Durch das kollektive Sparen über den Staat werden ebenfalls beträchtliche Geldkapitalmittel aufgebracht. Die Mittel stammen dabei aus Steuereinnahmen. Da diese Steuermittel letztlich vom Staatsbürger stammen, er sich aber

nicht zu diesem Sparakt entschlossen hat, bezeichnet man dies als *fiskalisches Zwangssparen.*

Bei allen drei Quellen, den Haushalten, den Unternehmungen, dem Staat liegt dem Sparvorgang immer ein Konsumverzicht zugrunde. Dieser kann direkt mit der Quelle identisch sein, wie beim Haushalt oder teils beim Unternehmen, oder indirekt sich dann wieder auf den Haushalt zurückführen lassen, wie bei den beiden Arten des Zwangssparens.

4. In einer modernen Volkswirtschaft gibt es eine Quelle der Bereitstellung von Geldkapital, die *zunächst* keinen Konsumverzicht hat. Es handelt sich um die Kreditschöpfung *(Giralgeldschöpfung)* der Banken. Banken haben unter bestimmten Voraussetzungen die Möglichkeit, Geldkapital über das bei ihnen eingelegte Volumen an Einlagen hinaus zu schaffen. Allerdings setzen diese "aus dem Nichts geschaffenen Geldkapitalmittel" später doch einen Konsumverzicht voraus, denn sie müssen entweder durch andere (siehe oben) Geldkapitalmittel ersetzt werden, oder der Konsumverzicht erfolgt über das Zwangssparen.

Die *Anlage des Geldkapitals durch Investitionen* führt schließlich zur Entstehung von Realkapital. Als Investoren für Realkapital sind dabei überwiegend die Unternehmen tätig, nur zu einem kleineren Teil de Staat beim Bau eines Elektrizitätswerkes, einer Wasserversorungsanlage. Als Ausnahme investieren auch Haushalte beim Kauf (Bau) von Häusern und Grundstücken. Somit entsteht Realkapital nur dann und in dem Umfang, in dem hauptsächlich Unternehmen Investitionen durchführen. Das als Voraussetzung wichtige Sozialkapital wird demgegenüber ausschließlich durch Investitionen des Staates gebildet, wobei die Mittel aus dem Staatshaushalt stammen.

Die Summe aller durchgeführten Investitionen einer Zeitperiode (z.B. eines Jahres) ist die sog. *Brutto-Investition.* Findet eine Investition in Fertigerzeugnissen (= Lagerauffüllung) statt, so ist dies eine *Vorratsinvestition.* Findet die Investition für Maschinen und maschinelle Anlagen statt, so handelt es sich um eine *Anlageninvestition.* Eine Anlageninvestition kann stattfinden, weil ein Ersatz einer verbrauchten oder technisch veralteten Maschine notwendig ist, dann spricht man von einer *Ersatzinvestition* (Reinvestition). Hat eine Anlageninvestition dagegen eine echte Erweiterung oder Modernisierung zum Ziel, so liegt eine *Neu-* bzw. *Nettoinvestition* vor. Eine Aufstockung (Erhöhung) des Realkapitalbestandes einer Volkswirtschaft erfolgt nur durch die Nettoinvestition, läßt man die Vorratsinvestition außer Acht.

Die Darlegung zur Entstehung von Realkapital zeigt auch, daß das Sparen (= Bereitstellen von Geldkapital) und das Investieren (= Überführung von Geldkapital in Realkapital) von den aufgeführten Sonderfällen abgesehen (Selbstfinanzierung, Zwangssparen) von zwei verschiedenen Gruppen, die unterschiedliche Motive für ihre Entscheidungen haben, durchgeführt wird. Daraus folgt, daß sich pro Zeitperiode die beiden Größen Geldkaptial und Realkapital neu, bzw. *Sparen und Investieren nicht decken.*

1.2.2.4 Produktionsfaktor Technischer Fortschritt

Unter dem Begriff des Technischen Fortschrittes faßt man alle Faktoren zusammen, die bei gleichem Faktoreinsatz (oder vermindertem Einsatz) ein quantitativ größeres oder qualitativ besseres (oder gleichbleibendes) Produktionsergebnis erzielen. Der Begriff ist dabei nicht eindeutig faßbar, da in ihm gleichzeitig technische und ökonomische Elemente wirken. Die technische Entwicklung zählt dabei nur insoweit zum technischen Fortschritt als Produktionsfaktor, als dadurch eine wirtschaftlich bessere Versorgung eintritt. Nicht jede technische Neuerung oder Erfindung ergibt somit den Produktionsfaktor Technischer Fortschritt. D.h. der PF Technischer Fortschritt stellt sich als eine Erfindung oder eine organisatorische Verbesserung dar, soweit diese ökonomisch relevant ist.

Damit der Technische Fortschritt zum Tragen kommt, ist in aller Regel ein Zusammenwirken des Produktionsfaktors Arbeit (einer besonderen Art von Arbeit) und des Produktionsfaktors Realkapital erforderlich. Eine Erfindung benötigt meist eine Investition, damit sie wirtschaftlich nutzbar gemacht werden kann.
Technischer Fortschritt im Sinne des Produktionsfaktors *zeigt sich* u.a. wie folgt:

1) Indem zuvor unbekannte Waren produziert werden.
2) Indem in einem Produktionsprozeß neue Maschinen oder Werkstoffe zum Einsatz kommen.
3) Indem ein Produktionsverfahren unter technischen oder organisatorischen Aspekten neu gestaltet wird.

Zusammenfassung:

1) Die VWL unterscheidet (klassisch) die drei Produktionsfaktoren Arbeit, Boden und Kapital. Heute vielfach üblich wird als vierter Faktor der Technische Fortschritt dazu gerechnet.

2) Produktion als wirtschaftlicher Begriff umfaßt die Herstellung von Gütern (von Waren und Dienstleistungen) zur unmittelbaren (= Konsum) und mittelbaren (= Investition) Bedürfniserfüllung.

3. Arbeit, damit der Produktionsfaktor Arbeit, liegt immer vor, wenn mit dieser Tätigkeit ein Einkommen erzielt werden soll.

4) Mit dem Produktionsfaktor Arbeit werden folgende Themen kurz erörtert:
   a) Die verschiedenen Arten an Arbeit und deren ökonomische Relevanz.
   b) Die statistische Struktur der Arbeit in der BRD und ihre Bedeutung.
   c) Die für unsere Gegenwart große Bedeutung der Arbeitsteilung.
   d) Das Problem des Beschäftigungsgrades und die Arten von Arbeitslosigkeit.
   e) Die Grundsätze der Arbeitsentlohnung.
   f) Die Problematik des Bevölkerungswachstums.

5) Der Produktionsfaktor Boden wird wirtschaftlich zum Anbau, zum Abbau und als Standort genutzt. Er unterscheidet sich von den übrigen Produktionsfaktoren vor allem dadurch, daß er unvermehrbar und unbeweglich ist.

6) Der Produktionsfaktor Boden als Anbauboden führt unmittelbar zum Fragenkomplex, wie es mit dem Boden möglich ist, die Erdbevölkerung zu ernähren. Boden als Abbauboden ist das Problem der Rohstoffe, die sehr ungleich auf die einzelnen Staaten verteilt sind und deren Menge begrenzt ist. Der Standort (des Bodens) stellt sich für jede Betriebsart unterschiedlich, wobei der Standort vorgegeben ist oder gewählt werden kann. Das Modell des isolierten Staates von H. v. Thünen führt in die Denkweise der Standorttheorie ein.

7) Beim Produktionsfaktor Kapital handelt es sich um Realkapital, d.h. um produzierte Produktionsmittel, Realkapital erhält man nur durch eine Umwegproduktion, seine Bedeutung liegt darin, daß mit seiner Hilfe eine erhebliche Steigerung des Produktionsergebnisses möglich ist.

8) Das Geldkapital = die für Investitionen bereitgestellten Geldmittel, ist die Vorform des Realkapitals.

9) Zur Realkapitalbildung ist zunächst das nötige Geldkapital bereitzustellen - Problematik des Sparens. Durch Investitionen muß das Geldkapital dann in Realkapital übergeführt werden = Problem des Investitionsumfanges. Meistens gleichen sich Sparen und Investieren nicht aus (= 2 verschiedene Gruppen).

10) Technischer Fortschritt als Produktionsfaktor ist gegeben, wenn bei gleichem Faktorinput ein quantitativ oder qualitativ größerer output sich ergibt.

1.2.3 Tausch und Kreislauf

Bei den Darlegungen zum Produktionsfaktor Arbeit ergab sich, daß die Arbeitsteilung für eine moderne Volkswirtschaft eine eminent wichtige Grundvoraussetzung darstellt. In einem Industriestaat führt die Arbeitssteilung zu einer immer weiter getriebenen Spezialisierung der beruflichen Tätigkeiten.
Arbeitsteilung und Spezialisierung bedingen aber zwei ökonomische Konsequenzen, einmal die Abhängigkeit und den Tausch.

Die Abhänigkeit als Folge der Spezialisierung

bedeutet, daß die Menschen schon sehr lange über das Stadium der autonomen, sich selbst versorgenden Hauswirtschaft, wie z. B. einer Bauernwirtschaft in der Antike, hinausgewachsen sind. Wir befinden uns auch nicht mehr im Produktionsstadium des Mittelalters, wo jeder Handwerker noch einen ganzen Artikel herstellte. Die moderne Wirtschaftsgesellschaft hat die Arbeitsteilung bis zum x-ten Grad weitergetrieben. Ein Arbeiter fertigt z.B. sein ganzes Leben lang Dichtungen, indem er am Automaten einige Einstellungen und dann nur wenige Handgriffe ausführt. Trotzdem erhält er für diese spezialisierte Leistung ein Einkommen, mit dem er sich "alle Güter der Welt" kaufen kann. Diese Spezialisierung führt allerdings zu einer weitgehenden *gegenseitigen Abhängigkeit.*

Jeder ist darauf angewiesen, daß seine Arbeitsleistung von anderen Wirtschaftssubjekten benötigt wird, d.h. daß man für die eigene spezielle Arbeitsleistung einen Arbeitsplatz erhält. Wird die Arbeit des Debitorenbuchhalters nicht mehr gebraucht, weil dies die EDV macht, so ist dies eine sehr schmerzliche Abhänigkeit geworden.

Die Abhänigkeit, bedingt durch die Spezialsierung, wirkt aber auch noch in einer anderen Richtung. Damit jeder Einzelne sein gewohntes Leben mit Essen, Heizung, Auto, Urlaub, Fernseher usw. führen kann, ist er darauf angewiesen, daß viele tausende Anderer ihre speziellen Leistungen ihm zur Verfügung stellen.

Stockt in diesem komplizierten *Leistungs-Gegenleistungsverhältnis* irgend etwas, sofort zeigt sich, wie sehr heute alles voneinander abhänig ist.

Der Tausch ist die zweite notwendige Folge der Spezialisierung. Ein Sänger und ein Dreher können dann beruhigt arbeiten, wenn sie sicher sind, daß sie sich für ihre Arbeitsleistung Nahrung, Kleidung usw. eintauschen können. Der Austausch der verschiedenen Leistungen und Gegenleistungen ist das typische Merkmal einer Industriegesellschaft. Der gegenseitige Austausch verschiedener Güter wurde vom Menschen schon sehr früh als vorteilhaft erkannt. Der Tauschvorgang spielt sich dabei zunächst als sog. *Naturaltausch* ab, d.h. es wird Ware gegen Ware getauscht. Ein Naturaltausch ist in vielerlei Hinsicht umständlich und zeitraubend. Will jemand Brot erwerben (eintauschen) und könnte er dafür einen Hammer hergeben, so muß er einen Partner finden, der Brot abgeben kann, dafür aber auch einen Hammer haben möchte. Dies heißt, für den Naturaltausch müssen zwei Tauschwünsche übereinstimmen (= sog. *doppelte Koinzidenz*). Beide Partner müßten sich auch über die Tauschrelation einigen, z.B. so viel Menge Brot = 1 Hammer. Weitere Schwierigkeiten bestehen in der Unteilbarkeit mancher Güter; im Lagerungsproblem; Dienstleistungen können nur am Ort erbracht werden; usw.. Eine moderne Industriewirtschaft ist in der Form des Naturaltausches nicht denkbar.

In allen entwickelten Wirtschaften wird deshalb der *Tausch mit Hilfe des Geldes* abgewickelt. Man tauscht das Gut, oder die Arbeitsleistung. die man hat und hergeben möchte zunächst in das allgemeine Tauschgut, eben in Geld ein und tauscht dann zum zweiten Mal dieses Geld in das eigentlich benötigte Gut bzw. die Leistung ein. Durch die Verwendung des allgemeinen Tauschmittels bzw. des Geldes entstehen statt des einen Tauschvorganges im Naturaltausch jetzt zwei. Trotzdem ist der Tausch jetzt insgesamt einfacher geworden. Der Hammerbesitzer muß jetzt nur noch einen Interessenten für seinen Hammer finden, nicht aber einen solchen, der genau auch das von ihm gewünschte Gut = Brot hat. Er akzeptiert vom Hammerkäufer Geld und kauft mit Geld dann Brot, da der Brotbesitzer seinerseits davon ausgeht, mit dem erworbenen Geld sich das kaufen zu können, was er möchte. Beim Tauschvorgang in einer Geldwirtschaft ist somit nur noch *einfache Koinzidenz* erforderlich. So vorteilhaft und notwendig das Geld in einer modernen Volkswirtschaft ist, darf nicht übersehen werden, daß vom Geldwesen auch beträchtliche wirtschaftliche Risiken ausgehen.

Das Wesentliche der beiden Tauscharten faßt die folgende Abbildung zusammen (siehe Abb. 1-6).

Beim Tausch mit Geld (= dem indirekten Tausch) ergibt sich für eine moderne arbeitsteilige Wirtschaft, daß in ihr eine Vielzahl ähnlicher Tauschvorgänge sowohl auf der Güter-, wie auf der Geldseite stattfinden. Die Zusammenfassung dieser ver-

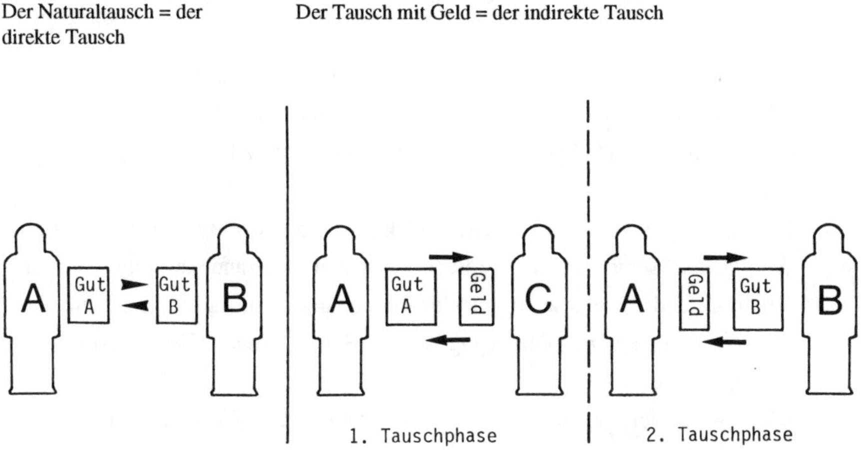

Abb.: 1-6 Naturaltausch und Tausch mit Geld

gleichbaren Tauschakte führt zum sog. *Kreislauf.* Die Zusammenfassung (= sog. *Aggregation*) sämtlicher güterwirtschaftlicher Tauschvorgänge (wo ein Gut auf einen Partner übergeht), bezeichnet die Kreislaufbetrachtung als einen Strom, hier als einen güterwirtschaftlichen bzw. *realen Strom.* Faßt man dagegen alle geldwirtschaftlichen Tauschakte zusammen (= Geld wechselt den Partner), so ergibt sich ein geldwirtschaftlicher bzw. *nominaler Strom.* Die Kreislaufanalyse faßt alle Partner, die zwischen diesen Tauschvorgängen stehen, zu einer Gruppe gleichartiger Partner zusammen. So z.B. die Gruppe die Geld hergeben will und dafür Waren möchte, zu den sog. Nachfragern bzw. Käufern oder Konsumenten. Diese aggregierten Gruppen gleichartiger Tauschpartner nennt die Kreislaufanalyse *Pole* oder *Sektoren.*

Diese Art der volkswirtschaftlichen Analyse (= sog. *makroökonomische Betrachtung*, siehe dazu Absch. 13) ermöglicht es, in das Gewirr der vielen Millionen von Tauschvorgängen in einer Volkswirtschaft eine Ordnung und einen Überblick zu bringen. Eine derartige Aussage würde u.a. lauten: Von den Produzenten fließt ein realer Strom an Gütern zu den Verbrauchern. Von diesen fließt dafür ein nominaler Strom an Geld zu den Produzenten.

Die Weiterentwicklung der Kreislaufbetrachtung und ihre graphische Darstellung erfolgt im Abschnitt 21.

Zusammenfassung:

1) Die heute nicht mehr wegzudenkende Arbeitsteilung führt zu einer weit getriebenen Spezialisierung der beruflichen Tätigkeiten und Leistungen.
2) Arbeitsteilung und Spezialisierung bedingen die Abhängigkeit und den Tausch.
3) Die Abhängigkeit der Wirtschaftssubjekte ist eine gegenseitige. Jeder ist abhängig, daß seine Leistung (z.B. seine Arbeit) von anderen benötigt wird. Während andererseits auch jeder davon abhängig ist, daß viele andere ihre Leistungen einem zur Verfügung stellen. Sog. Leistungs-Gegenleistungsabhängigkeitsverhältnis.
4) Die Spezialisierung, deren Ergebnis Leistungen und Gegenleistungen sind, erfordert zum Austausch von Leistung und Gegenleistung den Tausch.
   Der Naturaltausch, der eine doppelte Koinzidenz der Tauschwünsche voraussetzt, ist in einer modernen Volkswirtschaft durch den Tausch mit Geld ersetzt worden (einfache Koinzidenz).
5) Die Kreislaufanalyse faßt vergleichbare Tauschvorgänge güter- und geldwirtschaftlicher Art zu sog. realen und nominalen Strömen zusammen. Die aggregierten vergleichbaren Tauschpartner ergeben Pole oder Sektoren.

1.2.4 Ausblick auf Grundprobleme der Volkswirtschaftslehre

Nachdem die heute herrschenden Grundtatsachen der VWL dargelegt wurden, sollen kurz die wichtigsten Prolembereiche aufgeführt werden, wobei es üblich ist, diese systematisch in große Gruppen einzuteilen.

In Anlehung an *Walter Eucken* und *Paul A. Samuelson* zunächst eine weit verbreitete Darlegung: Jede Wirtschaft, ob es sich um eine selbst versorgende Bauernwirtschaft der Antike handelt oder eine moderne arbeitsteilige Volkswirtschaft in Ost und West muß folgende drei Grundfragen beantworten:

1) *Was* für Güter sollen in welchen Mengen produziert werden.
2) *Wie* sollen diese Güter produziert werden, d.h. durch welche Kombination der Produktionsfaktoren.
3) *Für wen* sind die so produzierten Güter bestimmt, d.h. wer soll sie in welchen Mengen erhalten.

W. Eucken macht aus diesen drei Kernfragen fünf:

Was, wofür, wann, wie und wo wird produziert.

Aus diesen Grundfragen lassen sich in Anlehnung an *A. Woll* folgende Teilgebiete der VWL ableiten:

Fragestellung	=	Teilgebiet der VWL
1) Welche Gütermengen werden warum nachgefragt		Haushalts- bzw. Nachfrage-theorie
2) Welche Güter werden wie produziert		Produktions- bzw. Angebots-theorie
3) Welche Mengen an Gütern werden zu welchen Preisen verkauft		Preistheorie
und wovon hängt die gesamtwirtschaftliche Produktion ab		Allokationstheorie
4) Wovon hängt die Verteilung auf die Produktionsfaktoren ab		Verteilungstheorie
5) Wovon hängt die Beschäftigung von Arbeitsleistungen ab		Beschäftigungstheorie
6) Gründe und Bedingungen für die Entwicklung und das Wachstum		Wachstumstheorie
7) Aufgaben und Wirkungen des Geldes und Kredites		Geld- und Kredittheorie
8) Die gesamtwirtschaftliche Entwicklung hängt wovon ab		Konjunkturtheorie
9) Welche ökonomischen Besonderheiten ergeben sich dadurch, daß Volkswirtschaften ihre Leistungen austauschen.		Außenhandelstheorie

Aus diesem Katalog an volkswirtschaftlichen Teilgebieten sind heute folgende Bereiche von besonderer wirtschaftspolitischer Bedeutung:

1) Allokationsproblem
2) Stabilität der wirtschaftlichen Entwicklung
3) Wirtschaftswachstum
4) Einkommensverteilung

Das *Allokationsproblem* gründet sich auf die Spannung zwischen Bedürfnissen und Knappheit der Güter und versucht, daraus folgende Fragen zu beantworten: Welche Güter sollen angesichts der Knappheit und der Bedürfnisse in welchen Mengen von welchen Betrieben hergestellt werden. Wie sollen in diesen Betrieben welche Produktionsfaktoren mit welchen Kombinationsverfahren dazu eingesetzt werden. Das Allokationsproblem ist eine Kombination von Haushalts-, Produktions- und Preistheorie.

Unter der anzustrebenden *Stabilität der wirtschaftlichen Entwicklung* versteht man, ob es gelingt, den Wirtschaftsablauf so zu steuern, daß jederzeit alle angebotenen Produktionsfaktoren beschäftigt sind. Diese Forderung zielt dabei besonders auf den Produktionsfaktor Arbeit, d.h. auf Vollbeschäftigung ab.

Ein wirtschaftliches *Wachstum* liegt vor, wenn eine Volkswirtschaft im Vergleich zur Vorperiode insgesamt ein Mehr an Waren und Dienstleistungen erzeugt hat (wenn eine reale Zunahme des Sozialproduktes sich ergab). Bei der Transformationskurve ergab sich, daß Wachstum relativ leicht realisierbar ist, von einem Punkt innerhalb der Kurve, d.h. wenn noch nicht alle Produktionsfaktoren eingesetzt sind. Befindet man sich dagegen bereits auf der Kapazitätskurve, so ist Wachstum nur durch eine Rechtsverschiebung der Kurve möglich, d.h. wenn es gelingt, das Potential der Produktionsfaktoren zu vergrößern (inkl. dem Produktionsfaktor Technischer Fortschritt). Auf die große Bedeutung des Produktionsfaktors Realkapital und des Technischen Fortschritts wurde dabei hingewiesen. In neuerer Zeit wird dabei auf die Ausbildung als einem Wachstumsfaktor für einen besseren Einsatz des Produktionsfaktors Arbeit hingewiesen.
Die *Einkommensverteilung* (die Verteilungsfrage) klärt, wie sich das Sozialprodukt einer Volkswirtschaft (= alle produzierten Güter) auf die verschiedenen Produktionsfaktoren bzw. Gruppen bzw. Wirtschaftssektoren aufteilt, d.h. wie groß der Anteil jeder Gruppe am Sozialprodukt ist. Man unterteilt dabei in die *funktionale Einkommensverteilung*, d.h. in die Darlegung, welcher Sozialproduktsanteil auf die Produktionsfaktoren entfällt. Dabei ergibt sich Lohneinkommen, Grundrente (Boden), Zins

(Kapital) und als Rest Gewinn. Die *personelle Einkommensverteilung* versucht zu klären, warum in den verschiedenen Einkommensklassen (bis 1.000 DM, 1.000 - 2.000 DM, usw. monatlich) so und so viele Personen sind.

1.3 Arbeitsmethode der Volkswirtschaftlehre

Die Volkswirtschaftslehre hat wie jede Wissenschaft eine besonders für ihre Belange geeignete Arbeitsmethode. Das Besondere und Wesentliche des wissenschaftlichen Arbeitsverfahrens in der VWL und damit grundsätzlich in den Wirtschaftswissenschaften, soll hier dargelegt werden. Unter einer wissenschaftlichen Arbeitsmethode versteht man (hier der VWL):

1) wie Erkenntnisse gewonnen werden, d.h. welche Wege bzw. Verfahren eingeschlagen werden, um zu Erkenntnissen zu gelangen = *Erkennen.*

2) wie diese Erkenntnisse am besten zusammengestellt werden, d.h. welches Ordnungssystem am zweckmäßigsten ist = *Zusammenstellen.*

3) wie diese Erkenntnisse am besten dargestellt werden könnten, d.h. was ist das beste Verfahren, damit dies von anderen nachvollzogen werden kann = *Darstellen.*

Von den drei Stichworten Erkennen, Zusammenstellen und Darstellen, die eine wissenschaftliche Arbeitsmethode umschreiben, ist das Erkennen das bedeutungsvollere. Die folgenden beiden Unterabschnitte beschäftigen sich damit.

1.3.1 Methodenstreit: Induktion - Deduktion

Unter den Vertetern der Wirtschaftswissenschaften, insbesondere der Nationalökonomie, ist ein heftig geführter Streit darüber entbrannt, was für diese Disziplin die richtige Methode des Erkennens sei. Die Kontroverse spitzt sich auf die Begriffe zu, ob für die VWL die Induktion oder die Deduktion das richtige Verfahren sei, um zu Erkenntnissen zu gelangen. In der Literatur bezeichnet man diese Auseinandersetzung kurz als den *Methodenstreit.*

Der *erste* Methodenstreit in der VWL wurde in den 1880iger Jahren, insbesondere zwischen *Gustav Schmoller* (sog. Historische Schule) als Vertreter der Induktion und *Carl Menger* (sog. Grenznutzenschule - Neoklassik) als Vertreter der Deduktion geführt.

Die Induktion (das induktive Verfahren um zu erkennen) geht von der *einzelnen tatsächlichen Erscheinung* aus und versucht zu ergründen, was in dieser einzelnen Erscheinung an Grundsätzlichem enthalten ist. Dann wird die nächste einzelne Erscheinung ebenfalls daraufhin untersucht, was in ihr an grundsätzlicher Erkenntnis steckt. Dann die dritte einzelne Erscheinung. Dieses Verfahren wird so lange fortgesetzt, bis man sicher ist, eine allgemein gültige Aussage (= Erkenntnis) formulieren zu können. Das Verfahren ist dabei weitgehend dem empirischen statistischen Verfahren verwandt und wird heute bei Massenerscheinungen weitgehend eingesetzt und anerkannt. Vor allem auf dem Gebiet Markt-, Konsum-, Motiv- und Konjunkturforschung bedient man sich der induktiv empirischen statistischen Methode. Wenn z.B. im Rahmen einer Marktforschungsanalyse durch Befragung von 2.000 Rauchern festgestellt wird, ob eine Zigarettenpackung als Hart- oder Weichbox gefertigt werden soll, so liegt eine induktive Methode vor.

Die Deduktion verfährt dagegen umgekehrt. Sie geht von *bestimmten Grundannahmen* (Axiomen oder Prämissen) aus und *gelangt* durch logische *Kombination* und Ableitung zu neuen *Erkenntnissen* oder Schlußfolgerungen. Während die Induktion vom Besonderen zum Allgemeinen gelangt, geht die Deduktion vom Allgemeinen zum Besonderen. Die Prämissen der deduktiven Methode stammen dabei entweder aus der empirischen Erfahrung oder aus einer weltanschaulichen Konzeption. Da der Dreh- und Angelpunkt einer deduktiv gewonnenen Erkenntnis in den Wirtschaftswissenschaften in den Prämissen liegt, kann man die Forderung erheben, daß diese Prämissen induktiv gewonnen werden sollten. Nur wenn die Grundannahmen mit der Realität im Einklang stehen ist sicher, daß eine deduktive Erkenntnis auch mit der Wirklichkeit übereinstimmt.

Wenn wir z.B. als Prämisse annehmen, daß die Konsumenten beim Kauf von Nahrungsmitteln grundsätzlich nach dem ökonomischen Prinzip handeln, so ließe sich folgende Aussage für die Verbrauchernachfrage nach Butter entwickeln. Handeln die Konsumenten nach dem Rationalprinzip und ist eines ihrer Bedürfnisse Butter, so wollen sie Butter möglichst preiswert und qualitativ günstig erwerben. Nimmt man an, daß die Qualität bei Butter gleich ist (was man grundsätzlich kann), dann hängt die Butternachfrage nur noch vom Preis ab. Ergo werden die Verbraucher ihren Butterbedarf dort befriedigen, wo diese am billigsten ist.

Die *Alternative* Induktion oder Deduktion in den Wirtschaftswissenschaften wird heute überwiegend *nicht mehr gestellt*, denn man hat erkannt, daß sich beide Verfahren nicht ausschließen, sondern ergänzen, d.h. je nach dem Objekt oder der Aufgabe einmal besser ein induktives oder ein deduktives Verfahren angewandt wird. Wirtschaftswissenschaftliche Forschung ist heute ohne Deduktion nicht mehr vorstellbar, genauso undenkbar ist es aber, nach einer deduktiven Ableitung nicht auch zu den Fakten der Realität = der Induktion zurückzukehren.

1.3.2 Ökonomische Modelle und Theorien

Aus den bisherigen Darlegungen in diesem Buch und aus der Alltagserfahrung ergibt sich, daß die Wirtschaftswissenschaften und in ganz besonders ausgeprägtem Maße die *VWL* keinen greifbaren Gegenstand, *kein faßbares Objekt* haben, das ihr Untersuchungsgegenstand ist. Während der Botaniker die Pflanzen, der Arzt die Menschen hat, fehlt in der VWL die konkrete Gestalt. Das Objekt, mit dem *die VWL sich beschäftigt, ist das geistige Abbild des gesamten realen Wirtschaftsgeschehens.*

Um dieses Objekt der VWL zu erkennen, kann nur eine besondere Fähigkeit des menschlichen Geistes angewandt werden, das Arbeiten mit Begriffen. Nur mit Begriffen und Kombinationen von Begriffen, mit Zusammenhängen und Erklärungen durch Begriffe können volkswirtschaftliche Fragen erkannt und geklärt werden. Was für den Schmied der Hammer, für den Arzt das Stethoskop, ist für den Volkswirt der Begriff. Dies erklärt auch, warum die bei Studenten nicht so beliebten Begriffe besonders am Anfang so gehäuft auftreten.

Der Begriff stellt eine Denkeinheit dar, in der Eigenschaften oder Zusammenhänge von Objekten ausgedrückt werden.

Ein Begriff wird zunächst durch ein Wort, meist durch mehrere Wörter verbal beschrieben, d.h. in der Regel durch einen oder mehrere Sätze ausgedrückt.

Um zur Darstellung von Begriffen nicht immer lange Sätze verwenden zu müssen, kürzt man die Ausdrucksweise gerne ab, indem man nur einzelne Buchstaben (z.B. "S" für Sparen, "I" für Investition) oder allgemeine Zeichen (z.B. %, §) oder immer häufiger die mathematische Darstellung (hier vor allem die Funktion) verwendet.

Den Inhalt eines Begriffes machen die jeweiligen Eigenschaften und Zusammenänge des betreffenden Gegenstandes aus. Um diesen Begriffsinhalt festhalten und festlegen zu können, wird seine Definition festgelegt.

Die Definition eines Begriffes dient somit dazu, den Inhalt, d.h. die Eigenschaften und Zusammenhänge eines Begriffes festzuhalten.

Besteht die erste Schwierigkeit für die *VWL* darin, daß sie keinen faßbaren Gegenstand hat und mit Begriffen ausschließlich arbeiten muß, so ergibt sich eine *weitere Schwierigkeit daraus*, daß *sie zum Erkennen keine Versuche, keine Experimente machen kann.*

Während für die Naturwissenschaften das Experiment das wichtigste Hilfsmittel darstellt, um zu neuen Erkenntnissen zu gelangen, steht der Nationalökonomie dieser Weg nicht offen. Es gibt kein Laboratorium, in dem man die Wirkungen der Einführung einer neuen Steuer oder die Auswirkungen einer Investitionslenkung studieren könnte. Da die Volkswirtschaft selbst als Laboratorium nicht in Betracht kommt, kann man in der VWL nur im Wege eines *gedanklichen Experimentes* zu neuen Erkenntnissen gelangen, in Form einer sog. *Theorie,* manchmal auch als *Modell,* oder als theoretisches Modell bezeichnet. Der Ausdruck Theorie ist heute auf's Engste in die VWL integriert. So wird jedes Sachgebiet als Theorie bezeichnet, z.B. Preistheorie, Investitionstheorie, Wachstumstheorie usw. Daneben aber wird dieser Ausdruck sehr oft falsch verstanden, nämlich als Gegensatz zur Praxis, zur Realität. Der Begriff Theorie kennzeichnet aber die notwendige und nur so mögliche Art der Erkenntnisgewinnung in der Volkswirtschaftslehre.

Theorie ist dabei kein Gegensatz zur Praxis, sondern stellt ein stark vereinfachtes Bild der Realität dar. Man verzichtet in einer Theorie auf die vielen Einzelheiten und beschränkt sich lediglich auf die wichtigsten Größen.

Um ein gedankliches Experiment über ein ökonomisches Thema anzustellen, ist es nicht nur nicht möglich, alle zig-tausend Einzelheiten und Größen zu berücksichtigen, es ist auch gar nicht erforderlich. Da es zunächst darauf ankommt, das Wesentliche zu erkennen, kann man unwichtige Einzelheiten weglassen und sich in der Überlegung nur auf das Wichtigste beschränken. Man vereinfacht das Thema, man abstrahiert. Dieses Gedankengebilde, dieses Modell, das für das gedankliche Experiment dann noch übrigbleibt, stellt die echte Realität nicht dar, ist aus dieser aber abgeleitet und soll dazu beitragen, die Wirklichkeit zu verstehen. Ein theoretisches Modell ist einer Autokarte vergleichbar, die auch übersichtlich nur die wichtigsten

Straßenverbindungen aufzeigt, bewußt auf eine Fülle an Einzelheiten verzichtet, aber nur so ihrer Aufgabe als Autokarte gerecht wird.

Der Sinn und Zweck, die Existenzberechtigung einer Theorie als Resultat eines gedanklichen ökonomischen Experimentes, ist nur dann gegeben, wenn uns diese Theorie hilft, die realen Wirtschaftserscheinungen zu verstehen und zu beurteilen. D.h. jede Theorie ist daran zu messen, ob sie die Emperie, die Praxis erklären kann.

> Das gedankliche ökonomische Experiment, das mit Begriffen arbeitet, dabei u.U. ein Modell entwickelt, als Ergebnis eine Theorie anbietet, verwendet die sog. *ceteris-paribus-Klausel.*

Eine *weitere Besonderheit* des gedanklichen Experimentes ist die *häufige Anwendung* der *ceteris-paribus-Klausel.* Bei einer in sich logischen Ableitung eines ökonomischen Zusammenhanges stört es beträchtlich, wenn man gleichzeitig den Einfluß einer Vielzahl variabler Größen berücksichtigen wollte. Um diese störenden Einflüsse auszuschalten, nimmt man die anderen, zunächst nicht wichtigen Variablen, als konstant an und leitet die Überlegung unter der Voraussetzung "unter sonst gleichbleibenden Umständen = ceteris paribus" ab. Die ceteris-paribus-Voraussetzung kann (und sollte) man dann schrittweise aufheben, indem eine der Größen nach der anderen, die zunächst als konstant unterstellt wurde, als Variable in die Überlegung eingeht.

> Die ceteris-paribus-Klausel = unter sonst gleichbleibenden Umständen, nimmt bis auf eine (oder wenige) variable Größe alle anderen Einflußfaktoren als konstant an und entwickelt unter dieser Annahme die Theorie.

Die Arbeitsweise der wirtschaftswissenschaftlichen Forschung ist das gedankliche Experiment, wobei uns dieses oft in Form eines Modelles (= abstrahierte Realität) gegenübertritt. In einem derartigen Modell arbeitet man mit Begriffen bzw. Definitionen und verwendet die ceteris-peribus-Klausel. Das Ergebnis ist eine Theorie.

In welchen einzelnen Schritten diese Arbeitsweise im *Idealfall* abläuft, verdeutlicht das folgende Schema (siehe Abb. 1-7).

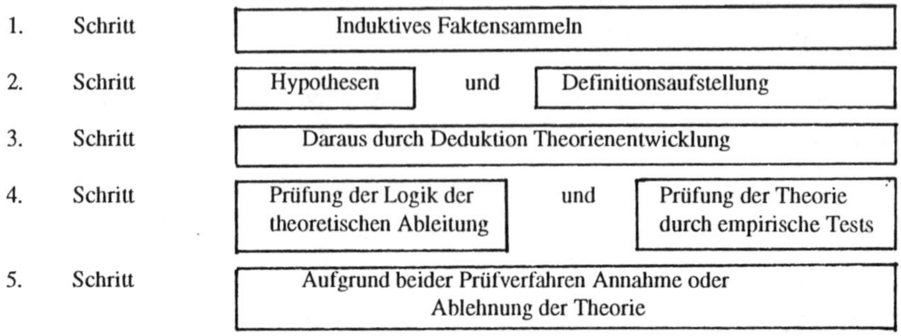

Abb.: 1-7: Schema der Entstehung und Prüfung einer ökonomischen Theorie

Wie im Abschnitt zur Deduktion dargelegt wurde, sollen bei dieser die Annahmen (Prämissen) durch induktive Überlegungen gewonnen werden. Daraus folgt, daß der *1. Schritt* zu Entwicklung einer Theorie in der Beobachtung der wirtschaftlichen Realität und der Sammlung (induktiv) der wichtigsten Fakten besteht. Der Anstoß und die Richtung dieser Faktensammlung erfolgt oftmals durch auftretende ungelöste Probleme der Wirtschaft.

Da, wie bereits erörtert, man es hierbei mit wirtschaftlichen Begriffen zu tun hat, ist im *2. Schritt* zunächst für die wichtigen, notwendigen Begriffe eine Definition aufzustellen. Da man bei einem Problem fast immer die auslösende Ursache erforschen will, formuliert man aus den Fakten eine Beziehung zwischen den Ereignissen und den (vermuteten) auslösenden Faktoren, d.h. man stellt zwischen Ereignis und auslösendem Faktor eine *Hypothese* auf. Die Aussagen nun, die sich aus derartigen Hypothesen logisch richtig machen lassen, bezeichnet man als *Prämissen*. Lassen sich aus so aufgestellten Hypothesen weitere Hypothesen ableiten (sog. deduzierte Hypothesen), so nennt man diese *Konklusionen.*

Im *3. Schritt* wird durch Deduktion unter Verwendung der Hypothesen und Prämissen durch logische Kombination *ein Resultat, eine Theorie* entwickelt.

Eine wichtige Überlegung stellt im *4. Schritt* die Prüfung der Theorie dar, wobei zunächst geprüft wird, ob die aufgestellten Hypothesen in Bezug auf die entwickelte Theorie in sich logisch sind (sog. *Konsistenztest*). Als nächste Überlegung wird geprüft, ob die Theorie mit den empirischen Fakten übereinstimmt, d.h. die Realität erkennt (sog. *empirischer Test*).

Im 5. *Schritt* wird auf Grund der Ergebnisse der Konsistenz - und des empirischen Tests die Annahme und Ablehnung der Theorie entschieden. Hat eine Theorie beide Tests bestanden, so kann sie als *vorläufig richtige Theorie* angesehen werden und für wirtschaftspolitische Entscheidungen Verwendung finden. Vorläufig richtig heißt dabei, daß eine ökonomische Theorie nicht wie ein bewiesenes Naturgesetz immer eine gültige Erkenntnis darstellen muß, da sich im Wirtschaftsbereich ständig Wandlungen vollziehen, die eine einmal richtige Theorie umwerfen können. (Spricht man im Wirtschaftsbereich von Gesetzen, darf man diese nicht im Sinne von Naturgesetzen, sondern im Sinne der eben dargelegten Theorie nur verstehen.) Ist eine *Theorie abzulehnen*, weil sie einen oder beide Tests nicht bestanden hat, so wäre zu entscheiden: a) Ist die Theorie endgültig zu verwerfen und für das Problem ein neuer Lösungsversuch zu starten, oder b) soll die Theorie in verbesserter Form beibehalten werden, indem die Schritte 2 und 3, eventuell auch 1, nach Fehlerquellen, falschen Hypothesen, einer nicht logischen Deduktion untersucht werden und ein neuer, verbesserter Ansatz den Tests unterzogen wird.

Zusammenfassung:

1) Die Frage, wie Erkenntnisse in der VWL zu gewinnen sind, die als Methodenstreit zwischen der Induktion und der Deduktion geführt wurde, gilt heute als überwunden; beide Verfahren sind notwendig und nützlich.
2) Die Induktion untersucht eine Vielzahl empirischer Einzelsachverhalte darauf, was in ihnen an Grundsätzlichem steckt. Daraufhin wird ein Resultat verkündet (siehe z.B. Marktforschung).
3) Die Deduktion geht demgegenüber von Grundannahmen aus und gelangt durch logische Ableitung und Kombination zu einer allgemein gültigen Aussage.
4) Da die VWL keinen konkreten Gegenstand als ihr Forschungsobjekt hat, muß sie ausschließlich mit Begriffen arbeiten, wobei dessen Definition den Inhalt des Begriffes formuliert. Eine zweite Schwierigkeit liegt für die VWL darin, daß sie keine Experimente machen kann, um zu Erkenntnissen zu gelangen. Sie hat nur die Möglichkeit einer gedanklichen Überlegung.
5) Das Ergebnis eines ökonomischen gedanklichen Experimentes wird oft als Theorie bezeichnet. Zwischen Theorie und Praxis besteht dabei kein Widerspruch. Die Theorie stellt ein vereifachtes Bild der Realität dar und dient dazu, die verwirrende Wirklichkeit der Wirtschaft zu verstehen.

6) Der Grundgedanke zur Entwicklung einer ökonomischen Theorie besteht in der Abstraktion der Realität unter Verwendung der ceteris-paribus-Klausel.

1.3.3. Werturteil und Wirtschaftswissenschaft

Aussagen über Dinge oder Sachzusammenhänge kann man auf zwei völlig unterschiedliche Arten vornehmen.
Die Aussage, dieses Wohnhaus hat neben dem Erdgeschoß noch 3 Stockwerke und ist als Würfel gebaut (d.h. mit rechtwinkligen Kanten und nicht rund oder sonst wie) ist eine *objektive Sachaussage*. Es liegt eine gegenständliche Beschreibung des Hauses vor, die jeder vernunftbegabte Mensch nachvollziehen kann und sie somit als zutreffend anerkennen wird.

Eine andere Aussage über das Wohnhaus wäre, daß es schön gebaut sei und in einer bevorzugten Gegend liege. Die zweite, doppelte Aussage stellt keinen objektiven Begriff dar, vielmehr enthält sie die persönliche Ansicht des Betrachters, denn ein anderer könnte der Meinung sein, das Haus sei ein Schandfleck, weil häßlich gebaut und liege in einer lärmbelästigten Gegend und sei somit unvorteilhaft. In den Begriffen schön, häßlich, vorteilhaft, ungünstig drücken sich persönliche Wertungen aus, es handelt sich somit um ein *subjektives Werturteil.*

In den Wirtschaftswissenschaften, insbesondere wieder in der Nationalökonomie, ist eine Diskussion um die Frage entstanden, ob in ihr (und darüberhinaus in den Wissenschaften allgemein) Werturteile enthalten sein dürfen oder nicht. Diese Diskussion, oft als der *Zweite Methodenstreit* bezeichnet, wurde Anfang des 20. Jhh. zwischen *Max Weber* und *Werner Sombart* als den Repräsentanten der werturteilfreien Nationalökonomie und *Gustav Schmoller* und *E. von Philippovich* als den Vertretern der wertenden Nationalökonomie ausgetragen.

Nach der heute herrschenden methodologischen Auffassung soll sich die Wissenschaft, damit auch die VWL, von Werturteilen frei halten. Man folgt heute somit im wesentlichen der Auffassung von Max Weber. Vor allem für die VWL ergeben sich daraus eine Reihe von Konsequenzen, aber auch Schwierigkeiten, so für die Wirtschaftspolitik.

Zunächst ist festzuhalten, will man wissenschaftlich arbeiten und sich wissenschaftlich ausdrücken, d.h. im Falle der VWL, die realen Wirtschaftsgeschehnisse objektiv, nach dem jeweiligen Erkenntnisstand darlegen, so muß man sich dabei von Werturteilen frei halten. Würde man die Verwendung von Werturteilen auch nur teilweise zugestehen, so würde ein nicht mehr entwirrbares Durcheinander von Halbwahrheiten und persönlichen Auffassungen das Ergebnis sein.

Werturteile sind nicht imstande, etwas zur Erkenntnis der wirtschaftlichen Wirklichkeit beizutragen, da sie lediglich die Ansicht oder Stellungnahme einer Person darlegen.

Die Behauptung beispielsweise, Kauf und Besitz eines Sportautos stelle einen Luxus dar und sei somit mit einer Luxussteuer zu belegen, stellt ein Werturteil dar und ist somit unwissenschaftlich. Die sehr häufig gebrauchten Begriffe wie "gerecht, gut, fortschrittlich" sind typisch für Werturteile bzw. politische Äußerungen.

Hinter der Aussage einer "gerechten Besteuerung" oder einer "fortschrittlichen Sozialpolitik" verbirgt sich oft die handfeste Absicht, eine bestimmte Meinung durchzusetzen.

Eine besondere Problematik ergibt sich bei der Untersuchung des Ziel-Mittel-Verhältnisses in der Wirtschaftspolitik. Aus der Forderung, die VWL habe sich von Werturteilen frei zu halten, folgert man für den Bereich der Wirtschaftspolitik, daß sie nur zu untersuchen habe, wie ein bestimmtes Ziel mit welchen Mitteln am günstigsten zu realisieren sei. Dabei übersieht man aber, daß ein wirtschaftspolitisches Ziel sehr wohl ein Werturteil sein kann. Die Aussage: Wenn sich für die BRD ein möglichst hohes wirtschaftliches Wachstum ergeben soll (= Ziel), so ist dies nur bei Vollbeschäftigung (= Mittel) möglich, enthält im Ziel (= hohes Wachstum) ein Werturteil. Man kann durchaus unterschiedlicher Auffassung sein, ob hohes Wachstum herrschen soll.

Enthält man sich aber streng der Beurteilung des Für und Wider eines Zieles und untersucht man lediglich (wertfrei), wie dieses Ziel mit welchem Mittel am optimalsten erreichbar ist, so kann man sich im Extremfall in die bedenkliche Nähe jenes "Organisationsfachmannes" bringen, der den Transport von Tausenden von Menschen in Liquidierungslager optimal organisierte, ohne nach dem Für und Wider zu fragen.

Aus dem Dilemma, in der VWL Werturteile möglichst zu vermeiden, ließe sich folgendes Vorgehen entwickeln:

1) Grundsätzlich sind Werturteile zu vermeiden bzw. zu unterlassen.

2) Zur Vermeidung von Mißdeutungen, ob ein Werturteil oder eine wissenschaftliche Aussage vorliegt, hilft eine sorgfältige Definition und Sprachregelung.
3) Meint man, ein Werturteil nicht vermeiden zu können, z.B. Beurteilung eines Zieles, so ist dies unbedingt deutlich als solches auszuweisen.

1.3.4 Darstellungsformen in der Volkswirtschaftslehre

1.3.4.1 Grundsätzliche Sprachformen der Volkswirtschaftslehre

Die Sachzusammenhänge der Volkswirtschaftslehre lassen sich prinzipiell auf drei verschiedene Arten zum Ausdruck bringen:
1) Verbal,
2) geometrisch (graphisch)
3) mathematisch (algebraisch)

Die verbale Darstellung (Wörter, Sätze) ist vor allem dem Verständnis eines Studienanfängers leicht zugänglich. Sie dominierte vor allem in der Vergangenheit. Viele Bereiche der VWL kann man ausreichend verständlich verbal darlegen, obwohl manchmal eine gewisse Umständlichkeit in der Beschreibung in Kauf genommen werden muß. Sie ist auch heute unentbehrlich, um ökonomische Begriffe, Ziele und Instrumente (Mittel) der Wirtschaftspolitik, zahlenmäßig nicht erfaßbare Tatbestände (z.B. psychologische menschliche Reaktionen), einfache wirtschaftliche Zusammenhänge und außerökonomische Fakten verständlich darzustellen.

Die Pflege der verbalen Darstellung soll darüber hinaus ein Hinweis sein, daß es bei vielen mathematischen Systemen oft für bestimmte Größen keine empirischen Daten gibt, manche Ableitungen nicht testbar sind und die Resultate mathematischer Modelle und die Folgerungen daraus wieder in die Verballogik übertragen werden müssen.

Die geometrische (graphische) Darstellung hat sich in letzter Zeit verstärkt durchgesetzt. Ein wichtiger Grund dürfte allein schon darin liegen, daß eine Graphik, ein Bild für viele Menschen leichter verständlich ist und besser im Gedächtnis haften bleibt. Für die Lehre ist diese Darstellung somit aus didaktischen Gründen günstig. Besondere Verständnisschwierigkeiten bestehen bei einer geometrischen Darstellung ebenfalls nicht. Die Geometrie hat heute ihren festen Platz in der Produktions-Kosten-Nachfragetheorie und in allen Varianten und Anwendungen der Preistheorie sowie in der makroökonomischen Theorie der Volkseinkommensbestimmung. Der Nachteil der geometrischen Darstellung liegt in der Beschränkung auf die Ebene, d.h. üblicherweise lassen sich nur die Beziehungen zwischen zwei Größen darstellen. Verwendet man die projektive Geometrie (dreidimensionale Darstellung), um den Zusammenhang von drei Variablen auszudrücken, so wird die Darstellung oft unübersichtlich und der Vorteil der Graphik geht wieder verloren.

Die mathematische Darstellung hat insbesondere nach dem zweiten Weltkrieg stark an Bedeutung zugenommen. Obwohl der Mathematisierungsgrad der verschiedenen Hochschulen unterschiedlich ist, wird eine tiefere Eindringung in die moderne Materie der Nationalökonomie (moderne angelsächsische Literatur, Studium der VWL) ohne die mathematische Sprache nur sehr schwer möglich sein. Ist die VWL dagegen ein Grundlagenfach, wie z.B. an den Fachhochschulen, so hält sich allein aus der erforderlichen Zeit- und Stoffbegrenzung die Mathematik im Rahmen.

Umso komplizierter die ökonomische Struktur wird, umso komplexer wird das Hypothesensystem und demzufolge die Deduktion einer Theorie schwieriger. Hierbei zeigt sich der große Vorteil der Mathematik in der Ökonomie. Sie zwingt den Forscher zu einer präzisen Formulierung und zeigt die typischen Eigenschaften und Strukturen der Theorien und Modelle auf. Dadurch ist es eher gewährleistet, daß eine Theorie in sich logisch ist (siehe Abschn. 132 dazu). Die Mathematik fand besonders Eingang in den Gebieten Wachstumstheorie, Input-Output-Analyse, Markt-Produktions-Preistheorie, Nutzen-,Nachfrage-, Welfare-, Gleichgewichts-, Kreislauf- und Standorttheorie.

An mathematischen Verfahren finden vor allem die Funktionen, die Funktionsgleichungen und die Differentialrechnung Anwendung.

Die weiteste Verbreitung haben die *Funktionen* gefunden, da sie besonders geeignet sind, die Art und den Umfang der Abhängigkeit ökonomischer Größen auszudrükken. Betrachtet man die bekannte Funktion zwischen den zwei Größen y und x, wobei y die abhängige und x die unabhängige Größe darstellt, so wird ihr Zusammenhang üblich beschrieben als:

$$y = f(x)$$

Hier würde eine Funktion mit nur einer Variablen vorliegen. Nehmen wir an, daß die gesamten Konsumausgaben einer Volkswirtschaft (= C) nur vom Volkseinkommen (= Y) abhängen, so läßt sich dies analog schreiben als:

$$C = F(Y) \qquad \text{oder auch als:} \qquad C = C(Y)$$

Will man den nämlichen Sachverhalt durch die Einführung der Zeit genauer ausdrücken, so kann man an die Größen als Suffix die Zeit (= t) anfügen als:

$$C_t = f(Y_{t-1})$$

D.h., die Konsumausgaben C der gegenwärtigen Periode = t hängen ab vom Volkseinkommen Y der Vorperiode = t - 1.

In den Wirtschaftswissenschaften unterscheidet man vor allem zwei *Funktionsarten*, die technischen Funktionen und die Verhaltensfunktionen.

Eine technische Funktion beschreibt den Zusammenhang technisch bestimmter Größen, z.B. Produktionsfunktionen. Verhaltensfunktionen beschreiben dagegen die in der Ökonomie so wichtigen menschlichen Verhaltensweisen.

Die *Funktionsgleichung* informiert erheblich mehr als eine bloße Funktion, indem sie die Art der Abhängigkeit zwischen den Größen präzisiert, d.h. in den jeweiligen Funktionstypen ausdrückt. Schreiben wir die Funktion

$$C_t = F(Y_{t-1})$$

in der Form

$$C_t = a + b \cdot Y_{t-1},$$

so liegt die einfachste Funktionsgleichung, nämlich eine lineare Funktion (= Gerade) vor. a wäre dabei ein absoluter Wert (hier das sog. Existenzminimum) und b das Steigerungsmaß der Geraden (hier der sog. Konsumhang). Liegen empirische quantitiative Daten für Y vor und wird diese Funktionsgleichung unterstellt, so kann man daraus die Konsumausgaben rechnerisch ermitteln.

Die *Differentialrechnung* findet vor allem in der Grenz- bzw. Marginalanalyse Anwendung, da sie sich besonders eignet, die Fragestellung der Marginalanalyse (siehe folgenden Abschnitt) zu beantworten. Als Rechenoperation findet dabei der Differenzquotient (der Größen x und y), d.h. $\Delta y / \Delta x$ und der (eigentliche) Differentialquotient dy/dx Anwendung. Da sich bei den empirischen Daten der Wirtschaft oft die Annahme nicht machen läßt, daß die Differenz Δx gegen Null strebt, rechnet man bei Marginalanalysen ersatzweise mit dem Differenzenquotienten, obwohl die Hypothese den Differentialquotienten unterstellt.

1.3.4.2 Spezielle Darstellungsformen der Volkswirtschaftslehre

Neben den grundsätzlichen Sprachformen der VWL gibt es eine Reihe besonderer Darstellungsmöglichkeiten, insbesondere:

1) Statik - Dynamik
2) Grenz- bzw. Marginalanalyse
3) Mikro-Makroökonomik
4) Ex post - ex ante Betrachtung
5) Partial-Totalanalyse

Statik-Dynamik

Statik und Dynamik bzw. die Adjektive *statisch, komparativ statisch und dynamisch* beschreiben unterschiedliche ökonomische Analysierungsverfahren im Hinblick auf die Berücksichtigung des *Zeitaspektes.* Man analysiert einen wirtschaftlichen Sachzusammenhang *statisch,* wenn dabei die *Zeit keine Rolle* spielt, d.h. aus der Untersuchung der Zeitaspekt ausgeschlossen wurde. Die Statik ist somit eine Zeitpunktbetrachtung, da sich sämtliche ökonomischen Größen hier auf den gleichen Zeitpunkt beziehen müssen. Die dabei mögliche Zustandsanalyse ermittelt in erste Linie die Relationen der betrachteten Größen.

Vergleicht man zwei Zeitpunkte (zwei Gleichgewichtszustände) miteinander, ohne sich dafür zu interessieren, wie sich ein Zustand aus dem anderen entwickelt hat (ohne nach dem Weg von ... nach zu fragen), bezieht man die Zeit in der Form der *komparativ statischen* Methode mit ein.

Führt man die Zeit in die Untersuchung dagegen so ein, daß man sich dafür interessiert, wie sich ein Zustand Schritt für Schritt aus einem anderen Zustand entwickelt hat (man somit den *Weg* von Punkt 1 nach Punkt 2 betrachtet), so analysiert man ihn *dynamisch.* Diese Vorgehensweise nennt man auch eine *Verlaufs- bzw. Prozeßanalyse.*

Von den Begriffen statisch und dynamisch sind die Ausdrücke stationär und evolutionär streng zu unterscheiden. Stationär und evolutionär beschreiben, *wie sich wirtschafltiche Größen* im *Zeitablauf entwickeln.*

Eine Größe entwickelt sich im Zeitablauf *stationär*, wenn sie sich weder positiv noch negativ verändert, d.h. konstant bleibt. War die Preissteigerungsrate im Monat Mai und Juni = 4,5 %, so wäre sie in dieser Zeit eine stationäre Größe gewesen.

Eine Größe entwickelt sich dagegen *evolutionär* (z.B. das Sozialprodukt), wenn es im Zeitablauf positive Zunahmen aufweist (man sagt wächst), bzw. negative Abnahmen zeigt (man sagt schrumpft).

Grenz- bzw. Marginalanalyse

An einer wirtschaftlichen Größe, z.B. der Ersparnis (den Spareinlagen) der Bank XY, kann man die Gesamtgröße betrachten, z.B. die Spareinlagen betragen bei der Bank XY = DM 3,750 Mio insgesamt. Von der gleichen Größe kann der Durchschnittsbetrag von Interesse sein, z.B. im ø betragen die Spareinlagen DM 533,--. Wendet man auf die ökonomische Größe dagegen die *Grenz- bzw. Marginalanalyse* an, so frägt man, was ändert sich an ihr, wenn eine letzte neue Einheit hinzutritt. Die letzte hinzutretende Einheit wäre der sog. *Grenz*sparer = der momentan letzte Sparer, der eine Spareinzahlung leistet. War der Grenzsparer ein Kind, das DM 12,37 einbezahlte, so war der Grenzeinzahlungssparbetrag vergleichsweise gering. Die Grenz- bzw. Marginalbetrachtung ist in der VWL sehr verbreitet. So spricht man z.B. vom Grenzerlös als dem zusätzlich dadurch anfallenden Erlös (-zuwachs), wenn eine Einheit mehr verkauft wird. Grenzkosten fallen als zusätzliche Kosten an, wenn eine Einheit mehr produziert wird.

Mikro-Makroökonomik

Die *mikroökonomische Betrachtungsweise (die Mikroökonomik)* untersucht das wirtschaftliche Verhalten *einer* Wirtschaftseinheit, d.h. eines Haushaltes, einer Unternehmung. Wie verhält sich ein Haushalt bei gegebenem Einkommen und Preisen, wenn er ein Gut nachfrägt. Wie verhält sich ein anderer Haushalt bei der Nachfrage nach dem gleichen Gut.

Die *Makroökonomik (die makroökonomische Betrachtung)* faßt dagegen (aggregiert) die *einzelnen Wirtschaftseinheiten*, z.B. die Haushalte, zu *einer Gruppe zusammen* und untersucht nun *nur* noch das *Verhalten dieser Gruppe* gegenüber einer anderen. Bei der Makroökonomik spielen die Zusammenhänge innerhalb der aggregierten Gruppe keine Rolle mehr, sie werden nicht mehr berücksichtig. Bei ihr ergeben sich somit nur Durchschnittsgrößen der Gruppe. Seit Anfang der 30-iger Jahre dieses Jahrhunderts ist vor allem durch die Arbeit von *J.M. Keynes* die Makroökonomik wichtig geworden. Theorien formuliert man heute gerne zunächst makroökonomisch. Bei Gültigkeit ist eine anschließende mikroökonomische Nachprüfung empfehlenswert.

Ex post - ex ante Betrachtung

Eine *ex-post Analyse* untersucht bzw. arbeitet mit Vergangenheitswerten. So ist jede Statistik eine ex-post Betrachtung. Die Feststellung der Preissteigerungsrate, der Entwicklung das Außenhandels, des Sozialproduktes stellt eine ex-post Betrachtung dar.

Eine *ex-ante Untersuchung* arbeitet dagegen mit Zukunftswerten, d.h. will die Größe künftig sich ergebender Werte bestimmen. Eine ex-ante Betrachtung stellt somit eine Prognose über zukünftig sich ergebende Zusammenhänge auf.

Partial-Totalanalyse

Die in der VWL häufig anzutreffende *Partialanalyse* (auch *isolierende Methode* genannt) nimmt aus einem Sachzusammenhang nur die im Moment als wichtig angesehenen Größen heraus, untersucht diese und hält die übrigen hier ebenfalls relevanten Größen konstant, d.h. arbeitet mit der ceteris-paribus-Klausel. Klar sollte man sich darüber sein, daß das Resultat einer Partialanalyse nur eine bedingte Aussagekraft besitzt, da in der Wirtschaftsrealität die übrigen Größen in aller Regel eben nicht konstant sind.

Die *Totalanalyse* versucht demgegenüber, sämtliche Größen eines Sachzusammenhanges gleichzeitig in die Betrachtung mit einzubeziehen. Obwohl eine Totalanalyse naturgemäß beträchtlich komplizierter ist, wird nur sie in der VWL den erforderlichen Gesamtüberblick verschaffen.

2. Wirtschaftssysteme

2.1. Gesellschaftsordnung - Wirtschaftssystem - Wirtschaftsordnung - Wirtschaftsverfassung

Durch die inhaltliche Klärung der wichtigsten hier relevanten Begriffe soll der Einstieg in den 2. Hauptteil erfolgen.

Gesellschaftsordnung bzw. Sozialordnung (statt -ordnung verwendet man oft auch den Ausdruck -system) ist ein wichtiger Grundbegriff der Sozialwissenschaften, spezifischer der Soziologie. Unter einer Gesellschaft versteht man eine Summe von Individuen (meist auf Menschen bezogen), die durch ein ganzes Geflecht von Beziehungen miteinander in Kontakt stehen und deren Zusammenleben insbesondere durch die eigentümlichen sozialen Handlungen erklärbar ist. Den Ordnungs-Organisationsrahmen, den sich eine derartige Gesellschaft gibt bzw. der ihr gegeben wird, bezeichnet man als ihre Sozialordnung. Daraus ergibt sich, daß mit dem Begriff Gesellschaftsordnung *sämtliche Arten von Beziehungen* einer Gesellschaft gemeint sind, d.h. ihre ethischen, religiösen, rechtlichen, wirtschaftlichen usw. Demzufolge ist Sozialordnung ein *Oberbegriff,* der neben anderen auch die Organisation bzw. Ordnung des Wirtschaftsbereiches mit einschließt.

Die Wirtschaftswissenschaften und hier vornehmlich die Volkswirtschaftslehre, untersucht aus dem Gesamtbereich einer Gesellschaft nur den Organisationsrahmen ihres speziellen Erkenntnisobjektes, nämlich der Wirtschaft. Sie ist sich dabei voll bewußt, daß es neben der Ordnung des Wirtschaftsbereiches auch noch andere Ordnungen in einer Gesellschaft gibt. Ebenso unbestritten ist heute die Erkenntnis, daß aus diesen anderen Bereichen einer Gesellschaft mannigfaltige und wichtige Impulse auf den Ordnungsrahmen der Wirtschaft ausgehen und auch umgekehrt. Die Berücksichtigung der Beeinflussung dieser unterschiedlichen Bereiche einer Gesellschaft wurde durch den Hinweis der sog. Hilfswissenschaften angedeutet.

Der Begriff *Wirtschaftssystem*, eingeführt von *Werner Sombart,* war ursprünglich auf Fragen der Wirtschaftsgeschichte und -soziologe abstellt (z.B. Entwicklung des kapitalistischen Wirtschaftssystems, usw.). *Heute* versteht man unter Wirtschaftssystemen überwiegend einen Begriff, der den Ordnungs-Organisationsrahmen einer Wirtschaft (Volkswirtschaft) beschreibt. Ein Teil der Autoren in der VWL faßt den *Begriff enger* und versteht unter Wirtschaftssystem den Ordnungsrahmen einer Wirt schaft, soweit es als Modell bzw. theoretische Konstruktion gemeint ist und spricht dann von den *Idealtypen* an Wirtschaftssystemen. Sie verstehen somit unter einem Wirtschaftssystem nur die Modellkonstruktion und nicht den Ordnungsrahmen einer realen Wirtschaft.

Unter einer *Wirtschaftsordnung* versteht man ebenfalls den Ordnungsrahmen einer Volkswirtschaft, aber eine Reihe von Autoren meinen dabei eine *reale, wirkliche Volkswirtschaft* im Gegensatz zur Modellkonstruktion eines Wirtschaftssystems.

Begrifflich konsequente Autoren verstehen somit unter einem Wirtschaftssystem eine Modellkonstruktion, während eine Wirtschaftsordnung eine reale Volkswirtschaft, z.B. die der Bundesrepublik Deutschland, wäre. Einige Autoren drehen den Zusammenhang wieder um, andere treffen gar keine Differenzierung und gebrauchen die Ausdrücke synonym.

Im *vorliegenden Buch* soll bei den Problemen des Ordnungs- bzw. Organisationsrahmens einer Volkswirtschaft überwiegend *nur* der Ausdruck *Wirtschaftssystem* Verwendung finden. Es soll damit der Anschluß an die zunehmende Verwendung der Forschungsansätze der *Allgemeinen Systemtheorie* finden (die aber nicht unbestritten ist). Die Denkansätze der Systemtheorie beschreiben genau das, worum es beim Ordnungsrahmen einer Wirtschaft letztlich geht. Soll eine reale konkrete Volkswirtschaft hinsichtlich ihres Ordnungsrahmens beschrieben werden, so sprechen wir von einem *realen Wirtschaftssystem.*

Unter der *Wirtschaftsverfassung* versteht man *sämtliche Rechtsbestimmungen* eines Landes, die sich auf das *Wirtschaftleben beziehen* und hier auswirken. Wirtschaftsverfassung und Wirtschaftssystem (bzw. -ordnung) sind nicht gleichzusetzen. Einmal umfaßt bzw. beschreibt Wirtschaftssystem mehr als Wirtschaftsverfassung. Zum anderen muß das Wirtschaftssystem mit der jeweiligen Wirtschaftsverfassung nicht immer im Einklang sein. So kann z.B. die Wirtschaftsverfassung den Wettbewerb postulieren, das Wirtschaftssystem dies aber durch Kartellierung umgehen.

2.2. Modelle von Wirtschaftssystemen

2.2.1 Grundüberlegungen - Steuerungsverfahren - Wirtschaftsplan

2.2.1.1 Grundüberlegungen

Blickt man in die Gegenwart und in die Vergangenheit, so zeigt sich, daß die Volkswirtschaften in den unterschiedlichsten Ordnungs- bzw. Organisationsformen anzutreffen sind.

So nennt man z.B. das Zeitalter des Absolutismus in Europa (ca. 16. bis 18. Jahrhundert) unter dem Blickwinkel des Wirtschaftssystems den *Merkantilismus* (in Deutschland auch *Kameralismus* genannt). Trotz aller individuellen Besonderheiten in den einzelnen Volkswirtschaften dieser Zeitepoche, kann man für den Merkantilismus eine gemeinsame wirtschaftliche Grundeinstellung feststellen: Der Staat bzw. der Fürst unterwirft pragmatisch die Wirtschaft seinen Diensten, fördert sie mannigfaltig, wobei das erstrebte Wirtschaftswachstum nur dem Ziel einer Steigerung der Macht des Staates dient.

In der Gegenwart unterscheidet man kapitalistische, sozialistische und kommunistische Wirtschaftssysteme in einer vielfältigen Variationsbreite. Dazu kommen noch die vielen abgewandelten und teilweise neueren Formen in den Ländern der Dritten Welt. Sehr viele dieser neuen Staaten bezeichnen sich als sozialistisch und drücken oft mehr eine politische und nicht so sehr eine wirtschaftliche Grundhaltung aus.

Die moderne Wirtschaftswissenschaft versucht, in die Fülle der gegenwärtigen realen Wirtschaftssysteme und nach Möglichkeit auch in die der vergangegen Zeiten eine Systematisierung reinzubringen, die es ermöglicht, zu beurteilen, nach welchen grundsätzlich verschiedenen Gesichtspunkten das Wirtschaftsgeschehen ablaufen kann. Dieser Versuch der Systematisierung ergibt dabei zwangsläufig Modelle von Wirtschaftssystemen (siehe dazu Absatz 132), die sog. Idealtypen von Wirtschaftssystemen. Das Ziel ist dabei, Grundtypen von Wirtschaftssystemen herauszuarbeiten, die das Prinzipielle des Wirtschaftsablaufes schildern.

Seit dem 2. Weltkrieg sich durchsetzend und heute in der Literatur und vor allem in der wirtschaftlichen Alltagssprache deutlich vorherrschend ist zu diesem Problemkreis die Auffassung von Idealtypen an Wirtschaftssystemen, wie sie *Walter Eucken* darlegt. Eucken unterscheidet die Wirtschaftssysteme anhand eines einzigen Kriteriums, nämlich, wer in einer Wirtschaft der Planträger ist. Gibt es in einer Wirtschaft nur einen Planträger, so ist dies der Idealtypus einer Zentralverwaltungswirtschaft. Gibt es dagegen eine Vielzahl von Planträgern, so handelt es sich nach Eucken um den Idealtypus der Verkehrswirtschaft. Der dualistische Ansatz Euckens ergibt somit zwei Modelle von Wirtschaftssystemen.

In neuester Zeit wird immer stärker darauf hingewiesen, daß der Eucken'sche Ansatz auch deutliche Schwachpunkte hat (siehe u.a. Hedtkamp - Wirtschaftssysteme) und die Frage der Wirtschaftssysteme unter Hinzuziehung anderer, bereits vorliegender und neuerer Gedanken nur noch befriedgend zu lösen sei. Nach diesen modernen Auffassungen wird der Ansatz von Eucken der Komplexität des Begriffes Wirtschaftssystem nicht mehr gerecht. Um das Phänomen Wirtschaftssystem zu begreifen, müsse man beispielsweise auch die herrschende Wirtschaftsgesinnung in Anlehnung an W. Sombart mit betrachten, oder aus der neueren Wirtschaftsstufenlehre (u.A. R. Bičanič, W. Ehrlicher, W.W. Rostow) bei aller Reserve gegenüber der Stufenlehre deren positiven Gedanken mit berücksichtigen. Oder aber einen neueren Ansatzpunkt zum Verständnis eines Wirtschaftssystems wählen, wie ihn z.B. *Günter Hedtkamp* vorschlägt: Er unterscheidet die Wirtschaftssysteme nach der unterschiedlichen, vorherrschenden Wirtschaftsgesinnung und leitet daraus als Unterscheidungskriterium das vorherrschende Ziel des Wirtschaftens ab. Er differenziert dabei zwei Ziele als Idealtypen, die früher dominierende statische Bedarfsdeckungswirtschaft und die heute herrschende dynamische Effizienzwirtschaft. Beide Möglichkeiten können darüber hinaus noch als individualistisches oder kollektivistisches Ordnungsprinzip auftreten, so daß Hedtkamp schließlich vier Idealtypen unterscheidet, nämlich: Individualistische und kollektivistische Bedarfsdeckungswirtschaft und individualistische und kollektivistische Effizienzwirtschaft, wobei heute nur noch die beiden letzten Formen relevant sind.

Damit ist zu entscheiden, nach welchem Verfahren dieser Hauptteil der Wirtschaftssysteme darzulegen ist. Aus folgenden Gründen soll in diesem Buch die Analyse nach dem Eucken'schen Ansatz erfolgen:

> Ernstzunehmende Kritiker wählen wie Eucken auch nur ein Kriterium zur Unterscheidung. Auch sie arbeiten mit Idealtypen, mit Modellen. Im Laufe der Zeit ist der ursprüngliche Ansatz von Eucken durch eine Reihe weiterer Aspekte angereichert worden. Vor allem aber sind die Gedanken von Eucken in der meisten Literatur, insbesondere aber in der Praxis, deutlich dominierend.

2.2.1.2 Steuerungsverfahren - Wirtschaftsplan

Wir gehen davon aus, daß heute jede Wirtschaftsform durch die Begriffe der Arbeitsteilung und Spezialisierung beschrieben werden kann (siehe Abschnitt 12), d.h. durch die Tatsache, daß jede wirtschaftliche Tätigkeit für einen Anderen erfolgt. Fast jede Arbeitsleistung erbringt man heute nicht für sich, sondern für einen anderen, verkauft sie an diesen. Jede Produktion erfolgt heute nicht mehr zur eigenen Bedarfsdeckung, sondern für den Bedarf anderer. Diese Tatsache gilt unterschiedslos in der Bundesrepublik, in den USA, in der ehemaligen UDSSR, in der VR China, in Indien, in jeder Volkswirtschaft. Arbeitsteilige Produktion und komplizierten Austausch von Gütern und Diensten trifft man somit überall an. Diese Art des Wirtschaftens für einen ausschließlichen Fremdbedarf muß nach einem bestimmten *Steuerungsverfahren* ablaufen, soll nicht ein völliges Durcheinander herrschen. In der Sprache der modernen Ökonomen benötigt ein derartiges Steuerungsverfahren ein *Informations- und Sanktionssystem.*

Informationssystem bedeutet u.a., daß der Unternehmer seine Produktion mit dem Bedarf, mit den Wünschen der Verbraucher abstimmen muß. Sanktionssystem heißt, ein Unternehmer wird nur produzieren, wenn er dafür eine Belohnung erhält, z.B. einen Gewinn macht.

Als *Steuerungsaufgaben* einer Volkswirtschaft gelten vor allem folgende Funktionen:

Marktabstimmung: Die Nachfrage und das Angebot nach Gütern und Diensten muß ausgeglichen werden.

Produktionsabstimmung: Es ist zu entscheiden, welche Güter in welchen Mengen hergestellt werden.

Faktorabstimmung: Die knappen Produktionsfaktoren müssen auf die notwendige Produktion abgestimmt werden.

Einkommensabstimmung: Das erstellt Sozialprodukt muß auf die Mitglieder der Volkswirtschaft verteilt werden.

Investitionsabstimmung: Das vorhandene Realkapital muß ersetzt und erweitert werden.

Beschäftigungsabstimmung: Nach Möglichkeit soll Vollbeschäftigung herrschen.

In Anlehnung an W. Eucken sollen all diese Steuerungsaufgaben, d.h. das notwendige Informations- und Sanktionssystem, zur Realisierung all der aufgeführten Funktionen durch den Begriff des *Wirtschaftsplanes* beschrieben werden. Daraus ergeben sich dann zwei idealtypische Wirtschaftssysteme:

1) Erfolgt die Steuerung des Wirtschaftsprozesses nach *einem* einzigen *Wirtschaftsplan*, so liegt der Idealtyp einer *Zentralverwaltungswirtschaft* vor (auch Planwirtschaft, Zwangs-Kommando-Befehlswirtschaft genannt).

2) Wird der Wirtschaftsprozeß dagegen durch *viele selbständige*, autonome *Wirtschaftspläne* gesteuert, so liegt der Idealtyp einer *Verkehrswirtschaft* vor (auch Marktwirtschaft, dezentral gelenkte Wirtschaft, kapitalistisches Wirtschaftssystem, Wettbewerbswirtschaft genannt).

2.2.2 Zentralverwaltungswirtschaft (Planwirtschaft)

Das Arbeits-, Organisations- und Lenkungsverfahren einer Zentralverwaltungswirtschaft erscheint zunächst einfach, verständlicher und durchschaubarer zu sein als eine Verkehrswirtschaft.

In der Planwirtschaft ist ein *einziger, zentraler Wille vorhanden*, der den gesamten Wirtschaftsablauf plant und steuert. Er manifestiert sich im *Zentralplan*. Dieser Zentralplan wird dabei vom Staat (der Staatspartei, einem Diktator) aufgestellt. Somit bestimmt letztlich der Staat durch die Aufstellung des Zentralplanes sämtliche ökonomischen Aktivitäten in dieser Volkswirtschaft. Im Zentralplan, der sich aus organisatorischen Gründen aus einer Vielzahl von Einzel- und Detailplänen zusammensetzt, müssen folgende grundsätzliche, wirtschaftliche Entscheidungen getroffen werden:

1. *Was* soll in der jeweiligen Planungsperiode produziert werden, d.h. welche Mengen an Grundnahrungsmitteln, an Wohnungseinheiten, an Kleidung, an evtl. Luxusgütern, an Beförderungsmöglichkeiten, an Rüstungsgütern, an Investitionsgütern usw.

2. *Wie* sollen die so geplanten Güter und Dienste produziert werden, d.h. unter Anwendung welcher technischer Produktionsverfahren, die ihrerseits ganz bestimmte Mengen und Qualitäten an Produktionsmitteln erfordern.

3. *Für wen* ist das produzierte Sozialprodukt bestimmt, d.h. nach welchem Verteilungsschlüssel soll es auf die Mitglieder der Volkswirtschaft verteilt werden.

Diese im Zentralplan zu lösenden Grundprobleme (siehe auch Abschnitt 124) beeinflussen sich infolge der Interdependenz des Wirtschaftsgeschehens gegenseitig. Sollen z.B. die Mitglieder unserer Zentralverwaltungswirtschaft pro Jahr einen Erholungsurlaub von 2 Wochen erhalten, so sind dazu u.U. erst die Möglichkeiten zu produzieren (z.B. Hotels). Will man Hotels bauen, wie soll dies dann geschehen, haben wir dazu die Produktionsfaktoren (z.B. Realkapital = Maschinen)? Erhalten die Mitglieder einen Urlaub, dann fehlen uns im Vergleich zum bisherigen Verfahren aber ca. 4 % an Arbeitsleistungen. Hat dies nicht wieder Auswirkungen auf das insgesamt produzierbare Resultat, usw.?

Da ex definitione vom Staat *alles vorgeplant* ist, *entfällt* für die *Wirtschaftssubjekte* die Notwendigkeit *eigener wirtschaftlicher Entscheidungen.* Das Grundprinzip des Wirtschaftens in einer Zentralverwaltungswirtschaft ist deshalb die *Soll- bzw. Planerfüllung*, bzw. besteht in der Durchführung der Anordnungen der Zentrale. Was, in welchen Mengen, wie, wann vom Unternehmen zu produzieren ist, läßt sich aus dem betrieblichen Produktionsplan ersehen.

Damit eine Zentralverwaltungswirtschaft ihren Zentralplan aufstellen und realisieren kann, letztlich damit sie zentral planen kann, sind *zwei Hauptvoraussetzungen* erforderlich:

1) Der Staat als Repräsentant und Vollstrecker des Zentralplanes muß sich gegenüber den Wünschen und Zielen seiner Mitglieder durchsetzen, er muß die Gewähr in seiner Funktion als Planer haben, daß das, was er geplant hat, auch ausgeführt wird. Letzten Endes muß der Staat die *Macht* haben, die eine *Realisierung seiner Planung gewährleistet.*
2) Da heute die Wirtschaftstätigkeit entscheidend vom Produktionsfaktor Boden und Kapital abhängt, muß der Staat als Planer über den Produktionsfaktor Boden und Kaptial verfügen können, er muß die *Verfügungsmacht* über die *Produktionsfaktoren Boden und Kapital* besitzen. Die heutigen Beispiele von Zentralverwaltungswirtschaften weisen dazu eine *kollektive Eigentumsordnung* auf (sog. Kollektiveigentum, Volkseigentum) und kennen den Privatbesitz an Grund und Boden und Kapital nicht.

Grundsätzlich nicht notwendig ist zur Wirtschaftsführung das Vorhandensein von Preis, Markt, Wettbewerb und Vertragsfreiheit (siehe aber Abschnitt Verkehrswirtschaft).

Soweit es um das Prinzip der Lenkung einer Zentralverwaltungswirtschaft geht, läßt sich die Arbeitsweise dieses Wirtschaftssystems relativ leicht beschreiben und verstehen. Eine derartige Wirtschaft ist aber sehr kompliziert, sobald es an die Verwirklichung der Pläne bzw. des Planungsverfahrens geht. Da prinzipiell jegliche wirtschaftliche Tätigkeit vorgegeben wird, muß jede Einzelheit bis ins Kleinste von der Zentrale gesteuert und vorgeplant werden.

Die Machbarkeit und Güte des zentralen Planungsverfahrens ist somit das Herzstück einer Planwirtschaft.

In einer vereinfachten, modellartigen Skizze soll die **Technik einer derartigen Planung** dargelegt werden.

Der **erste Schritt** im gesamten Zentralplan ist die *Festlegung* der wichtigen, globalen, *volkswirtschaftlichen Ziele*. Dies wird in aller Regel vom obersten Führungsgremium vorgenommen. Auch hier ist bereits abzuwägen, ob sich die vorgesehenen Ziele mit den vorhandenen knappen Mitteln realisieren lassen. Innerhalb der angestrebten Ziele ist dann eine Rangfolge vorzunehmen. Die Grobplanung könnte z.B. ergeben:

1. Versorgung der Bevölkerung mit ausreichenden Nahrungsmitteln (Steigerung um + 8 %).
2. Versorgung der Bevölkerung mit Kleidung und Unterkunft (Steigerung um + 3 %).
3. Steigerung der Rüstungsausgaben (Zunahme + 7 %).
4. Versorgung mit gehobenen Gebrauchsgütern (Abnahme um ./. 5 %).
5. Ausbau der Investitionsgüterindustrie (Zunahme + 5 %).

Der **zweite Schritt** im Planungsverfahren ist die Ermittlung des gegenwärtigen *Istzustandes*, d.h. besteht in der Aufstellung der sog. *Planbilanzsalden*. Für diese (und andere) Aufgaben muß eine die ganze Wirtschaft erfassende Planungsbehörde errichtet werden. Der Planungsapparat ist grundsätzlich zentral aufgebaut, nach unten hin zeigt er eine kombinierte branchenmäßige und regionale Differenzierung hin bis zum einzelnen Betrieb. Der Betrieb teilt seiner untersten Planungsbehörde mit, über welche Kapazitäten er verfügt, d.h. welche Mengen er an den Produktionsfaktoren Arbeit, Boden und Kapital hat, und wie seine Lagervorräte sind. Diese Meldungen werden gesammelt, geordnet, verdichtet und an die obere Planungsbehörde weitergeleitet. Schließlich erhält die zentrale Planungsbehörde für die einzelnen Produktgruppen einen Überblick über die gegenwärtigen Produktionsmöglichkeiten.

Der **dritte Schritt** wird von der gesamten Planungsbehörde durchgeführt und besteht in der *Gegenüberstellung* des *potentiellen Aufkommens mit dem gewünschten Bedarf* und seiner Umrechnung. D.h. der Bedarf, der sich aus der Zielsetzung ableitet, wird auf die gegenwärtige Produktion umgelegt. Die Planungsbehörde rechnet diese Bedarfsproduktion differenziert nach unten bis zum einzelnen Betrieb um, so daß der Betrieb weiß, was er in der neuen Planungsperiode herstellen soll.

Mit dem **vierten Schritt** setzt das eigentliche sog. *Planen in Runden* ein, denn jetzt dreht es sich darum, *Bedarf und Möglichkeit abzustimmen* und die erforderliche *Integrierung und Verflechtung* der gesamten Produktion durchzuführen. Heute beginnt die gegenseitige Produktionsabstimmung auf der untersten regionalen Ebene durch die Betriebe. Ein Nahrungsmittelbetrieb, der Schokolade herstellt, hätte z.B. lt. Bedarfsplan 10 % mehr an Schokoladenerzeugnissen zu produzieren. Er benötigt dazu 3 % mehr Arbeitskräfte und eine verbesserte Maschinenausrüstung. Beide Produktionsfaktoren erhält er von den anderen Betrieben zugeteilt. Er benötigt ebenfalls 10 % mehr Rohstoffe, hier Milch, Zucker, Nüsse und Kakao. Alles kann geliefert werden, lediglich die Kakaomühlen sind dazu nicht in der Lage. Die Bedarfslücke wird der Planungsbehörde nach oben gemeldet und weitergegeben. Letztlich fällt die Entscheidung, daß zur Produktionssteigerung der Kakaomühlen mehr Kakaobohnen nötig wären und hier den Engpaß darstellen. Kakaobohnen sind aber zu importieren und dafür stehen keine Devisen zur Verfügung. Somit ist die gesamte Planung nicht durchführbar und umzustellen.

In Anlehnung an das Beispiel könnten, wenn nun die Schokoladenherstellung doch nicht erweitert werden soll, andere Produktionsumstellungen erfolgen, z.B. zugunsten von Substitutionsgütern oder dergl.. Das Planen in Runden, das zunächst auf der unteren, überschaubaren, regionalen Ebene beginnt, versucht zunächst hier den gegenseitigen Produktionsausgleich durchzuführen und gibt auf die nächste Planungsebene nur den nicht ausgleichbaren Saldo weiter. Dies geschieht hinauf bis zur zentralen Planungsbehörde. Ist endlich "irgendwie" der rechnerische Planungsausgleich vollzogen worden, erfolgt im **fünften Schritt** die *Aufspaltung und Umrechnung* der *Gesamtpläne* in *betriebliche, detaillierte Produktionspläne*, die, wenn von den politischen Stellen genehmigt, damit das Produktionssoll darstellen.

Damit ist das gesamte Planungsverfahren abgeschlossen.

Es muß im Hinblick auf die Realisierung der gesamten Planung eine umfassende *Plankontrolle* und -Überwachung eingerichtet werden.

Da die Planung in aller Regel einen Zuwachs der Produktion vorsieht, sind zur Durchsetzung der Planziele ein umfangreiches *Straf- und Anreizsystem* zu installieren.

2.2.3 Verkehrswirtschaft (Marktwirtschaft)

Der Lenkungs- und Organisationsmechanismus einer Verkehrswirtschaft ist im Gegensatz zur Zentralverwaltungswirtschaft meist schwerer verständlich. In einer Verkehrswirtschaft stellt jede Wirtschaftseinheit (z.B. private Haushalte, Einzelpersonen, Unternehmen, öffentliche Haushalte) einen individuellen, autonomen Wirtschaftsplan auf und versucht, ihn zu realisieren. Der gesamte *Wirtschaftsablauf* in einem derartigen Wirtschaftssystem wird somit durch eine *Vielzahl selbständig aufgestellter Pläne gesteuert.*
Es existiert ausdrücklich keine übergeordnete Instanz (z.B. der Staat), der eine Angleichung und Übereinstimmung der vielen Einzelpläne vornimmt. Der Staat in einer Verkehrswirtschaft greift bewußt nicht in die ökonomischen Pläne der einzelnen Wirtschaftssubjekte ein. Wenn somit in einer Marktwirtschaft keinerlei übergeordnete Anweisungen für die wirtschaftlichen Handlungen der verschiedenen Wirtschaftseinheiten vorhanden sind, vielmehr jeder für sich alleine und unabhängig plant, so drängt sich unmittelbar die Frage auf, warum herrscht in diesem System nicht ein ökonomisches Chaos. Die zunächst sehr allgemeine Antwort lautet: In einer Verkehrswirtschaft gibt es zwar keine Zentralinstanz, doch existiert in ihr eine Art Automatismus, der die Übereinstimmung der Individualpläne vornimmt, nämlich der Markt und der Preis.
Markt- und Preismechanismus gleichen in ihr die Individualpläne aus und gewährleisten, daß kein Chaos herrscht (prinzipiell!).

Die erste genaue Darstellung dieses Wirtschaftssystems hat *Adam Smith* (1723-1790) in seinem 1776 erschienen Hauptwerk *"An Inquiry into the Nature and Causes of the Wealth of Nations"* vorgenommen. Smith, ein Vertreter des klassischen Liberalismus und der sog. Stammvater der Nationalökonomie, schildert darin die Vorzüge eines Wirtschaftssystems, aus dem der Staat sich völlig heraushält (dieser nur die Rolle eines sog. Nachtwächterstaates übernimmt) und wo Markt und Preis quasi als "unsichtbare Hand" den Wirtschaftsablauf koordinieren. Er postuliert den wirtschaftlichen Grundsatz, daß in einem Wirtschaftssystem, in dem jeder Mensch seine eigenen wirtschaftlichen Pläne verfolgt, sich zugleich das Beste für die Gesamtwirtschaft ergibt. Er umschreibt damit den berühmten Leitspruch des klassischen Konzeptes einer Verkehrswirtschaft: *"Laissez faire, laissez aller, le monde va de luimême"*.

Der *Staat beschränkt sich* in einer Verkehrswirtschaft darauf, den Ordnungsrahmen zu setzen und zu gewährleisten (= im wesentlichen die Rechtsordnung) und übernimmt kollektive Aufgaben, für die kein privates Interesse besteht bzw. die unzweckmäßig von Privaten übernommen werden, wie z.B. die Landesverteidigung, den Bau von Verkehrseinrichtungen und das Bildungswesen (beides aber mit Einschränkungen). Ansonsten ist der Wirtschaftsprozeß weitgehend von staatlichen Eingriffen frei.

Der Wirtschaftsablauf wird damit weitgehend von der Entfaltung und der Aktivität der vielen einzelnen privaten Wirtschaftsplanungen gesteuert *(dezentrale Willensbildung).*

Zur Mobilisierung und Ausbreitung der *privaten Planungsaktivität* in einer Marktwirtschaft sind eine Reihe von *Voraussetzungen notwendig.* Diese Voraussetzungen stellen die Basis dar, auf der sich erst privates Planen realisieren läßt.

1) Als erste Bedingung hat der Staat die *Vertragsfreiheit* zu garantieren und für ihre Durchsetzung zu sorgen. Nur dann, wenn jedermann frei Kauf-, Miet-, Pachtverträge usw. abschließen und sich auf deren Erfüllung verlassen kann, ist autonomes Planen denkbar.

2) Eine weitere Voraussetzung ist, daß die Wirtschaftssubjekte (vor allem für Unternehmer wichtig) *über die Produktionsmittel verfügen* können (verfügen muß nicht gleich sein besitzen). Die Verfügung über die Produktionsmittel wird realisiert durch das Privateigentum an den Produktionsfaktoren Boden und Kapital.

3) Damit der Markt- und Preismechanismus seine Koordinierungsaufgaben erfüllen können, kommt als weitere Bedingung hinzu, daß in einer Verkehrswirtschaft Wettbewerb herrschen muß.

4) Als weitere Bedingung ist die Funktionsweise des *Markt- und Preismechanismus* erforderlich.

Grundsätzlich regelt der Markt- und Preismechanismus die drei entscheidenden volkswirtschaftlichen Probleme des Was, Wie, für Wen (die Begriffe Markt und

Preis werden später noch genauer dargelegt). *Markt und Preis* übernehmen dabei die Aufgabe des Informations- und Sanktionssystems, mit dessen Hilfe der Ausgleich der individuellen Pläne erfolgt. Beide sind somit das *Kernstück* im Ablauf *einer Verkehrswirtschaft.*

Die *Frage des Was* wird durch die Kaufentscheidungen der Verbraucher geregelt, denn das Ziel der Produktion wird durch die Wünsche der Konsumenten bestimmt.

Die *Frage des Wie* entscheidet sich ebenfalls über Markt und Preis. Einerseits werden die Produktionsfaktoren, z.B. die Arbeit, dorthin strömen, wo sie den höchsten Preis, z.B. Lohn, erzielen können. Andererseits werden die Produzenten bei gegebener Technik die Kombination an Faktoren im Produktionsprozeß einsetzen, die die minimalsten Kosten verursachen.

Auch *das für Wen,* d.h. die Verteilungsfrage wird analog entschieden. Durch den Umfang der Mitwirkung bei der Erstellung der Produktion und durch die Höhe des dabei erzielten Preises entsteht bei den Wirtschaftssubjekten Einkommen (sog. Primäre Einkommensverteilung, siehe dazu Abschnitt 5.2.2.). Dieses Einkommen repräsentiert einen entsprechenden Anteil an den erzeugten Produkten.

2.2.4 Modellmäßiger Vergleich der beiden Systeme

Der Vergleich der beiden Wirtschaftssysteme berücksichtigt lediglich die wichtigsten *ökonomischen Aspekte.* Eine ethische, rechtliche und politische Bewertung in dem Sinne, daß u.a. festgestellt werden soll, in welchem System Sicherheit und Freiheit der Person, Gerechtigkeit und Lebensqualität usw. stärker verwirklicht werden, unterbleibt.

2.2.4.1 Beurteilung der Planwirtschaft

Für die Zentralverwaltungswirtschaft gibt es eine Reihe von *Grundsätzen des Wirtschaftsablaufes,* die zu diskutieren wären:

1) Der *Grundsatz* des *Kollektivprinzipes* bedeutet einmal, daß sich die Produktionsmittel in der Hand des Staates (in Kollektivbesitz) befinden, zum anderen besagt es, daß die einzelnen Personen und Glieder der Wirtschaft nach den vorgeplanten Entscheidungen der Zentralinstanz handeln müssen. Aus beiden Tatsachen ergeben sich folgende ökonomische Aspekte:

Vertreter der Planwirtschaft argumentieren, daß ein Kollektiveigentum eine *"gerechtere Einkommensverteilung"* ergebe. Es fehlt das Privateinkommen aus Kapital- und Grundbesitz. Damit ist aber automatisch noch nicht eine gerechte Einkommensverteilung gegeben, dann diese hängt ebenfalls von der Verteilung der Arbeitseinkommen ab. Die Arbeitseinkommensverteilung in der realen Planwirtschaft ist relativ gesehen genauso unterschiedlich wie in Marktwirtschaften, es fehlen aber Einkommen aus Kapital- und Grundbesitz. Nicht zu leugnen ist, daß beim Kollektiveigentum die *ökonomischen Startchancen* der Einzelnen *besser* sind, "wirtschaftliche Geburtsfehler liegen nicht schon in der Wiege".

Das kollektive Planungs- und Lenkungsprinzip mit dem vorgegebenen Soll *unterbindet* insbesondere eine *Eigeninitiative* der Betriebsleiter. Dieser ist starr an seinen Produktionsplan gebunden, dessen Soll er zu erfüllen hat. Es fehlt auch weitgehend der materielle Anreiz für neue Ideen und Überlegungen. Sehr *nachteilig* zeigt sich dies *beim Einsatz neuer Technologien in der Produktion.* Um Störungen im gewohnten Produktionsprozeß zu vermeiden, hat die Betriebsleitung wenig Neigung, technische Neuerungen zu erproben oder zu übernehmen. So werden in der BRD z.B. gegenwärtig gut 60 % der Stahlproduktion mit dem modernen Sauerstoffblasverfahren hergestellt, in der ehemaligen UdSSR nur 20 %.

2) Der *Grundsatz* einer *gleichmäßigen Wirtschaftsentwicklung* sagt aus, daß eine Zentralverwaltungswirtschaft weitgehend *wirtschaftliche Schwankungen und Krisen ausschalte* und damit *Vollbeschäftigung garantiere.* Da die Zentralinstanz gleichzeitig die Produktion der Güter und ihre Verteilung plant, finden die erzeugten Waren ihre Abnehmer; damit kann grundsätzlich eine Absatzkrise nicht auftreten. Es ergibt sich somit eine gleichmäßige, vorgeplante Wirtschaftsentwicklung. Völlig unabhängig davon kann Vollbeschäftigung immer erreicht werden, wenn durch staatliche Anordnung den vorhandenen Arbeitskräften eine Beschäftigung zugewiesen wird. Diese Art der immer realisierbaren Vollbeschäftigung schließt aber nicht ein, daß jeder Beschäftigte eine volkswirtschaftlich nützliche und produktive Arbeit ausführt. Kann somit gelten, daß in einer Planwirtschaft Vollbeschäftigung prinzipiell immer möglich ist und daß sich Konjunkturschwankungen und Krisen weitgehend vermeiden lassen, so sind in *diesem System Krisen nicht völlig ausgeschlossen.* Bei diesen Krisen handelt es sich primär um *Mängel im Planungsverfahren,* denn eine vollständige Übereinstimmung von Plan und Wirklichkeit fehlt. Erfüllt eine

Produktionsbranche ihr Soll nicht, so kumulieren sich die Lücken infolge der wirtschaftlichen Interdependenz lawinenartig. Erhalten die Verbraucher ihr Einkommen nicht als (geplante) Zuteilung, sondern als Geld ausbezahlt, so können durchaus Güter produziert werden, die die Konsumenten nicht akzeptieren, während andere, begehrtere, fehlen. Solange die Planung nicht vollständig ist, werden Planungskrisen unvermeidlich sein. Dazu kommt noch, daß bei einer Integration in den Welthandel auch Störungen durch die allg. konjunkturelle Entwicklung der Welt übertragen werden.

3) Der *Grundsatz* des *zentralen Lenkungsprinzipes des gesamten Wirtschaftsablaufes* stellt zweifellos das Wichtigste bei einer Beurteilung der Planwirtschaft dar. Die *Planung* einer *modernen Volkswirtschaft* ist sicher die größte und *umfassendste Planungsaufgabe,* die sich denken läßt. Millionen von Menschen sollen ernährt, gekleidet, ausgebildet, unterhalten und dergl. werden. Neben die individuellen Bedürfnisse treten die Fülle kollektiver, wie das Gesundheits- und Bildungswesen, das Verkehrswesen, die innere und äußere Sicherheit. Auch dafür benötigt man eine Fülle an Gütern und Diensten. Eine zentrale Planung all dieser Dinge und Notwendigkeiten setzt eine nicht vorstellbare Fülle an Informationen voraus. Auch bei dezentraler Planung, Einsatz von EDV und mathematischen Optimierungsverfahren wird jetzt und in absehbarer Zukunft eine vollständige Planung nicht machbar sein. In der *Realität beschränken* sich *Planwirt*schaften somit auf eine *partielle Schwerpunktplanung* (= begrenzte Anzahl aggregierter Bilanzen). In der ehemaligen DDR gab es z.B. etwa 800 Zentralbilanzen, die von den unteren Planungsbehörden weiter aufgeschlüsselt werden. Daraus folgt aber, daß kein umfassendes Produktionsoptimum gewährleistet ist. Die Planungsfehler ergeben Engpässe, Überschüsse und andere Störungen des Produktionsprozesses. Besonders *nachteilig* erweist sich die *Starrheit der Planung.* Notwendige Änderungen und Anpassungen an geänderte Situationen erfolgen sehr schwerfällig und zeitraubend.

Die Art der durchführbaren Planung ergibt eine Vereinheitlichung der Produkte, da eine qualitative Differenzierung die Planung erschweren würde. Die Folge ist eine *Tendenz zur "Uniformierung".* Die umfassende Planung und Kontrolle führt zu einer *starken Bürokratisierung* der Wirtschaft. Eine große Zahl von Arbeitskräften ist in der staatlichen Planungsbehörde beschäftigt.

Einen nicht zu übersehenden *Vorteil* hat eine zentrale Planung des Wirtschaftsablaufes allerdings, denn eine *schnellere Entwicklung bevorzugter Wirt-*

schaftsbereiche kann geplant werden. Bekannt ist das hohe Niveau der Rüstungsproduktion und der Raumfahrt in der ehemaligen UdSSR.

2.2.4.2 Beurteilung der Marktwirtschaft

Auch für eine Verkehrswirtschaft gelten eine Reihe von *Grundsätzen,* die bei einer Bewertung zu analysieren sind.

1) Der *Grundsatz* des *Individualprinzips* besagt, daß es für die Volkswirtschaft grundsätzlich keine zentral vorgeplanten Entscheidungen gibt, sondern jeder selbständig individuell planen kann. Daraus ergibt sich eine weite *Entfaltungsmöglichkeit der ökonomischen Aktivität* des Wirtschaftssubjektes. Dadurch, daß Regsamkeit, Tatkraft, Initiative belohnt werden (Gewinne entstehen, höheres Einkommen ist erzielbar), werden menschliche Energien aktiviert, die die wichtigste Voraussetzung dafür sind, daß sich ein optimaler Wohlstand für die Volkswirtschaft ergibt. Die praktischen Resultate dieses Zusammenhanges sind dann u.a.: Hoher Lebensstandard; reichhaltiges und qualitativ gutes Warenangebot; Unternehmer gehen bei der Produktion auf die Bedürfnisse der Verbraucher ein; die Entscheidungsfreiheit der Unternehmer ergibt den wirtschaftlichen Fortschritt und ermöglicht eine rasche Anpassung an Änderungen in der Nachfrage der Verbraucher.

   Der *Nachteil* der starken individuellen Betonung liegt in der *Nichterfüllung* der meisten *kollektiven Bedürfnisse.* Da bei der Realisierung eines Großteils kollektiver Einrichtungen keine Sanktion = Belohnung erfolgt, werden diese nicht oder nur teilweise und völlig unzureichend befriedigt. Somit ist eine *staatliche Aktivität* dafür *unabdingbar.* Auf die Diskrepanz zwischen dem individuellen Überfluß und der kollektiven Armut wurde bereits im Abschnitt 1.2.1.2 hingewiesen. Dies kann jetzt dahingehend ergänzt werden, daß dieser Zwiespalt typisch für eine Verkehrswirtschaft ist (siehe dazu u.a. das Buch von A. Mahr: Der unbewältigte Wohlstand).

   Ein *weiterer Nachteil* des Individualprinzipes ist, daß bei der Produktion sog. *Sozialkosten nicht berücksichtigt* und damit *kollektive Güter geschädigt* werden *(Ökologie-Umweltschäden).* Bei der Herstellung eines Produktes wird z.B. Luft oder Wasser verschmutzt, wodurch sich die Lebenslage anderer Wirtschaftssubjekte verschlechtert. Die Beseitigung dieser Beeinträchtigung von Luft, Wasser u.ä., sind die Sozialkosten. Bei der individuellen Planung werden diese Sozialkosten (überwiegendst) nicht berücksichtigt. Erst in jüngster Zeit zwingt der Staat die Einzelnen, für derartige Schädigungen eine Beseitigung vorzunehmen, soweit nach dem Verursacherprinzip eine Zuordnung des Schadens zum Schädiger möglich ist.

2) Der *Grundsatz* weitgehender *ökonomischer Freiheiten* gewährt dem Einzelnen ein ganzes Bündel an Freiheiten wie Konsumfreiheit, Wettbewerbs-, Gewerbe-, Vertragsfreiheit, Niederlassungs- und Koalitionsfreiheit, Freiheit der Berufs- und Arbeitsplatzwahl und Freiheit der Nutzung des Eigentums. Diese Freiheiten geben dem Wirtschaftssubjekt die Möglichkeit, sein Leben selbst zu gestalten, ohne daß prinzipiell obrigkeitliche Bestimmungen reglementieren. Damit besteht die Chance, die Würde des Menschen auch im Wirtschaftsbereich zu bewahren. Aber auch daraus ergeben sich negative Aspekte:

Da infolge der *ungleichen Eigentums- und Vermögensverteilung* (= Privateigentum an Kapital und Boden) die *Startbedingungen* der Wirtschaftssubjekte recht *unterschiedlich* sind, kann der gebotene Freiheitskatalog verschieden stark genutzt und oftmals mißbraucht werden. Vor allem der Besitz der Produktionsfaktoren Realkapital und Boden verteilt die *ökonomische Macht ungleichmäßig*. Daraus resultieren ungleiche Startchancen im Wirtschaftsleben und die Möglichkeit, den wirtschaftlich Schwächeren auszunützen.

Auch der gebotene Freiheitskatalog selbst kann dazu verwendet werden, sich gegenüber anderen eine Vorteil zu verschaffen. Schließen sich Unternehmer zu einem Kartell zusammen (Koalitionsfreiheit), so dient diese *Unternehmenskonzentration* dazu, den *Wettbewerb auszuschalten* und vom Verbraucher für die Erzeugnisse höhere Preise zu fordern. Der Gedanke der gebotenen Freiheit wird dadurch pervertiert. Die Konsequenz ist deshalb, daß der Staat teilweise diese Freiheiten beschränken oder regeln muß, will er nicht zulassen, daß der Stärkere sich auf Kosten der Schwächeren bereichert (z.B. sog. Kartellgesetz).

3) Der *Grundsatz* der *automatischen Steuerung des gesamten Wirtschaftsgeschehens* besagt, daß der *Markt- und Preismechanismus* völlig ausreichend ist, um eine Koordinierung und Angleichung der vielen autonomen, individuellen Planungen durchzuführen. Dieses Prinzip besagt *auch*, daß durch diesen Mechanismus sich gleichzeitig eine *optimale gesamtwirtschaftliche Entwicklung* einstellt. Die positiven Seiten dieses Grundsatzes sind bereits dargelegt, so daß nur *dessen Nachteile* zu betrachten wären:

Entgegen der optimistischen, klassisch liberalen Auffassung weiß man heute, daß der Markt- und Preismechanismus *nicht* geeignet ist, immer eine *günstige gesamtwirtschaftliche Entwicklung* zu gewährleisten, *vielmehr* sehr stark eine *Instabilität* in sich birgt.

Im wesentlichen lassen sich für das Ungleichgewicht in der wirtschaftlichen Entwicklung einer Verkehrswirtschaft zwei Ursachen feststellen:
Der Marktmechanismus kann infolge seiner Konstruktion *nur nachträglich* (ex-post) eine *Abstimmung* der Wirtschaftspläne vornehmen. Damit *begünstigt* er *Konjunkturschwankungen und Krisen.* Kann z.B. die Nachfrage kurzfristig nicht befriedigt werden, so weicht diese auf Substitute aus. Allgemein zunehmende Nachfrage mit einer Preissteigerungstendenz eröffnet Gewinnchancen und veranlaßt die Unternehmer, die Produktion auszudehnen (zu investieren). Erst nachträglich zeigt sich, ob das verstärkte Angebot richtig, zu groß oder zu klein war. Was das Angebot z.B. zu groß, so schätzen die Unternehmer die Überschußsituation u.U. falsch ein, was nun zu einer Engpaßsituation führen kann. Sehr viele *Fehlinvestitionen* in einer Marktwirtschaft beruhen in einer *falschen Einschätzung der Marktdaten.* Eine echte, informative Marktprognose würde somit wertvolle Dienste leisten. Die Unsicherheit in den Planungen ergeben wellenartige Wirtschaftsschwankungen (Konjunkturwellen). Da ein sich selbst überlassener Marktmechanismus die Konjunkturschwankungen eher verschärft, ist es heute eine Binsenweisheit, daß nur eine *effektive, staatliche Stabilitätspolitik* hier ausgleichend auf den Wirtschaftsablauf wirken kann. Die Konsequenz ist allerdings, daß der Staat aus seiner Nachtwächterrolle heraustritt und gestaltend in die individuelle Planung eingreift (siehe dazu das Stabilitätsgesetz in der BRD).

Der Marktmechanismus kann aus einem weiteren Grund eine unerwünschte instabile Situation schaffen. Auf einigen Märkten kann sich ein nicht marktmäßiges *(= marktinkonformes) Verhalten der Teilnehmer* einstellen. Im Frühkapitalismus und heute teilweise in unterentwickelten Ländern stellte sich dies auf den Arbeitsmärkten ein. Sinkt der Lohn (= Preis), so müßte entsprechend dem Marktmechanismus das Angebot an Arbeit zurückgehen. Bei sinkenden Löhnen trat das genaue Gegenteil ein, es nahm das Arbeitsangebot zu (Überstunden, Frauen- und Kinderarbeit), um den Einkommensausfall zu kompensieren. Die Folge ist somit, daß für den *Arbeitsmarkt* das Wettbewerbsprinzip und der Marktmechanismus heute als nicht angebracht angesehen werden und durch den *Verhandlungsmechanismus* zwischen Gewerkschaft und Arbeitgebern *ersetzt wurden.* Ähnliches marktinkonformes Verhalten kann sich auf *Agrarmärkten* einstellen, so daß hier der Staat aus versorgungs- und strukturpolitischen Gründen den Marktmechanismus durch eine Marktordnung (Mindestpreise, staatliche Vorratsstellen) ersetzt.

2.3 Reale Wirtschaftssysteme sind "mixed economies"

2.3.1 Mixed economies

Die im vorangegangenen Abschnitt dargelegten beiden Formen an Wirtschaftssystemen hatten wir ausdrücklich als Modelle charakterisiert. In dieser rein *modellartigen Konstruktion kommen reale* Wirtschaftssysteme, auch angenähert nur ausnahmsweise vor, stellen somit *nicht den Normalfall* eines tatsächlichen Wirtschaftssystems dar.

Ein Beispiel eines realen Verkehrswirtschaftssystems, das noch die weitestgehende Annäherung an das Modell ist (aber auch mit einer Reihe von Einschränkungen), war das System in England Anfang des 19. Jahrhunderts. Dieses Wirtschaftssystem in Großbritannien, das der Vorstellung des klassischen Liberalismus am besten entsprach, verwirklichte die meisten der vorher dargelegten Grundprinzipien.

Reale Beispiele, die dem Modell der Zentralverwaltungswirtschaft am ehesten entsprechen, finden sich zunächst in kleinen Wirtschaftseinheiten wie z.B. in der geschlossenen Bauern- und der Klosterwirtschaft des frühen Mittelalters. Staaten, die am konsequentesten nach dem Zentralverwaltungsprinzip wirtschaften, waren der Staat der Inkas in Südamerika, der sog. Jesuitenstaat in Paraquay und soweit sich das aus den spärlichen Informationen ablesen läßt, das Regime in Kambodscha der Khmer rouge.

Alle anderen realen Wirtschaftssysteme stellen mehr oder weniger starke *Abwandlungen, Variationen* der Modellkonstruktionen dar bzw. sind *Mischungen* unterschiedlichster Intensität *der beiden Grundformen von Systemen,* sind sog. *"Mixed Economies".* Ein reales Wirtschaftssystem kann man heute nach dem Mischungsgrad aus dezentralen und zentralen Lenkungselementen analysieren und es je nach der Relation der Mischung der einen oder anderen Gruppe zuordnen. Setzt man vereinfachend die Tätigkeit des Staates in der Wirtschaft = zentrales und die Tätigkeit der

Privaten = dezentrales Lenkungsverfahren, so ergibt sich ein praktikabler Ansatzpunkt zur Beurteilung eines Wirtschaftssystems.

Im *Wirtschaftssystem der ehemaligen UdSSR* (wie in den meisten Staaten des sog. Ostblocks) überwogen die zentralen Lenkungsinstrumente durch den Staat. Diese Volkswirtschaft war somit zur Gruppe der Zentralverwaltungswirtschaften zu zählen. Trotzdem gab es dezentrale Elemente (eigentlich systemfremde), die dem System der Verkehrswirtschaft entnommen sein könnten. In der Sowjetunion waren typisch einige Besonderheiten im Agrarbereich. So war es den Kolchosbauern (-genossen) erlaubt, in bescheidenem Umfang eine selbständige private Produktion zu betreiben, z.B. 1/4 ha Land privat zu bebauen, eine Kuh privat zu halten. Die Erträge dieser privaten Bewirtschaftung durfte das Kolchosmitglied selbst auf den sog. Kolchosmärkten verkaufen.

Im *Wirtschaftssystem der USA* überwiegen die dezentralen Elemente, so daß es zum Typus der Verkehrswirtschaft zu rechnen ist. In ihr gibt es aber Bereiche, die ausschließlich zentral vom Staat geregelt werden, wie z.B. das Geldwesen durch die Zentralnotenbank oder die Arbeitslosenversicherung für die abhängig Erwerbstätigen. Zum anderen greift der Staat regulierend auf einer Reihe von Bereichen ein. Typische Interventionsbereiche in den USA sind: Landwirtschaft, Energiesektor, strategische Rohstoffe, Geld- und Kapitalmarkt, Arbeitsmarkt. Auch in den USA betätigt sich der Staat in einigen Branchen als Anbieter kollektiver Güter, wie z.B. im Postwesen (ohne Telephon) oder in der Infrastruktur (Straßen, Kanäle, Flughafen). In den Kommunen wird das Wasser, manchmal auch Gas und Elektrizität entweder vom Staat allein oder neben den Privaten von ihm angeboten. Insgesamt ist in den USA der Staat zum größten Wirtschaftssubjekt geworden, so daß Kritiker teilweise bereits ein Ersticken der ökonomischen Privatinitiative durch die wirtschaftliche Macht des Staates befürchten.

Aus dem Faktum, daß Volkswirtschaften Mischsysteme sind und aus der Problematik der gegensätzlichen Steuerungsverfahren unterschiedlicher Ordnungsformen ergeben sich für die *Gegenwart eine Reihe von aktuellen Problembereichen:*

1) Inwieweit sind die beiden Grundtypen mit Elementen des anderen Typs mischbar und wo liegt u.U. die Grenze, an der ein Wirtschaftssystem funktionsunfähig wird bzw. in das andere umschlägt.

2) Nähern sich die beiden Systeme immer mehr gegenseitig an, wie es z.B. die *Konvergenztheorie* prognostiziert.

3) Wie sieht es mit den Entwicklungstendenzen, der Stabilität und den Überlebenschancen der beiden Typen an Wirtschaftssystemen aus.

2.3.2. Beispiele für mixed economies

Bei den folgenden Beispielen geht es primär darum, daß eine reale Volkswirtschaft ein Mischsystem ist. Andere Fragenkomplexe werden dabei nur soweit erörtert, als sie zur Erklärung dazu dienen.
D.h. für die Problempunkte eines realen Wirtschaftssystemes wie z.B. deren Ziele, deren ökonomischen Schwierigkeiten, die Konvergenz, der Leistungsvergleich usw., muß auf die Literatur verwiesen werden.

Als Beispiel für ein marktwirtschaftliches Mischsystem soll die Bundesrepublik Deutschland (BRD) vorgestellt werden. Diese "Soziale Marktwirtschaft" der BRD wird im Moment ja u.U. mit zu viel Vorschußlorbeeren als das richtige Wirtschaftssystem für die sich im Umbruch befindenden sog. Ostblockstaaten angeboten.
Als ein Beispiel für ein (noch existierendes und funktionierendes) planwirtschaftliches Mischsystem soll die Volksrepublik (VR) China analysiert werden.

2.3.2.1. Die BRD als marktwirtschaftliches Mischsystem

Das Wirtschaftssystem der Bundesrepublik Deutschland zeigt wie alle realen Marktwirtschaften deutliche Abweichungen vom Idealtypus und hat Bereiche, die ausschließlich zentral geregelt werden, sie ist eine mixed economy.
Den Namen, den dieses Mischsystem der BRD üblicherweise trägt, "Soziale Marktwirtschaft", findet man in seiner Verfassung, im Grundgesetz, nicht. Doch nach vorherrschender Auffassung wird mit den Art. 2/1, 14 und 15 eine Zentralverwaltungswirtschaft ausgeschlossen, so daß nur noch die Marktwirtschaft (allerdings interpretationsfähig) als System für die BRD übrigbleibt.

Von den fünf *Voraussetzungen für das Funktionieren einer Verkehrswirtschaft* (Vertragsfreiheit, Privateigentum, Wettbewerb, Preis- und Marktmechanismus) sind in der BRD nur zwei in etwa idealtypisch realisiert. Einmal die Vertragsfreiheit, selbstverständlich im Rahmen der Gesetze, insbesondere des Grundgesetzes. Aber auch hier gibt es aus anderen Erwägungen Einschränkungen, so z.B. mit dem sog. Kartellgesetz (= Einschränkung der Koalitionsfreiheit).
Zum anderen ist dies das Privateigentum, vor allem an den PF's Boden und Kapital. Daß der Staat der BRD auch selbst Eigentümer von Boden und Kapital ist und laut

Grundgesetz die Enteigungsmöglichkeit des Produktivvermögens besteht, wird hierbei als nicht wesentliches Gegengewicht angesehen.
Die drei anderen Voraussetzungen sind in der BRD nur mit z.T. nicht unwesentlichen Einschränkungen gegeben. So ist bekanntlich der Wettbewerb auf vielen Märkten entweder nicht oder nur eingeschränkt vorhanden.
Der Preis- und der Marktmechanismus funktionieren nur noch teilweise, vor allem infolge des fehlenden Wettbewerbes und des Nichtvorhandenseins der vollständigen Konkurrenz. Diese Mechanismen sind aber auch durch Eingriffe des Staates ihrer Funktion beraubt, so. z.B. auf dem Arbeits- und Agrarmarkt. Teilweise haben auch Entwicklungen in der BRD selbst Markt und Preis in ihren Aufgaben blockiert (so wird z.B. durch die fortschreitende Konzentration der Preismechanismus außer Kraft gesetzt).

In ihrem Kern weist die **Soziale Marktwirtschaft** einen deutlichen Unterschied zum Idealtypus auf, und zwar ist der **Staat deutlich aus seiner Nachtwächterrolle herausgetreten**. Er nimmt heute im Bereich der Wirtschaft erheblich mehr Aufgaben wahr, die man unter dem Aspekt der Mischung in drei Hauptgruppen einteilen könnte:

Einmal hat der Staat dafür Sorge zu tragen, daß die Vorteile des Preis- und Marktmechanismus erhalten bleiben (oder erst zum Tragen kommen). Dazu muß er einer funktionierenden Wettbewerbsordnung zu Durchbruch verhelfen. In der BRD wird dies u.a. durch einen Ausbau des Gesetzes gegen Wettbewerbsbeschränkungen (GWB, sog. Kartellgesetz) praktiziert. Weiterhin durch die Preisauszeichungspflicht, durch den Abbau der Preisbindung der zweiten Hand, durch die Förderung von Handwerk, Klein- und Mittelbetriebe und dergl. mehr. Obwohl, je nach der herrschenden politischen Richtung in der BRD, die Intentionen hierbei unterschiedlich intensiv sind; so hat man die Zielrichtung noch nicht aufgegeben.

Zum anderen wird dem Staat der BRD die Aufgabe zugeteilt, zunächst wirtschaftliche Rahmenbedingungen zu schaffen, die es sodann der Privatinitiative ermöglichen, gesicherter zu wirtschaften. Diese Rahmenbedingungen sind die im § 1 des Stabilitätsgesetzes der BRD formulierten Ziele des sog. magischen Viereckes der Preisstabilität, der Vollbeschäftigung, des außenwirtschaftlichen Gleichgewichtes und des Wachstums. Damit wird ein ganzes Bündel staatlichen Handelns und Intervenierens im Bereich der Wirtschaft beschrieben, das mit Hilfe der Konjunktur-, Geld-, Finanz-, Regional-, Struktur-, usw. -politik realisiert werden soll.

Schließlich interveniert der Staat der BRD mehr oder weniger intensiv aus unterschiedlichsten Motiven heraus in einer ganzen Reihe von Wirtschaftsbereichen. Die bekanntesten sind die Landwirtschaft, der Kohlebergbau, Verkehrsektor, Energiewirtschaft, neuerdings im Stahlbereich und auf dem Arbeitsmarkt. Der Grund für diese z.T. recht massiven Eingriffe ist, daß nach überwiegend herrschender Auffassung hier der Markt nicht funktioniert oder die Anwendung der Marktregeln als nicht sinnvoll erscheint.

Per saldo, dieser Staat der BRD ist wahrlich kein Nachtwächter im Bereich der Wirtschaft mehr. Eine Reihe von "Systemkritikern" spricht von einem Überwuchern der staatlichen Einflußnahme, die bereits die private Aktivität zu ersticken drohe.

Die **Wirtschaft der BRD** weist in ihrem System **Elemente** auf, die **rein zentral organisiert** der Planwirtschaft entstammen könnten. Die wichtigsten Beispiele wären:

1) Die Geldversorgung wird mit Hilfe der Bundesbank zentral gesteuert.
2) Die Absicherung der Masse der unselbständig Erwerbstätigen gegen die Risiken der Krankheit, des Unfalls, der Arbeitslosigkeit und des Alters wird zwangsweise zentral vom Staat vorgenommen. Es wird nicht in das Belieben des einzelnen Arbeitnehmers gestellt, sich gegen diese Risiken des Erwerbslebens durch eine Privatversicherung abzudecken.
3) Die Versorgung der Bevölkerung mit einigen Grundbedürfnissen übernimmt ausschließlich der Staat (bzw. seine Einrichtungen), wie z.B. bei Wasser und Abwässer, Strom und Gas und häufig bei Massentransportmitteln.

Berücksichtigt man, daß diese zentralen Regelungen das Staates auch noch andere Bereiche umfaßen, so gibt es bereits wieder Kritiker, die davon sprechen, daß die BRD auf dem Wege sei, daß alles vom Staat geregelt werde.

Schließlich **unterscheidet sich die Soziale Marktwirtschaft** vom Idealtypus durch die relativ **starke Betonung in der Verfolgung sozialer Überlegungen** durch den Staat zugunsten derjenigen, die als vom System benachteiligt gelten. Eine Menge sozialer Gesichtspunkte regelt der Staat dabei durch die Redistribution. Die bekanntesten Beispiele dazu wären:

1) Alle Maßnahmen im Rahmen der klassischen Sozialen Sicherung wie Krankheit, Unfall, Arbeitslosigkeit und Alter mit einer Fülle einzelner Maßnahmen.
2) Der Ausbau der Sozialhilfe, der Fürsorgeleistungen.
3) Die Lastenausgleichszahlungen für Vermögensverluste durch den 2. Weltkrieg.
4) Mietzuschüsse, Wohnungsbauzuschüsse, sozialer Wohnungsbau.

5) Kriegsopfer- und Hinterbliebenenversorgung.
6) Bildung von Vermögen in Arbeitnehmerhand, wie z.B. durch das 624,- bzw. 936,- Mark-Gesetz, die Spar- und Bausparprämien, Volksaktien, Reprivatisierung.
7) Ausbildungsbeihilfen, Bafög.
8) Maßnahmen im Rahmen der Familiensicherung, wie Kindergeld, Babyjahr usw.
9) Progressive Lohn- und Einkommensbesteuerung.
10) Direkte Einkommenshilfen für bestimmte Gruppen.

Zuzugeben ist, daß man über einzelne der aufgeführten Beispiele "des Sozialen" der Marktwissenschaft (oder auch anderer) diskutieren wird müssen, da sie eingestellt wurden wie z.B. die Sparprämien (bzw. auslaufen), oder zum Nachteil der Betroffenen geändert bzw. jetzt wieder revidiert wurden, wie z.B. das Bafög, das zeitweise nur noch als (zinsloses) Darlehen vergeben wurde. Die BRD aber als völlig unsozial zu bezeichnen, dürfte dem Gesamten "des Sozialen" aber nicht gerecht werden. Andererseits gibt es auch zu diesem Komplex Kritiker, die hier die BRD in die Richtung eines totalen Versorgungsstaates marschieren sehen.

Insgesamt hat sich für die BRD gezeigt, daß sie sich bereits auf vielen Bereichen deutlich vom Ideal der reinen Verkehrswirtschaft entfernt und vieles in sich integriert hat, was idealtypisch eigentlich zum Zentralverwaltungssystem gehört. Als noch weiterreichende Beispiele denke man an die Globalsteuerung und die Planung der Gesamtwirtschaft (Planung aber nicht wie z.B. in der ehemaligen DDR). Pessimisten befürchten deshalb auch bereits ein Umkippen der BRD in eine planwirtschaftliche Konzeption.

2.3.2.2. Die VR China als planwirtschaftliches Mischsystem

Durch die rasanten Umwälzungen bei den europäischen Planwirtschaften (den sog. Ostblockstaaten) gibt es Anfang der 90iger Jahre kein gutes reales Beispiel einer Planwirtschaft in Europa mehr. Somit soll als Beispiel einer Planwirtschaft mit dezentralen (= marktwirtschaftlichen) Elementen die Volksrepublik China verwendet werden.

Da uns die VR China nicht so geläufig ist, soll zunächst kurz die **wirtschaftliche Entwicklung** vorgestellt werden:

Seit der Machtübernahme und der Gründung der Volksrepublik am 01.10.1949 durch die kommunistische Partei war China durch ein starres Planwirtschaftssystem gekennzeichnet. Analog zur Sowjetunion und den übrigen Ostblockstaaten erfaßte die staatliche Planung zuerst das Bankwesen und weitete sich dann auf den Handel, die landwirtschaftliche und industrielle Produktion und den Außenhandel aus. Parallel dazu wurden die Eigentumsverhältnisse radikal geändert. Sämtlicher Privatbesitz an den Produktionsfaktoren Boden und Kapital wurde verstaatlicht und in Kollektiveigentum übergeführt. Bis zum Ende des 1. Fünfjahresplanes (1957) war mit Hilfe der UdSSR ein nahezu alle Bereiche der Wirtschaft umfassendes strenges Planungssystem aufgebaut. Mit dem 2. Fünfjahresplan und dem sog. "Großen Sprung nach vorne" (= politische Massenmobilisierung) sollte ein schnelles wirtschaftliches Wachstum und damit parallel ein rascherer Übergang zum Kommunismus eingeleitet werden. Das ganze endete in einem Debakel (die sog. "drei bitteren Jahre 1959-61"). Jetzt erfolgte zu Beginn der 60iger Jahre durch pragmatisch orientierte Politiker ein Kurswechsel in der Wirtschaftspolitik hin zu mehr Liberalismus. Man setzte verstärkt auf privates Erwerbsstreben, wobei insbesondere die Landwirtschaft angesprochen wurde.

Diese Politik wurde 1966 abrupt durch die Kulturrevolution unterbrochen. Massenkampagnen und politisch ideologische Erziehung ersetzten die materiellen Anreize. Die ideologische Revolution stand an erster Stelle, die Wirtschaft hatte ihr zu dienen.

Das Resultat war ein wirtschaftliches Chaos und ein deutliches Sinken des Lebensstandards.

Nach dem Tode Maos (1976) und der Entmachtung der sog. Viererbande kam mit Deng Xiaoping wieder der ökonomische Pragmatismus an die Macht. Es setzte eine Wirtschaftsreform ein, die mehr Dezentralismus und mehr Marktwirtschaft zuließ. Zunächst begann eine weitgehende Dekollektivierung und Reprivatisierung der Landwirtschaft (für ein Entwicklungsland ist der primäre Sektor entscheidend). Diese Reform breitete sich nach und nach auf die übrigen Bereiche der Wirtschaft aus. Private Unternehmer waren erlaubt, Leistungsanreize spielten eine wichtige Rolle. Teilbereiche der Wirtschaft (besonders Handel und private Dienstleistung) wurden verstärkt der Regulierung durch den Markt überlassen. In China spricht man von einer "sozialistisch geplanten Warenwirtschaft" und meint dabei eine Verbindung von Plan und Marktelementen. Diese Reform brachte hohe wirtschaftliche Wachstumsraten und eine Verbesserung der Versorgung der Bevölkerung. Insbesondere seit den Ereignissen im Frühjahr 1989 (= blutige Niederschlagung der Demokratiebewegung auf dem Platz des himmlischen Friedens) sind die Reformmaßnahmen zum Stillstand gekommen. Zunehmend wird die führende Rolle der kommunistischen Partei, die Grundposition einer sozialistischen (= planwirtschaftlich organisierten) Volkswirtschaft und der Sieg des Sozialismus über den Kapitalismus betont. Die ideologische Erziehung im Bildungswesen (Studenten), in der Armee und in den übrigen Bereichen spielt wieder eine wichtige Rolle.

Anfang der 90iger Jahre setzt man verstärkt auf die Vogelkäfigtheorie, d.h. die Funktionen des Marktes dürfen sich nur im Rahmen (= der Käfig) der staatlichen Planung entfalten. Ein nahezu klassisches Beispiel von mixed economy. Auf dem Parteitag Anfang 1993 wurde für den Wirtschaftsbereich die Parole "mehr Marktwirtschaft" verabschiedet. Im politischen Bereich dagegen erneut der Führungsanspruch der kommunistischen Partei betont.

Im folgenden soll die VR China als planwirtschaftliches Mischsystem vorgestellt werden, wie es sich Anfang 1991 präsentiert. Dabei werden die verschiedenen Sektoren der Wirtschaft unter diesem Aspekt beleuchtet, wie sie sich seit 1978 bis 1991 entwickelt haben.

Was die beiden **Voraussetzungen einer Planwirtschaft** betrifft, so sind diese in der VR China fast vollständig erfüllt. Die Zentralinstanz besitzt die Macht, um sich u.U. gegen die Individualwünsche durchzusetzen. Seit dem Frühjahr 1989 ist klar, daß dies, wenn nötig, auch mit militärischer Gewalt geschieht.
Die zweite Veraussetzung, d.h. Verfügungsmacht über die PF's Boden und Kapital ist, wie noch zu zeigen ist, nur in wenigen Teilbereichen nicht mehr gegeben. Der Großteil des Kapitals und des Bodens (völlig) befindet sich in der Verfügung der Zentrale.

Der **Landwirtschaft** kommt (wie in den meisten Entwicklungsländern) dabei eine Schlüsselposition zu. Von den gut 1,2 Mrd. Chinesen leben 80 % auf dem Lande; 2/3 der Beschäftigten sind hier tätig; 25 % der Erdbevölkerung muß dabei auf 7 % landwirtschaftlich nutzbarer Weltfläche ernährt werden. Im Agrarbereich setzt man nicht mehr primär auf den Großbetrieb der Volkskommunen, denen alle Bauern angeschlossen waren. Dezentrale Steuerung durch den Markt und Eigeninitiative sind gefragt.
Einzelne Bauernfamilien oder Gruppen davon können Land für 15 Jahre oder länger pachten und dann eigenverantwortlich bewirtschaften. Das Eigentumsrecht am Boden bleibt beim Staat. Anbaumethoden und Arbeitsorganisation bestimmt der Bauernpächter selbst, teils kann er auch Hilfskräfte anstellen. Als Pacht muß ein bestimmter Teil der Ernte zu einem Fixpreis an die staatliche Agentur abgeliefert wer-

den plus eine Landwirtschaftssteuer (= Art Einkommenssteuer) bezahlt werden. Die darüber hinaus gehende Produktionsmenge kann frei auf dem Markt verkauft werden. 2/3 aller Erzeugnisse werden bereits frei auf dem Markt ausgehandelt, zudem ist eine weitgehende Dezentralisierung der Produktionsplanung gegeben.
Der Staat beeinflußt den Agrarbereich andererseits durch die Steuerung der Produktionsinputs, wie staatliche Kredite, Zuteilung von Dünger, Saatgut und dergl. Da dafür keine Märkte existieren, versucht er so eine Steuerung hin zu bestimmten bevorzugten Produkten (z.B. Tierhaltung), d.h. hier kommt das Planungselement wieder zum Tragen.
Durch diese Dezentralisierung und Stärkung der Eigenverantwortlichkeit kam es zu erheblichen Ertragssteigerungen in der Landwirtschaft und zu einer verbesserten Versorgung der Bevölkerung (Gemüse, Obst, Fleisch). Seit 1989 werden allerdings wieder verstärkt Kollektivbetriebe von der Regierung angepriesen.

Private Unternehmer im Handel, Handwerk, Kleingewerbe und der Dienstleistung sollen für die chinesische Wirtschaft eine wichtige Ergänzungsfunktion in der Versorgung der Bevölkerung übernehmen. Das Motiv für diese Wiederzulassung der privaten (Klein-) Unternehmer (unter der Kulturrevolution als sog. "Schwanz des Kapitalismus" verfolgt) war die von Deng erkannte sozialistische Not einer Planwirtschaft, die sich beim Bürger vor allem in der schlechten Versorgung durch den Handel mit täglichen Lebensnotwendigkeiten und in der Dienstleistung bemerkbar macht. Wie sieht die Struktur dieser privaten Unternehmen aus, die 1988 gleich 14,5 Mio. Betriebe mit etwa 23 Mio. Beschäftigten umfaßte. Die Zahlen zeigen, es dominiert der Kleinbetrieb. Dabei gibt es zwei Formen: Einmal die *"Individuelle Wirtschaft"* d.h. ein Unternehmen mit eigenen privaten finanziellen Mitteln, von einer Einzelperson oder einer Familie betrieben. Zum anderen die *"Privatwirtschaft"*, d.h. ein Unternehmen mit mehr als 7 Arbeitern, im Durchschnitt mit 16 Beschäftigten, teils mit mehreren 100.

Bemerkenswert ist, daß neben einem Einkommen aus Unternehmertätigkeit auch Lohnarbeit mit frei ausgehandelten Arbeitsverträgen in einem kommunistischen Land möglich ist.
Ein weiterer "Verstoß" gegen eine idealtypische Planwirtschaft sind die Eigentumsrechte der privaten Unternehmer. Sie können Eigentum an Produktionsmitteln erwerben, was durch die Verfassung sogar geschützt ist (sonst gibt es in Planwirtschaften privates Eigentum nur an Konsumgütern). Eine deutliche Ausnahme macht hierbei der Boden, der nach Art. 10 der Verfassung nur Staats- oder Kollektiveigentum sein kann.

Seit 1989 sieht die chinesische Führung die schnelle Entwicklung der Privatwirtschaft eher negativ. einmal resultiert diese geänderte Haltung aus den großen Einkommensunterschieden der privaten Unternehmer gegenüber der Masse der Bevölkerung, die soziale Spannungen ergibt. Parallel dazu macht man die privaten Unternehmer für den Moralverfall verantwortlich. Ein weiterer wichtiger (inoffizieller) Kritikpunkt ist, daß die privaten Unternehmer, neben den Studenten die Verfechter einer ungestörten Marktwirtschaft und einer politischen Demokratie sind.
Seit 1989 wird deshalb der private Unternehmensbereich wieder schärfer überwacht. So sollen bestimmte Praktiken unterbunden werden (Steuerhinterziehung, Verkauf von mit Mängeln behafteten Produkten). Es wurde das Betätigungsfeld dafür eingeschränkt, z.B. nicht mehr im Bankwesen, im Handel mit Produktionsmitteln, im Außenhandel und im Handel von Konsumgütern außerhalb des Wohnbereiches. Einfach zu verbieten ist dieser Bereich (im Moment) nicht, da er insgesamt zu wichtig ist. Aber ein deutlicher Rückgang der Anzahl der Betriebe und der Beschäftigten ist seitdem bereits eingetreten.

In der **Industrie** herrscht von wenigen Ausnahmen bei kleineren Betrieben der Staats- bzw. Kollektivbetrieb vor. Hier sind neben der Landwirtschaft die meisten Menschen (ca. 30 % vom Ganzen) beschäftigt.
Aber auch bei diesen planwirtschaftlichen Betrieben zeigt sich ein *mehr an Markt* und ein *weniger an Plan*, und zwar im *Planungsverfahren.* Zentrale Befehlspläne, die alles im Sinne einer idealtypischen Zentralverwaltungswirtschaft bis ins kleinste und bis zum letzten regeln, treten immer mehr in den Hintergrund. Sie werden immer stärker durch sog. Indikativpläne, d.h. anleitende bzw. Rahmenpläne abgelöst. Damit wird für den Betrieb ein gewisser Spielraum für ökonomische und marktliche Regelungen eröffnet. Man unterscheidet in der Industrie zwei Gruppen von Betrieben im Hinblick auf das Planungsverfahren.
Die erste Gruppe, die *direkt gelenkten Betriebe* erhalten weiterhin verbindliche Produktionsvorgaben und genaue Handlungsanweisungen. Hier handelt es sich um wichtige Schlüsselprodukte (Eisen, Kohle, Stahl, Bauholz, chemische Grundsubstanzen), die als besonders bedeutsam angesehen werden.
Die zweite Gruppe erzeugt Produkte, die im allgemeinen in ausreichenden Mengen vorhanden sind, die sog. *indirekt gelenkten Betriebe.* Sie haben das Recht, nach der Erfüllung etwaiger direkt vorgegebener Produktionspläne, frei zu produzieren und zu vermarkten. Diese Möglichkeit wird dann aber häufig durch die zu knappe Zuteilung von Rohstoffen und Hilfsgütern wieder eingeschränkt.

Ein Grundpfeiler zur Erhöhung der Effizienz der Industriebetriebe ist das dort gültige "*neue Verantwortungssystem*". Obwohl es sich um Staatsbetriebe handelt, sollen sie selbständig wirtschaften und die Verantwortung für Gewinn und Verlust übernehmen. Sie haben aber trotzdem die staatlichen Direktivpläne zu erfüllen. Der Direktor hat das Recht, die speziellen Bedingungen über Beschaffung, Produktion und Absatz, Einstellung von Arbeitnehmern, Preisen und Löhnen selbst zu entscheiden.
Auch im Betrieb gilt das nämliche Prinzip, so daß verstärkt mit Löhnen und Prämien als Leistungsanreize gearbeitet wird. Der Betrieb muß den Gewinn nicht mehr an den Staat abführen, daraus sind lediglich Steuern zu bezahlen. Ansonsten kann der Gewinn frei verwendet werden (z.B. auch für soziale betriebliche Einrichtungen).
Probleme ergeben sich bei Industriebetrieben mit den ungewohnten Verantwortlichkeits- und Leistungsprinzipien, welche ja im krassen Widerspruch zu den alten Ideologien stehen. So kann man wegen ungenügender Leistung jetzt seinen Arbeitsplatz verlieren (siehe: Beschäftigungsgarantie). Weiterhin problematisch ist die mangelnde Managementerfahrung und die fehlende Marktkenntnis der Betriebsleitungen.
Ein weiterer Grundbaustein zur Steigerung der wirtschaftlichen Leistungsfähigkeit und ein systemfremder Aspekt ist das *Preissystem.*
Galten früher staatlich festgelegte Fixpreise, die sich immer mehr von den Kosten und dem Ausgleich von Angebot und Nachfrage entfernt hatten, so existiert jetzt ein *Doppelgleis-Preissystem.* Preise für besonders wichtige Güter wie Kohle und Elektrizität werden weiterhin vom Staat bestimmt. Manche andere Güter wurden ganz aus der staatlichen Preisfestlegung entlassen und sollen vom Markt geregelt werden. Bei anderen Produkten wiederum gilt die Marktpreisregelung nur für die Gütermengen, die über Plansoll produziert wurden. Das Ergebnis ist, daß der Betrieb sich beim Einkauf und dem Absatz unterschiedlichen Preissystemen gegenübersieht.
Teils erhalten sie die betrieblichen Inputs zu festgelegten Preisen, die unter den Marktpreisen liegen (somit Subventionen darstellen); zusätzliche Inputs müssen sie am freien Markt zu erhöhten Preisen nachfragen. Einen Teil der Produktion müssen sie an den Staat zu niedrigen Preisen abgeben, Überplanmengen können dagegen am Markt zu erhöhten Preisen verkauft werden. Der Effekt ist, daß die Betriebe beim Doppelgleis-Preissystem schlecht dastehen, die den Großteil des Produktionsergebnisses an den Staat zu seinen Fixpreisen abliefern müssen, oder nur einen geringen Teil der Produktion frei verkaufen können. Gut sind die Betriebe dran, die entweder einen Großteil frei verkaufen können, oder die einen Großteil des Inputs zu den staatlich subventionierten Preisen erhalten.
Obwohl das Preissystem zu einer qualitativen Verbesserung der Produktion geführt hat, ergaben sich durch das Nebeneinander von Plan- und Marktpreisen deutliche In-

formationsverzerrungen. Die staatlich fixierten Preise spiegeln nicht den Knappheitsgrad wieder, stellen Subventionen dar, ergeben eine Resourcenverschwendung und geben falsche Gewinnanreize mit der Folge einer Verstärkung von Schwarzmarktgeschäften und der Korruption.
Auch bei der Industrie ist seit 1989 wieder mehr Planwirtschaft angesagt. Die zentralen Planungsorgane nehmen wieder stärker Einfluß auf die Produktions- und Verteilungsvorgänge. Bei den Inputs haben die staatlichen Betriebe wieder absolute Priorität. Obwohl im ZK-Vorschlag vom Ende 1990 auf die weitere Liberalisierung und die Einführung von Marktmechanismen hingewiesen wird, bedeutet dies nicht zwingend eine Ausweitung marktwirtschaftlicher Prinzipien, denn durch andere administrative Eingriffe können die Marktkräfte lahmgelegt werden.
So scheinen insbesondere die nur auf die eigenen Interessen bedachten regionalen Verwaltungseinrichtungen verstärkt auf die Industriebetriebe Einfluß zu nehmen und die Marktkräfte zu blockieren.

Die Außenwirtschaft, speziell **der Außenhandel** war seit der Reformpolitik 1978 ein Paradebeispiel für den Einbau marktwirtschaftlicher Elemente mit demzufolge starken Zuwachsraten. Die wichtigsten Handelspartner sind westliche Staaten wie Hongkong, Japan, die EG und die USA. Nicht nur der Umfang des Außenhandels ist gestiegen, es ergab sich auch eine qualtitative Verschiebung. Früher exportierte China fast ausschließlich Rohstoffe und Agrarprodukte, dies verschiebt sich jetzt immer deutlicher zugunsten von verarbeiteten Gütern.
Der früher fast ausschließlich dominierende Ex- und Import über das staatliche Außenhandelsmonopol wird seit der Öffnungspolitik strukturell verändert.
Es sind Kooperationsformen aller Art mit ausländischen Unternehmen möglich, wie Joint Ventures hin bis zu 100-prozentigen ausländischen Direktinvestitionen.
Bedeutsam ist hierbei, daß die Initiative zum Außenhandel deutlich dezentralisiert wurde. Sie liegt vor allem bei vier Wirtschaftssonderzonen und 14 Küstenstädten, wo es den Lokalregierungen möglich ist, selbständig Außenwirtschaft zu betreiben. Die Betriebe in diesen Gebieten sind im Außenhandel vom Staat relativ unabhängig und stärker dem internationalen Außenhandelspreiszusammenhang ausgesetzt.
In den übrigen Regionen Chinas ist der Außenhandel weniger dezentralisiert und wird von den staatlichen Außenhandelsgesellschaften gesteuert. Allerdings gab es hier 1989 = 6.000 solcher Einrichtungen, so daß der Überblick (und damit die zentrale Lenkung) nicht einfach herzustellen war.

Auch hier ist seit 1989 eine Trendwende erkennbar. Devisengeschäfte, Ex- und Import werden wieder verstärkt in die Hände großer Staatsbanken und Außenhandelsgesellschaften gelegt.

Insgesamt ist die VR China ein Musterbeispiel eines planwirtschaftlichen Mischsystemes. Die Intensität der Mischung ist, wie gezeigt wurde, in den verschiedenen Regionen unterschiedlich stark ausgeprägt. Es hat sich ebenfalls gezeigt, daß je nach herrschender politischer Grundrichtung die Mischung einmal stärker ausfallen kann, bzw. das Rad wieder mehr in Richtung Planung sich bewegt.

2.3.2.3. Mischsysteme in anderen Staaten

Ohne den Anspruch auf Vollständigkeit und Systematisierung sollen einige weitere Aspekte zu den mixed exonomies dargestellt werden. Anfang der 90iger Jahre sind unter diesem Gesichtspunkt die Veränderungen im ehemaligen Ostblock dabei von besonderem Interesse.

Am radikalsten ist die Umgestaltung in der **ehemaligen DDR** von einer Planwirtschaft zur Marktwirtschaft vor sich gegangen. Durch die Wiedervereinigung mit der BRD hat die DDR aufgehört als Staat zu existieren. Seitdem versucht man mit großen (insbesondere finanziellen) Anstrengungen in den neuen Bundesländern ein funktionierendes marktwirtschaftliches System aufzubauen. Die enormen Schwierigkeiten, die dabei auftreten sind z.Z. allgegenwärtig. Faßt man die Probleme dieses (vom wissenschaftlichen Standpunkt aus faszinierenden) Vorganges grob zusammen, so zeigen sich drei Hauptschwierigkeiten:

1) Die Infrastruktur in den neuen Bundesländern einschließlich der Umweltschäden muß mit großem Aufwand verbessert werden.
2) Der Großteil der alten Wirtschaftsstrukturen muß zerschlagen und neu organisiert wieder aufgebaut werden.
3) Bei den Menschen muß ein neues, anderes wirtschaftliches Denken einsetzen.

Infolge der Reibungsprobleme, die sich bei der Bewältigung diese drei Hauptschwierigkeiten ergeben, zeigen sich im wesentlichen folgende negative Entwicklungen:

1) Es ergibt sich eine beträchtliche Arbeitslosigkeit, die so schnell wohl nicht abgebaut werden kann.
2) Einige, wenige, "clevere" Mitbürger bereichern sich in der Umstellungsphase.
3) Weil sich der erwartete Erfolg und die Angleichung an die alten Bundesländer langsamer vollzieht, entsteht in der Bevölkerung Mißmut und Resignation.

4) Teils zeichnen sich radikale Strömungen ab und teils trauert man (zumindest in Teilbereichen) den Errungenschaften der alten DDR bereits wieder nach (in der ja alles vom Staat geregelt war).

In **Polen,** der **Tschechoslowakei** bzw. in der Tschechischen und Slowakischen Republik und **Ungarn** ist politisch und ökonomisch der Umbau von einer Plan- hin zu einer Marktwirtschaft prinzipiell durchgeführt worden. In Nuancen unterschiedlich gehen alle drei bzw. vier Staaten den Weg konsequent in Richtung Marktwirtschaft. Grundsätzlich haben es alle drei bzw. vier Länder schwerer als die ehemalige DDR, da sie den Weg prinzipiell aus eigener ökonomischer Kraft heraus meistern müssen. Was die Hauptprobleme und die negativen Entwicklungen anbelangt, so gelten (abgeschwächt oder auch verstärkt) die Ausführungen zur DDR.

In **Rumänien**, in **Bulgarien** und jüngst auch in **Albanien** heißt die offizielle Devise auch Entwicklung hin zu einer Marktwirtschaft. Doch im Vergleich zu den drei vorher genannten Ländern ist sowohl der politische, wie auch der ökonomische Umbau erst eine Teilstrecke vorangekommen. Sollten diese Länder ernsthaft eine Marktwirtschaft werden wollen, so stehen noch eine Menge Änderungen ins Haus und daraus folgend dann die dargelegten Schwierigkeiten und die negativen Entwicklungen.

Obwohl der Versuch, das starre Planwirtschaftssystem der **UdSSR** durch Dezentralismus und den Einbau marktwirtschaftlicher Elemente aufzulockern und damit effektiver zu gestalten, deutlich jünger als die chinesische Variante ist, sind die ökonomischen und insbesondere auch die politischen Folgen und Wirkungen weitreichender.
Diese Entwicklung ist durch den Amtsantritt Gorbatschow's eingeleitet worden, der mit den allseits bekannten Vokabeln von Perestrojka und Glasnost dies umschreiben wollte.
Die Zukunftsvision von Gorbatschow hatte eindeutig ökonomische Perspektiven. So diente auch die Abrüstung wirtschaftlichen Überlegungen, wollte er doch dadurch Produktionsfaktoren für andere Aufgaben frei bekommen (so gab die UdSSR 12 % ihres Sozialproduktes für die Rüstung aus, in den USA waren es lediglich 6 %).
Gorbatschow versuchte durch Dezentralismus und Einbau von marktwirtschaftlichen Elementen der russischen Wirtschaft mehr Schwung zu geben. Insgesamt wurden diese Maßnahmen aber nur halbherzig durchgeführt, an wichtige Voraussetzungen einer funktionierenden Marktwirtschaft wagte man sich nur verbal heran (der alte Apparat, die Nomenklatura und das Militär waren die Hauptgegner). Gegen eine effektive Umgestaltung wirkte ebenfalls der seit 70 Jahren praktizierte allgemeine

Schlendrian aller Wirtschaftssubjekte und die Reserviertheit der Bevölkerung, die schon so oft von tiefgreifenden Reformen reden hörte, aber bisher nicht viel davon verspürte.

Per saldo, man hatte in der UdSSR zwar seit Gorbatschow mehr persönliche und teils politische Freiheiten, aber wirtschaftlich wurde die Lage deutlich schlechter. Seit dem mißglückten Putsch vom August 1991 geht nunmehr die politische Entwicklung (zunächst) in einem nicht erwarteten Tempo vor sich. Die zugestandenen Freiheiten bewirken, daß das Imperium der UdSSR sich in seiner alten Form auflöst. Teilweise treten die Republiken aus der UdSSR völlig aus, wie dies bei den baltischen Staaten bereits geschehen ist und u. U. bei anderen noch eintreten kann. Die übrigen Republiken der UdSSR betonen ihre Selbständigkeit und suchen eine neue (sicher wohl lockerere) Form der staatlichen Zusammenarbeit, in der sogenannten GUS. Bis Ende 1991 zeigen sich dabei nur politische Veränderungen in noch nicht deutlichen Konturen ab.

Im ökonomischen Bereich wird allgemein bis dato nur die Formel vom Übergang in die Marktwirtschaft verwendet. Konkrete und insbesondere tiefe, grundlegende Reformen (z.B. uneingeschränkter Privatbesitz an den Produktionsfaktoren) müssen erst noch folgen. Geht man diesen Weg, so werden (siehe DDR) weder die Hauptschwierigkeiten, noch die negativen Entwicklungen ausbleiben.

Zusammenfassung

Der Begriff Wirtschaftssystem beschreibt den Organisationsrahmen einer Volkswirtschaft (Wirtschaftsordnung drückt das Nämliche aus). Daneben umfaßt Gesellschaftsordnung alle Arten von Beziehungen und Wirtschaftsverfassung die Rechtsnormen im Wirtschaftsbereich. Trotz der heute geübten Kritik soll der Eucken'sche Gedanke, in die Fülle an Wirtschaftssystemen eine Systematisierung zu bringen, beibehalten werden. Eucken beschreibt die Fülle der Steuerungsaufgaben einer Volkswirtschaft mit dem Begriff des Wirtschaftsplanes. Wird die Wirtschaft nach einem Plan gesteuert, handelt es sich um die Zentralverwaltungswirtschaft, läuft der Prozeß nach vielen individuellen Plänen ab, liegt eine Verkehrswirtschaft vor.

In einer Zentralverwaltungswirtschaft regelt der Zentralplan sämtliche ökonomischen Entscheidungen, wodurch der Einzelne nicht mehr selbst planen muß, sondern lediglich Anweisungen auszuführen hat. Die wichtigsten Voraussetzungen sind die Macht zur Durchsetzung des Zentralplanes und die Verfügungsmacht über die Produktionsmittel. Entscheidend für den Erfolg einer Planwirtschaft ist die Umsetzung des Planungsverfahrens, wobei eine Reihe von Mängeln vorhanden sind.

Eine Verkehrswirtschaft wird dagegen durch eine Vielzahl autonomer, privater Pläne gesteuert, während der Staat die Rolle des Nachtwächters übernimmt. Die Anpassung der vielen dezentralen Pläne erfolgt durch den Preis und Marktmechanismus, wobei es sich letztlich um Informationssysteme handelt. Entscheidende Voraussetzungen sind die Vertragsfreiheit, die Verfügungsmöglichkeit über die Produktionsmittel und der Wettbewerb.

Bei einer Analyse der Zentralverwaltungswirtschaft wären kritisch der Grundsatz des Kollektivprinzipes, der gleichmäßigen Wirtschaftsentwicklung und besonders entscheidend das zentrale Lenkungsverfahren zu untersuchen. Bei der Betrachtung der Verkehrswirtschaft wären dies dagegen der Grundsatz des Individualprinzipes, der ökonomischen Freiheiten und der automatischen Steuerung des Wirtschaftsablaufes.

Reale Wirtschaftssysteme sind Abwandlungen bzw. Mischformen der beiden Modelle, enthalten somit Elemente zentraler und dezentraler Lenkung. Die Intensität und Relation der Mischung bestimmen ein reales System einer Volkswirtschaft.

Volkswirtschaftliches Rechnungswesen

3. Aufgabenstellung des volkswirtschaftlichen Rechnungswesens

Bei den Wirtschaftssystemen hatte sich ergeben, daß eine Zentralverwaltungswirtschaft zur Steuerung des Wirtschaftsablaufes eine Fülle an Informationen benötigt. Auch eine heutige reale Verkehrswirtschaft zeichnet sich dadurch aus, daß in ihr der Staat mannigfaltig planend eingreift, woraus folgt, daß auch er dazu Informationen über die Wirtschaft braucht.

Eine der wichtigsten Informationen über die Geschehnisse in einer Volkswirtschaft stellt das volkswirtschaftliche Rechnungswesen zur Verfügung.

In seiner Bedeutung kann man das volkswirtschaftliche Rechnungswesen mit der *Gewinn- und Verlustrechnung vergleichen.* So wie in der GuV-Rechnung Aufwendungen und Erträge gegenübergestellt werden, um den jährlichen Betriebserfolg zu ermitteln, zeigt das *volkswirtschaftliche Rechnungswesen* auf ähnliche Weise das *Jahresergebnis der wirtschaftlichen Tätigkeit eines Landes* (einer Volkswirtschaft). Aus dem Resultat des volkswirtschaftlichen Rechnungswesens kann man auf die *ökonomische Leistungsfähigkeit einer Wirtschaft* schließen, sie *messen*, d.h. zahlenmäßig darstellen. Das volkswirtschaftliche Rechnungswesen ist damit das wichtigste Instrument für die *Erfolgskontrolle* einer Volkswirtschaft. Neben der Feststellung der wirtschaftlichen Tätigkeit des eigenen Landes ist immer bedeutungsvoller auch der *internationale Erfolgsvergleich* mit anderen Ländern geworden. Dabei ist in jüngster Zeit nicht nur der Erfolgs- und Leistungsvergleich von Nationen des gleichen Wirtschaftssystems getreten, wie z.B. Japan, USA, Bundesrepublik Deutschland usw., sondern neben theoretischen Argumenten spielen immer stärker auch Ergebnisse des volkswirtschaftlichen Rechnungswesens bei der Diskussion unterschiedlicher Wirtschaftssysteme (Ost-West z.B.) eine wichtige Rolle. Die Probleme eines objektiven internationalen Vergleiches mit den Resultaten des volkswirtschaftlichen Rechnungswesens sind z.Zt. aber noch beträchtlich.

Die englische Bezeichnung *"National Income Accounting"* für volkswirtschaftliches Rechnungswesen zeigt noch deutlicher seine Aufgabe: Es sollen damit die *neu geschaffenen Werte* eines Landes, gemessen durch den Begriff des Sozialproduktes, für einen bestimmten Zeitraum *erfaßt werden.* Dazu ist es erforderlich, ein *System von Definitionen* gesamtwirtschaftlicher Größen und deren *empirische quantitative Darstellung* zu schaffen.

Das volkswirtschaftliche Rechnungswesen findet vor allem für *folgende Gebiete Verwendung:*

1) Es dient einmal dazu, das Verständnis für gesamtwirtschaftliche Zusammenhänge zu wecken und zu fördern.
2) Des Weiteren (siehe Abschnitt 13) liefert es oft das empirische Datenmaterial, um die Gültigkeit einer Theorie nachzuweisen bzw. diese zu verwerfen.
3) Am wichtigsten ist schließlich seine Information für die Wirtschaftspolitik. Einmal zeigt es, ob wirtschaftspolitische Ziele oder Maßnahmen sich verwirklichen ließen, und zum zweiten liefert es quanitative Anhalts- und Ansatzpunkte für geplante wirtschaftspolitische Maßnahmen. Es ist somit der wichtigste Maßstab für die Effizienz und die Diagnose der Wirtschaftspolitik.

Das volkswirtschaftliche Rechnungswesen zeichnet sich durch einige *Kriterien* aus:

1) Seine Darstellungsform ist makroökonomisch, d.h. *sämtliche Erkenntnisse* und Resultate werden in der Form der *Makroökonomie* zum Ausdruck gebracht. Man arbeitet hier ausschließlich mit aggregierten Größen (siehe dazu Abschnitt 134.2). Das Anliegen der Makroökonomie, die Gesamtwirtschaft dadurch überschaubar zu machen, daß nicht die vielen Einzelwirtschaften, sondern nur die gleichartigen großen Gruppen betrachtet werden, kommt der Aufgabenstellung des volkswirtschaftlichen Rechnungswesens geradezu ideal entgegen.
2) Es handelt sich hierbei weiterhin um eine *ex-post-Analyse*, d.h. man analysiert ein vergangenes wirtschaftliches Geschehen (siehe dazu Abschnitt 134.2).
3) Volkswirtschaftliches Rechnungswesen bewegt sich in der *Zeitdimension*, d.h. ermittelt das Ergebnis für eine bestimmte Zeitperiode, meist für ein Jahr. Größen, die eine Zeitdimension haben, nennt man Stromgrößen (flows) im Gegensatz zu Bestandsgrößen (stocks), die für einen Zeitpunkt bestimmt werden.
4) Sie ist schließlich eine *Wertrechnung*, d.h. Mengen werden mit Preisen bewertet und dann addiert, so daß sich eine Geldrechnung ergibt. Erst dadurch sind die unterschiedlichsten Leistungen einer Volkswirtschaft addierbar und können verglichen werden.

Das volkswirtschaftliche Rechnungswesen setzt sich aus *folgenden Teilgebieten* zusammen:

1) Die *theoretische Basis* ergibt sich aus der *volkswirtschaftlichen Kreislaufdarstellung*. Hierbei wird das Grundkonzept entwickelt.
2) Die *Sozialproduktanalyse* erarbeitet die Grundlagen des Definitionssystems der gesamtwirtschaftlichen Größen und stellt die prinzipiellen Berechnungsmöglichkeiten vor.
3) Von einer Reihe von Autoren wird die Sozialproduktanalyse in einem Zug gleichzeitig mit der *volkswirtschaftlichen Gesamtrechnung* vorgestellt. Bei ihr handelt es sich um die heute praktizierten Verfahren, zur Realisierung des volkswirtschaftlichen Rechnungswesen.

4. Kreislaufbetrachtung

4.1 Begriff und Entstehung des Kreislaufgedankens

Mit der sogenannten Kreislaufanalyse wird das theoretische Konzept erarbeitet, das dem volkswirtschaftlichen Rechnungswesen zugrunde liegt. Der Kreislaufbetrachtung liegt die Erfahrungstatsache zugrunde, daß die Mehrzahl der Bedürfnisse und die daraus resultierenden wirtschaftlichen Tätigkeiten *Wiederholungsvorgänge* sind. In einer Volkswirtschaft wird ständig konsumiert und produziert und zwar in einem relativ gleichmäßigen Rhythmus. Untersucht man die wichtigsten dieser gleichartigen wirtschaftlichen Vorgänge, wie sie zwischen den Makrogruppen einer Wirtschaft vor sich gehen, so ist man beim Kerngedanken eines Kreislaufes.

Der wirtschaftliche Kreislauf betrachtet gleichmäßige, sich wiederholende ökonomische Vorgänge zwischen den aggregierten Makrogruppen einer Volkswirtschaft.

Kurz die historische Entwicklung:

Der Hauptrepräsentant der physiokratischen Schule, der französische Arzt und Nationalökonom *Francois Quesnay* (1694-1774) hat zum ersten Mal diesen Gedanken logisch durchdacht und dargestellt. In seinem 1758 veröffentlichten "Tableau économique" legt er für Frankreich den ersten volkswirtschaftlichen Kreislauf vor. Er zeigt darin, daß zwischen den drei Makrogruppen der Grundeigentümer, der Urerzeuger (Landwirte) und der Manufakturisten ein sich ständig wiederholendes geschlossenes System von Tauschbeziehungen besteht, der sog. Kreislauf.
Die entscheidende Fortentwicklung des Quesnay'schen Kreislaufes stammt von *Karl Marx* (1818-1883). Er hat das Kreislaufschema den Verhältnissen einer Industriewirtschaft angepaßt und zugleich nach den Voraussetzungen für einen störungsfreien Ablauf im Kreislauf geforscht. Diese gedanklich erarbeiteten Zusammenhänge sind heute weiterentwickelt und beträchtlich differenziert worden, so vor allem in den 30-iger Jahren dieses Jahrhunderts durch *John Maynard Keynes* (1883-1946). Füllt man diese Überlegungen, schließlich mit faktischen Zahlenwerten aus, so ist man bei

den statistischen Methoden der volkswirtschaftlichen Gesamtrechnung angelangt.

Die Zusammenhänge und Überlegungen des Kreislaufes kann man graphisch, tabellarisch, kontenmäßig oder mathematisch darstellen. Die graphische Methode ist die bekannteste und darüber hinaus die am leichtesten verständliche, sie soll deshalb verwendet werden. Die folgenden Kreislaufmodelle beziehen sich ausnahmslos auf Marktwirtschaften.

4.2 Einfaches, geschlossenes Kreislaufmodell

Geht man von den gegenwärtigen Grundtatsachen einer *Marktwirtschaft* aus, so läßt sich das einfachste Kreislaufmodell unter folgenden *Annahmen* entwickeln:
Eine Volkswirtschaft bestehe *nur* aus zwei Gruppen von Wirtschaftssubjekten, den privaten Haushalten und den Unternehmungen. Diese beiden Gruppen werden zu Makrogruppen zusammengefaßt, wobei entsprechend der Makroökonomie die wirtschaftlichen Beziehungen innerhalb der gleichen Makrogruppe unberücksichtigt bleiben, vielmehr nur die Beziehungen zwischen den so gebildeten Gruppen eine Rolle spielen. Derartige *Makrogruppen nennt man* in der Kreislaufbetrachtung *Pole bzw. Sektoren.* Unsere Modellwirtschaft hat dabei keinerlei wirtschaftliche Beziehungen zu andern Volkswirtschaften, sie ist eine *geschlossene Wirtschaft.*

Der Sektor Haushalte besitzt alle Produktionsfaktoren (Arbeit, Boden, Kapital), deren Nutzung er dem Sektor Unternehmungen zur möglichen Produktion verkauft. In der Sprache der Kreislaufanalyse fließt somit ein sich ständig wiederholender Strom von Produktionsfaktoren vom *Sektor Haushalte (=HH)* zum *Sektor Unternehmungen (= U).* Als Bezahlung dafür fließt umgekehrt ein Strom an Geld (= Einkommen) von U nach HH. Der Sektor U produziert durch Kombination der ihm zur Verfügung gestellten Produktionsfaktoren Güter (= Waren und Dienste) mannigfachster Art. Diese Güter verkauft U an HH, somit fließt von U nach HH ein Güterstrom. Die Preiszahlungen, die HH an U leisten muß für den Kauf der Güter, ergeben den Geldzahlungsstrom von HH nach U.

Zur graphischen Darstellung dieses so verbal beschriebenen Kreislaufes benötigen wir folgende *Symbole*:

1) Ein *Sektor* soll durch ein *Rechteck* dargestellt werden, d.h. [U] stellt der Sektor Unternehmungen dar.
2) Ein *Markt*, d.h. dort wo Subjekte verschiedener Sektoren in wirtschaftlichen Kontakt treten, wo wirtschaftliche Vorgänge zustande kommen, soll durch ein

Rechteck dargestellt werden, d.h. Warenmarkt ist der Warenmarkt, auf dem U Güter anbietet, die HH kaufen kann.

3) Ein *realer Strom*, d.h. der Güter und Produktionsfaktoren-Strom, soll durch das *schraffierte* Symbol eines *Flusses* dargestellt werden, wobei der Pfeil ausdrückt, von welchem Sektor zu welchem er fließt, d.h.  . Seine Dicke könnte seine Bedeutung ausdrücken.

4) Ein *nominaler Strom*, d.h. ein Geldstrom wie Einkommen und Preiszahlungen soll durch einen *unschraffierten Fluß* ausgedrückt werden. Pfeil und Dicke analog, d.h. 

Damit kann die Graphik eines einfachen, geschlossenen Kreislaufes erstellt werden. (Siehe Abb.: 4-1).

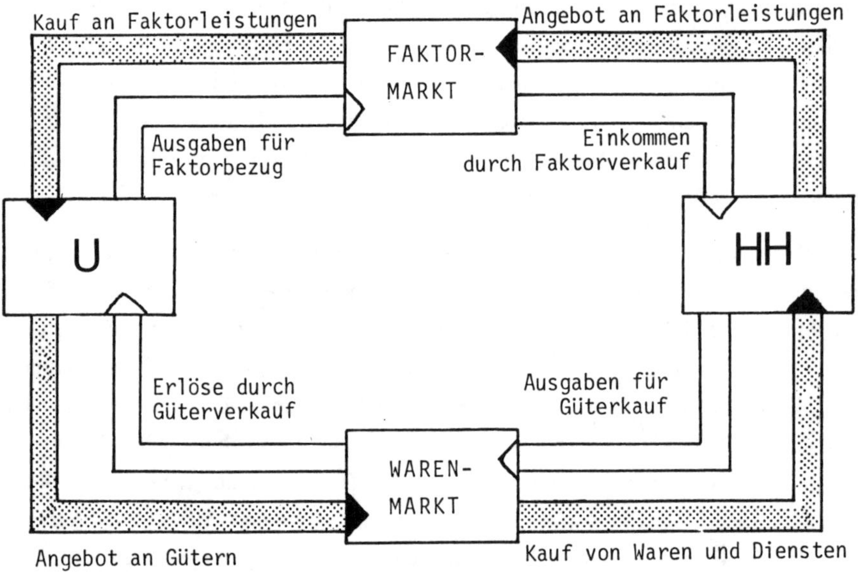

Abb.: 4-1: Einfaches, geschlossenes Kreislaufmodell

Aus dem Bild des Kreislaufes in Abb. 4-1 ist zu ersehen, daß in unserer Modellwirtschaft *zwei* geschlossene *Kreisläufe* vorhanden sind, die in *entgegengesetzter Richtung* zueinander *fließen*. Außen gezeichnet der (reale) *Güterkreislauf*, der sich aus zwei Strömen zusammensetzt, unten in der Graphik der Warenstrom, oben der Produktionsfaktorenstrom.

In umgekehrter Richtung fließt der (innen gezeichnete) *Geldkreislauf*, der seinerseits (oben) aus dem Einkommensstrom und (unten) aus dem Preiszahlungs-(Erlös-)strom besteht.

4.3 Erweiterung und Öffnung des Kreislaufes

4.3.1 Einfügung der Sektoren Staat, Banken und Ausland in den Kreislauf

Der gegenwärtige reale Wirtschaftsablauf in einer Verkehrswirtschaft läßt sich *nicht* befriedigend mit den beiden Sektoren U und HH schildern. Strebt man in etwa ein realistisches Bild an, so müssen zusätzlich noch die Sektoren Staat (= S), Banken (= B) und Ausland (= A) in den Kreislauf eingefügt werden.

Der Sektor S., den wir als Gesamtheit aller öffentlichen Körperschaften einschließlich deren nachgeordneten Behörden plus halböffentliche Körperschaften und Anstalten (vor allem die Träger der Sozialversicherung) auffassen, greift in immer wachsendem Ausmaß in den Wirtschaftsablauf ein (öffentliche Unternehmen, die ihre Leistungen verkaufen, wie Bahn, Post, Gas- und Wasserwerke zählen zum Sektor U).

Transaktionen, die mit "S" im Kreislauf sich ergeben:

Zur Erfüllung seiner Aufgaben benötigt S Faktorleistungen, vor allem Arbeit (Staat als größter Arbeitgeber), so daß über den Faktormarkt nach S ein realer Faktorleistungsstrom fließt und zurück ein nominaler Einkommensstrom über den Markt nach HH. Der Sektor S braucht weiterhin Waren (Papier, Kugelschreiber, Schreibmaschinen, Bagger usw.) und in kleinerem Umfang Dienste (Gebäudereinigung z.B.), die er vom Sektor U kauft. Über den Gütermarkt fließt somit von U nach S ein realer Warenstrom und von S nach U ein nominaler Preiszahlungsstrom. Diese Transaktionen in Verbindung mit dem Sektor S weichen nicht vom Schema im ersten Kreislauf ab: Jedem realen Strom fließt ein zuordnenbarer nominaler umgekehrt entgegen, die Transaktionen werden über Märkte abgewickelt, für die das Prinzip von Angebot und Nachfrage Gültigkeit hat.

Die *folgenden Transaktionen* mit dem *Sektor S* weisen einige *Besonderheiten auf*: Sie *fließen nicht über Märkte*, d.h. für sie gilt nicht Angebot und Nachfrage und der Preisbildungsprozeß, sondern andere Kriterien wie hoheitliche Machtbefugnisse (u.a. Steuern), soziale Gründe (Renten) und politische Aspekte (u.a. Subventionen). Zum zweiten *fließt ihnen kein unmittelbar zurechenbarer* (realer oder nominaler) *Gegenleistungsstrom entgegen.* Entweder existiert gar keine Gegenleistung wie bei Subventionen, oder die Gegenleistung wie bei Renten stammt aus Vorperioden plus sozialen Komponenten (dynamischer Anteil an der Wirtschaftsentwicklung), oder die Gegenleistung (wie z.B. für die HH) besteht seitens von S in der Zurverfügungstellung kollektiver Einrichtungen wie Schulen, Straßen, Sicherheit usw. und ist damit nicht zurechenbar. Um die Besonderheit dieser Transaktionen auszudrücken, werden sie nicht über Märkte geleitet und ohne Gegenstrom dargestellt. Im einzelnen handelt es sich um folgende:

Sektor S erhebt von HH Steuern = nominaler Strom von HH nach S. Ebenso erhält S von U und von B Steuern = nominaler Strom von U und B nach S. Sektor S zahlt Subventionen an U, (u.U. auch an B,), somit fließt von S nach U bzw. B ein nominaler Strom. S leistet an HH umfangreiche Transferzahlungen, d.h. Renten-, Pensions- und sonstige Unterstützungs-(BAFÖG)zahlungen, somit fließt von S nach HH ebenfalls ein besonderer nominaler Strom.

Der Sektor B umfaßt alle öffentlichen und privaten Kreditinstitute einschließlich der Zentralnotenbank. Mit dem Sektor B, der als eine Untergruppe vom Sektor U (d.h. als Spezialunternehmen) angesehen werden kann, soll die große Bedeutung der Begriffe Geld, Kredit und Währung besonders auch im Kreislauf herausgestellt werden.

Sektor B hat zunächst einige der altbekannten Transaktionen. Er kauft von HH Faktorleistungen (wieder überwiegend Arbeit) und bezahlt diese. Über den Faktormarkt fließt somit ein realer Strom von HH nach B, zurück ein nominaler Einkommensstrom. B benötigt Waren und Dienste, die er von U kauft, über den Warenmarkt fließt ein realer Warenstrom von U nach B, zurück ein nominaler Preiszahlungsstrom nach U.

B erbringt für die übrigen Sektoren, d.h. HH, U, S und auch A eine Reihe von besonderen Dienstleistungen, wie Kauf und Verkauf von Devisen (Sorten) und Wertpapieren, Kontoführung, Abwicklung des Zahlungsverkehrs usw. Man *könnte* dies durch reale Ströme, ausgehend von B zu den betreffenden Sektoren und durch zurückfließende Dienstpreiszahlungsströme, geleitet über den Warenmarkt, darstellen. Da es sich bei diesen Transaktionen (in der Banksprache) um Nebengeschäfte handelt, sollen sie der Übersichtlichkeit wegen *nicht* in den Kreislauf eingezeichnet werden.

Die *volkswirtschaftlich wichtige Tätigkeit der Banken* (und ihr Hauptgeschäft) besteht nämlich in der Hereinnahme gesparter und zeitweise nicht benötigter Geldbeträge und ihre Weitergabe als Kredite. Diese Transaktionen sollen dabei über einen neuen Markt, den *Geld- und Kapitalmarkt*, abgewickelt werden.

Über den Geld- und Kapitalmarkt fließen in den Sektor B nominale Sparströme von den Sektoren HH, U, S und A ein. Für diese dem Sektor B zur Verfügung gestellten Spargelder erhalten die Sektoren Zinszahlungen (Habenzinsen), d.h. in die jeweiligen Sektoren fließt von B ein nominaler (kleinerer) Zinszahlungsstrom ein. In der Graphik soll (der Einfachheit halber) der jeweilige Zinszahlungsstrom durch den Sparstrom mit dargestellt werden.

Vom Sektor B fließen über den Kapitalmarkt Kreditströme zu den Sektoren U, S, A und HH. Die Zinszahlungen (Sollzinsen) der Sektoren für die Kreditaufnahme an B sollen ebenfalls durch die nominalen Kreditströme graphisch mit dargestellt sein.

Die *Gegenströme* zu den *Spar- und Kreditströmen* sind die zu den Vermögenswerten zählenden *Forderungsrechte und -verpflichtugnen.* Forderungen sind weder nominale noch reale Transaktionen, sie wären eine neue dritte Art, mit der die Vermögensrechnung in den Kreislauf eingeführt würde. Wie allgemein üblich, sollen sie in der Graphik *nicht* dargestellt werden.

Zur Abrundung der kreislaufanalytischen Bedeutung des Sektors B ist die *Funktion* der *Zentralnotenbank für den Kreislauf* zu betrachten. Die Zentralnotenbank ist die Stelle, die dafür Sorge trägt, daß die Wirtschaft bzw. der Kreislauf mit der als notwendig erachteten Geldmenge versorgt wird, d.h. sie ist dafür zuständig, daß sämtliche nominalen Ströme in der erforderlichen Stärke vorhanden sind. Ihre kreislaufanalytische Funktion (sie hat auch noch andere Aufgaben) ist einer Pumpe vergleichbar:
Im Wege der Kreditausdehnung pumpt sie Geld in den Kreislauf, durch Krediteinschränkungen (-restriktion) saugt sie Geld aus dem Kreislauf ab.

Mit dem **Sektor A** wird die Öffnung des Kreislaufes vollzogen, d.h. es kommen sämtliche Transaktionen mit dem Ausland in die Betrachtungen herein. Dabei handelt es sich um wirtschaftliche Beziehungen, die für Verkehrswirtschaften, z.B. für die BRD, von eminenter Bedeutung sind. Zieht man den Sektor A in den Kreislauf mit ein, so wäre zu beachten, daß jedes Land, mit dem die eigene Volkswirtschaft in

Außenwirtschaftsbeziehungen tritt, seinerseits wieder aus den vier Inlandssektoren S, U, HH und B besteht. Genau genommen tritt ein Sektor eines anderen Staates mit einem der Inlandssektoren in Beziehung, z.B. kauft S (Ausland) von U (Inland) Militärgüter, oder U (Ausland) nimmt bei B (Inland) einen Kredit auf. Weiterhin ist zu berücksichtigen, daß Außenwirtschaftsbeziehungen mit einem anderen Wirtschaftssystem, z.B. mit einem sog. Staatshandelsland (= einem Zentralveraltungssystem), in aller Regel noch komplizierter sind.
Folgende Beziehungskette kommt hier oft vor: U (Staatshandelsland) nimmt Kontakt zum eigenen S (= Staatshandelsland) auf. S (Staatshandelsland) tritt in Kontakt zu S (Inland) und trägt Wünsche vor (= Warenlieferung auf Kredit). S (Inland) nimmt Kontakt mit U (Inland) und B (Inland) auf. Erst wenn alles geklärt ist, treten als Ausführungsorgane U (Inland) und B (Inland) mit U (Staatshandelsland) in Verbindung. Die Summe all dieser umfangreichen Beziehungen werden in einem Sektor A dargestellt, wobei vor allem folgende Transaktionen vorkommen:

1) Die Beziehungen *zwischen Sektor A und Sektor U* sind am bekanntesten. Realer Warenstrom von A nach U = sog. Import, zurückfließender nominaler Preiszahlungsstrom. Realer Warenstrom von U nach A = sog. Export, zurückfließender Preiszahlungsstrom von A nach U. Der wertmäßige Saldo zwischen Ex- und Import gibt den für die BRD so wichtigen Überschuß der Handelsbilanz (Defizite sind ebenfalls denkbar). Ebenfalls für die BRD sehr wichtig ist der Bezug durch U (über den Faktormarkt) von A an Faktorleistungen, vor allem an Arbeit (Gastarbeitern!). Nachdem die Gastarbeiter (funktionsmäßig) auch inländische HH sind, entspricht der von U über den Faktormarkt nach A zurückfließende nominale Einkommensstrom *nicht* dem hereinfließenden realen Faktorstrom. Es fließt nur in Höhe der sog. Überweisungen der Gastarbeiter in ihre Heimatländer ein nominaler Einkommensstrom nach A. Den größten Teil des nominalen Einkommens gibt der "Faktor Gastarbeiter" im inländischen Kreislauf wieder aus (analog zu den inländischen HH's).

2) Beziehungen (unmittelbar) *zwischen A und HH* sind: Von A nach HH fließt der, ebenfalls für die BRD wichtige, reale Strom an Waren und Diensten, sprich der Tourismus, zurück ein nominaler Preiszahlungsstrom. Für die Verhältnisse der BRD relativ unbedeutend ist der reale Faktorstrom von HH nach A, zurück ein Einkommensstrom.

3) Beziehungen *zwischen B und A* sind wechselseitige Spar- und Kreditströme (immer umfangreicher und wichtiger geworden).

4) Beziehungen *zwischen S und A* sind: Realer Strom von A nach S (Waffenkäufe), zurück nominaler Preiszahlungsstrom. S bezieht von A den realen Faktorstrom (Gastarbeiter), zurück kleinerer Einkommensstrom (siehe dazu auch A zu U). Auch zwischen A und S sind besondere Beziehungen wie zwischen S und den Inlandssektoren denkbar, d.h. nicht über einen Markt und ohne Gegenstrom. Von S nach A fließt ein derartiger nominaler Strom, z.B. Reparationszahlungen, Wiedergutmachung oder Entwicklungshilfe (umgekehrte Richtung beim Empfängerstaat).

Damit sind in groben Zügen die wichtigsten makroökonomischen Transaktionen einer realen Verkehrswirtschaft (z.B. der BRD) dargelegt worden. Das volkswirtschaftliche Rechnungswesen setzt sich dabei zum Ziel, diese Makroströme quantitativ zu messen und darzustellen. Eine Zusammenfassung sämtlicher Ströme zwischen den Sektoren HH, U, S, B und A gibt die folgende Graphik des Kreislaufes (siehe Abb.: 4-2).

Die Übersetzung der Symbole in Abb.: 4-2 und deren gleichzeitige systematische Ordnung liegt in Tab.: 4-1 vor (siehe Tab.: 4-1).

4.3.2 Entwicklung der Einkommensgleichungen aus dem Kreislauf

Für die entscheidenden Probleme im Rahmen des volkswirtschaftlichen Rechnungswesens genügt es, *nur den Geldkreislauf allein zu untersuchen* und dabei die Annahme zu machen, die nominalen Ströme würden die entgegenfließenden realen messen. Läßt man der Einfachheit halber auch die Märkte weg, so wird aus der Graphik des einfachen geschlossenen Kreislaufes in Abb.: 4-1 die Graphik in Abb.: 4-3 (siehe Abb.: 4-3).
Die jetzt nur noch vorhandenen nominalen Ströme kennzeichnet man mit Buchstaben, die internationalem Standard entsprechend aus dem Englischen stammen.

Der nominale Einkommensstrom (für den Faktorbezug) von U nach HH ist *Y (yield)*. Der nominale Preiszahlungsstrom (für den Warenkauf) von HH nach U entspricht dem Konsum und ist *C (consumption)*. Entsprechend der kreislaufanalytischen Gleichheit ergibt sich die erste Einkommensgleichung.

$$(1) \qquad Y = C.$$

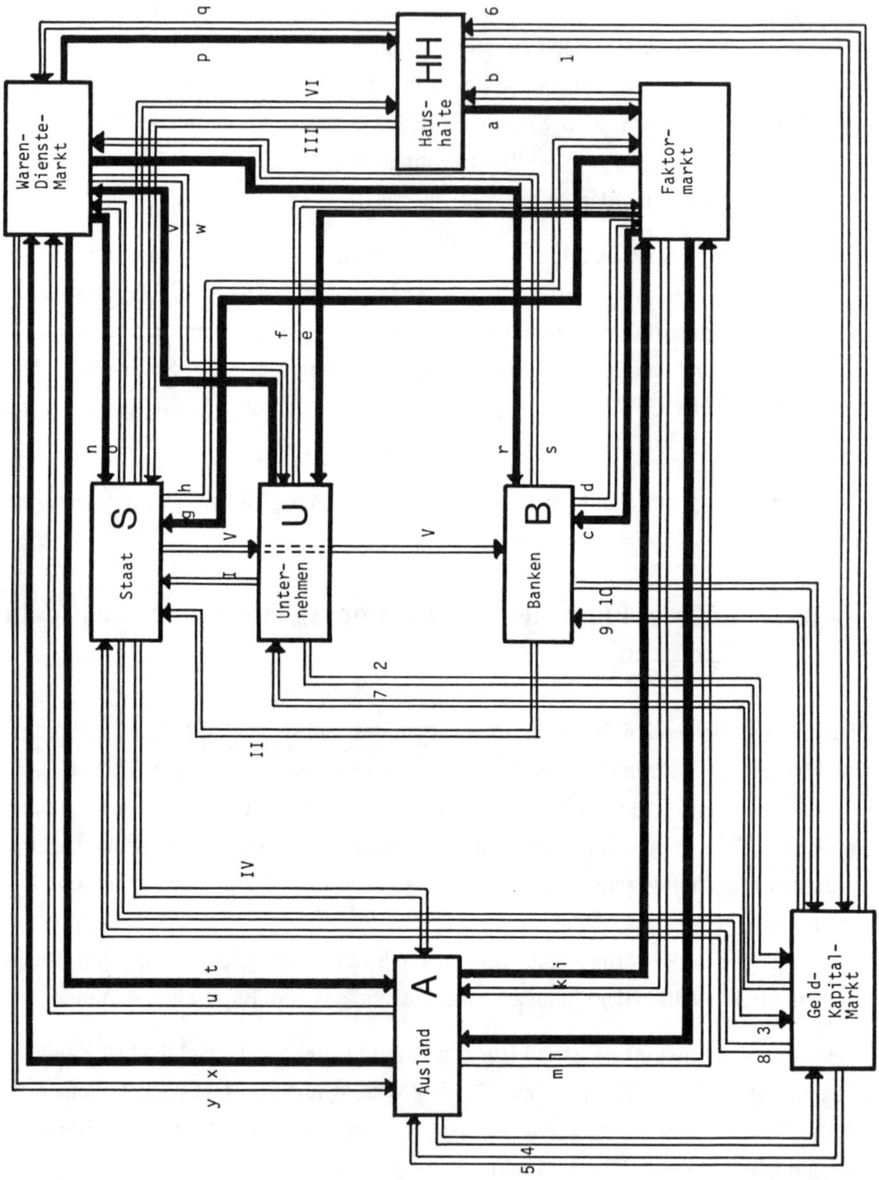

Abb.: 4-2: Offenes 5-Sektoren Kreislaufmodell

Symbolkennzeichnung für offenes 5 - Sektorenkreislaufmodell	
a	= Arbeitsleistungen an Faktormarkt von HH
b	= Entgelt an HH für Arbeitsleistungen
c	= Bezug von Arbeitsleistungen durch B
d	= Entgelt für Arbeit an HH von B
e	= Bezug von Arbeitsleistungen von HH und A durch U
f	= Entgelt für Arbeit an HH und A von U
g	= Bezug von Arbeitsleistungen von HH und A durch S
h	= Entgelt für Arbeit an HH und A von S
i	= Arbeitsangebot an Faktormarkt von A
k	= Entgelt für Arbeitsleistungen an A
l	= Bezug von Arbeitsleistungen durch A
m	= Entgelt für bezogene Arbeit von A an HH
a-m	= reale und nominale Faktorströme
n	= Bezug von Waren und Dienste durch S
o	= Bezahlung für Warenbezug
p	= Bezug von Waren und Dienste durch HH
q	= Bezahlung für Warenbezug
r	= Bezug von Waren und Diensten durch B
s	= Bezahlung für Warenbezug
t	= Warenbezug durch A
u	= Bezahlung für bezogene Waren
v	= Warenangebot von U
w	= Entgelt für Waren- und Dienstelieferung an U
x	= Warenangebot von A
y	= Entgelt für Warenlieferung an A
n-y	= reale und nominale Waren- und Dienstleistungsströme
a-y	= reale bzw. nominale Ströme, wobei jeder reale einen nominalen Gegenstrom und umgekehrt hat
1	= Sparbeträge von HH an Kapitalmarkt (rückfließende Zinsen an HH)
2	= Überschußgeldbeträge von U an Kapitalmarkt (rückfließende Zinsen an U)
3	= Überschußgeldbeträge von S an " (" " an S)
4	= Überschußgeldbeträge von A an " (" " an A)
5	= Kreditaufnahme von A (Zinszahlungen von A an Kapitalmarkt)
6	= " von HH (" von HH an ")
7	= " von U (" von U an ")
8	= " von S (" von S an ")
9	= Bezug von Spar- und Überschußbeträgen (dafür rückfließende Zinsen an die Sektoren)
10	= Angebot von Krediten (dafür vereinnahmte Zinserträge)
1-10	= Transaktionen des Kapitalmarktes, d.h. Kreditangebot und -nachfrage, vermittelt durch B. Bei 1-10 sind die Gegenströme, die die Vermögenssphäre der Sektoren betreffen, weggelassen; Erwerb von Forderungsrechten; Abgabe von Forderungsverpflichtungen
I	= Steuerabgaben von U an S
II	= " von B an S
III	= " von HH an S
IV	= Transferzahlungen von S an A
V	= Subventionen von S an U (und u.U. an B)
VI	= Transferzahlungen von S an HH
I-VI	= sind einmal Transaktionen der Sektoren direkt (ohne Marktzwischenschaltung) zum anderen sind es solche, denen kein Gegenstrom gegenübersteht

Tab.: 4-1: Symbolerläuterung des Kreislaufmodells in Abb.: 4-2

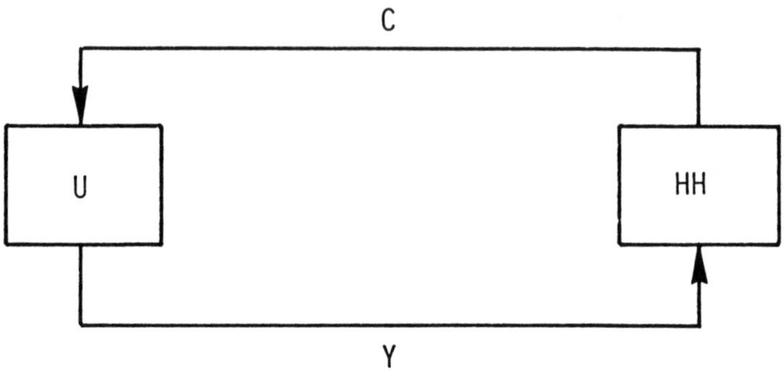

Abb.: 4-3: Einfacher geschlossener Geldkreislauf

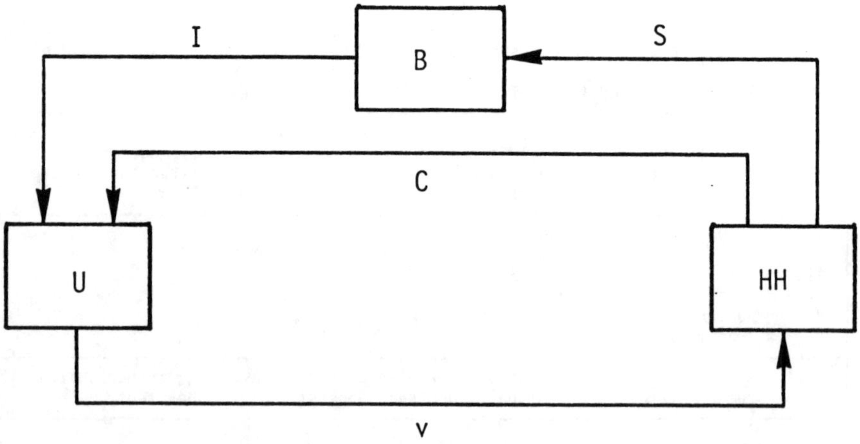

Abb.: 4-4: Erweiterter geschlossener Geldkreislauf

Fügen wir in den Kreislauf der Abb.: 4-3 den Sektor B ein und nehmen wir an (was der Tendenz nach stimmt), das nur die Haushalte sparen, damit die Unternehmen nur investieren, so ergibt sich der erweiterte geschlossene Geldkreislauf in Abb.: 4-4 (siehe Abb.: 4-4).

Der Sektor HH verwendet das ihm zugeflossene Einkommen = Y jetzt nicht mehr vollständig zum Kauf von Konsumgütern = C, sondern er spart einen Teil bei den Banken = *S (saving)*. Sektor B kann die Sparbeträge den Unternehmen als Kredite zur Verfügung stellen und sie somit der Investition = *I (investment)* zuführen.

Unsere Einkommensgleichung (1) wird somit, (da die Größe Y nicht mehr gleich C ist, sondern um den Betrag von S kleiner):

(2) $$Y = C + S$$

aber auch

(3) $$Y = C + I$$

weil der Kreislauf geschlossen ist. Aus (2) und (3) folgt schließlich für dieses einfache Modell

(4) $$I = S$$

d.h. ex-post ist in einer geschlossenen Wirtschaft Ersparnis = Investition.

Fügen wir noch den Sektor S und A ein, so entsteht analog zu Abb.: 4-2 ein offener 5-Sektoren-Geldkreis mit den wichtigsten Transaktionen in Abb.: 4-5 (siehe Abb.: 4-5).

Sektor S nimmt Steuern ein und zwar direkte Einkommenssteuern von HH = *T dir (direct taxes)* und indirekte Kostensteuern von U = *T ind. (indirect taxes)*. Diese Einnahmen gibt S aus, indem er den Haushalten Transferzahlungen leistet = *Tr (transfer payments)*, indem er an die Unternehmen Subventionen leistet = *Z (subsidies)* und indem er von den Unternehmen Waren einkauft = *G (government purchases)*. Mit dem Sektor A ergibt sich durch die Exporte ein Geldstrom ins Inland = *X (exports)* und durch die Importe ergibt sich ein Geldstrom ins Ausland = *M (imports)*. Alle übrigen Transaktionen bleiben unberücksichtigt.

Die Gleichung (3) wird jetzt durch die zusätzlichen Transaktionen zur (5)-Einkommensgleichung (aus der Sicht von U).

(5) $$Y = C + I + G - T\,ind. + Z + (X - M)$$

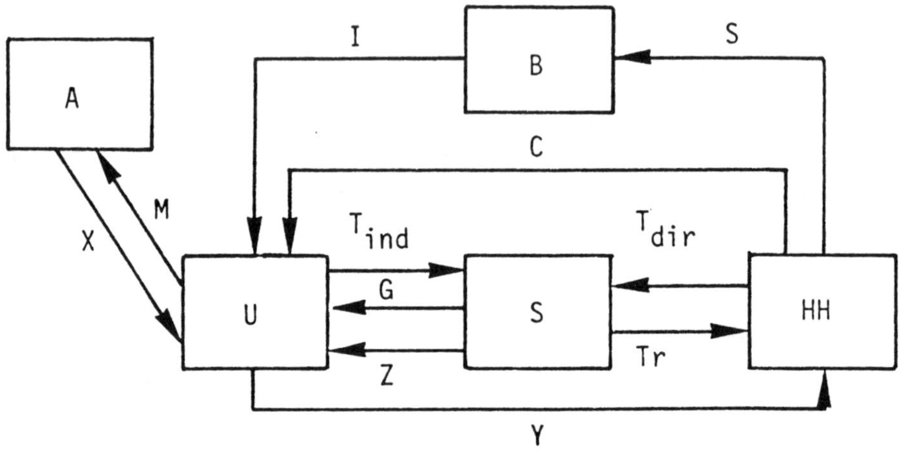

Abb.: 4-5: Offener 5-Sektoren Geldkreislauf

Sämtliche Größen auf der rechten Seite der Gleichung (5) lassen sich aus Abb.: 4-5 als in den Sektor U einfließende (bzw. ausfließende) Geldströme ablesen.

Durch analoge Darstellungen lassen sich sämtliche Einkommensgleichungen ableiten.

4.4 Probleme der Kreislaufanalyse und Ausblick

Der weitere Ausbau und die *Verfeinerung der Kreislaufbetrachtungen* geht so vor, daß man *Sektoren in Teilsektoren aufsplittet* und so den Informationsgehalt eines Kreislaufes verbessert, allerdings die Analyse auch kompliziert.

Von der sachlichen Problematik her ist die Aufteilung des Sektors U in die drei Teilunternehmenssektoren, Unternehmungen der Konsumgüterindustrie U_K, Unternehmungen der Dienstleistung U_D und Unternehmungen der Investitionsgüterindustrie U_I wichtig.

D.h.

Fügt man noch einen neuen Markt, den der Investitionsgüter, ein, so läßt sich die Verflechtung, vor allem aber auch die besondere Problematik des *Geschäftskreislaufes*, d.h. des Kreislaufes der Investitionsgüter (der Investition) darstellen. Damit kann u.a. die konjunkturpolitisch entscheidende Frage prinzipiell beantwortet werden, unter welcher (nur besonderer) ökonomischer Konstellation in einer Depressionsphase eine Anregung der Investitionsgüterindustrie über verstärkte Konsumausgaben des Sektors HH erwartet werden kann.

Durch derartige Aufteilungen in immer mehr Teil- und Untersektoren kann ein Kreislauf der ökonomischen Realität angenähert werden. Abb. 4-2 ist ein Hinweis, daß ab einem bestimmten Grad sich dafür die Graphik nicht mehr eignet, man vielmehr auf andere Darstellungsformen übergeht. Beliebt ist in der neueren Literatur die mathematische Darstellung in Gleichungsform, wie sie in Abschnitt 4.3.2 entwickelt wurde.

Die ebenfalls häufig verwendete Darstellung mit Konten wird im 5. Kapitel noch vorgestellt werden.

Sieht man von diesen Verfeinerungen zunächst einmal ab, dann dient die Kreislaufbetrachtung auch dazu, das volkswirtschaftliche Verständnis in das Wirtschaftsgeschehen einer Marktwirtschaft zu entwickeln. Dabei hatte sich ergeben, daß man in einer Verkehrswirtschaft *fünf Zentren* (= Sektoren) vorfindet, deren Planung den *Ablauf des volkswirtschaftlichen Prozesses* im wesentlichen *bestimmen.* Die Überlegungen = Planungen, die im Sektor der privaten Haushalte, der Unternehmungen, der Banken, des Staates und des Auslandes getroffen werden, ergeben das Wirtschaftsgeschehen.

Die Entscheidungen der Menschen in diesen Zentren = Sektoren sind deshalb im Folgenden darzulegen.

Die moderne Volkswirtschaftslehre untersucht somit der Reihe nach diese Sektoren und die von ihnen tangierten Märkte und legt damit dar, *warum* aus den einzelnen = mikroökonomischen Entscheidungen sich dieses makroökonomische Ergebnis eingestellt hat. Dieser Band der VWL betrachtet deshalb in den nächsten Hauptteilen zunächst den Sektor HH = die Theorie der Nachfrage (der Haushalte), dann den Sektor U = Theorie des Angebotes (der Unternehmungen). Das Zusammenwirken von HH und U auf dem Waren-Gütermarkt wird in der Markt- und Preistheorie dargelegt. Diese Erkenntnisse gelten dann prinzipiell auch für die übrigen Märkte.

Die Geld- und Kredittheorie betrachtet den Sektor B (plus den Geld- und Kapitalmarkt). Die Außenwirtschaftstheorie betrachtet den Sektor A. Finanzwissenschaft und Konjunkturtheorie betrachten den Sektor S. Die Verteilungstheorie untersucht die Besonderheiten auf dem Faktormarkt.

Zusammenfassung:

1) Das volkswirtschaftliche Rechnungswesen ist eine der wichtigsten gesamtwirtschaftlichen Informationen, das in zahlenmäßiger Form über die wirtschaftliche Tätigkeit einer Volkswirtschaft berichtet.

2) Seine besonderen Kriterien sind: Makroökonomie, Ex-post Analyse, Zeitdimension (Stromgrößen) und Wertrechnung.

3) Es umfaßt die Gebiete der Kreislaufbetrachtung, der Sozialproduktanalyse und der volkswirtschaftlichen Gesamtrechnung.

4) Beim einfachsten Kreislaufmodell, das nur aus den Sektoren HH und U besteht, ergab sich für den geschlossenen realen Kreislauf, daß er aus den beiden Strömen der Faktorleistungen und der Güter besteht. Ihm fließt umgekehrt der nominale Kreislauf entgegen, der aus dem Einkommens- und dem Preiszahlungsstrom besteht.

5) Ein realistischer Kreislauf einer Marktwirtschaft benötigt noch die Sektoren S, B und A.

6) Durch S kommen neue besondere Transaktionen hinzu: Die Ströme fließen nicht über den Markt und haben keinen realen Gegenstrom: Steuerstrom von HH, U und B nach S. Subventionsstrom von S nach U (B) und Transferzahlungsstrom nach HH.

7) Durch den Sektor B und den neuen Geld- und Kapitalmarkt kommen die Spar- und Kreditströme in den Kreislauf.

8) Sektor A ergibt die Öffnung des Kreislaufes, wodurch der Warenex- und import, der Dienstleistungs- und Übertragungsverkehr (Gastarbeiter) und die Kapitaltransaktionen darstellbar sind.

9) Umfaßt ein Kreislaufmodell nur noch die nominalen Ströme, so lassen sich aus ihm die volkswirtschaftlichen elementaren Einkommengleichungen ableiten.

10) Durch Splitten der Sektoren in Untersektoren erfährt der Kreislauf eine Differenzierung, aber auch Komplizierung.

5. Sozialproduktanalyse

Aus dem Kreislaufgedanken heraus entstand der Wunsch, die Ströme zwischen den Polen quantitativ zu messen und darzustellen. Als man daran ging, diese Vorhaben in die Tat umzusetzen, zeigte sich, daß die einzelnen Autoren und Nationen mit den unterschiedlichsten Bezeichnungen und Berechnungsweisen arbeiteten. Dadurch war ein Hauptanliegen nicht möglich, nämlich die internationale Vergleichbarkeit.

So sind vor allem nach dem 2. Weltkrieg die Bemühungen intensiviert worden, ein einheitliches Begriffs- und Definitionsschema einschließlich der Ansatzpunkte zur Berechnung zu entwickeln. Für ein einheitliches System haben sich vor allem internationale Organisationen wie die OEEC (*O*rganisation for *E*uropean *E*conomic *C*ooperation) und insbesondere die UN (*U*nited *N*ations) eingesetzt. Daraus wurde das sog. *Standardsystem* zur Sozialproduktsberechnung entwickelt, an das sich bis auf die Ostblockstaaten (die ein eigenes System entwickelt haben) die meisten übrigen Staaten bei der Ermittlung des Sozialproduktes stützen (so auch die Bundesrepublik Deutschland). Die dort vorkommenden Begriffe, Definitonen und Ansatzpunkte zur Berechnung müssen somit zunächst dargelegt werden.

5.1. Begriffsinhalte des Sozialproduktes

Ganz grob versteht man unter dem Sozialprodukt die jährliche Gesamtleistung einer Volkswirtschaft, d.h. die pro Jahr von einer Wirtschaft neu produzierten Waren und Dienste.

Bei der Ermittlung der Gesamtleistung einer Volkswirtschaft ist zunächst zu differenzieren, ob man unter der Gesamtleistung alle Leistungen, die innerhalb eines Staatsgebietes erbracht wurden, versteht, oder ob man darunter die Leistungen seiner ständigen Bewohner verstehen will, unabhängig davon, wo diese ihre Leistungen erbracht haben.

Im ersten Fall grenzt man die Gesamtleistung regional (nach dem Wirtschaftsraum) ab und erhält den Begriff des *Inlandsproduktes*, das sog. *Inlandskonzept.* Im zweiten Fall grenzt man die Gesamtleistung personell (nach den Wirtschaftseinheiten) ab und kommt zum Begriff des (eigentlichen) *Sozialproduktes*, das sog. *Inländerkonzept.*

Man definiert somit:

Inlandsprodukt (domestic product) = die Gesamtleistung der innerhalb der Landesgrenzen einer Volkswirtschaft dort von Inländern und Ausländern erbrachten Leistungen.

und

Sozialprodukt (national product) = Gesamtleistung der Inländer einschließlich der Leistungen von Inländern aus Erwerbstätigkeit und Vermögen im Ausland.

Zwischen beiden Begriffen läßt sich folgender Zusammenhang ableiten:

Sozialprodukt = Inlandsprodukt minus von Ausländern im Inland verdiente, aber ins Ausland transferierte Einkommen plus von Inländern im Ausland verdiente, aber ins Inland transferierte Einkommen.

Inlands- und Sozialprodukt weichen somit um den Saldo an Einkommen, die Inländer im Ausland bezogen haben und an Einkommen, die Ausländer im Inland bezogen haben ab, soweit diese Einkommen transferiert wurden.

Obwohl die statistische Ermittlung der volkswirtschaftlichen Gesamtleistung zunächst beim Inlandskonzept einsetzt, betrachtet man den Begriff des Sozialproduktes als den wichtigeren. Dieser gliedert sich in folgendes Begriffsschema auf:

Die Ausgangsgröße ist das Bruttosozialprodukt:

Bruttosozialprodukt (gross national product = GNP) = Summe der realen produktiven Gesamtleistung einer Volkswirtschaft an Gütern und Diensten während eines Jahres, bewertet mit Marktpreisen.

Aus den bisher definierten Begriffen ergibt sich eines der statistisch praktizierten *Berechnungsverfahren des Bruttosozialproduktes:*

	Beiträge der Sektoren zum Bruttoinlandsprodukt	
	1. Land- und Forstwirtschaft, Fischerei	Inlands-
+	2. Warenproduziertes Gewerbe	konzept
+	3. Handel und Verkehr	
+	4. Dienstleistung, Staat	
=	*Bruttoinlandsprodukt* zu Marktpreisen	
+	Saldo des Einkommens von Inländern im Ausland zum Einkommen von Ausländern im Inland	Inländer-konzept
=	*Bruttosozialprodukt* zu Marktpreisen	

Ausgehend vom Bruttosozialprodukt lassen sich die Nettosozialprodukts- und Einkommengrößen dadurch entwickeln, daß man bestimmte ökonomische Vorgänge durch Subtraktion bzw.. Addition berücksichtigt.

Einen ersten wichtigen wirtschaftlichen Zusammenhang erblickt man in der Tatsache, daß das Realkapital einer Volkswirtschaft einer Abnutzung, einem Verschleiß unterliegt. Diesen Verschleiß am Produktionsappart beschreibt man finanztechnisch (rechnungswesenmäßig) als *Abschreibungen.* Geht man davon aus, daß diese Abnutzung durch die Re- bzw. Ersatzinvestitionen ausgeglichen wird und damit der Realkapitalbestand einer Wirtschaft erhalten bleibt, so steht für den Verbrauch und die Neuinvestition nicht mehr das Bruttosozialprodukt, sondern nur das sog. *Nettosozialprodukt zu Marktpreisen* zur Verfügung.

Nettosozialprodukt zu Marktpreisen (net national product) = Bruttosozialprodukt minus verbrauchsbedingte, zu Wiederbeschaffungskosten bewertete sog. "normale" Abschreibungen.

Durch Berücksichtigung von zwei ökonomischen Zusammenhängen, die beide auf den nämlichen Tatbestand Bezug nehmen, gelangt man zum nächsten Nettosozialproduktsbegriff.

Der Ermittlung des Sozialproduktes liegen Umsatzzahlen zugrunde. In diesen sind auch *indirekte Steuern* (Umsatzsteuern, Verbrauchssteuern, Zölle) enthalten. Würden diese erhöht, so ergäbe sich eine Steigerung des Sozialproduktes, ohne daß dahinter ein vermehrter Beitrag der Produktionsfaktoren stünde. Deshalb zieht man die indirekten Steuern vom NSP zu Marktpreisen ab. Umgekehrt erblickt man in den *Subventionen* einen Betrag, der den Faktoren zugerechnet werden muß (Bezahlung erfolgt dabei über den Staat). Subventionen rechnet man somit dem NSP zu Marktpreisen hinzu.

Zum gleichen Ergebnis gelangt man über Einkommenszusammenhänge. Das NSP zu Marktpreisen ist *nicht* das maximal den Wirtschaftssubjekten zurechenbare Einkommen, denn davon müssen (wenigstens) die indirekten Steuern abgesetzt werden (die die Unternehmen direkt abzuführen haben), andererseits sind die Subventionen dem Einkommen aber hinzuzurechnen.

Mit beiden Gesichtspunkten wird der Einfluß bestimmter staatlicher Aktivitäten berücksichtigt. Dabei ergibt sich das sog. *Nettosozialprodukt zu Faktorkosten* bzw. das *Volkseinkommen.*

Nettosozialprodukt zu Faktorkosten bzw. Volkseinkommen (national income) = Nettosozialprodukt zu Marktpreisen minus indirekte Steuern plus Subventionen.

Das Volkseinkommen ist die rechnerische Größe (als Summe an Einkommen ausgedrückt), die den Produktionsfaktoren (d.h. den Besitzern der Faktoren), dafür bezahlt wird, daß sie mitgewirkt haben bei der Erstellung der Güter und Dienste im Sozialprodukt. Die Größe des Volkseinkommens drückt damit die sog. *primäre Einkommensverteilung* aus, d.h. die Verteilung des Sozialproduktes als Einkommen entsprechend der Mitwirkung bei der Erarbeitung des Sozialproduktes. Aus dieser Darlegung ergibt sich, daß das Volkseinkommen *nicht* die Summe an Einkommen darstellt, die *den Personen* einer Volkswirtschaft zufließen wird. Denn es erhalten in einer Wirtschaft auch viele Personen ein Einkommen, die zur Erarbeitung der Güter und Dienste im Sozialprodukt keine Faktoren zur Verfügung gestellt haben (z.B. Arbeitsleistung). Insbesondere sind dies Rentner, Pensionäre, Sozialhilfeempfänger. Will man somit die Summe der Einkommen einer Volkswirtschaft bestimmen, die den Personen zufließt, so sind vielfältige Umschichtungen, die sog. *Umverteilung der Einkommen*, zu berücksichtigen. Nach der Umverteilung ergibt sich die *sekundäre Einkommensverteilung.*

Primäre Einkommensverteilung plus Berücksichtigung der Umverteilung ergibt sekundäre Einkommensverteilung.

Im Rahmen der *Umverteilung* werden folgende Vorgänge berücksichtigt: Den aktiv bei der Erstellung des Sozialproduktes beteiligten Personen fließen *nicht* die unverteilten Gewinne, die Arbeitgeberbeiträge zur Sozialversicherung, die Körperschafts- und Gewerbesteuerbeiträge zu. Diese Posten sind somit vom Volkseinkommen abzusetzen. Andererseits sind die Renten, Pensionen und Unterstützungen (vom Staat bzw. den Sozialversicherungsträgern) als ein Personen zufließendes Einkommen dem Volkseinkommen hinzuzurechnen. Diese Einkommen faßt man als *Transfereinkommen* zusammen. Berücksichtigt man diese Transaktionen der Umschichtung, so ergibt sich das *Persönliche Einkommen.*

Persönliches Einkommen (personal income) = Volkseinkommen minus unverteilte Gewinne, minus Arbeitgeberbeiträge zur Sozialversicherung, minus Körperschafts- und Gewerbesteuer, plus Transfereinkommen.

Das Persönliche Einkommen entspricht dem Begriff des Bruttoeinkommens (von Personen). Personen können über ihre Bruttoeinkommen nicht verfügen, denn davon werden noch die direkten Steuern (= Lohn- und Einkommenssteuer) und die Arbeitnehmerbeiträge zur Sozialversicherung abgezogen, erst dann ergibt sich das Nettoeinkommen von Personen. Diesem entspricht in der Sozialproduktanalyse das *Persönlich verfügbare Einkommen.*

Persönlich verfügbares Einkommen (disposable income) = persönliches Einkommen minus direkte Steuern, minus Arbeitnehmerbeiträge zur Sozialversicherung.

Durch fortlaufende Subtraktion hat sich das Bruttosozialprodukt bis zum persönlich verfügbaren Einkommen verringert.

Die Substraktionsbeträge sammeln sich dabei im Sektor S und U an.

In den Sektor U fließen die Abschreibungen und die unverteilten Gewinne ein. Daraus werden die Ersatz- und Neuinvestitionen (Netto-I) bestritten.

Im Sektor S sammeln sich die Arbeitnehmer- und -geberbeiträge zur Sozialversicherung, die direkten und die indirekten Steuern. Davon müssen die Subventionen, die Transferzahlungen, die Staatsausgaben und die Staatsinvestitionen bestritten werden.

Bei einer **wirtschaftspolitischen Interpretation** der verschiedenen **Sozialproduktsbegriffe** sind folgende **Fakten** prinzipiell zu **berücksichtigen:**

1. Das Sozialprodukt erlaubt einen Rückschluß auf die ökonomische *Leistungskraft* einer Volkswirtschaft. Seine absolute Höhe informiert dabei aber weniger, vielmehr muß eine *Relation hergestellt werden*, z.B. Sozialprodukt pro Kopf der Bevölkerung. Eine Aussage über die Entwicklung der Leistungskraft einer Wirtschaft vermittelt dabei nur das reale Sozialprodukt (siehe 2).

2. Bei der Ermittlung des Sozialproduktes kann eine Addition der Güter und Dienste nur über einen einheitlichen Maßstab erfolgen. Man verwendet dazu die Marktpreise dieser Güter und Dienste und zwar die jeweils am Markt herrschenden Preise. In diesen Marktpreisen ist aber die Preissteigerung enthalten. Bei Preissteigerung würde sich ein höherer Wert des Sozialproduktes ergeben, dem aber keine reale Zunahme der Güterproduktion entspricht. Aus dem zunächst berechneten *nominalen Sozialprodukt* (bzw. dem Sozialprodukt zu laufenden Preisen) wird die Preissteigerung herausgerechnet (mit Hilfe von Preisindices), wobei sich das *reale Sozialprodukt* (Sozialprodukt zu konstanten Preisen) ergibt. Erst der Vergleich der realen Sozialproduktsgrößen erlaubt einen Rückschluß über die Entwicklung einer Wirtschaft.

3. Im Sozialprodukt sind die als "nützlich" angesehenen Güter, wie die Produkte der Landwirtschaft und der Energieindustrie enthalten. Es sind aber ebenso gesundheitsabträgliche Genußmittel oder minderwertige Literatur enthalten. Es sind Güter enthalten, die sich unter geringer Umweltbelastung produzieren ließen, wie auch solche, die die Umwelt erheblich schädigen. Es sind *sinnvolle, weniger sinnvolle* und auch *sinnlose* (welche?) *Güter enthalten.* Daraus folgt, eine *Bewertung des Sozialproduktes mit gut und schlecht*, sinnvoll und sinnlos ist so, wie es z. Zt. berechnet wird, *nicht möglich.* Damit ist auch eine Aussage, ob diese oder jene Menschen einer Volkswirtschaft glücklicher sind oder nicht, infolge eines erreichten (oder nicht so hoch erreichten) Sozialproduktes nicht durchführbar. Man sehe dazu die von Teilen der Wirtschaftswissenschaften geübte Kritik an der gegenwärtigen Sozialproduktsberechnung. Die Kritik und die Grundidee einer "neuen Sozialproduktberechnung" gehen dabei auf *Paul A. Samuelson* zurück. So wird z.B. bei der Ermittlung des *NEW* (Net Economic

Welfare) zunächst wie üblich das Bruttosozialprodukt berechnet. Davon werden dann die als schädlich bezeichneten Posten, wie z.B. Kosten für den Umweltschutz abgezogen, andererseits als positiv angesehene Posten, wie z.B. die Hausfrauenarbeit und dergl. dazuaddiert. Das Statistische Bundesamt startet z. Zt. einen derartigen Versuch. Die Problematik liegt dabei in der Einteilung nach positiven und negativen Posten.

4. Eine Reihe von *produktiven Leistungen* in einer Volkswirtschaft ist, da für sie keine Marktpreise gezahlt werden, *nicht im Sozialprodukt enthalten*, oder mit einer Schätzgröße aufgeführt. Beim Vergleich des Sozialproduktes verschiedener Nationen spielt es zunächst eine Rolle, wie rechentechnisch verfahren wird. Darüber hinaus ist die Bedeutung dieser grundsätzlich nicht enthaltenen Leistungen in den einzelnen Staaten unterschiedlich stark, was bei einer Aussage über die Leistungsfähigkeit zu berücksichtigen wäre. Es handelt sich dabei um folgende produktive Leistungen:

   a) Leistungen der *Hausfrau* (kochen, waschen, bügeln usw.) in den Verbrauchshaushalten.

   b) *Selbstversorgung* (Eigenversorgung), insbesondere im Rahmen der Landwirtschaft, aber auch Gartenprodukte in den Kleingärten.

   c) Alles, was mit dem Begriff *"do it yourself"* umschrieben wird, von den einfachen Handwerks- (Bastel-) arbeiten hin bis zu den selbst erbauten Häusern.

   d) Der *Mietwert des Wohnens im eigenen Haus* bzw. in der selbst bewohnten Eigentumswohnung (in der Sozialproduktsberechnung der BRD z.B. mit einem Schätzwert enthalten).

5.2 Berechnungsmöglichkeiten des Sozialproduktes

Zur Berechnung der verschiedenen Sozialproduktsgrößen gibt es drei unterschiedliche Ansatzpunkte:

1. Man kann das Sozialprodukt im Stadium seiner produktionellen Entstehung ermitteln. Dabei werden die Beiträge der Wirtschaftseinheiten addiert und diese *Entstehungsrechnung* auch als die *reale Methode* bezeichnet.

2. Es kann aber auch nach seiner Verteilung als Einkommen bestimmt werden, dabei geht man nach der *Verteilungsrechnung* bzw. der *personellen Methode* vor.

3. Letztlich kann das Sozialprodukt noch nach seiner Verwendung für den Konsum bzw. die Investition berechnet werden. Diese *Verwendungsrechnung* bezeichnet man als die *indirekte Methode.*

Grundsätzlich müßte man nach allen drei Methoden das nämliche Ergebnis erhalten, was praktisch meist nicht der Fall ist. Der Grund liegt in den unzulänglichen statistischen Unterlagen. Die drei Arten der Berechnung ermöglichen aber eine gute gegenseitige Kontrolle der Resultate.

5.2.1 Entstehungsrechnung (reale Methode)

Die Entstehungsmethode erfaßt das Sozialprodukt im Zeitpunkt der Produktion der Güter und Dienste. Man kann dabei *nicht* den Produktionswert aller im Laufe eines Jahres neu erstellten Güter und Dienste einfach aufaddieren, denn dadurch erhielte man infolge von Doppel- und Mehrfachzählungen einen viel zu hohen Wert. Der Grund liegt in der stufenweisen Gliederung des Produktionsvorganges, der dazu führt, daß im Endprodukt der produktive Beitrag einer Reihe von Betrieben enthalten ist. So enthält der Produktionswert eines PKW einen Beitrag der Reifenindustrie, der Batterie- und Elektronikindustrie, der Eisenindustrie, letztlich der Kohlen- und Erzbergwerke usw. Man muß vom Wert der Gesamtproduktion eines Betriebes alle Vorleistungen subtrahieren und erhält damit den Beitrag dieses Betriebes zum betreffenden Produkt bzw. letztlich seinen Beitrag zum Sozialprodukt.
Der Beitrag einer Wirtschaftseinheit ergibt sich als:

Bruttoproduktionswert der Wirtschaftseinheit minus sämtliche Vorleistungen anderer Branchen = Beitrag zum Inlandsprodukt.

Und somit:

Summe der Beiträge aller Wirtschaftseinheiten = Bruttoinlandsprodukt.

Die Zahlenwerte für diese Berechnung stammen dabei in aller Regel aus dem Rechnungswesen. Das Statistische Bundesamt stellt für den Unternehmensbereich ähnlich der G.u.V.-Rechnung ein Produktionskonto auf, aus dem der Beitrag ermittelt wird. Aus all diesen Produktionskonten sämtlicher Branchen ergibt sich das Produktionskonto des Unternehmenssektors. Im Schema des Produktionskonto des Unternehmenssektors sind alle Begriffe der Entstehungsrechnung aufgeführt (siehe Abb. 5-1)

Nach dem Schema in Abb. 5-1 wird für alle Unternehmen bzw. deren Branchen ihr Beitrag zum Sozialprodukt ermittelt.

Aufwand	Ertrag
Vorleistungen (Energie Material, Rohstoffe u.ä.)	Umsätze an Haushalte, Staat, Ausland
Abschreibungen	
Indirekte Steuern minus Subventionen	
Löhne Gehälter Sozialversicherungsbeträge	
Zinsen Mieten (Pachten)	Bestandsänderungen (Lager an Halb- und Fertigprodukten)
Gewinn	Anlageninvestitionen

Abb.: 5-1: Produktionskonto des Unternehmersektors

Für Betriebe, die keine Waren umsetzen, sondern spezielle Dienste anbieten, muß in Analogie dazu deren Bruttoproduktionswert festgelegt werden, so für Banken und Versicherungen.

Der Bruttoproduktionswert der Banken = tatsächliche Einnahmen aus Gebühren und Provisionen plus Unterschied zwischen Soll- und Habenzinsen. *Der Bruttoproduktionswert der Versicherungen* = der Teil der Prämieneinnahmen, der für die Dienstleistung der Versicherung bestimmt ist (somit nicht der Spar- und Risikoanteil einer Prämie). Für den Beitrag von Banken und Versicherungen muß noch die jeweilige Vorleistung abgesetzt werden.

Die Bestimmung des Beitrages von Wirtschaftseinheiten, die ihre Leistungen ohne Preis verkaufen, so vor allem der *Staat* in Form der kollektiven Leistungen, muß auf andere Weise erfolgen. In Anlehnung an die Aufwandsseite im Schema der Abb. 5-1 werden die Kosten der kollektiven Leistung addiert und als Beitrag bezeichnet.

Beitrag des Staates zum Sozialprodukt = gezahlte Löhne und Gehälter einschließlich der Sozialleistungen, plus Nettomiete der benutzten Gebäude, plus übliche Abschreibungsquoten des restlichen Sachvermögens.

Das so nach der Entstehungsmethode berechnete und mit Schätzungen versehene Bruttosozialprodukt kann wie folgt gegliedert werden:

1. Nach Wirtschaftsbereichen bzw. Sektoren oder Branchen. Es ergibt sich dabei der Beitrag der verschiedenen Wirtschaftsbereiche einer Volkswirtschaft zum Sozialprodukt (siehe Daten in Abschnitt 53).

2. Nach Regionen, z.B. nach Bundesländern oder Regierungs- bzw. Verwaltungsbezirken der BRD.

3. Zeitlich nach Monaten, Quartalen oder Halbjahren, um so die saisonalen Schwerpunkte der Erstellung des Sozialproduktes aufzuzeigen.

5.2.2. Verteilungsrechnung (personelle Methode)

Aus der Kreislaufanalyse ergab sich, daß durch die Produktionstätigkeit im Unternehmenssektor nicht nur Güter und Dienste entstehen (= Entstehungsrechnung), sondern auch die an die Haushalte fließenden Einkommen (man sehe z.B. Abb. 4-1). Diese Betrachtungsweise, die das Sozialprodukt als Summe aus Einkommen ansieht, ergibt die Verteilungsrechnung.

Die Ausgangsgröße ist dabei das Volkseinkommen, das den Rahmen der Einkommensverteilung einer Periode absteckt.

Aus Abb. 5-1 folgt, daß das *Volkseinkommen* gleich ist der *Summe der gesamten Wertschöpfung plus* dem *Saldo* des *Einkommens zwischen In- und Ausland.*

In Abschnitt 51 wurde bereits dargelegt, daß sich aus dem Produktionsprozeß zunächst die primäre Einkommensverteilung ergibt.

5.2.2.1 Primäre Einkommensverteilung

Die primäre Verteilung der Einkommen ist das neu geschaffene Volkseinkommen, das sich als unmittelbares Resultat für die Teilnahme am Marktprozeß ergibt. Beteiligt bei der Erstellung des Sozialproduktes waren die Produktionsfaktoren. Je nach dem Beitrag erhält somit jeder Produktionsfaktor ein Einkommen, d.h. der Produktionsfaktor Arbeit erhält ein Lohn-, der Produktionsfaktor Boden ein Pacht- (Miet-) und der Produktionsfaktor Kapital ein Zinseinkommen. Als Rest ergibt sich der Unternehmergewinn. Man sehe dazu die Aufwandsseite in Abb. 5-1. Die *Verteilung des Volkseinkommens* richtet sich zunächst nach der *Funktion der Produktionsfaktoren* bei der Erstellung des Sozialproduktes. Man nennt diese Verteilung deshalb auch die primäre funktionale Einkommensverteilung.

Primäre funktionale Einkommensverteilung ist die Verteilung des Volkseinkommens auf die Produktionsfaktoren einer Volkswirtschaft.

Hinter jedem Produktionsfaktor steht als sein Besitzer eine Person bzw. ein Haushalt. Somit sieht man es heute als entscheidender an, wie sich das Volkseinkommen auf die einzelnen Haushalte verteilt. Jeder Haushalt erhält zunächst ein Einkommen nach Maßgabe und Umfang der Produktionsfaktoren, die er besitzt und die er auf den Produktionsfaktormärkten verkauft. Ein Arbeitnehmerhaushalt, der nur seine Arbeitskraft als Produktionsfaktor zur Verfügung stellen kann, erhält als Haushalt nur ein Lohneinkommen. Ein anderer Haushalt besitzt zusätzlich noch den Produktionsfaktor Boden; dafür erhält er ein Pacht- (Miet-) einkommen. Für den Besitz des Produktionsfaktors Kapital erhält er ein Zins- und u.U. ein Gewinneinkommen. Sein gesamtes Haushaltseinkommen setzt sich somit aus Lohn, Pacht, Zins und Gewinn zusammen. Bei dieser Betrachtung frägt man, wie sich das Volkseinkommen auf die Personen bzw. Haushalte verteilt und nennt dies die primäre personale Einkommensverteilung.

Primäre personale Einkommensverteilung ist die Verteilung des Volkseinkommens auf die Haushalte einer Volkswirtschaft.

Die *statistische Bestimmung* der primären personalen Einkommensverteilung knüpft grundsätzlich an den funktionalen Gedanken an, nimmt jedoch eine Umgliederung vor. Man unterscheidet folgende *Einkommensarten:*

1. *Einkommen aus unselbständiger Arbeit.* Dazu zählen Bruttolöhne und -gehälter, Arbeitgeberbeiträge zur Sozialversicherung, ein fiktiver Pensionsfonds für Beamte, sowie alle zusätzlichen Sozialaufwendungen der Arbeitgeber.

2. *Einkommen aus Unternehmertätigkeit.* Darunter versteht man sowohl den Unternehmerlohn wie auch den Unternehmergewinn. Diese Art des Einkommens ist sehr weit aufzufassen, d.h. es umfaßt auch das Einkommen aller freiberuflich Tätigen (Arzt, Privatlehrer) wie der kleinen Gewerbetreibenden (Einzelhandelsgeschäft, Landwirt).

3. *Einkommen aus Vermögens- und Kapitalbesitz,* d.h. Zinsen, Dividenden, Mieten, Pacht.

Da es statistisch praktisch nicht möglich ist, das Einkommen aus Unternehmertätigkeit und das aus Vermögensbesitz zu trennen, faßt man beide zusammen als "Einkommen aus Unternehmertätigkeit und Vermögen" und arbeitet dann nur noch mit zwei Einkommensarten.

Der Anteil des Einkommens der Unselbständigen am Volkseinkommen (in Prozent) wird als sog. **Lohnquote** bezeichnet. Den Anteil des Einkommens aus Unternehmertätigkeit und Vermögen nennt man die **Profitquote**. Als *Faustregel* kann für die BRD gelten, daß die Lohnquote gut 2/3 vom Volkseinkommen ausmacht und eine langsam steigende Tendenz aufweist. Die Bedeutung der beiden Quoten für wirtschaftspolitische Schlußfolgerungen liegt auf der Hand. Bei der Verwendung dieser Quoten ist auf folgenden Gründen aber *Vorsicht geboten:*

1. Statistisch wird das Einkommen aus Unternehmertätigkeit und Vermögen als Restgröße ermittelt. Volkseinkommen minus Einkommen aus unselbständiger Arbeit ergibt Einkommen aus Unternehmertätigkeit und Vermögen. Aus dem Rechnungswesen kann man das Einkommen der Unselbständigen relativ genau ermitteln. In die Differenzgröße, dem Einkommen aus Unternehmertätigkeit und Vermögen schlagen dagegen alle Unzulänglichkeiten der Verteilungsrechnung durch.

2. In einer Marktwirtschaft sind die Bezieher eines Unselbständigeneinkommens zum Teil auch Empfänger von Einkommen aus Vermögen: Zinsen, Dividenden, Mieten. Je stärker dies in einer Volkswirtschaft der Fall ist, umso weniger

sind Lohn- und Profitquote geeignet, das Ausmaß einer ungleichen Einkommensverteilung (von Personen) zu beschreiben.

3. Der Begriff Profitquote täuscht darüber hinweg, daß in diesem Betrag nur ca. 1/3 Gewinne in preistheoretischem Sinn, 2/3 andere Einkommensarten ausmachen.

5.2.2.2 Sekundäre Einkommensverteilung

Die primäre personelle Einkommensverteilung, d.h. die Verteilung der Einkommen an Personen und Haushalte, wie sie sich über die Faktormärkte ergibt, wird aus einer Reihe von Gründen als nicht "gerecht" empfunden. So würde z.B. heute ein Rentnerhaushalt ohne Vermögensbesitz (eine Lebensversicherung zählt dazu) kein Einkommen erhalten, ebenso der Haushalt eines Studenten (bei analogen Kriterien). Um dies zu vermeiden, greift die *Umverteilungs- (Redistributions-) politik* des Staates ein und korrigiert die primäre Verteilung. Nach der vom Staat durchgeführten Korrektur liegt die sekundäre Einkommensverteilung vor, die nicht mehr ausschließlich aus Marktprozessen abgeleitet ist. Die statistisch verwendete rechnerische Größe für die sekundäre Einkommensverteilung ist das *persönlich verfügbare Einkommen.*

Die Redistributionspolitik umfaßt die folgenden Maßnahmen (man sehe dazu auch Abschnitt 51):

1. Von der primären Verteilung, d.h. dem Volkseinkommen, werden abgezogen:
   a) Unverteilte Gewinne (einziger nichtstaatlicher Vorgang)
   b) Körperschafts- und Gewerbesteuer
   c) Sozialversicherungsbeiträge der Arbeitgeber und Arbeitnehmer
   d) Direkte Steuern (Lohn- und Einkommenssteuer).

2. Zur primären Verteilung wird hinzugerechnet:
   Die Summe der Transfereinkommen (Renten, Pensionen, Sozialmaßnahmen und Unterstützungen im weiteren Sinne).

5.2.3 Verwendungsrechnung (indirekte Methode)

Der Wirtschaftskreislauf teilt sich in drei deutlich unterscheidbare Abschnitte auf: Die Produktion als Entstehungsrechnung, die Einkommenszahlungen als Verteilungsrechnung und der Verbrauch bzw. die Nutzung der produzierten Güter als Verwendungsrechnung.

Die Verwendungsrechnung im Rahmen der Sozialproduktanalyse ermittelt die Gesamtleistung einer Volkswirtschaft im Stadium der Bedürfnisbefriedigung (= der eigentlichen Bestimmung der produzierten Güter und Dienste), d.h. die sog. *volkswirtschaftliche Gesamtnachfrage.*

Während die wirtschaftspolitische Fragestellung der Entstehungsrechnung insbesondere auf die Veränderung der Produktionsstruktur (Rückgang der Landwirtschaft, Stagnation der Industrie, Wachstum der Dienstleistung) ausgerichtet ist, die Verteilungsrechnung den Fragenkreis der Entwicklung der Einkommens- (und auch der Vermögens-) verteilung beantworten soll, dient die Verwendungsrechnung vor allem der Analyse von Konjunkturschwankungen und Wachstumsprozessen. Die Ausgangsgröße ist dabei das Bruttosozialprodukt.
Das **BSP setzt sich dabei aus folgenden vier großen Verwendnungsarten zusammen (entspricht den vier Hauptnachfrageblöcken):**

1. Privater Verbrauch
2. Staatsverbrauch
3. Bruttoinvestition
4. Außenbeitrag

Privater Verbrauch

Der private Verbrauch wird als Konsum bzw. als die Summe der Ausgaben der privaten Haushalte bezeichnet. Der private Verbrauch umfaßt die tatsächlichen Waren- und Dienstleistungskäufe der inländischen Haushalte plus deren Eigenverbrauch (geschätzt), plus der Nutzungswert der selbst bewohnten Eigentümerwohnung (-haus) (geschätzt). Nicht enthalten sind Grundstücks- und Gebäudekäufe, die (definitionsgemäß) zu den Investitionen zählen.

Staatsverbrauch

Darunter zählen alle Aufwendungen des Staates, die er tätigen muß, um seine laufenden Verwaltungs- und Regierungsaufgaben zu erfüllen, d.h. kollektive Bedürfnisse zu befriedigen. Der Staatsverbrauch wird üblicherweise in den zivilen Aufwand des Staates und in die Ausgaben für Verteidigungszwecke unterteilt. Die Realisierung der kollektiven Bedürfnisse erfolgt dabei in aller Regel ohne spezielles Entgelt. Somit muß analog der Ermittlung des Beitrages in der Entstehungsrechnung für den Staatsverbrauch eine *Hilfsrechnung* durchgeführt werden. Der *zivile Aufwand* ergibt sich über die Hilfsrechnung als: Gezahlte Löhne und Gehälter für die im zivilen Bereich beschäftigten Arbeitnehmer des Staates, plus fiktive Zahlungen in einen

Beamtenpensionsfonds, plus Waren- und Dienstleistungskäufe, plus (fiktive) Nettomieten der benützten Gebäude. Diese Summe nennt man auch den zivilen Konsum des Staates.

Die *Ausgaben für Verteidigungszwecke* werden errechnet als: Löhne und Gehälter der im Verteidigungsbereich Beschäftigten, plus fiktiver Pensionsfonds, plus Waren und Dienste (Sachausgaben), plus Käufe von Rüstungsgütern und militärischen Bauten (diese sog. militärischen 'Investitionen' sind somit *nicht* in der Größe der Bruttoinvestition enthalten).

Bruttoinvestition
Jede Verwendung von Produktionsfaktoren, die der Erhaltung, Verbesserung und Vergrößerung des Kapitalbestandes (Realkapital) außerhalb der privaten Haushalte dient (Ausnahme militärische Investitionen), wird als Investition bezeichnet (Ausnahme bei HH: Haus- und Grundkauf zählen zu den Investitionen).

Die Investitionen teilt man je nach der angestrebten Aussage unterschiedlich ein. Bei der Sozialproduktsanalyse sind zwei Einteilungsmöglichkeiten üblich.

1) Einmal die *privaten Investitionen*, die überwiegend von den Unternehmungen und teils (soweit es Grundstücks- und Gebäudekäufe sind) von den Haushalten vorgenommen werden. Zum anderen in *staatlichen Investitionen*, d.h. Ausgaben im zivilen Bereich, die dort nicht (siehe vorstehend) ziviler Aufwand sind.

2) Als wichtiger sieht man das zweite Einteilungskriterium in die Anlage- und Vorratsinvestitionen an.

   Zu den *Anlageinvestitionen* zählen alle Käufe von festen und dauerhaften Produktionsmitteln einschließlich selbsterstellte Anlagen. Entsprechend der volkswirtschaftlichen Bedeutung der Investitionen unterteilt man nochmals in Bauten und Ausrüstungen. Zu den *Ausrüstungsinvestitionen* rechnen Maschinen, Fahrzeuge und alle übrigen Ausrüstungen (Werkzeuge). Zu den *Bauinvestitionen* rechnen Käufe von Grund, Wohnbauten und sonstigen Bauten.

   Als *Vorratsinvestitionen* bezeichnet man die neu produzierten Güter, die noch nicht ihrer endgültigen Verwendung zugeführt wurden. Sie umfassen somit die Bestandsveränderungen der Periode an Roh-, Hilfs- und Betriebsstoffen, Halb- und Fertigerzeugnissen sowie angefangenen Arbeiten. Ermittelt werden sie als Bestandsvergleich am Ende gegenüber dem Anfang der Periode, bewertet zu Wiederbeschaffungspreisen.

Außenbeitrag

Der Außenbeitrag ist der Saldo zwischen der Ausfuhr und Einfuhr von Waren und Dienstleistungen, d.h. der Ex- und Import von Waren, des Tourismus, des Transports, der Kapitalerträge, der Lizenzen und der Patente, der Arbeitsentgelte (d.h. der Saldo der Handels- und der Dienstleistungsbilanz). Ein *positiver Saldo* im Außenbeitrag bedeutet, daß diese Volkswirtschaft einen Teil seines Sozialproduktes in Form von Gütern und Diensten an das Ausland abgibt.

Ein *negativer Saldo* bedeutet dagegen, daß diese Volkswirtschaft mehr Güter und Dienste im Inland verbraucht, als es im Rahmen seines Sozialproduktes selbst produziert hat.

Zu beachten wäre, daß Außenbeitrag *nicht* gleich dem Saldo der Zahlungsbilanz ist.

Für den heute in der Wirtschaftspolitik vorherrschenden Begriff des Bruttosozialproduktes sind im Schaubild die drei Ermittlungsmöglichkeiten der Entstehung, Verteilung und Verwendung gegenübergestellt (siehe Abb. 5-2).

Aus der Abb. 5-2 lassen sich unschwer für das Bruttosozialprodukt die in der Makroökonomie heute üblichen *Definitionsgleichungen* ableiten. Für die übrigen Sozialproduktsbegriffe wird analog vorgegangen.

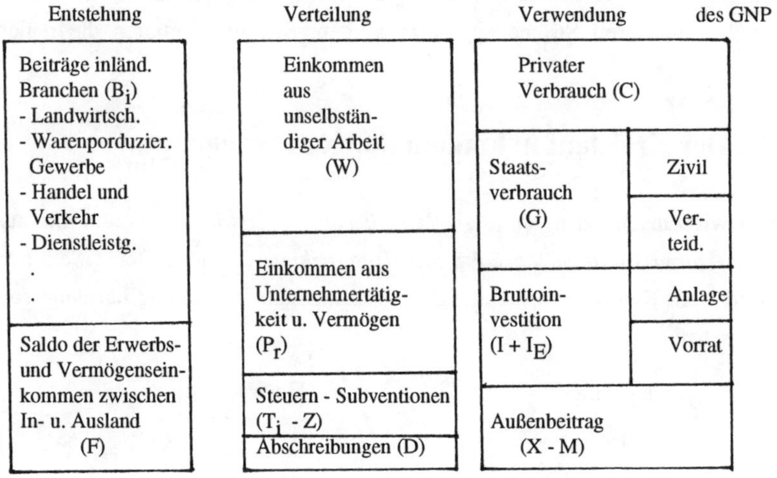

Abb.: 5-2: Das Bruttosozialprodukt (GNP) nach seiner Entstehung, Verteilung und Verwendung

1.	$GNP = B_i + F$	Entstehung
2.	$GNP = W + Pr + T_i - Z + D$	Verteilung
3.	$GNP = C + G + I + I_e + X - M$	Verwendung

5.3. Kontenmäßige Darstellung der Sozialproduktberechnung (der VGR)

Bereits dargelegt wurde, daß das heute übliche Berechnungsverfahren zur Ermittlung der verschiedenen Sozialproduktsgrößen die kontenmäßige Ermittlung darstellt. Der Grundaufbau dieses Berechnungsverfahrens soll im Folgenden vorgestellt werden.

Bei der kontenmäßigen Darstellung des Wirtschaftskreislaufes geht man nach dem Prinzip der doppelten Buchführung vor, wie es aus der betrieblichen Finanzbuchhaltung bekannt ist. Für jeden Pol (Sektor) der Wirtschaft wird ein Konto gebildet. Auf der Habenseite (rechts) werden alle zufließenden Ströme, auf der Sollseite (links) alle abfließenden Ströme verbucht. Da das System geschlossen ist, entspricht jedem Zugang eines Poles genau ein Abgang eines anderen Poles (Prinzip der doppelten Buchführung). Durch Eintragung eines Saldos wird eine etwaige Wertdifferenz auf einem Konto ausgeglichen. Wichtig ist, daß bei der kontenmäßigen Darstellung des Wirtschaftskreislaufes in Analogie zur betrieblichen Finanzbuchhaltung, nur noch die monetären Ströme angesetzt werden. Sie repräsentieren die realen Ströme.

5.3.1. Der Kreislauf in kontenmäßiger Darlegung

Betrachten wir zunächst das *einfachste Modell einer Volkswirtschaft,* die *nur* aus den zwei *Sektoren Private Haushalte und Unternehmen bestehe.* Beide Sektoren werden durch ein Konto repräsentiert. Die kontenmäßige Darstellung hat dann folgendes Aussehen:

Haushalte		Unternehmen	
C	Y	Y	C

Die Unternehmen produzieren unter Einsatz der Produktionsfaktoren, die ihnen vom Sektor Private Haushalte angeboten werden, Waren und Dienstleistungen. Die Haushalte erhalten dafür von den Unternehmen das *Einkommen Y* (engl. *Y*ield). Y wird folglich im Haushaltskonto als Zugang (auf der Habenseite) und im Unternehmenskonto als Abgang (auf der Sollseite) verbucht. In diesem Modell verwenden die Haushalte ihr Einkommen Y nur zum Kauf der von den Unternehmen produzierten *Konsumgüter* im Werte von *C* (engl. *C*onsumption). Die für C verwendeten Mittel fließen vom Haushaltssektor ab und werden auf der Sollseite verbucht. Für die Unternehmen stellen sie einen Zugang dar und werden somit auf der Habenseite gebucht. Der Kreislauf ist geschlossen.

Nunmehr ist die sog. *Vermögensveränderung* der Sektoren zu beachten, denn die Haushalte geben in der Regel nicht ihr gesamtes Einkommen für den Kauf von Konsumgütern aus. Der Teil des Einkommens, den sie nicht für den Konsum verwenden, heißt *Sparen* (S_H). Er steht zur Vermögensbildung zur Verfügung.

Auf der anderen Seite fließt nicht das gesamte Produktionsergebnis des Unternehmenssektors in den Konsum. Den Teil der produzierten, aber nicht konsumierten Güter, nennt man *Bruttoinvestitionen* (I^b). Zum einen sind dies Anlageinvestitionen (Güter oder Maschinen, die zur Produktion nötig sind und länger genutzt werden), zum anderen Vorratsinvestitionen (Güter, die nicht an andere Sektoren verkauft, sondern auf Lager genommen werden). Zu beachten ist, daß ein Teil der Anlageinvestitionen zu sog. Ersatzinvestitionen gebraucht wird, um den durch den Produktionsprozeß eintretenden Verschleiß zu ersetzen. Der Wert des Verschleißes entspricht den Abschreibungen. Zieht man von den Bruttoinvestitionen die Abschreibungen ab, so gelangt man zu den *Nettoinvestitionen* (I^n). Nur sie erhöhen den Kapitalbestand einer Volkswirtschaft, mit dem produziert werden kann und kommen somit im Konto VÄ vor.

Bezieht man diese Überlegungen in die Kreislaufbetrachtung ein, so muß ein weiterer Pol gebildet werden, den man Vermögensveränderung nennt. Dieser Pol wird nicht wie bisher institutionell, sondern nach seiner Funktion im Wirtschaftskreislauf funktionell abgegrenzt. Vermögensbildung und Sparen behandelt man für diesen Pol als zufließenden Strom, Vermögensverwendung und Nettoinvestitionen als abfließenden Strom.

Aus dem Konto Vermögensänderung wird eine grundlegende Identität einer geschlossenen Volkswirtschaft deutlich: für eine abgelaufene Periode (ex post) ist die Höhe der Nettoinvestitionen immer gleich der Höhe der Ersparnis.

Das erweiterte Kreislaufschema sieht nun folgendermaßen aus:

Unternehmen	
Y_H	C I^n

Haushalte	
C S_H	Y_H

Vermögensveränderung	
I^n	S_H

Anzumerken ist noch, daß auch der *Unternehmenssektor einen Beitrag zum gesamtwirtschaftlichen Sparen leisten kann.* Unternehmen, die Gewinn erwirtschaften, können diesen Gewinn an die privaten Haushalte als Entgelt für den von ihnen zur Verfügung gestellten Faktor Kapital ausschütten, z.B. in Form von Dividenden. Gewinnausschüttungen an Haushalte sind im Faktoreinkommen Y_H enthalten. Verbleiben die Gewinne in Unternehmen, werden sie also nicht ausgeschüttet, so ist dieser Teil des Gewinns die Unternehmensersparnis (S_U). Sie wird im Kreislaufschema analog zu der Ersparnis der privaten Haushalte behandelt und stellt einen Zugang im Vermögensänderungskonto dar, steht somit für Nettoinvestitionen zur Verfügung. Die Gegenbuchung erfolgt als Abgang auf dem Unternehmenskonto.

In einem weiteren Schritt berücksichtigen wir, daß auch der *Staat* ökonomisch aktiv ist. Der Staat nimmt Steuern von den Haushalten (T_H) und den Unternehmen (T_U) ein (Zugänge auf dem Staatskonto). Daneben kann der Staat Einkommen ($Y_{St}{}^U$) aus Beteiligungen an Unternehmen (z.B. Lufthansa) durch ausgeschüttete Gewinne und aus seinem Vermögen durch Zinseinkünfte erzielen (Zugänge). Er verwendet diese Mittel (Abgänge) zur Bezahlung der bei ihm Beschäftigten ($Y_H{}^{St}$) und für seine Vorleistungskäufe von den Unternehmen (VL^{St}). Ferner leistet der Staat Übertragungen an die Unternehmen (Subventionen Z) und an die Haushalte (Transfers TR, z.B. Sozialhilfe, Wohngeld). Der Saldo aus den laufenden Einnahmen und den Ausgaben des Staates ist die Ersparnis des Staates (S_{St}).

Einige wichtige Transaktionen des Staates weisen i. d. R. eine Besonderheit auf: Steuerstrom, Subventions- und Transferstrom fließen nicht über einen Markt und haben keine reale Gegenleistung (Gegenstrom).

Um das Bild des Wirtschaftskreislaufes einer modernen Volkswirtschaft zu vervollständigen, müssen auch die wirtschaftlichen Transaktionen berücksichtigt werden, die mit dem *Ausland* stattfinden. Wir gehen von der Betrachtung einer geschlossenen zu einer offenen Volkswirtschaft über. Zur Vereinfachung wird dabei angenommen, daß nur der Unternehmenssektor wirtschaftliche Transaktionen mit dem Ausland durchführt (in der Realität unterhalten natürlich auch die Haushalte und der Staat Wirtschaftsbeziehungen mit dem Ausland). Diese Transaktionen bezeichnet man als Importe (Im), falls die Unternehmen im Ausland Waren und Dienstleistungen kaufen. Die Entgelte für die Importe, der monetäre Strom, fließt dabei von den Unternehmen ins Ausland. Er stellt also für die Unternehmen einen Ab- und für das Ausland einen Zugang dar. Die Ausfuhr inländischer Güter ins Ausland, die Exporte (Ex), werden entsprechend umgekehrt behandelt. Der Saldo aus Export und Import von Waren und Dienstleistungen ist der sog. Außenbeitrag (Ex-Im). Übersteigen die Exporte die Importe, so spricht man von einem positiven Außenbeitrag. Ein positiver Außenbeitrag ist möglich, wenn in einer Volkswirtschaft mehr Güter aus inländischer Produktion und Import zur Verfügung stehen, als für inländischen Konsum und Investitionen benötigt werden. Diese quasi überschüssigen Waren und Dienstleistungen können der übrigen Welt zur Verfügung gestellt werden. Man kann diesen Vorgang auch als eine Art der Vermögensanlage auffassen. Die Volkswirtschaft "spart" einen Teil der ihr aus Produktion und Import zu Verfügung stehenden Güter und bietet sie dem Ausland an (ein negativer Außenbeitrag kann analog als negatives Sparen (Verschulden) aufgefaßt werden). Der Außenbeitrag ist also eine Verwendungsform des "gesamtwirtschaftlichen Sparens" und erscheint deshalb auf der Sollseite des Vermögensveränderungskontos. Die Gegenbuchung erfolgt im Auslandskonto.

Das vollständige Kreislaufschema einer offenen Volkswirtschaft faßt alles bisher Gesagte in einem in sich geschlossenen Kontenschema zusammen. Der Wirtschaftskreislauf einer offenen Volkswirtschaft sieht folgendermaßen aus:

Private Haushalte

C_H	Y_H^U
T_H	Y_H^{St}
S_H	TR

Unternehmen

Y_H^U	C_H
Y_{St}^U	Z
T_U	VL^{St}
Im	Ex
S_U	I^n

Staat

Y_H^{St}	T_H
TR	T_U
Z	Y_{St}^U
VL^{St}	
S_{St}	

Ausland

Ex	Im
	(Ex-Im)

Vermögensveränderung

I^n	S_H
(Ex-Im)	S_U
	S_{St}

Auf den Konten der Pole werden folgende Transaktionen dargestellt:

Dem Sektor Private Haushalte fließen Ströme in Form von Faktoreinkommen von den Unternehmen ($Y_H{}^U$) und dem Staat ($Y_H{}^{St}$) zu. Weiter erhält er vom Staat Transfers (TR). Die zur Verfügung stehenden Mittel verwendet er für Konsum (C_H), Steuern an den Staat (T_H) und Sparen (S_H). Der Staat hat Zugänge in Form von Steuern vom Sektor Haushalte (T_H) und Sektor Unternehmen (T_U) sowie aus Beteiligungen an Unternehmen ($Y_{St}{}^U$). Die abfließenden Ströme umfassen Faktorentgelte ($Y_H{}^{St}$) sowie Transfers (TR) an den Haushaltssektor, Subventionen (Z) an und Vorleistungskäufe (VL^{St}) vom Unternehmenssektor sowie Sparen (S_{St}).

Dem Sektor Unternehmen fließen die Ausgaben der Haushalte für Waren und Dienstleistungen (C_H), Subventionen (Z) und Vorleistungskäufe des Staates (VL^{St}), Exporterlöse (Ex) sowie Nettoinvestitionen (I^n) zu. Er verwendet die Zugänge für das Leisten von Faktorentgelten an die Haushalte ($Y_H{}^U$) und Staat ($Y_{St}{}^U$), das Zahlen von Steuern (T_U), für Importe (Im) das Sparen (S_U).

Das Ausland hat Zugänge in Höhe der Importe (Im) und Abgänge in Höhe der Exporte (Ex) des Inlandes. Der Außenbeitrag (Ex-Im) bildet den Saldo des Kontos.

Das Vermögensveränderungskonto zeigt auf seiner Habenseite, welche Mittel zur Vermögensbildung zur Verfügung stehen, und auf seiner Sollseite, wofür die gesamtwirtschaftliche Ersparnis eingesetzt wird (Nettoinvestitionen und Außenbeitrag).

5.3.2. Der kontenmäßige Rahmen der Sozialproduktberechnung

Die eben entwickelte kontenmäßige Darstellung des Wirtschaftskreislaufes bildet die Basis für die weiteren Überlegungen. Die Konten der Pole werden im folgenden weiter untergliedert. Dies geschieht jedoch nicht nach institutionellen, sondern nach funktionellen Kriterien, d.h. nach den Aktivitäten, die die Sektoren ausüben. Anhand der entstehenden zweidimensionalen Gliederung, nach Sektoren und Aktivitäten, wird ein Rahmen für die volkswirtschaftliche Gesamtrechnung entwickelt, wie er auch dem vom Statistischen Bundesamt benutzten Schema der VGR für die Bundesrepublik Deutschland zugrunde liegt.

5.3.2.1 Wirtschaftliche Aktivitäten

Aus der Analyse des Wirtschaftskreislaufes ist deutlich geworden, daß in einer Volkswirtschaft unterschiedliche ökonomische Aktivitäten entfaltet werden. Waren und Dienstleistungen werden hergestellt, Einkommen empfangen und verwendet, Vermögen gebildet und angelegt, Kredite genommen und gewährt.

Jedes Wirtschaftssubjekt kann somit im Prinzip *vier verschiedene ökonomische Aktivitäten ausüben:*

Produktion
Einkommensempfang und -verwendung
Vermögensbildung
Finanzierung (Kreditaufnahme und -gewährung)

Sämtliche Transaktionen, die ein Wirtschaftssubjekt innerhalb einer Periode ausgeführt hat, lassen sich diesen vier Aktivitäten zuordnen.

Für die Entwicklung eines Rahmens der VGR wird für jede Aktivität ein Konto erstellt, in dem die einzelnen Transaktionen verbucht werden. Im Prinzip weist jedes Wirtschaftssubjekt seine sämtlichen Transaktionen auf vier Aktivitätskonten nach: dem Produktions-, dem Einkommens-, dem Vermögensänderungs- und dem Finanzierungskonto. Es entsteht so ein zweidimensionaler Kontenrahmen mit den Dimensionen Sektor und ökonomische Aktivität. Zu beachten ist, daß weiterhin eine Kreislaufanalyse vorliegt und das Prinzip der Doppelten Buchführung angewandt wird. Der Rahmen ist jedoch detaillierter und hat folgendes Aussehen:
(Siehe Tabelle S. 140)

Das Ausland wird nicht als einzelner Sektor geführt. Vielmehr werden alle Transaktionen mit dem Ausland in einem Sammelkonto, dem "Zusammengefaßten Konto der übrigen Welt", gebucht. Es wird an dieser Stelle auch die oben getroffene Annahme aufgehoben, nur der Unternehmenssektor führe Transaktionen mit dem Ausland durch. Auch private und öffentliche Haushalte können wirtschaftliche Beziehungen mit dem Ausland eingehen. Wir sehen jedoch zunächst von einer Darstellung dieses Kontos ab. Es wird erst im Rahmen der "Gesamtwirtschaftlichen Konten" besprochen.
Im folgenden sollen die Aktivitätskonten nacheinander für die verschiedenen Wirtschaftssubjekte betrachtet werden.

Ökonomische Aktivitäten	Wirtschaftssubjekte		
	Unternehmen	Staat	Haushalte
Produktion		Produktionskonten	
Einkommensempfang und -verwendung		Einkommenskonten	
Vermögensbildung		Vermögensänderungskonten	
Finanzierung		Finanzierungskonten	
		Zusammengefaßtes Konto übrige Welt	

5.3.2.2. Konten einer Wirtschaftseinheit

Zum Verständnis ist es zweckmäßig, zunächst die Konten (im Sinne der VGR) für *eine einzelne Wirtschaftseinheit* darzustellen, und erst anschließend das Konto des Sektors. (Dabei gehen wir von einer geschlossenen Volkswirtschaft ohne staatliche Aktivität aus, d.h. der Kreislauf besteht nur aus den Sektoren Haushalte und Unternehmen).

Dabei ist das **Produktionskonto** typisch *für einen Betrieb.* Es zeigt auf der linken = *Aufwandseite* die Güter bzw. die Produktionsfaktoren, die zur Güterproduktion im weitesten Sinne zum Einsatz kommen, bzw. was als Geld betrachtet vom Konto abfließt, wie:

a) die erworbenen Vorleistungen von anderen Betrieben
b) die Nutzung der eigenen Gebäude und Maschinen (als Abschreibung)
c) Nutzung von Arbeit und anderer eingekaufter Produktionsfaktoren
d) Arbeitskraft des Unternehmers (Unternehmens) = Gewinn

Es zeigt auf der rechten = *Ertragsseite*, in welchen Gütern man die eingesetzten Güter und Produktionsfaktoren wieder antrifft = dem Produktionsergebnis, bzw. was als Geld betrachtet auf das Konto raufflieβt, wie:

a) produzierte und verkaufte Güter = der Umsatz
b) produzierte und auf Lager genommene Güter = Lagervorräte

c) Anlagezugänge (gekauft oder selbst erstellt)

Somit sieht das Produktionskonto *eines* Betriebes wie folgt aus:

Produktionskonto eines Betriebes

Aufwand	Ertrag
1) Zugänge an Vorprodukten	1) Umsatz = Verkäufe an HH oder U
2) Abschreibungen	2) Bestandsveränderung
3) Löhne, Gehälter, Mieten, Zinsen, Pacht	3) Anlagenzugänge - gekauft - selbsterstellt
4) Betriebsgewinn	

Aus dem Konto können eine Reihe von Sozialproduktionsbegriffen errechnet werden:

a) Die Addition der Aufwands- oder der Ertragsseite ergibt den *Bruttoproduktionswert* des Betriebes.
b) Subtrahiert man vom Bruttoproduktionswert die Vorleistungen, erhält man den betrieblichen *Beitrag* zum Sozialprodukt.
c) Subtrahiert man vom Beitrag die Abschreibungen, ergibt sich die *Wertschöpfung* dieses Betriebes.
d) Summe aus Bestandsveränderung und Anlagenzugängen ergibt die *Bruttoinvestition* des Betriebes.

Das **Einkommenskonto** ist typisch *für einen Haushalt.* Es zeigt auf seiner linken Seite die Verwendung des Einkommens und auf seiner rechten Seite die Herkunft (Quellen) des Einkommens und sieht somit wie folgt aus:

Einkommenskonto eines Haushaltes

Verwendung	Quellen
1) Käufe an Konsumgütern	1) Einkommen aus: Löhnen, Gehältern, Zinsen, Mieten, Pachten, Gewinnen
2) Ersparnis	

5.3.2.3 Produktionskonten der Sektoren

Bei den folgenden Konten der Sektoren wird ein offener Kreislauf mit staatlicher Aktivität unterstellt.

Die Produktionskonten umfassen alle Transaktionen, die mit der Produktion von Waren und Dienstleistungen in unmittelbaren Zusammenhang stehen. Auf der Sollseite (Aufwands- oder Entstehungsseite) wird der für die Produktion erforderliche Input verbucht. Auf der Habenseite (Ertrags- oder Verwendungsseite) werden die Ergebnisse des Produktionsprozesses, der Output, festgehalten.

Produktionskonto des Unternehmenssektors

Für die Produktion ist der Einsatz von Vor- und Faktorleistungen erforderlich. Position 1 des Produktionskontos der Unternehmen erfaßt die Ausgaben für die Käufe von Vorleistungen. Da hier das Produktionskonto für den Sektor Unternehmen (d.h. für alle inländischen Unternehmen zusammen betrachtet wird) handelt es sich bei den Vorleistungen ausschließlich um solche, die aus dem Ausland bezogen wurden.

Produktionskonto des Unternehmenssektors

1. Käufe v. Vorleistungen	5. Verkäufe von
2. Abschreibungen	a. Konsumgütern an
3. Indirekte Steuern	Haushalte
minus Subventionen	b. Vorleistungen an
4. Nettowertschöpfung	den Staat
(zu Faktorkosten)	c. an Ausland
a. Löhne u. Gehälter an	6. Bruttoinvestitionen
- Haushalte	a. Bruttoanlageinvestition
- Ausland	b. Lagerinvestitionen
b. Zinsen u. Mieten an	
- Haushalte	
- Ausland	
- Staat	
c. Gewinne (ausgeschüttete,	
unausgeschüttete)	

Die Zusammenfassung aller Unternehmen zum Sektor Unternehmen ermöglicht es nicht mehr die Beziehungen zwischen den Unternehmen, hier die inländische Lieferung von Vorleistungen innerhalb des Sektors, darzustellen. Dies bedeutet nicht, daß die einzelnen Unternehmen nicht Vorleistungen von anderen Unternehmen beziehen. *Die Konsolidierung hat jedoch zur Folge, daß die sektorinternen Vorleistungsströme fortfallen (saldiert werden).* In einer Übersicht läßt sich am einfachsten der Saldie-

rungsvorgang der Vorleistungen durch die Zusammenfassung der einzelwirtschaftlichen Produktionskonten zum Produktionskonto des Sektors demonstrieren:
Wir verfolgen den Weg der PKW-Produktion über drei Stufen, vom Stahl- über das Walzwerk, bis zum Enderzeugnis und nehmen anschließend die Aggregation zum Konto des Sektors vor.

Produktionskonten

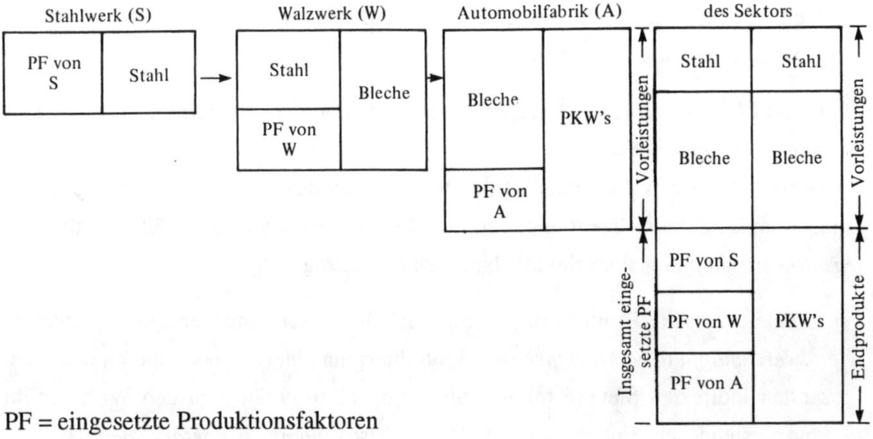

PF = eingesetzte Produktionsfaktoren

Abb.: 5 - 3: Zusammenfassung einzelwirtschaftlicher Konten zum Konto des Sektors

Neben den Vorleistungen setzt er im Produktionsprozeß dauerhafte Produktionsgüter (Realkapital) ein, die einem produktionsbedingten Verschleiß unterliegen. Das monetäre Äquivalent für den Verschleiß sind die Abschreibungen (Pos. 2).

Ferner sind auf der *Aufwandsseite* des Kontos die indirekten Steuern zu berücksichtigen, die von den Unternehmen an den Sektor Staat entrichtet werden (Pos. 3). Von ihnen zieht man die Subventionen ab (die die Unternehmen erhalten haben).

Schließlich erfaßt man den Aufwand, der für den Einsatz der Faktorleistungen erforderlich ist (Pos. 4). Diese Größe bezeichnet man als Nettowertschöpfung zu Faktorkosten. Hierzu zählen an andere Sektoren (insbesondere Haushalte) geleistete Löhne und Gehälter, Kreditzinsen und Mieten sowie die Gewinne. Position 4 umfaßt die im Unternehmenssektor in der Periode entstandenen Einkommen.

Auf der *Habenseite* erscheint der bewertete Output des Produktionsprozesses, der sog. Produktionswert. Er erfaßt den Wert der im Unternehmenssektor produzierten Waren und Dienstleistungen. Der Produktionswert setzt sich aus den Verkäufen des Sektors (Pos. 5) an die privaten Haushalte, den Staat und das Ausland sowie den Bruttoinvestitionen (Pos. 6) zusammen. Als Bruttoinvestitionen des Sektors bezeichnet man Güter, die von den Unternehmen produziert oder aus dem Ausland gekauft werden und im Unternehmenssektor verbleiben. Man unterscheidet dabei Bruttoanlageinvestitionen und Lagerinvestitionen.

Jetzt kann bereits auf einige wesentliche Begriffe der Volkswirtschaftlichen Gesamtrechnung hingewiesen werden:
Der Produktionswert dokumentiert den Wert der produzierten Waren und Dienstleistungen eines Sektors. Zieht man von ihm die Vorleistungen ab, erhält man die sog. *Bruttowertschöpfung* eines Sektors bzw. seinen Beitrag.

Vermindert man die Bruttowertschöpfung um die Abschreibungen, gelangt man zu *Nettowertschöpfung zu Marktpreisen*. Subtrahiert man hiervon noch die an den Staat gezahlten indirekten Steuern minus Subventionen, so erhält man den Wert der im Sektor entstandenen Einkommen, der *Nettowertschöpfung zu Faktorkosten* des Sektors.

Produktionskonto des Staates

Vom Aufbau her unterscheidet sich das Produktionskonto des Staatssektors (der die Gebietskörperschaften und die Sozialversicherung umfaßt) nicht von dem des Unternehmenssektors:

Produktionskonto des Staatssektors

Input			Output
1.	Käufe von Vorleistungen	4.	Entgeltlich abgegebene Leistungen
2.	Abschreibungen	5.	Unentgeltlich abgegebene Leistungen
3.	Nettowertschöpfung (zu Faktorkosten) - Löhne und Gehälter - Zinsen und Mieten		

Auf der *Sollseite* erscheinen die Kosten der von den Unternehmen und dem Ausland bezogenen Vorleistungen (Pos. 1), die Abschreibungen (Pos. 2) sowie die Kosten für die in Anspruch genommenen Faktorleistungen (Pos. 3), d.h. Löhne, Gehälter, Zinsen und Mieten. Indirekte Steuern zahlt, Subventionen erhält der Staat nicht. Er erzielt auch keine Gewinne.

Auf der *Habenseite* wird das Produktionsergebnis des Staates notiert. Es setzt sich zusammen aus den gegen Entgelt abgegebenen staatlichen Leistungen (Pos. 4) (z.B. Müllabfuhr) und den ohne direktes Entgelt abgegebenen Leistungen (Pos. 5). Bewertungsprobleme ergeben sich für die unentgeltlich bereitgestellten Leistungen, da für sie keine Preise vorliegen. Der Produktionswert dieser öffentlichen Güter wird ermittelt, indem man die gesamten Kosten, die dem Staat bei der Produktion dieser Leistungen erwachsen, addiert.

Brutto- bzw. Nettowertschöpfung des Sektors errechnet man auch hier durch den Abzug der Vorleistungen vom Produktionswert bzw. der Abschreibungen von der Bruttowertschöpfung.

Produktionskonto des Sektors Private Haushalte

Private Haushalte produzieren im Sine der Volkswirtschaftlichen Gesamtrechnung nicht. Sie geben lediglich Faktorleistungen an die anderen Sektoren ab. Eine *Ausnahme* wird bei bestimmten in den Haushalten gegen Entgelt erbrachten Dienstleistungen von Hausangestellten (Kindermädchen, Reinemachefrau) gemacht. Der Wert dieser Dienstleistungen wird auf der *Habenseite* als Produktionswert bezeichnet. Ihm entspricht auf der *Sollseite* die Nettowertschöpfung des Sektors, die sich aus den gezahlten Löhnen zusammensetzt.

Produktionskonto des Sektors Private Haushalte

1. Löhne für Hausangestellte	2. Produktionswert

5.3.2.4. Einkommenskonten der Sektoren

Die Einkommenskonten zeigen, welches im Produktionsprozeß entstandenes Einkommen ein Wirtschaftssubjekt (bzw. ein Sektor als Ganzes) erhält und wie es dieses verwendet. Auf der *Habenseite* wird der Empfang (das zufließende Einkommen) und auf der *Sollseite* die Verwendung des Einkommens einer Periode verbucht. Wichtigstes Einkommenskonto ist das der privaten Haushalte.

Einkommenskonto des Sektors Private Haushalte

Die im Produktionsprozeß entstandenen Einkommen fließen zum größten Teil den privaten Haushalten zu. Sie beziehen aus verschiedenen Quellen Einkommen. Zunächst beziehen sie sogenannte Faktoreinkommen (Pos. 5) für die von ihnen bereitgestellten Faktoren Arbeit und Kapital, d.h.: Für die Arbeit in Unternehmen und beim Staat erhalten sie Löhne und Gehälter (Einkommen aus unselbständiger Arbeit). Sind Haushalte selbständig, z.B. als Unternehmer, beziehen sie sogenannte Einkommen aus Unternehmertätigkeit, den Gewinn. Weiterhin können ihnen Einkünfte aus ihrem Vermögen, d.h. Zinsen, Mieten und Dividenden, zufließen.

Einkommenskonto des Sektors Private Haushalte

1.	Direkte Steuern plus Sozialabzüge	5.	Faktoreinkommen: a. Löhne und Gehälter b. Gewinne c. Zinsen, Mieten, Dividenden
2.	Transferzahlungen an das Ausland		
3.	Konsum		
4.	Ersparnis	6.	Transfereinkommen

Neben den Faktoreinkommen bezieht der Sektor Haushalte Transfereinkommen (Übertragungseinkommen; Pos. 6). Die Haushalte erhalten dies vom Staatssektor, etwa in Form von Renten, Sozialhilfe oder BAFÖG, ohne direkte ökonomische Gegenleistung.

Das den Haushalten zugeflossene Einkommen wird wie folgt verwendet. Zum einen müssen sie direkte Steuern, z.B. Lohn-, Einkommensteuer und Sozialabgaben, an den Staat zahlen (Pos. 1). Andererseits leistet der Sektor Private Haushalte selbst Übertragungen, dabei vor allem an das Ausland. Hierunter fallen etwa die Überweisungen ausländischer Arbeitnehmer in ihre Heimatländer (diese Position ist für die Bundesrepublik von großer Bedeutung). Das verbleibende, verfügbare Einkommen wird zum Kauf von Konsumgütern und zur Ersparnisbildung verwendet. Die Ersparnis ist die Differenz der laufenden Ausgaben eines Sektors. Sie wird, wie weiter unten noch deutlich wird, als vermögenswirksamer Vorgang auf das Vermögensveränderungskonto übertragen.

Einkommenskonto des Unternehmenssektors

Die Einkommen des Unternehmenssektors stellen einerseits die nicht an die anderen Sektoren verteilten Gewinne dar (Pos. 4), die als Gegenbuchung zum Produktionskonto des Sektors auf der Habenseite des Einkommenkontos erfaßt werden. Weiter werden dort die empfangenen laufenden Übertragungen (Pos. 5), die der Unternehmenssektor in Form von Subventionen vom Staatssektor erhält, verbucht.

Einkommenskonto des Unternehmenssektors

1. Direkte Steuern 2. Geleistete Übertragungen 3. Ersparnis (= verfügbares Einkommen)	4. Unverteilte Gewinne 5. Empfangene Übertragungen (Subventionen)

Da die Unternehmen die unverteilten Gewinne versteuern müssen, zahlen sie direkte Steuern (i. d. R. Körperschaftssteuer) (Pos. 1) an den Staat. Andererseits leisten sie auch selbst Übertragungen, z.B. in Form von Sonderzuwendungen an die Beschäftigten (Pos. 2). Die nach Leisten dieser beiden Positionen (1,2) verbleibenden Mittel (sofern etwas übrigbleibt) sind das verfügbare Einkommen des Unternehmenssektors. Dieses ist, da die Unternehmen definitionsgemäß nicht konsumieren, gleich der Ersparnis des Unternehmenssektors.

Einkommenskonto des Staatssektors

Das Einkommen des Staates setzt sich zusammen aus den direkten und indirekten Steuern (Pos. 4 und 5), den Sozialversicherungsbeiträgen (Pos. 6) und den Einkommen aus Beteiligungen an Unternehmen und aus sonstigen Vermögen (Pos. 7).

Damit finanziert der Staat die von ihm geleisteten Übertragungen (Pos. 1) in Form von Sozialleistungen an private Haushalte, Subventionen an Unternehmen und Übertragungen an das Ausland (z.B. Beiträge an die EG). Weiter wird ein Teil für Aufwendungen des Staates eingesetzt, die bei der Bereitstellung der öffentlichen Güter anfallen. Diese Größe wird unter Position 2. als Eigenverbrauch oder Staatskonsum verbucht. Restgröße zwischen den Einkommen und den bisher erfaßten Aufwendungen ist wieder die Ersparnis. Die Gegenbuchung für die Ersparnis erfolgt auf der Habenseite des Vermögensänderungskontos des Staates.

Einkommenskonto des Staates

1. Übertragungen an: a. Haushalte b. Unternehmen c. Ausland 2. Eigenverbrauch (Staatskonsum) 3. Ersparnis	4. Direkte Steuern 5. Indirekte Steuern 6. Sozialversicherungsbeiträge 7. Faktoreinkommen aus Vermögen und Unternehmensbeteiligungen

5.3.2.5 Vermögensänderungskonten der Sektoren

In den Vermögensänderungskonten werden alle vermögenswirksamen Vorgänge einer Periode zusammengestellt. Sie geben *Aufschluß* über die *Vermögensbildung und ihre Finanzierung*. Vermögen kann dabei von allen Sektoren gebildet werden. Auf der *Habenseite* der Vermögensänderungskonten wird die Vermögensbildung nach Herkunftsarten (Finanzierung), auf der *Sollseite* die Form der Vermögensbildung (Vermögensanlage) erfaßt.

Vermögensänderungskonto des Unternehmenssektors

Die Bildung von Sachvermögen (Bruttovermögenszuwachs) geschieht im Unternehmenssektor durch Bruttoinvestitionen in Form von Bruttoanlageinvestitionen (Pos. 1) und Lagerbildung (Pos. 2). Als Quellen der Vermögensänderung werden auf der Habenseite die Abschreibungen (Pos. 5) und die Ersparnisse (Pos. 6) verbucht. Als weitere Quelle für Vermögensbildung erscheinen empfangene einmalige Vermögensübertragungen (Pos. 7) von den anderen Sektoren (z.B. in Form einmaliger Investitionszuschüsse). Andererseits leistet der Unternehmenssektor auch selbst einmalige Vermögensübertragungen an die anderen Sektoren (Pos. 3), z.B. Belegschaftsaktien.

Vermögensänderungskonto des Unternehmenssektors

1. Bruttoanlage-investitionen	5. Abschreibungen
2. Lagerinvestitionen	6. Ersparnis
3. Geleistete Vermögens-übertragungen	7. Empfangene Vermögens-übertragungen
4. Finanzierungssaldo (Überschuß-, Defizit-)	

Sind die Bruttoinvestitionen (Pos. 1 und 2) und geleisteten Vermögensübertragungen in der Summe größer als die Finanzierungspositionen der Habenseite, entsteht ein *Finanzierungsdefizit*, d.h. zur Finanzierung ist eine Verschuldung bei den anderen Sektoren nötig. Im umgekehrten Fall gibt es einen *Finanzierungsüberschuß*. Üblicherweise wird der *Finanzierungssaldo* auf der Sollseite des Vermögensänderungskontos festgehalten. Im Falle eines Finanzierungsdefizits muß er daher ein negatives Vorzeichen erhalten.

Vermögensänderungskonto des Staatssektors

Der Aufbau des Vermögensänderungskontos des Staatssektors ist mit dem des Unternehmenssektors fast identisch:

Vermögensänderungskonto des Staatssektors

1. Bruttoinvestitionen (nur Anlage)	4. Abschreibungen
2. Geleistete Vermögensübertragungen	5. Ersparnis
3. Finanzierungssaldo	6. Empfangene Vermögensübertragungen

Im Gegensatz zu den Unternehmen bildet der Staat jedoch ex definitione keine Lagerinvestitionen. Die Bruttoinvestitionen entsprechen dann den Bruttoanlageinvestitionen (Pos. 1). Diese bestehen zum größten Teil aus Bauinvestitionen, etwa Straßenbau, Bau von Krankenhäusern oder Schulen.

Bei den geleisteten Vermögensübertragungen (Pos. 2) handelt es sich z.B. um Investitionszuschüsse an die Unternehmen oder Spar- und Wohnungsbauprämien an die privaten Haushalte. Zu den vom Staat empfangenen Vermögensübertragungen rechnet man z.B. Investitionszuschüsse aus den EG-Regionalfonds.

Der Staatssektor hatte in den vergangen Jahren regelmäßig ein Finanzierungsdefizit. Die Abschreibungen, Ersparnis und die empfangenen Übertragungen reichten nicht aus, um die Bruttoinvestitionen und die geleisteten Vermögensübertragungen zu finanzieren. Der Staat mußte sich bei anderen Sektoren verschulden.

Vermögensänderungskonto des Sektors Private Haushalte

Im Gegensatz zu Unternehmen und Staat tauchen auf dem Vermögensänderungskonto der Haushalte Investitionen und Abschreibungen nicht auf. *Da die Haushalte ex definitione nicht investieren* und im Sinne der VGR kein Sachvermögen besitzen (Investitionen der Haushalte im Rahmen des privaten Wohnungsbaus werden in der VGR dem Unternehmenssektor zugeordnet. Der Kauf eines langlebigen Wirtschaftsgutes, etwa eines KFZ's, wird nicht als Investition, sondern als Konsum im Einkommenskonto der Haushalte verbucht), fallen Abschreibungen als Finanzierungsquelle aus. Der *Finanzierungsaldo* der privaten Haushalte in der Bundesrepublik ist *regelmäßig positiv*. Es besteht ein Finanzierungsüberschuß.

Vermögensänderungskonto des Sektors
Private Haushalte

1. Geleistete Vermögensübertragungen 2. Finanzierungssaldo (+/-)	3. Ersparnis 4. Empfangene Vermögensübertragungen

5.3.2.6 Finanzierungskonten der Sektoren

Auf den Finanzierungskonten erfolgt die Gegenbuchung zu den auf den Vermögensänderungskonten ausgewiesenen Finanzierungssalden. Für die *Finanzierungssalden wird nachgewiesen, wie sie sich in einer Veränderung der Forderungen und Verbindlichkeiten der Sektoren niederschlagen.* Hat ein Sektor z.B. ein Finanzierungsdefizit, so muß dieses über eine Erhöhung der Verbindlichkeiten oder Verringerung der Forderungen finanziert werden. Wird z.B. ein Finanzierungsdefizit des Staates durch Emission (Ausgabe) von Wertpapieren finanziert, so schlägt sich dies in einer Zunahme der Verbindlichkeiten des Staates gegenüber den anderen Sektoren nieder. Im Gegenzug wird ein Erwerb der Wertpapiere durch private Haushalte oder Unternehmen als Zunahme der Forderungen des jeweiligen Sektors verbucht. Die Zunahme der Forderungen wird auf der Sollseite, die Zunahme der Verbindlichkeiten auf der Habenseite verbucht. Die Finanzierungskonten haben für *alle* Sektoren das nämliche Aussehen:

Finanzierungskonto des Sektors ...

1. Veränderung der Forderungen	2. Veränderungen der Verbindlichkeiten 3. Finanzierungssaldo

5.3.2.7 Gesamtwirtschaftliche Konten

Bisher wurden die Aktivitäten der zu Sektoren zusammengefaßten Wirtschaftssubjekte betrachtet. In einem weiteren Schritt werden die *Konten der Sektoren zu Gesamtwirtschaftlichen Konten zusammengefaßt.* Diese Konten ermöglichen es, den gesamtwirtschaftlichen Umfang einer Aktivität zu quantifizieren. Sie werden durch Konsolidierung der verschiedenen Aktivitäten quer über alle Sektoren gebildet. Man konsolidiert alle Produktionskonten, alle Einkommenskonten, alle Vermögensänderungskonten und alle Finanzierungskonten und erhält ein gesamtwirtschaftliches Einkommenskonto, ein gesamtwirtschaftliches Vermögensänderungskonto und ein gesamtwirtschaftliches Finanzierungskonto. Hierbei fallen jedoch die ursprünglich zwischen den verschiedenen Sektoren verbuchten Transaktionen heraus. Sie werden Teil der gesamtwirtschaftlichen Aktivitäten.

Auch hier liegt weiterhin ein geschlossenes Kontensystem nach dem Prinzip der Doppelten Buchführung vor. Jeder Buchung auf einem Konto entspricht genau eine Gegenbuchung auf einem anderen Konto.

Gesamtwirtschaftliches Produktionskonto

Die Zusammenfassung der Produktionskonten aller Wirtschaftssubjekte einer Volkswirtschaft ergibt das gesamtwirtschaftliche Produktionskonto. Es zeigt alle auf den Produktionskonten der inländischen Sektoren verbuchten Vorgänge, außer den Käufen und Verkäufen von Vorleistungen zwischen den Sektoren, die im Zuge der Konsolidierung herausfallen.

Gesamtwirtschaftliches Produktionskonto

1.	Importe (Im)	6.	Privater Konsum (C_{pr})
2.	Abschreibungen (D)	7.	Staatskonsum (G)
3.	Indirekte Steuer (T_i) minus Subventionen (Z)	8.	Bruttoinvestitionen (I_{br})
4.	Einkommen aus unselbständiger Arbeit (Y_w): Löhne, Gehälter		- Bruttoanlageinvest. - Lagerinvestitionen
5.	Einkommen aus selbständiger Arbeit und Vermögen (Y_v): Gewinne, Zinsen	9.	Exporte (Ex)

Auf der *Habenseite* (Verwendungsseite) des gesamtwirtschaftlichen Produktionskontos werden die Verkäufe von Konsumgütern als privater Konsum (Pos. 6), der Eigenverbrauch des Staatssektors als Staatskonsum (Pos. 7) und die Bruttoinvestitionen (Pos. 8), d.h. die Bruttoanlage- und Lagerinvestitionen der Volkswirtschaft gebucht. Außerdem stehen hier die Verkäufe an das Ausland, die Exporte (Pos. 9). Zusammen gibt die rechte Seite den Wert der volkswirtschaftlichen Endnachfrage (NN) durch Inländer und Ausländer wieder (siehe Verwendungsrechnung).

Auf der *Sollseite* erscheinen neben den Importen (Pos. 1) die Positionen, die in den Produktionskonten der Sektoren unter dem Begriff Bruttowertschöpfung (BWS) zusammengefaßt werden (BWS eines Sektors = Abschreibungen + Indirekte Steuern minus Subventionen + Nettowertschöpfung). Die Summe der Bruttowertschöpfung der Sektoren nennt man *Bruttoinlandsprodukt zu Marktpreisen (BIP_M)* (Um den exakten Wert des BIP_M zu erhalten müßten noch die Umsatzsteuer sowie die Einfuhrabgaben hinzugezählt werden). Es stellt den Wert der gesamten inländischen

Produktion, d.h. aller im Inland produzieren Waren und Dienstleistungen, während einer Periode dar.

Nach Abzug der Abschreibungen vom BIP_M erhält man das *Nettoinlandsprodukt zu Marktpreisen (NIP_M)*. Das Nettoinlandsprodukt beachtet, daß ein Teil der gesamten Produktion einer Volkswirtschaft zu Re- bzw. Ersatzinvestitionen von im Produktionsprozeß verschlissenem Realkapital (z.B. Maschinen) benötigt wird.

Durch Abzug der Positiven "Indirkete Steuern minus Subventionen" vom NIP_M kommt man zum *Nettoinlandsprodukt zu Faktorkosten (NIP_F)*. Durch diese Bereinigung werden die Einflüsse einer Veränderung von indirekten Steuern oder Subventionen ausgeschlossen. Das Nettoinlandsprodukt zu Marktpreisen wird nämlich auch durch eine Veränderung dieser Größen beeinflußt. Wird etwa eine indirekte Steuer erhöht, z.B. die Mehrwertsteuer, so ergäbe sich eine Steigerung des NIP_M. Der Übergang zum NIP_F schließt eine solche Beeinflussung aus. Das Nettoinlandsprodukt zu Faktorpreisen entspricht der Summe der Nettowertschöpfung zu Faktorkosten der Sektoren. Es entspricht folglich auch der Summe aller Entgelte für die im Inland zur Produktion eingesetzten Faktorleistungen.

Aus dem gesamtwirtschaftlichen Produktionskonto sind also die verschiedenen Inlandsprodukte ableitbar. Zur Verdeutlichung soll dies, ausgehend von den einzelnen Positionen des Kontos, in Form von Gleichungen noch einmal geschehen. Wir leiten dabei zunächst die umfassendste Größe, das Bruttoinlandsprodukt zu Marktpreisen ab.

Das BIP_M läßt sich aus den Positionen des gesamtwirtschaftlichen Produktionskontos auf zwei unterschiedlichen Wegen errechnen, je nachdem ob man die Positionen der Haben- (Verwendungs-) oder der Sollseite (Entstehungsseite) heranzieht:

- aus Positionen der Sollseite (Ermittlung des Inlandsproduktes nach der sog. *Verteilungsrechnung*):

$$BIP_M = Y_w + Y_v + (T_i - Z) + D$$

- aus Positionen der Habenseite (Sog. *Verwendungsrechnung*):

$$BIP_M = C_{pr} + G + I_{br} + (Ex - Im)$$

Ausgehend vom Bruttoinlandsprodukt zu Marktpreisen lassen sich, wie bereits erläutert, leicht die anderen Begriffe des Inlandsproduktes ermitteln. Man kann das

Nettoinlandsprodukt zu Marktpreisen bzw. zu Faktorkosten aber auch direkt aus den Einkommen, indirekten Steuern minus Subventionen und Abschreibungen bilden:

$$NIP_M = BIP_M - D$$

oder

$$NIP_M = Y_w + Y_v + (Ti - Z)$$

$$NIP_F = BIP_M - D - (Ti - Z)$$

oder

$$NIP_F = Y_w + Y_v$$

***Exkurs*: Inlandsprodukt und Sozialprodukt**

Bei der bisherigen Betrachtung der Entstehung von Einkommen wurde vom Inlandskonzept ausgegangen. Das *Inlandskonzept* grenzt eine Volkswirtschaft regional ab, d.h. es wird die wirtschaftliche Aktivität innerhalb des Staatsgebietes erfaßt. Geht man bei der Analyse der Einkommensentstehungen einer Volkswirtschaft nach dem *Inlandskonzept* vor, so ergeben sich die oben dargestellten Begriffe des *Inlandsproduktes*. Sie berücksichtigen die im Inland entstandenen Einkommen.
Will man jedoch alle von Inländern bezogenen Einkommen, unabhängig davon, ob sie im In- oder Ausland entstanden sind, erfassen, so muß die Volkswirtschaft nach dem sogenannten *Inländerkonzept* abgegrenzt werden. Man gelangt so zum Begriff des *Sozialproduktes.*

Das *Inländerkonzept* erfaßt neben den bereits im Inlandskonzept berücksichtigten Beteiligungen an der Produktion im Inland auch die Beteiligungen von Inländern an der Produktion im Ausland und den daraus resultierenden Einkommen. Um der personellen Abgrenzung (nach Wirtschaftssubjekten) des Inländerkonzeptes gerecht zu werden, ist es nötig die Einkommen herauszurechnen, die zwar im Inland durch Produktion entstanden, jedoch Ausländern zugeflossen sind, d.h. ins Ausland transferiert wurden. Um also von den Begriffen des Inlandsproduktes (Inlandkonzeptes) zu den entsprechenden Begriffen des Sozialproduktes (Inländerkonzept) zu gelangen, sind die Einkommen von Inländern aus dem Ausland zu addieren und die von Ausländern im Inland erworbenen Einkommen zu subtrahieren. Inlandsprodukt und Sozialprodukt lassen sich so durch Berücksichtigung des *Saldos der Einkommen zwischen In- und Ausländern* ($Y_{I/A}$) ineinander überführen.

Korrigiert man etwa das Bruttoinlandsprodukt zu Marktpreisen um diese Größe, so erhält man zunächst das *Bruttosozialprodukt zu Marktpreisen* (BSP_M). Nach Abzug der Abschreibungen erhält man das *Nettosozialprodukt zu Marktpreisen* (NSP_M). Bringt man davon die indirekten Steuern, vermindert um die Subventionen, in Abzug, so erhält man das *Nettosozialprodukt zu Faktorkosten* (NSP_F). Das Nettosozialprodukt zu Faktorkosten heißt auch *Volkseinkommen.* Es ist der Wert der gesamten Faktoreinkommen, die Inländern während einer Periode zugeflossen sind, unabhängig davon, ob diese Einkommen im Inland oder Ausland entstanden sind. Das Nettoinlandsprodukt zu Faktorkosten ist dagegen gleich der Summe aller Einkommen, die in einer Periode aus der Produktion der inländischen Wirtschaftseinheiten entstanden sind, unabhängig davon, ob sie Inländern oder Ausländern zufließen.

Die folgende Übersicht verdeutlicht nocheinmal die Beziehungen zwischen Inlands- und Sozialproduktsgrößen:

	Inlandskonzept				Inländerkonzept
	Bruttoinlandsprodukt zu Marktpreisen	+	Saldo der Einkommen $Y_{I/A}$	=	Bruttosozialprodukt zu Marktpreisen
-	Abschreibungen				
=	Nettoinlandsprodukt zu Marktpreisen	+	Saldo der Einkommen $Y_{I/A}$	=	Nettosozialprodukt zu Marktpreisen
-	(Indirekte Steuern-Subventionen)				
=	Nettoinlandsprodukt zu Faktorkosten	+	Saldo der Einkommen $Y_{I/A}$	=	Nettosozialprodukt zu Faktorkosten (= Volkseinkommen)

Neben der indirekten Ermittlung aus den Inlandsproduktsgrößen lassen sich die *Sozialproduktsgrößen aber auch direkt aus den Kontenpositionen ermitteln.* Wir wenden dabei das Inländerkonzept an. Dies bedeutet, daß wir den Saldo der einkommen zwischen In- und Ausland berücksichtigen. Dieser Saldo wird dabei nicht explizit im Produktionskonto aufgeführt. Vielmehr ist er üblicherweise bei Anwendung des Inländerkonzeptes bereits in den Einkommenspositionen enthalten. Für die Berechnung der verschiedenen Sozialproduktsgrößen aus den Positionen des gesamtwirtschaftlichen Produktionskontos ergibt sich dann im Vergleich zur Berechnung der Inlandsprodukte nichts Neues, außer eben, daß in den Größen Y_W und Y_V der Saldo der Einkommen aus unselbständiger Arbeit, Unternehmertätigkeit und Vermögen zwischen In- und Ausland berücksichtigt wird.

Auch das Bruttosozialprodukt zu Marktpreisen läßt sich dann aus den Positionen des gesamtwirtschaftlichen Produktionskontos auf zwei unterschiedlichen Wegen errechnen, je nachdem ob man die Positionen der Haben- (Verwendungs-) oder der Sollseite (Entstehungsseite) betrachtet:

- aus Positionen der Sollseite (sog. *Verteilungsrechnung*):

$$BSP_M = Y_w + Y_v + (T_i - Z) + D$$

- aus den Positionen der Habenseite (sog. *Verwendungsrechnung*):

$$BSP_M = C_{pr} + G + I_{br} + (Ex - Im)$$

Für die Berechnung des Nettosozialproduktes zu Marktpreisen bzw. zu Faktorkosten gilt dann:

$$NSP_M = BSP_M - D$$

oder

$$NSP_M = Y_W + Y_V + (T_i - Z)$$

$$NSP_F = BSP_M - D - (T_i - Z)$$

oder

$$NSP_F = Y_W + Y_V \quad \text{(Volkseinkommen)}$$

Gesamtwirtschaftliches Einkommenskonto

Das gesamtwirtschaftliche Einkommenskonto faßt die Einkommenskonten der Sektoren zusammen:

Gesamtwirtschaftliches Einkommenskonto

1. Privater Konsum 2. Staatskonsum 3. Ersparnis 4. geleistete laufende Übertragungen an das Ausland	5. Volkseinkommen: a. Einkommen aus unselbständiger Arbeit b. Einkommen aus Unternehmertätigkeit und Vermögen 6. empfangene laufende Übertragungen vom Ausland 7. Indirekte Steuern minus Subventionen

Das Konto gibt auf seiner *Habenseite* das "Einkommen" einer Volkswirtschaft und auf der *Sollseite* die Verwendung dieses Einkommens an. Auf der Habenseite erscheinen als Gegenbuchung zum gesamtwirtschaftlichen Produktionskonto die Einkommen aus unselbständiger Arbeit (Pos. 5.a.), sowie aus Unternehmertätigkeit und Vermögen (Pos. 5.b.). Da der Saldo der Einkommen zwischen In- und Ausland bei diesen Größen enthalten ist (Inländerkonzept), ergeben sie zusammen das Volkseinkommen (Nettosozialprodukt zu Faktorkosten).

Die in den Einkommenskonten der Sektoren verbuchten Übertragungen bzw. Transfereinkommen kann man wegen der Konsolidierung nicht mehr erkennen. Auf der gesamtwirtschaftlichen Aggregationsebene erscheinen nur noch die laufenden Übertragungen, die an das Ausland geleistet (Pos. 4.) bzw. vom Ausland erhalten (Pos. 6.) werden. Die Gegenbuchung erfolgt im "zusammengefaßten Konto der übrigen Welt". Als Gegenbuchung zum Nationalen Produktionskonto werden unter Position 7. die "Indirekten Steuern minus Subventionen" verbucht. Dies ist notwendig, da auf der Sollseite der private Konsum (Pos. 1.) mit Marktpreisen bewertet ist, d.h. indirekte Steuern (minus Subventionen) einschließt. Auf der Sollseite stehen außerdem der Staatskonsum (Pos. 2.), die Ersparnis der privaten Haushalte, der Unternehmen und des Staates (Pos. 3).

Gesamtwirtschaftliches Vermögensänderungskonto

Das gesamtwirtschaftliche Vermögensänderungskonto erfaßt (ebenso wie die Konten der Sektoren) *rechts* die *Vermögensbildung nach den Herkunftsarten* Ersparnis (Pos. 4,) und Abschreibungen (Pos. 5.) und *links* die *Form der Vermögensbildung*, die Bruttoinvestitionen (Pos. 1.), für die gesamte Volkswirtschaft. Bei der Aufstellung des Kontos entfallen wegen der gegenseitigen Aufrechnung die Vermögensübertragungen zwischen den Sektoren. Es tauchen nur noch die an das Ausland geleisteten bzw. vom Ausland empfangenen Vermögensübertragungen auf (Pos. 2. und 6.).

Gesamtwirtschaftliches Vermögensänderungskonto

1.	Bruttoinvestitionen	4.	Ersparnis
2.	geleistete Vermögensübertragungen an das Ausland	5.	Abschreibungen
3.	Finanzierungssaldo gegenüber dem Ausland	6.	empfangene Vermögensübertragungen vom Ausl.

Als Saldo des Kontos ergibt sich der *Finanzierungssaldo gegenüber* dem Ausland (Pos. 3.), der auf der Sollseite verbucht wird. Ist er positiv, so zeigt er den Betrag der

zur Vermögensbildung zur Verfügung stehenden Mittel an, die per Saldo zur Vermögensanlage im Ausland verwendet werden. Ein Bestandteil des Finanzierungssaldos ist dabei der Außenbeitrag, d.h. der Saldo der Ex- und Importe einer Volkswirtschaft. Auch er kann als Vermögensanlage einer Volkswirtschaft angesehen werden. Exakt berechnet sich der Finanzierungssaldo gegenüber dem Ausland wie folgt:
FS = Außenbeitrag + Saldo der laufenden Übertragungen mit Ausland + Saldo der Vermögensübertragungen mit Ausland. Die Gegenbuchung erfolgt im gesamtwirtschaftlichen Finanzierungskonto.

Gesamtwirtschaftliches Finanzierungskonto

Das gesamtwirtschaftliche Finanzierungskonto zeigt, wie sich der Finanzierungssaldo gegenüber dem Ausland in Veränderungen von Forderungen und Verbindlichkeiten gegenüber dem Ausland niederschlägt.

Gesamtwirtschaftliches Finanzierungskonto

1. Veränderung der Forderungen gegenüber dem Ausland	2. Finanzierungssaldo gegenüber dem Ausland 3. Veränderung der Verbindlichkeiten gegenüber dem Ausland

Ist der Finanzierungssaldo, etwa wegen eines positiven Außenbeitrages (Exporte > Importe), positiv, so hat dies zu Folge, daß entweder die Forderungen gegenüber dem Ausland zu- oder die Verbindlichkeiten abnehmen.

Das Auslandskonto

Die Gegenbuchungen für die Beziehungen der Wirtschaftssubjekte einer Volkswirtschaft mit dem Ausland erfolgen auf dem *"Zusammengefaßten Konto der übrigen Welt"*. Das Konto ist aus Sicht des Auslandes aufgebaut. Transaktionen die für das Ausland zu Zugängen monetärer Mittel (Erträge) führen werden auf der Haben-, solche die zu Abflüssen (Aufwendungen) führen werden auf der Sollseite verbucht. So werden etwa Importe des Inlandes auf dem Konto der übrigen Welt als Verkäufe des Auslandes verbucht. Geleistete Übertragungen des Inlandes an das Ausland sind hier als empfangene Übertragungen verzeichnet usw.. Die im zusammengefaßten Konto der übrigen Welt der VGR erfaßten Transaktionen entsprechen weitgehend denen, die in der Zahlungsbilanz einer Volkswirtschaft nachgewiesen sind (in der Zahlungsbilanz werden sie allerdings aus Sicht des Inlandes wiedergegeben).

Zusammengefaßtes Konto der übrigen Welt

1. Käufe von Waren und Dienstleistungen (=Exporte des Inlandes)	6. Verkäufe von Waren und Dienstleistungen (= Importe des Inlandes)
2. Geleistete Einkommen an Inland	7. Empfangene Einkommen aus Inland
3. Geleistete laufende Übertragungen an Inl.	8. Empfangene laufende Übertragungen aus Inl.
4. Geleistete Vermögens-übertragungen an Inl.	9. Empfangene Vermögens-übertragungen aus Inl.
5. Veränderung der Forderungen gegenüber Inland	10. Veränderung der Verbindlichkeiten gegenüber Inland

5.3.2.8. Zahlenbeispiel der gesamtwirtschaftlichen Konten

Für die BRD soll (alte Bundesländer) für 1989 entsprechend den gesamtwirtschaftlichen Konten ein Zahlenbeispiel gebracht werden (Quelle: Statistisches Bundesamt, Fachserie 18/1990). Die Abgrenzung erfolgte dabei nach dem Inländerkonzept.

Das *gesamtwirtschaftliche Produktionskonto* zeigt dabei folgende Werte:

Produktionskonto der Bundesrepublik Deutschland 1989
(in Mio. DM)

1.	Import	643660	6.	Privater Konsum	1211300
2.	Abschreibungen	276740	7.	Staatskonsum	418960
3.	Indirekte Steuern	278160	8.	Bruttoinvestition	487590
	minus Subventionen	-45410		davon:	
4.	Einkommen aus unselbständiger Arbeit	1176640		Anlageinv.	(458410)
				Lagerinv.	(29180)
			9.	Export	787110
5.	Einkommen aus Unternehmertätigkeit und Vermögen	575170			

Für die Sozialproduktsgrößen ergibt sich unter Anwendung der Gleichungen:

BSP_M = 2261300 Mill. DM

NSP_M = 1984560 Mill. DM

NSP_F = 1751810 Mill. DM Volkseinkommen

Um aus dem nach dem Inländerkonzept abgegrenzten Produktionskonto das *Inlandsprodukt herauszurechen*, wird der Saldo der Einkommen zwischen In- und Ausland berücksichtigt. Er errechnet sich aus (siehe Daten Auslandskonto):

- den Einkommen aus unselbständiger Arbeit, Unternehmertätigkeit und Vermögen die 1989 an das Ausland geleistet wurden: 62150 Mill. DM und
- den vom Ausland empfangenen Einkommen: 87870 Mill. DM.

Der Saldo der Einkommen zwischen In- und Ausland beträgt daher:

$Y_{I/A}$ = + 25720 Mill. DM

Berücksichtigt man diesen Saldo so ergeben sich für 1989 folgende Inlandsprodukte:

BIP_M = 2235580 Mill. DM
NIP_M = 1958840 Mill. DM
NIP_F = 1726090 Mill. DM

Das *gesamtwirtschaftliche Einkommenskonto* der BRD für 1989 weist folgende Daten auf:

Einkommenskonto der BRD 1989 (in Mio. DM)

1.	Privater Konsum	1211300	5.	Volkseinkommen, d.h. Einkommen aus a. unselbständiger Arbeit: 1176640 b. Unternehmertätigkeit und Vermögen: 575170 davon: Saldo der Einkommen zw. In- und Ausland: 25720	1751810
2.	Staatskonsum	418960	6.	Empfangene laufende Übertragungen vom Ausland	20650
3.	Ersparnis	315770	7.	Indirekte Steuern minus Subventionen	278160 -45410
4.	Geleistete laufende Übertragungen an das Ausland	57180			

Das *gesamtwirtschaftliche Vermögensänderungskonto* umfaßt folgende Zahlen:

Vermögensveränderungskonto der BRD 1989 (in Mio. DM)

1.	Bruttoinvestition	487590	4.	Ersparnis	315770
2.	Geleistete Vermögensübertragungen ans Ausland	3330	5.	Abschreibungen	276740
3.	Finanzierungssaldo gegenüber dem Ausland	101900	6.	empfangene Vermögensübertragungen vom Ausland	310

Das *gesamtwirtschaftliche Finanzierungskonto* weist folgende Zahlen auf:

Finanzierungskonto der BRD 1989 (in Mio. DM)

1.	Veränderungen der Forderungen gegenüber dem Ausland	244360	2.	Finanzierungssaldo gegenüber dem Ausl.	101900
			3.	Veränderung der Verbindlichkeiten gegenüber dem Ausl.	146770
			4.	Statistische Differenz (1)	-4310

(1)Diese Differenzen erklären sich aus dem unterschiedlichen Ausgangsmaterial und den Definitionen. Sie gleichen die Konten rechnerisch aus.

Für 1989 errechnet sich folgendes *zusammengefaßtes Konto der übrigen Welt:*

Zusammengefaßtes Konto der übrigen Welt 1989 (in Mio. DM)

1.	Käufe von Waren u. Dienstleistungen	699240	6.	Verkäufe von Waren u. Dienstleistungen	581510
2.	geleistete Einkommen an Inland	87870	7.	empfangene Einkommen aus Inland	62150
3.	geleistete laufende Übertragungen an Inland	20650	8.	empfangene laufende Übertragungen vom Inland	59180
4.	geleistete Vermögensübertragungen an Inland	310	9.	empfangene Vermögensübertragungen vom Inland	3330
5.	Veränderung der Forderungen	146770	10.	Veränderung der Verbindlichkeiten	244360
			11.	Statistische Differenz	4310

5.4. Ergebnisse der Sozialproduktberechnung in der BRD

Aus den Veröffentlichungen des Statistischen Bundesamtes (Quellen: Statistisches Jahrbuch für die BRD; Wirtschaft und Statistik, Fachserie 18: Volkswirtschaftliche Gesamtrechnungen und Sonderveröffentlichungen) und des Bayerischen Statistischen Landesamtes (Quellen: Statistische Berichte des Bayerischen Statistischen Landesamtes, Volkswirtschaftliche Gesamtrechnung der Länder und Sonderveröffentlichungen) sollen entsprechend den dargelegten Ausführungen Daten zur Sozialproduktsberechnung der BRD für eine längere Zeitreihe gebracht werden. Beim Vergleich der Daten und evtl. Abweichungen mit anderen Quellen ist zu berücksichtigen, daß die Sozialproduktsberechnung mehrfach revidiert wurde, so daß u.U. abweichende Daten nebeneinander anzutreffen sind.

Für die *Entstehungsrechnung des Sozialproduktes* werden zunächst entsprechend dem Schema in Abb.: 5-1 die Beiträge der Wirtschaftsbereiche zum Bruttoinlandsprodukt gebracht (siehe Tab.: 5-1)

Für wirtschaftspolitische Überlegungen sind die %-Anteilswerte der nämlichen Tabelle informativer, siehe Tab.: 5-2.

Aus der Tabelle 5-2 lassen sich oft zitierte Entwicklungstendenzen einer hochindustrialisierten Wirtschaft wie die der BRD deutlich ablesen. Der *primäre Sektor* = Landwirtschaft und Bergbau, geht konstant relativ zurück. Der *sekundäre Sektor* = Industrie = verarbeitendes Gewerbe, hält seinen Anteil oder geht gering zurück. Deutlich nimmt der *tertiäre Sektor* = Dienstleistung plus Staat (= kollektive Dienste) zu.

Beiträge der Wirtschaftsbereiche (BRD) zum Bruttoinlandsprodukt[1)]
(in Mio. DM, in jeweiligen Preisen)

Bereich	1950	1960	1970	1975	1980	1985	1990
Land- und Forstwirtschaft	10180	17390	23070	30230	30890	31920	37360
Energiewirt. und Bergbau	5410	15700	25260	43070	50470	66530	69930
Verarbeitendes Gewerbe	38020	121740	277300	376140	489200	578850	738450
Baugewerbe	5050	23820	58150	75130	99750	94810	127080
Handel	12470	36380	70000	98870	140920	156410	212330
Verkehr- und Nachrichten-übermittlung	6960	18780	38700	61160	85050	105050	133990
Kredit- und Versicherungs-Institut	2210	7410	21220	45230	66810	100410	116570
Wohnungsvermietung	2900	12500	34600	57580	82420	131460	170480
Sonstige Dienst-leistungen	5200	21490	62500	116300	180960	258960	417530
Staat	7650	21930	63480	124560	172170	207260	253200
Private Haushalte	1770	4510	9060	16670	27200	42680	58230
= Bruttoinlandsprodukt	97820	301650	683340	1044940	1425840	1774340	2335150

1) = unbereinigte Zahlen und ohne Einfuhrabgaben (ab 1960)

Tab.: 5-1: Entstehungsrechnung des Sozialproduktes

Im Rahmen der Entstehungsrechnung ergeben sich u.a. die Nettosozialproduktsbegriffe, siehe Tab.: 5-3.

Bei der *Verteilungsrechnung* des Sozialproduktes werden nur noch zwei Einkommensarten ausgewiesen. Bei einer Prozentanteilrechnung ergeben sich die bekannte Lohn- und Profitquote, siehe Tab.: 5-4.
Aus den Daten der Tabelle 5-4 ist die Zunahme der Lohnquote deutlich erkennbar.

Die *Verwendungsrechnung* zeigt auf, wofür das erarbeitete Sozialprodukt verwendet wird, siehe Tab.: 5-5.

Beiträge der Wirtschaftsbereiche (BRD) zum Bruttoinlandsprodukt[1)]
(in %; in jeweiligen Preisen)

Bereich	1950	1960	1970	1975	1980	1985	1990
Land- und Forstwirtschaft	10,4	5,8	3,4	2,9	2,2	1,8	1,6
Energiewirtschaft und Bergbau	5,5	5,2	3,7	4,1	3,5	3,8	3,0
Verarbeitendes Gewerbe	38,9	40,3	40,6	36,1	34,3	32,6	31,7
Baugewerbe	5,2	7,9	8,5	7,2	7,0	5,3	5,4
Handel	12,7	12,1	10,2	9,5	9,9	8,8	9,1
Verkehr und Nachrichtenübermittlung	7,1	6,2	5,7	5,8	5,9	5,9	5,7
Kredit- und Versicherungsinstitutute	2,3	2,5	3,1	4,3	4,7	5,7	5,0
Wohnungsvermietung	3,0	4,1	5,1	5,5	5,8	7,4	7,3
Sonstige Dienstleistungen	5,3	7,1	9,1	11,1	12,7	14,6	17,9
Staat	7,8	7,3	9,3	11,9	12,1	11,7	10,8
Private Haushalte u.O.o.E.	1,8	1,5	1,3	1,6	1,9	2,4	2,5
= Bruttoinlandsprodukt	100,0	100,0	100,0	100,0	100,0	100,0	100,0

1) = unbereinigte Zahlen und ohne Einfuhrangaben (ab 1960)

Tab.: 5-2: Anteilswerte der Entstehungsrechnung des Sozialproduktes

Auch hier lassen sich aus den Anteilwerten früher erwähnte Tendenzen deutlich ablesen. So nimmt mit fortschreitender Industrialisierung der relative Anteil des privaten Verbrauches ab, während der Staatsverbrauch gleichzeitig zunimmt. Klar ersichtlich ist auch die relative Bedeutung und Zunahme der Anlageinvestitionen, nur sie ermöglichen auch in Zukunft den erreichten Standard. (Siehe Tab. 5-3)

Sozialprodukt in der BRD
(in Mio. DM, in jeweiligen Preisen)

	1950	1960	1970	1975	1980	1985	1990
Bruttosozialprodukt	97900	303000	679000	1.030300	1.485700	1.844900	2.439100
- Abschreibungen	10080	23630	68350	117030	173320	231450	300370
= Nettosozialprodukt zu Marktpreisen	87820	279370	610650	913270	1.312380	1.613450	2.138730
- indirekte Steuern + Subventionen	12660	39280	77540	111560	163000	192660	253430
= Nettosozialprodukt zu Faktorkosten bzw. Volkseinkommen	75160	240090	533110	801710	1.149380	1.420790	1.885300

Tab.: 5-3: Sozialproduktsbegriffe

Verteilung des Volkseinkommens in der BRD
(in jeweiligen Preisen)

a) in Mio. DM							
	1950	1960	1970	1975	1980	1985	1990
Einkommen aus unselbständiger Arbeit	44070	144900	361320	583900	842050	990760	1317730
Einkommen aus Unternehmertätigkeit und Vermögen	31090	95190	171790	217810	307330	430030	567570
= Volkseinkommen	75160	240090	533110	801710	1149380	1420790	1885300
b) in Prozentwerten							
Einkommen aus unselbständiger Arbeit	58,6	60,4	67,8	72,8	73,3	69,7	69,9
Einkommen aus Unternehmertätigkeit und Vermögen	41,4	39,6	32,2	27,2	26,7	30,3	30,1
= Volkseinkommen	100,0	100,0	100,0	100,0	100,0	100,0	100,0

Tab.: 5-4: Verteilungsrechnung des Sozialproduktes

Verwendung des Bruttosozialproduktes in der BRD
(in jeweiligen Preisen)

a) in Mio. DM							
	1950	1960	1970	1975	1980	1985	1990
Privater Verbrauch	63360	171840	367550	574550	834030	1042560	1321210
Staatsverbrauch	14000	40750	108110	214660	297900	365550	444350
Anlageinvestitionen	18140	73580	173690	214540	337980	360800	506810
Vorratsveränderung	+ 3670	+ 8900	+ 15400	- 2600	+ 18900	- 1200	+ 3130
Außenbeitrag	- 1270	+ 7930	+ 14250	+ 29150	- 3110	+ 77190	+ 163600
= Bruttosozialprodukt	97900	303000	679000	1030300	1485700	1844900	2439100
b) in Prozentwerten							
Privater Verbrauch	64,8	56,8	54,1	55,9	56,1	56,5	54,2
Staatsverbrauch	14,3	13,4	15,9	20,8	20,1	19,8	18,2
Anlageinvestitionen	18,5	24,3	25,6	20,8	22,7	19,6	20,8
Vorratsveränderung	+ 3,7	+ 2,9	+ 2,3	- 0,3	+ 1,3	- 0,1	+ 0,1
Außenbeitrag	- 1,3	+ 2,6	+ 2,1	+ 2,8	- 0,2	+ 4,2	+ 6,7
= Bruttosozialprodukt	100,0	100,0	100,0	100,0	100,0	100,0	100,0

Tab.: 5-5: Verwendungsrechnung des Sozialproduktes

Zusammenfassung zur Sozialproduktanalyse:

1. Bei der Unterscheidung zwischen dem Inlands- und Inländerkonzept zur Bestimmung der Gesamtleistung einer Volkswirtschaft ist das letztere das Wichtigere. Das Inländerkonzept ergibt das Sozialprodukt. Der Ausgangsbegriff ist das heute dominierende Bruttosozialprodukt.

2. Subtrahiert man vom Bruttosozialprodukt die (normalen) Abschreibungen, ergibt sich das Nettosozialprodukt zu Marktpreisen. Werden davon die indirekten Steuern subtrahiert und die Subventionen addiert, ergibt sich das Nettosozialprodukt zu Faktorkosten = das Volkseinkommen. Durch weitere Subtraktion bzw. Addition ergeben sich das persönliche- und das persönlich verfügbare Einkommen.

3. Die verschiedenen Sozialproduktgrößen können als Entstehungs-, Verteilungs- oder Verwendungsrechnung ermittelt werden.

4. Die Entstehungsrechnung setzt ein im Zeitpunkt der Produktion der Güter und Dienste und gelangt durch Addition aller Beiträge der Wirtschaftseinheiten zum Bruttosozialprodukt. Bei der Bestimmung der Beiträge einer Reihe von Wirtschaftseinheiten ergeben sich Schwierigkeiten, so z.B. beim Staat.

5. Die Verteilungsrechnung ist einmal als primäre Einkommensverteilungsrechnung möglich, wobei zwischen der funktionalen und der personalen Verteilung differenziert werden muß. Zum anderen ist die sekundäre Einkommensverteilungsrechnung möglich, die die Einkommen nach der Redistribution durch den Staat ermittelt.

6. Die Verwendungsrechnung ermittelt das Bruttosozialprodukt, indem die Hauptverwendungsarten, d.h. der private Verbrauch, der Staatsverbrauch, die Bruttoinvestition und der Außenbeitrag addiert werden.

6. Volkswirtschaftliche Gesamtrechnung

Eingangs wurde zum Hauptteil "Volkswirtschaftliches Rechnungswesen" bereits erwähnt, daß in der Literatur hinsichtlich der Terminologie unterschiedliche Auffassungen bestehen. Teilweise wird das, was wir im Hauptteil 5 als Sozialproduktanalyse behandelt haben, unter der Überschrift "Volkswirtschaftliche Gesamtrechnung" dargelegt. Das läßt sich begründen, da heute in den westlichen Industriestaaten die Sozialproduktinformation im Rahmen der Volkswirtschaftlichen Gesamtrechnung mit ermittelt werden.

Hält man sich, wie in diesem Buch, mehr an die historische Entwicklung der Berechnung makroökonomischer Größen, so stand am Anfang zunächst nur die Berechnung der Sozialproduktsgrößen, erst später erfolgte deren Ausbau zur Volkswirtschaftlichen Gesamtrechnung.

6.1 Ansätze und Möglichkeiten

Vergleicht man die Kreislaufanalyse, den theoretischen Boden des volkswirtschaftlichen Rechnungswesens, mit den Resultaten der Sozialproduktsberechnung, so zeigt sich, daß ein wesentliches Anliegen der Kreislaufbetrachtung nicht zum Zuge kommt: Es wird die ökonomische Verflechtung der Sektoren *nicht* dargestellt. Somit zeigt die Sozialproduktsberechnung zwar das Gesamtergebnis einer Volkswirtschaft (auf unterschiedliche Arten berechnet), nicht aber die Transaktionen, die zu diesem Resultat führten.

Hier springt die Volkswirtschaftliche Gesamtrechnung ein, indem sie sich das Ziel setzt, das vielfältige Geflecht von Leistungen und Gegenleistungen, die Transaktionen, aufzuzeigen, die dann als ex-post Ergebnis das Bruttosozialprodukt ergeben.

Damit wird gleichzeitig einem wachsenden Bedürfnis nach quantitativen Informationen Rechnung getragen, das über die bloße Bestimmung der Gesamtleistung einer Volkswirtschaft hinausgeht. Dadurch, daß die Volkswirtschaftliche Gesamtrechnung *(VGR)* die Kreislaufschemata zahlenmäßig ausfüllt, liefert sie vor allem für die Konjunkturpolitik, das Wachstum und die Vermögensbildung wertvolle Informationen. Diese anspruchsvolle Aufgabenstellung erfordert zunächst einen *Träger, der dieses Gebiet bearbeitet.* In der *BRD* befaßt sich damit das *Statistische Bundesamt* in Zusammmenarbeit mit den statistischen Landesämtern.

Dabei ist es so, daß man sich im wesentlichen auf bereits vorhandenes Datenmaterial stützen kann, es sich "lediglich" darum handelt zu entscheiden, ob der statistische Informationsgehalt der Zahlen dem speziellen Zweck der VGR entspricht. Ein weiterer umfangreicher Arbeitsbereich des Trägers besteht in der Festlegung von Begriffen und Definitionen, die dem ganzen Rechnungswerk zugrunde liegen sollen. Angedeutet wurde bereits, daß man hier ständig an einer Überarbeitung und Verbesserung ist mit dem Ziel, den Aussagewert zu erhöhen. Prinzipiell gilt für diesen Aufgabenbereich, daß man sowohl die Wirtschaftseinheiten wie auch die zwischen ihnen fließenden Transaktionen nur in großen Aggregaten darstellen kann. Die Bildung dieser Aggregate stellt dabei einen Kompromiß dar, d.h. eine eindeutige Zuordnung einer bestimmten Wirtschaftseinheit (z.B. einer Unternehmung) ist oft nicht möglich, da Unternehmen häufig mit verschiedenen Märkten in Verbindung stehen. Aus dieser Darlegung folgt für die ökonomische *Interpretation der Resultate der VGR*, daß man (wie so oft) damit die Tendenz angeben kann, besonders weise Schlußfolgerungen oft mehr einem Wunsch, nicht aber einer objektiven Betrachtung entspringen.

Für eine Volkswirtschaftliche Gesamtrechnung gibt es *mehrere Möglichkeiten der Darstellung:*

1. Die *nationale Buchführung* (national economic accouting) wird von den meisten Industriestaaten im Prinzip angewandt. Entsprechend dem System der doppelten Buchführung betrachtet man eine Volkswirtschaft als Unternehmen und verbucht auf den Nationalkonten die Transaktionen als Posten und Gegenposten. Jeder Sektor erhält dabei ein Konto. Zusätzlich gibt es noch Konten für wirtschaftliche Funktionen (siehe Abschnitt 62).

2. Die Berechnung der *Input-Output-Tabellen* wird von einigen Staaten von Fall zu Fall durchgeführt. Eine Input-Output-Tabelle erfaßt in ihrer Matrixdarstellung, woher ein Sektor seinen Input bekommen hat und wohin er seinen Output abgibt. Damit kann man besonders gut die technische Leistungsverflechtung einer Wirtschaft aufzeigen (siehe Abschnitt 63).

3. In der *auf Morris A. Copeland* zurückgehenden *"flow-of-funds-Analyse"* werden alle Transaktionen des Geld- bzw. Kreditsektors (Sektor Banken) erfaßt. Es werden somit alle monetären Transaktionen dargestellt, die ihrerseits von Geld- und Kreditvorgängen beeinflußt werden.

4. Die *ökonomischen Gesamtmodelle* versuchen durch die Aufstellung von verifizierbaren Gleichungssystemen, die die ganze Volkswirtschaft umfassen, entweder in ihrer statischen Anlage eine Struktur des volkswirtschaftlichen Prozesses zu ermitteln, oder als dynamisches Modell (Sequenzmodelle) die Entwicklung im Zeitablauf nachzuzeichnen.

Im Prinzip kommen von den Möglichkeiten vor allem die Nationale Buchführung und teilweise die Input-Output-Tabelle zur praktischen Anwendung. Dabei läßt sich keine der genannten Möglichkeiten in der erwünschten Vollkommenheit realisieren. Wendet man sie nebeneinander an, so ließen sich auf Grund der jeweiligen Vor- und Nachteile gut eine gegenseitige Ergänzung und Kontrolle verwirklichen.

6.2. Nationale Buchführung (das Kontensystem in der BRD)

Die Idee einer Nationalen Buchführung wurde in den USA während der Weltwirtschaftskrise und in den folgenden Jahren vor allem vom National Bureau of Economic Research unter der Leitung von *Simon Kuznets* (sog. Vater des social accounting) aufgegriffen und ausgearbeitet. Nach dem 2. Weltkrieg gingen die westlichen Industriestaaten überwiegend dazu über, eine Volkswirtschaftliche Gesamtrechnung in der Form der Nationalen Buchführung aufzubauen. Zur Vereinheitlichung trug ein Vorschlag der OEEC bei, so daß von nationalen Abweichungen abgesehen, heute nach dem gleichen Grundprinzip eine Errechnung des Sozialpruduktes erfolgt und die Vergleichbarkeit gewährleistet ist. In der Bundesrepublik Deutschland wird diese Arbeit vom Statistischen Bundesamt durchgeführt, das ab 1960, ausgehend vom Jahre 1950, dazu Zahlen regelmäßig veröffentlicht.

Die Nationale Buchführung *(NaBu)* erfaßt entsprechend dem Grundsatz der doppelten Buchführung alle Transaktionen doppelt und zwar einmal bei der leistenden und dann bei der empfangenden Stelle.

Die je Sektor und Funktion angelegten Konten erfassen (verbuchen) deshalb auf der (linken) *Sollseite die herausfließenden Geldströme* (= leistenden) und auf der (rechten) *Habenseite die hineinfließenden Geldströme* (= empfangenden). Da sich ex definitione Auszahlungen (Abgänge) und Einzahlungen (Zugänge) ausgleichen, ist auf jedem Konto die Summe der Soll- gleich der der Habenseite. Mit dieser Definition hat man überdies die Möglichkeit, statistisch nicht erfaßbare Größen durch Differenzbildung zu errechnen. In einer vereinfachten Darstellung würden auf dem zusammengefaßten Konto des Sektors Haushalte (= Kontengruppe 3 in der VRG der BRD) folgende Transaktionen verbucht (in den Einkommenskonten). Siehe dazu auch die Darlegungen in Abschnitt 5.3.

Konto 3

Zusammengefaßtes Konto der privaten Haushalte (VGR)

Abgänge:	*Zugänge:*
Verbrauchsausgaben (einschl. Zinszahlungen u.ä.)	Löhne und Gehälter Vermögenseinkommen
Personalsteuern und Sozialversicherungsbeiträge Ersparnis	Verteilte Gewinne Transferzahlungen des Staates

Die so gebildeten Konten sind *konsolidiert*, d.h. es werden nur Transaktionen zwischen den Konten, *nicht* innerhalb des nämlichen Kontos verbucht. Die Konsequenz ist, daß in der VGR damit alle innersektorialen Vorgänge verschwinden.

Das Kontensystem der VGR des Statistischen Bundesamtes = (NaBu) (vergleichbar einem Kontenrahmen) weist eine *doppelte* Gliederung auf:

1. Institutionell
2. Funktional

Institutionelle Gliederung des Kontensystems bedeutet Einteilung der VGR *nach Sektoren,* in Anlehnung zur Kreislaufbetrachtung. Man unterscheidet die drei Hauptsektoren Unternehmen, Staat und Haushalte, die ihrerseits in Untersektoren aufgeteilt sind, so daß sich wie folgt sieben Sektoren ergeben:

Unternehmen

1. Produktionsunternehmen
2. Banken
3. Versicherungen

Staat

4. Gebietskörperschaften
5. Sozialversicherung

Private Haushalte und Organisationen ohne Erwerbscharakter

6. Private Haushalte
7. Organisationen ohne Erwerbscharakter (O.o.E.ch.)

Funktionale Gliederung drückt aus, daß jeder Sektor (= Institution) ganz bestimmten wirtschaftlichen Tätigkeiten (= Funktionen) nachgeht. In der VGR werden dabei *drei Hauptfunktionen* unterschieden: die *Produktion*, die *Erzielung und Verwendung des Einkommens* und die *Bildung von Vermögen.* Sie werden in eine Reihe von Unterfunktionen, = in sog. *Kontengruppen* aufgeteilt:

I. Produktion:
Kontengruppe 1: Die Produktion und ihre Verwendung (Produktionskonto). Als Saldo zwischen den Verkäufen von produzierten Gütern und Diensten (Habenseite) und den Käufen von Vorleistungen (Sollseite) ergibt sich bei Berücksichtigung der Vorratsänderung der Beitrag des jeweiligen Sektors zum Bruttoinlandsprodukt (siehe dazu auch Abb. 5-1).

II. Erzielung und Verwendung des Einkommens:
Kontengruppe 2: Entstehung von Erwerbs- und Vermögenseinkommen
Kontengruppe 3: Verteilung von Erwerbs- und Vermögenseinkommen
Kontengruppe 4: Umverteilung der Einkommen
Kontengruppe 5: Einkommensverwendung als Verbrauch und Ersparnis

III. Bildung von Vermögen:
Kontengruppe 6: Vermögensveränderungskonto (des Reinvermögens)
Kontengruppe 7; Kreditveränderungskonto (der Forderungen und Verbindlichkeiten)

Ohne Unterteilung werden noch *zwei Konten* aufgeführt:
Konto 0 = zusammengefaßtes Güterkonto und
Konto 8 = zusammengefaßtes Konto der übrigen Welt (= Auslandskonto)

Die Matrix des Kontensystems ist so angelegt, daß sie sich im Laufe der Zeit ausbauen läßt. Ermittelt man z.B. in der Vorspalte der Matrix bis einschließlich Kontengruppe 5 und im Kopf nur die drei Insgesamtspalten, so hat man bereits mehr Informationen als sie zur Sozialproduktanalyse erforderlich sind, siehe Abb.: 6-1.

6.3. Input - Output - Matrixdarstellung

6.3.1. Einführung

Wassily Leontief veröffentlichte 1936 die sog. industrielle Verflechtung der USA, eine erste Input-Output-Matrix.

Das Ziel einer Input-Output-Matrix *(I.O.M.)* ist anders als das der Nationalen Buchführung. Die I.O.M. will primär die Güter- und Dienstleistungsströme erfassen, die zwischen den Sektoren einer Wirtschaft fließen, wobei sie ganz besonders an den Güter- und Diensteströmen zwischen den verschiedenen Sektoren des Produktionsbereiches interessiert ist.

Konto O

Institu-tionell / Funktional	Unternehmen				Staat			Private Haushalte u. pr. Organis. o. E.ch.		
	Insges.	Prod. Untern.	Kredit-Inst.	Vers.-Unt.	Insges.	Geb.-Körp.	Soz.-Vers.	Insges	Priv. HH	Priv.O. o.E.ch.
	1	11	12	13	2	21	22	3	31	32
Konten-gruppe 1	1-1	11-1	12-1	13-1	2-1	21-1	22-1	3-1	31-1	32-1
Kont.Gr. 2	1-2									
Kont.Gr. 3	1-3									
Kont.Gr. 4	1-4									
Kont.Gr. 5	1-5									
Kont.Gr. 6	1-6									
Kont.Gr. 7	1-7									

Konto 8

Abb.: 6-1: *Schema* des Kontensystemes der Nationalen Buchführung in der BRD

Das *Hauptanliegen* der *nationalen Buchführung* ist auf der Ermittlung der Produktion, der Entstehung und Verteilung des Einkommens, dem Verbrauch und der Ersparnis, der Vermögensveränderung und der Beziehung zum Ausland für die Sektoren U, S und HH gerichtet.

Das *Hauptziel der Input-Output-Matrix* ist auf die Darstellung der inter-industriellen Güter- und Dienstströme, besonders für den Sektor U ausgerichtet.

Somit stehen die Resultate der NaBu und die der I.O.M. nicht gegeneinander, sondern würden sich sinnvoll ergänzen.

Eine I.O.M. beantwortet die Frage, von welchen Wirtschaftszweigen die Vorleistungen (die Inputs) kommen bzw. was u.U. davon importiert wurde und an welche Branchen die produzierten Waren und Dienste (die Outputs) abgegeben wurden. Ob dann diese Outputs dort weiterverarbeitet wurden, oder ob sie zum Endverbrauch bestimmt sind (d.h. konsumiert oder investiert werden), oder ob sie exportiert wurden. Der *Input* eines Sektors, einer Branche (einer "industry") umfaßt den ganzen fremdbezogenen oder eigenerzeugten Einsatz (von Faktoren) eines Sektors, die zur Produktion nötig sind. Der *Output* einer "industry" umfaßt die Güter- und Dienstleistungen, die für den Fremdabsatz oder zur Eigenverwertung hergestellt wurden. Der Input und Output sind lt. Definition *realen Mengen* an Gütern und Diensten, d.h. bezogene Tonnen Stahl gegenüber verkauften Kochtöpfen. Da eine Addition realer Mengen nicht möglich ist, muß eine wertmäßige Rechnung mit den Geldpreisen durchgeführt werden. Damit kommen in die I.O.M. allerdings alle Probleme einer Geldwertrechnung hinein.

Man unterscheidet neben der formalen Darstellung in einer I.O.M. die sog. *Input-Output-Analyse*, die auf Grund der Ergebnisse der I.O.M. zu entsprechenden wirtschaftspolitischen Schlußfolgerungen gelangen will.

Von der Systematik her differenziert man in ein *geschlossenes* und in ein *offenes* Input-Output-System.

6.3.2. Geschlossenes Input-Output-System

Ein geschlossenes Input-Output-System (= theoretische Basis, gut zur Erklärung geeignet) geht von einer völligen Interdependenz einer Volkswirtschaft aus. D.h. man nimmt an, daß alle Kreislaufströme voneinander abhängen, somit gibt es nur abhängige Variable.

In der geschlossenen Matrix wird zeilenweise der Output, spaltenweise der Input jedes Sektors ("industry") eingetragen. Die Zeilensumme ergibt somit den Gesamtoutput, die Spaltensumme den Gesamtinput eines Sektors an.

Bezeichnet man den gesamten Output eines Sektors "i" mit X_i , sowie die von diesem Sektor "i" zu einem anderen Sektor "j" gelieferten Outputs mit X_{ij} , so ergibt sich für "n" Sektoren folgende geschlossene Input-Output-Matrix, siehe Abb. 6-2.

an / von		Wirtschaftssektoren			Σ
		1	2	3 ... j ... n	
Wirtschaftssektoren	1	X_{11}	X_{12}	$X_{13} \dots X_{1j} \dots X_{1n}$	X_1
	2	X_{21}	X_{22}	$X_{23} \dots X_{2j} \dots X_{2n}$	X_2
	3	X_{31}	X_{32}	$X_{33} \dots X_{3j} \dots X_{3n}$	X_3
	:	:	:	: : :	:
	i	X_{i1}	X_{i2}	$X_{i3} \dots X_{ij} \dots X_{in}$	X_i
	:	:	:	: : :	:
	n	X_{n1}	X_{n2}	$X_{n3} \dots X_{nj} \dots X_{nn}$	X_n
Σ		X_1	X_2	$X_3 \dots X_j \dots X_n$	

Abb.: 6-2: Geschlossene Input-Output-Matrix

Die *Symbole* der Matrix in Abb. 6-2 *bedeuten:*

1. X = von einem Sektor produzierte Güter, die er entweder selbst verbraucht (bei ihm ein Input dann sind) oder an andere Sektoren abgibt (= dann dort Inputs sind)
2. Erstes Suffix = aus welchem Sektor die Mengen kommen
3. Zweites Suffix = an welchen Sektor die Mengen gegeben werden
4. Nur ein Suffix = Zeilen oder Spaltensumme, bzw. gesamter Output oder Input dieses Sektors (mit dem Suffix).

Die *Matrix der Abb. 6-2* ist deshalb *zu lesen als:*

X_{11} = Sektor 1 liefert X_{11} Mengeneinheiten an sich selbst
X_{12} = Sektor 1 liefert X_{12} Mengeneinheiten an Sektor 2
X_{13} = Sektor 1 liefert X_{13} Mengeneinheiten an Sektor 3
X_{23} = Sektor 2 liefert X_{23} Mengeneinheiten an Sektor 3 oder
X_{ij} = X_{ij} Mengen von Sektor i an Sektor j
X_{nj} = X_{nj} Mengen von Sektor n an Sektor j

Aufgrund dieser Zusammenhänge ergibt sich das einfach zu lesende *geschlossene Gleichungssystem* einer geschlossenen I.O.M., siehe Abb. 6-3.

Nach dem Kreislaufaxiom gilt, daß die Summe der in einen Sektor fließenden Ströme gleich den herausfließenden ist, d.h. X_1 (Zeile) = $X_{\ 1}$(Spalte) usw.

bzw. $\sum_j X_{ij} = X_i$

und $\sum_i X_{ij} = X_j$

oder $X_i = X_j$ (Output = Input eines Sektors).

Im System Leontief's wird unterstellt, daß die zur Produktion notwendige Menge an Produktionsfaktoren immer in einem proportionalen Verhältnis zur Menge der Gesamtproduktion steht, d.h. man unterstellt *lineare Produktionsfunktionen.* Dies wiederum bedingt feste Produktions- bzw. Inputkoeffizienten.

Ein *Inputkoeffizient gibt an,* wieviel Mengeneinheiten vom Input i zur Produktion einer Outputeinheit des Sektors j benötigt werden, oder in allg. Schreibweise

$$X_{ij} = a_{ij} \cdot X_j \quad \text{bzw.} \quad a_{ij} = \frac{X_{ij}}{X_j}$$

a_{ij} = der als konstant angenommene Input-Koeffizient.

Die Inputkoeffizienten besagen, wieviele Mengeneinheiten z.B. der Sektor j von Sektor i beziehen muß, damit er eine Mengeneinheit Output herstellen kann. Das Ergebnis ist das Inputkoeffizienten-Gleichungssystem einer geschlossenen I.O.M., siehe Abb. 6-4.

$$
\begin{array}{ccccccccccc}
X_{11} & + & X_{12} & + & X_{13} & +\ldots+ & X_{1j} & +\ldots+ & X_{1n} & = & X_1 \\
X_{21} & + & X_{22} & + & X_{23} & +\ldots+ & X_{2j} & +\ldots+ & X_{2n} & = & X_2 \\
X_{31} & + & X_{32} & + & X_{33} & +\ldots+ & X_{3j} & +\ldots+ & X_{3n} & = & X_3 \\
\vdots & & \vdots & & \vdots & \vdots & \vdots & \vdots & \vdots & & \vdots \\
X_{i1} & + & X_{i2} & + & X_{i3} & +\ldots+ & X_{ij} & +\ldots+ & X_{in} & = & X_i \\
\vdots & & \vdots & & \vdots & \vdots & \vdots & \vdots & \vdots & & \vdots \\
X_{n1} & + & X_{n2} & + & X_{n3} & +\ldots+ & X_{nj} & +\ldots+ & X_{nn} & = & X_n
\end{array}
$$

Abb.: 6-3: Gleichungssystem einer geschlossenen Input-Output-Matrix

$$
\begin{array}{ccccccccccc}
a_{11}X_1 & + & a_{12}X_2 & + & a_{13}X_3 & +\ldots+ & a_{1j}X_j & +\ldots+ & a_{1n}X_n & = & X_1 \\
a_{21}X_1 & + & a_{22}X_2 & + & a_{23}X_3 & +\ldots+ & a_{2j}X_j & +\ldots+ & a_{2n}X_n & = & X_2 \\
a_{31}X_1 & + & a_{32}X_2 & + & a_{33}X_3 & +\ldots+ & a_{3j}X_j & +\ldots+ & a_{3n}X_n & = & X_3 \\
\vdots & & \vdots & & \vdots & \vdots & \vdots & \vdots & \vdots & & \vdots \\
a_{i1}X_1 & + & a_{i2}X_2 & + & a_{i3}X_3 & +\ldots+ & a_{ij}X_j & +\ldots+ & a_{in}X_n & = & X_i \\
\vdots & & \vdots & & \vdots & \vdots & \vdots & \vdots & \vdots & & \vdots \\
a_{n1}X_1 & + & a_{n2}X_2 & + & a_{n3}X_3 & +\ldots+ & a_{nj}X_j & +\ldots+ & a_{nn}X_n & = & X_n
\end{array}
$$

Abb.: 6-4: Inputkoeffizienten-Gleichungssystem einer geschlossenen Input-Output-Matrix

Input	Output		Vorleistungsverflechtung						Autonome Sektoren						Gesamter Output
	von ↓ an →		Produktionssektoren					Zwischennachfr.	Verbrauch		Investit.		Export (E)	Endnachfrage (N)	
			1	2	3	.j.	n		Haushalt (C)	Staat (G)	Anlagen (I)	Lager (L)			
Vorleistungsverflechtung	Produktionssektoren	1	X_{11}	X_{12}	X_{13}	...	X_{1n}	$X_{1.}$	X_{1C}	X_{1G}	X_{1I}	X_{1L}	X_{1E}	X_{1N}	X_1
		2	X_{21}	X_{22}	X_{23}	...	X_{2n}	$X_{2.}$	X_{2C}	X_{2G}	X_{2I}	X_{2L}	X_{2E}	X_{2N}	X_2
		3	X_{31}	X_{32}	X_{33}	...	X_{3n}	$X_{3.}$	X_{3C}	X_{3G}	X_{3I}	X_{3L}	X_{3E}	X_{3N}	X_3
		i	⋮	⋮	⋮	X_{ij}	⋮	$X_{i.}$	⋮	⋮	⋮	⋮	⋮	X_{iN}	X_i
		n	X_{n1}	X_{n2}	X_{n3}	...	X_{nn}	$X_{n.}$	X_{nC}	X_{nG}	X_{nI}	X_{nL}	X_{nE}	X_{nN}	X_n
	Intermediäre Inputs		$X_{.1}$	$X_{.2}$	$X_{.3}$	$X_{.j}$	$X_{.n}$	$X_{.}$	$X_{.C}$	$X_{.G}$	$X_{.I}$	$X_{.L}$	$X_{.E}$	$X_{.N}$	X
Primäre Inputs	Import (M)		X_{M1}	X_{M2}	X_{M3}	...	X_{Mn}	$X_{M.}$	X_{MC}	X_{MG}	X_{MI}	X_{ML}	X_{ME}	X_{MN}	X_M
	Abschreibungen (A)		X_{A1}	X_{A2}	X_{A3}	...	X_{An}	$X_{A.}$	X_{AC}	X_{AG}	X_{AI}	X_{AL}	X_{AE}	X_{AN}	X_A
	Ind.Steuern ·/. Subvent.(T)		X_{T1}	X_{T2}	X_{T3}	...	X_{Tn}	$X_{T.}$	X_{TC}	X_{TG}	X_{TI}	X_{TL}	X_{TE}	X_{TN}	X_T
	Eink. aus unselbst.Arb. (B)		X_{B1}	X_{B2}	X_{B3}	...	X_{Bn}	$X_{B.}$	X_{BC}	X_{BG}	X_{BI}	X_{BL}	X_{BE}	X_{BN}	X_B
	Gewinne und Zinsen (Q)		X_{Q1}	X_{Q2}	X_{Q3}	...	X_{Qn}	$X_{Q.}$	X_{QC}	X_{QG}	X_{QI}	X_{QL}	X_{QE}	X_{QN}	X_Q
	Primäre Inputs (P)		X_{P1}	X_{P2}	X_{P3}	X_{Pj}	X_{Pn}	$X_{P.}$	X_{PC}	X_{PG}	X_{PI}	X_{PL}	X_{PE}	X_{PN}	X_P
	Gesamter Input		X_1	X_2	X_3	X_j	X_n	X	X_C	X_G	X_I	X_L	X_E	X_N	Z

I (Vorleistungsverflechtung rows) · II (Vorleistungsverflechtung rows, right) · III (Primäre Inputs rows) · IV (Primäre Inputs rows, right)

Abb.: 6-5: Offene Input-Output-Matrix

6.3.3. Offenes Input-Output-System

Nur das offene Input-Output-System hat praktische Bedeutung, es hebt die volle Interdependenz aller Sektoren auf.

D.h. es werden eine Reihe von Sektoren aus dem Interdependenz-Zusammenhang herausgenommen und als unabhängige Variable betrachtet, d.h. für sie wird kein fester produktionstechnischer Zusammenhang unterstellt. Diese herausgelösten Sektoren werden als exogen bzw. autonom bezeichnet. Es sind dies die Endnachfragesektoren Privater Verbrauch, Staatsverbrauch, Investition und Auslandsnachfrage, deren Input als "final demand" bezeichnet wird.

Unter Einbeziehung dieser autonomen Sektoren sieht eine *heute gebräuchliche* offene Input-Output-Matrix wie folgt aus, siehe Abb. 6-5.

Zusammenfassung:

1. Im Gegensatz zur Sozialproduktanalyse will die Volkswirtschaftliche Gesamtrechnung nicht nur das Sozialprodukt errechnen, sondern auch die Transaktionen aufzeigen, die dazu führten.

2. Es gibt mehrere Verfahren der VGR: Die nationale Buchführung, die Input-Output-Tabelle, die Flow of Funds Analyse und die ökonomischen Gesamtmodelle. Im wesentlichen kommen in der Praxis nur die beiden ersten Verfahren zur Anwendung.

3. Die nationale Buchführung erfaßt entsprechend der doppelten Buchführung auf den Konten alle herausfließenden und hineinfließenden Geldströme. Man sieht in ihr die Volkswirtschaft ähnlich wie ein Unternehmen an und verbucht auf den Konten alle Transaktionen.

4. Das Kontensystem der nationalen Buchführung ist doppelt gegliedert:
Die institutionelle Gliederung = Einteilung nach Sektoren differenziert 7 Sektoren. Die funktionale Einteilung unterscheidet in jedem Sektor 7 verschiedene wirtschaftliche Tätigkeiten = Funktionen.

5. Das Hauptanliegen der Input-Output-Matrix ist die Darstellung der interindustriellen Güter- und Dienstströme, vor allem für den Sektor U. Man unterscheidet ein geschlossenes und ein offenes I.O.System. Nur ein offenes I.O.System entspricht der Realität einer heutigen Wirtschaft.

Mikroökonomik

Während im vorangegangenen Abschnitt "Volkswirtschaftliches Rechnungswesen" die makroökonomische Betrachtung dominierte, wird in diesem Abschnitt "Mikroökonomik" eindeutig die mikroökonomische Untersuchung vorherrschen, d.h. Untersuchungsobjekt sind jetzt die individuellen Pläne von Einzelwirtschaften.

Verwendet man den Kreislaufgedanken, so läßt sich das Aufgabengebiet der Mikroökonomik einfach beschreiben. In Anlehnung an Abb. 4-1 (und auch Abb. 4-2) ist der klassische Untersuchungsgegenstand der Mikroökonomik: Die individuellen Entscheidungen der Haushalte (Verbraucher) über die gewünschten, gekauften Konsumgüter; die Entscheidungen der Unternehmen (Produzenten) über die angebotenen, verkauften Waren und Dienste; die Abstimmung, Angleichung beider Entscheidungen auf dem Konsumgütermarkt.

Der Untersuchungsgegenstand der *traditionellen Mikroökonomik* sind die Transaktionen zwischen dem Sektor U und HH, soweit diese über den Waren- und Dienste-Markt abgewickelt werden. Das soll auch der in diesem Buch darzulegende Stoff sein.

Es ergeben sich aus der traditionellen Mikroökonomik deutlich *drei verschiedene Untersuchungsgegenstände:*

1. Analyse des Sektors Private Haushalte, d.h. warum, wieso, in welchem Umfang wollen Haushalte Güter und Dienste kaufen, die sog. *Nachfragetheorie,* bzw. die Einkaufsplanung der Haushalte.

2. Analyse des Sektors Unternehmungen, warum und in welchem Umfang wollen Unternehmungen Güter produzieren und verkaufen, die sog. *Angebotstheorie*, bzw. die Produktions- und Angebotsplanung der Unternehmungen.

3. Wie erfolgt auf dem Waren- und Dienste-Markt die mengenmäßige und preisliche Abstimmung zwischen der Einkaufsplanung der Haushalte einerseits und der Produktions- und Verkaufsplanung der Unternehmungen andererseits, die sog. *Preis- und Markttheorie.*

Nachfrage-, Angebots-, Preis- und Markttheorie sind die drei Gegenstände der traditionellen Mikroökonomik.

Geht man über die traditionelle Mikroökonomik hinaus, so wird zur *erweiterten Mikroökonomik* die Untersuchung der Transaktionen zwischen den Unternehmungen und den Haushalten gezählt, soweit sie über den Faktor -, insbesondere den Arbeitsmarkt, abgewickelt werden. Aus Raumgründen kann dieser Abschnitt hier *nicht* dargelegt werden.

7. Nachfragetheorie (Einkaufsplanung der Haushalte)

7.1 Einführung

Da praktisch alle Menschen in Haushalten leben und es zum Selbstverständnis einer Marktwirtschaft zählt, daß man wirtschaftet, um Bedürfnisse von Menschen (in den Haushalten) zu erfüllen, ist es üblich, mit der Einkaufsplanung der Haushalte zu beginnen.

7.1.1 Begriff und Arten der Haushalte

Aus nationalökonomischer Sicht ist der *Haushalt in erster Linie* (definitionsgemäß) eine *Wirtschaftseinheit des Verbrauchs*. Die Nachfragetheorie spricht deshalb auch von *Nachfragern*, *Verbrauchern* und *Konsumenten* (Verbrauch wird synonym zu Konsum verwendet). Dies wird durch folgende Überlegungen begründet:
Jeder in einem Haushalt lebende *Mensch* hat eine Reihe von *Bedürfnissen*, *zusätzlich* besitzt der Haushalt als Gemeinschaft sog. *Haushaltsgemeinschaftsbedürfnisse*. Diese Bedürfnisse sind durch umwelt- und kulturspezifische Einwirkungen stark mitausgeprägt worden (und zwar sowohl was die sog. Grund- wie die weitergehenden sog. Luxusbedürfnisse anbelangt). Sie sind weiterhin schichten- und gruppenspezifisch mitbestimmt worden, d.h. sie hängen von der Bildung, vom Beruf, vom Einkommen ab. Auf die Bedürfnisse wirken Sitte und Gebräuche ein, sie werden durch die Mode beeinflußt, man ahmt den Verbrauch anderer nach (bzw. versucht es), schließlich versuchen Produzenten durch Konsumreize latente Bedürfnisse zu wecken.

Wird aus diesem ganzen Bündel von Quellen für Bedürfnisse dies auf ein am Markt angebotenes Gut projeziert, das zur Bedürfnisbefriedigung geeignet erscheint und ist die dazu notwendige Kaufkraft gegeben, so ist *Bedarf* entstanden.

Da beim Bedarf die notwendige Kaufkraft vorhanden ist, kann wirksame *Nachfrage* entstehen, die dann durch den effektiven *Kauf* zur *Bedürfnisbefriedigung* führt. Damit ergibt sich eine volkswirtschaftliche *Definition* für den *Verbrauch bzw. Konsum:*

Die Volkswirtschaftslehre versteht unter dem Verbrauch bzw. Konsum den *Verkauf* von Gütern und Diensten an die Haushalte, die zur Bedürfnisbefriedigung dienen.

Da von den einzelnen Gütern und Diensten, die den **gesamten Konsum** in einer Volkswirtschaft ausmachen, sehr unterschiedliche ökonomische Auswirkungen ausgehen, ist es heute üblich, den Verbrauch einer Volkswirtschaft in **folgende Gruppen aufzuteilen**:

1. *Verbrauchsgüter im engeren Sinne* (nondurable goods)
   wie Nahrungsmittel, Heizung und Beleuchtung, die in einem einzigen Konsumakt verbraucht werden. Nach diesen Gütern besteht insgesamt ein relativ stetiger Bedarf.

2. *Halbdauerhafte Gebrauchsgüter* (semidurable goods)
   wie Kleidung und Wäsche, die in einer beschränkten Anzahl von Perioden verbraucht werden. Die Abgrenzung zur nächsten Gruppe ist nicht scharf.

3. *Dauerhafte Gebrauchsgüter* (durable goods)
   wie insbesondere Häuser, eingeschränkt auch bei Möbeln und Autos, d.h. solchen Gütern, die sich in einer größeren Anzahl von Perioden nutzen lassen. die Nachfrage nach halbdauerhaften und dauerhaften Gebrauchsgütern tritt in unstetigen Abständen auf. Die Konsumenten können ihre Nachfrage danach begrenzt steuern.

4. *Konsumtive Dienstleistungen* (services)
   wie Unterhaltung, Urlaub, Ausbildung. Zunehmender Lebensstandard ist von einem Anstieg der Nachfrage nach Diensten begleitet.

Bisher wurde vom Verbrauch der Haushalte gesprochen, ohne zu berücksichtigen, daß Haushalte in unterschiedlicher Struktur auftreten können. Es gibt folgende **Arten von Haushalten** (nach *E. Egner*):

1. *Familienhaushalte*
   Eine Familie ist eine Lebens- und Wirtschaftsgemeinschaft, von heute in der Regel Mann und Frau, meist mit Kindern. Überwiegend durch eine Ehe im rechtlichen Sinne verbunden. Früher übliche Großfamilien (mehr als zwei Generationen bilden eine Familie) sind heute die Ausnahme. Die Familiengröße hat in den letzten 100 Jahren stark abgenommen; war die Durchschnittsgröße

1871 noch bei 4,6 Personen, so waren es 1971 nur noch 2,7 Personen. Auch Restfamilien und Einpersonenhaushalte rechnen zu den Familienhaushalten. In der BRD gibt es ca. 30 Mio. Familienhaushalte, wovon knapp 90 % Mehrpersonenhaushalte sind.

2. *Anstaltshaushalte*
   Hier leben nicht verwandte Menschen zusammen und bilden durch die Anstalt eine Wirtschaftsgemeinschaft, wie z.B. in Krankenhäusern, Waisenhäusern, Internaten, Kasernen und Strafanstalten. In der BRD gibt es ca. 40.000 Anstalten, in denen ungefähr 2,5 bis 3 % der Bevölkerung leben.

3. *Kollektivhaushalte*, wie die der Gemeinden, Länder und des Bundes. Das Kriterium ist die meist regional abgegrenzte Gemeinschaft zur Erfüllung kollektiver Bedürfnisse.

Während ein Familienhaushalt und grundsätzlich auch der Anstaltshaushalt eine Leistung zur Verfügung stellen muß (in der Regel), um Mittel für die Bedürfniserfüllung zu erlangen, besteuert der Kollektivhaushalt seine Mitglieder und gelangt so zu den nötigen Einnahmen. Aus diesem und einer Reihe anderer Gründe werden Kollektivhaushalte in der VWL gesondert im Rahmen der *Finanzwissenschaft* analysiert.

Haushalte im Rahmen der Nachfragetheorie sind die Familien- und Anstaltshaushalte, wobei die der "Familien" eindeutig dominieren.

7.1.2 Ökonomische Bedeutung der Haushalte

Obwohl der traditionelle Untersuchungsgegenstand der Haushalte, d.h. der Verbrauch der Haushalte, bereits abgegrenzt wurde, ist es angebracht, die gesamte ökonomische Bedeutung der Haushalte kurz zu betrachten. In Anlehnung an das Kreislaufmodell in Abb. 4-2 ergibt sich die *wirtschaftliche Bedeutung der Haushalte* als:

1. Mit den Transaktionen der Haushalte, die über den Faktor-(Arbeits-) Markt laufen, soll dargelegt werden, daß eine erste Entscheidung der Haushalte ist, wie sie zu einem *Einkommen gelangen*, das ihnen die Mittel gibt, um Güter zur Bedürfnisbefriedigung zu erwerben. Haushalte müssen prinzipiell eine Leistung anbieten (verkaufen), um ein Einkommen zu erhalten. In der BRD können gut 90 % der Haushalte nur ihre Arbeitsleistung verkaufen, d.h. für eine überwiegende Mehrzahl ist der Arbeitsmarkt schlechthin lebensnotwendig. Nur

ein geringer Teil der Haushalte hat die Möglichkeit, durch Anbieten der Produktionsfaktoren Boden und Kapital ausschließlich (oder zusätzlich) ein *Vermögenseinkommen* zu erzielen.

2. Die über den Waren-Dienste-Markt laufenden Transaktionen der Haushalte beinhalten die Entscheidung, welche Güter und Dienste mit dem Einkommen gekauft werden sollen, d.h. beschreiben den *Verbrauch der Haushalte.*

3. Die Transaktionen der Haushalte mit dem Sektor *Banken* zeigen, daß die Haushalte nicht ihr ganzes Einkommen für den Verbrauch verwenden, sondern einen kleineren Teil davon sparen. Die *Ersparnis* ist der zweite wesentliche Teil der Einkommensverwendung der Haushalte. Bereits dargelegt wurde, daß die private Ersparnis der Haushalte eine der wichtigen Quellen des Geldvermögens darstellt.

4. Erst neuerdings wird verstärkt berücksichtigt, daß die Haushalte immer mehr in den kollektiven Leistungszusammenhang eingebunden werden.

a) Ein Teil der Haushalte, oder Haushaltsteile davon, erhalten ein *kollektives Einkommen*, für das (in der Regel) *keine Leistung zu erbringen* ist, sondern das aus sozialen bzw. sozialpolitischen Aspekten heraus gewährt wird, wie z.B. Kindergeld, Sozialhilfe, Stipendien.
Dem überwiegenden Teil der *Transfereinkommen* als Sozialrenten und Pensionen stehen dagegen *frühere Beitragsleistungen* gegenüber.

b) Auch die *Einkommensverwendung* hat eine stark kollektive Komponente in Form der *gesamten Besteuerung.* Diese Verwendung erfolgt nicht individuell als Haushaltsentscheidung, sondern kollektiv durch die Vertreter in den Parlamenten und der Regierung, noch wird sie freiwillig, sondern zwangsweise durch Abzug vorgenommen.

c) Der Haushalt nimmt als Gegenleistung zur Besteuerung am *öffentlichen Konsum* teil, indem er individuell z.B. die Ausbildung für seine Kinder oder die Dienste der Gerichte in Anspruch nimmt. Der größere Teil kollektiver Leistungen ist nicht eindeutig individuell zurechenbar, wie z.B. Schutz und Sicherheit, hygienische Versorgung und dergleichen.

Einkommenserzielung, Verbrauch, Ersparnis, kollektiver Leistungszusammenhang sind die vier wichtigsten ökonomischen Komponenten einer umfassenden Theorie der Haushalte. *Nur* der Verbrauch wird in der traditionellen Haushaltstheorie behandelt.

7.1.3. Determinanten des Verbrauchswirtschaftsplanes eines Haushaltes

Eine erste Entscheidung eines Haushaltes besteht in der Aufteilung seines Einkommens (= y) in die Verbrauchs-Konsumausgaben (= c) und in die Ersparnis (= s). In Anlehnung an *J.M. Keynes* hat ein Haushalt somit folgende Möglichkeiten, sein Einkommen auf Konsumausgaben und Ersparnis aufzuteilen:

1.	$y = c$,	d.h. s = Null, Haushalt gibt sein ganzes Einkommen für Konsumausgaben aus.
2.	$y = c + s$,	Haushalt spart einen Teil seines Einkommens.
3.	$y = c - s$,	Haushalt gibt mehr für Konsum aus als sein Einkommen ausmacht. Er entspart, d.h. braucht entweder Ersparnisse auf oder macht Schulden.

Die Größe c = Verbrauch bzw. Konsum wird in der traditionellen Haushaltstheorie allein analysiert, d.h. es gilt zu untersuchen, wie ein Haushalt diese seine Konsumsumme (= c) auf den Erwerb der verschiedenen Güter und Dienste verteilt.

Welche Mengen an Gütern und Diensten ein Haushalt zu kaufen beabsichtigt, ergibt sich aus seinem *Verbrauchswirtschaftsplan.* Die Überlegungen und Motive, wie in einem Haushalt ein Verbrauchswirtschaftsplan zustande kommt, werden von Familie zu Familie, von Zeit zu Zeit, von Ort zu Ort usw. außerordentlich verschieden sein. Es werden das Alter, die Familiengröße, der Charakter, soziale Beziehungen, Intelligenzgrad und vieles mehr eine Rolle spielen. Trotz der Mannigfaltigkeit an Einflußgrößen reichen zur Untersuchung des Verbrauchswirtschaftsplanes einige entscheidende Größen aus, die sog. *Determinanten. Die Determinanten des Verbrauchswirtschaftsplanes eines Haushaltes sind:*

1. Die Bedarfsstruktur (u = utility).
2. Das Einkommen (y = yield).
3. Der Preis dieses Gutes und die Preise anderer Güter (p).
4. Das Vermögen des Haushaltes (w = wealth).

Zieht man aus dem Verbrauchsplan ein Gut (i) heraus und frägt, wovon hängt die nachgefragte Menge (q) nach diesem Gut (q_i) ab, so läßt sich dies als Funktion schreiben:

$$q_i = f \ (p_i ; p_1 ..... p_n ; y; u; w)$$

Eine Analyse läßt sich dabei nur durchführen, wenn die Wirkungen aller Einflußfaktoren bis auf einen konstant gehalten werden (= ceteris-paribus-Klausel). In der üblichen Nachfragetheorie der Haushalte geht man davon aus, daß die nachgefragte Menge eines Gutes = q_i sich analysieren läßt, wenn man nur den Preis dieses Gutes = p_i betrachtet, d.h. die Funktion (nur noch) schreibt:

$$q_i = f \ (p_i)$$

Nachdem der Einfluß der Preise und des Einkommens auf den Verbrauch der Haushalte in den nachfolgenden Abschnitten dargelegt wird, ist kurz noch auf die *Bedarfsstruktur* einzugehen.

Jeder Haushalt richtet sich auf eine Auswahl der ihm bekannten und geeignet erscheinenden Güter ein. D.h. kein Mensch kennt alle Güter, noch hat er ein Bedürfnis nach ihnen. Für die einzelnen Güter hat er bestimmte Vorlieben und Abneigungen. Welche Faktoren somit für die Bedarfsstruktur maßgebend sind, läßt sich erschöpfend nicht aufzählen. Dazu kommt noch, daß die ökonomische Verhaltensforschung *(motivation research)* erst relativ jung ist. Maßgebend für die Bedarfsstruktur sind zunächst biologische und physiologische Notwendigkeiten wie Ernährung, Kleidung und Unterkunft. Dazu kommen landschaftliche, zivilisatorische, religiöse Einflüsse, die den Bedarf mit bestimmen. Nicht zu unterschätzen ist die Bedeutung sozialer und sozialpsychologischer Beweggründe (= Prestigebedarf).

Die ältere Volkswirtschaftslehre hat die Bedarfsstruktur als ein gegebenes "Datum" betrachtet, das nicht weiter zu untersuchen war. Da heute das Güterangebot immer reichhaltiger wird und die Entwicklung und das Wachstum einer Volkswirtschaft stark von den neu aufkommenden Gütern abhängt, ist die Möglichkeit einer Änderung der Bedarfsstruktur der Haushalte ein äußerst wichtiges ökonomisches Problem geworden, das nicht mehr als eine unveränderliche, gegebene Größe (= Datum) angesehen werden kann.

7.2 Nutzenmaximum - Ableitung der Nachfrage

Sieht man von den einführenden Darlegungen zum Verbrauch der Haushalte einmal ab, so besteht das *Anliegen* der Wirtschaftswissenschaften für eine mikroökonomische *Analyse des Verbrauchs bzw. der Nachfrage* der Haushalte darin:

Es soll eine funktionale Beziehung zwischen dem Einkommen eines Haushaltes, dem Preis eines Gutes und der vom Haushalt nachgefragten Menge hergestellt werden, d.h. die sog. Nachfragefunktion bestimmt werden.

Das grundsätzliche *Ziel* der Analyse besteht in der Bestimmung eines *Gesetzes der Nachfrage* (= Nachfragefunktion), d.h. in einer eindeutigen Bestimmung (und damit auch Vorhersage), daß ein Haushalt bei einem so hoch angenommenen Einkommen und bei einem so hoch unterstellten Preis eines Gutes genau diese (bestimmte) Menge des Gutes nachfragen wird. Letztlich besteht das Anliegen darin, daß, wüßte man das Einkommen des Haushaltes und den Preis des Gutes, dann weiß man auch die nachgefragte Menge.

Bei dieser Betrachtung des Verbrauches eines Haushaltes wird als *entscheidende Voraussetzung* unterstellt, daß die Haushalte beim Verbrauch die *beste Güterkombination* wählen, die ihr Einkommen ihnen erlaubt. Die beste Kombination ist dabei diejenige, welche im Vergleich zu allen anderen Kombinationsmöglichkeiten den meisten Nutzeffekt für den Haushalt ergibt. D.h. es wird unterstellt, ein Haushalt strebe beim Verbrauch eine *Nutzenmaximierung* an.

Im Zentrum der Ableitung einer Nachfragefunktion steht die Annahme einer Nutzenmaximierung durch die Haushalte.

Aus der Annahme einer Nutzenmaximierung ergibt sich folgerichtig, daß die Haushalte den einzelnen Gütern und Diensten ihres Verbrauchswirtschaftsplanes einen Nutzen (Nutzeffekt) zuordnen, denn nur so läßt sich ein Maximum des Nutzens ermitteln.

Ableitung der Nachfragefunktion impliziert: Haushalt weiß den Nutzen der einzelnen Güter- und Dienstemengen. Er teilt sein Einkommen so auf, daß sein Gesamtnutzen maximal wird.

Damit wird in der Nachfragetheorie ebenfalls *unterstellt,* daß der *Haushalt* sich im Hinblick auf der Verbrauchsplan völlig *rational verhält.*

> Die Information, welchen Nutzen der Konsument aus den verschiedenen Gütermengen ziehen kann, enthält seine *Nutzenfunktion.*

> Unter *Nutzen* versteht man dabei die Befriedigung, die ein Gut beim Konsum stiftet.

In der Volkswirtschaftslehre gibt es *drei* Hauptrichtungen, wie man den Nutzen und damit die Nutzenfunktion ermitteln kann:

1. Die sog. kardinale Nutzenlehre, bzw. die Grenznutzentheorie;
2. Die sog. ordinale Nutzenlehre, bzw. die Indifferenztheorie;
3. und neuerdings die sog. Revealed-Preference-Analyse.

Im Mittelpunkt der meisten Lehrbücher steht die Indifferenzkurvenanalyse.

Die *Nutzentheorie*, als logischer Einstieg in die Nachfrage- bzw. Haushaltstheorie, ist ein traditioneller Teil der wirtschaftswissenschaftlichen Analyse. Trotzdem ist es bis heute nicht gelungen (von Ansätzen abgesehen), die Nutzentheorie in eine empirisch überprüfbare Form zu bringen, noch läßt sich der subjektive Nutzen exakt messen (wenn überhaupt). Man könnte deshalb fragen, warum wird dann die Nutzentheorie immer noch so relativ ausführlich dargestellt.

1. Es ist nicht auszuschließen, daß die Nutzentheorie eines Tages doch in eine empirisch nachprüfbare Form gebracht wird. Prinzipiell gilt ja, daß erst der kleinere Teil der Theorie in den Wirtschaftswissenschaften empirisch verifiziert wurde.

2. Vor allen Dingen aber ist die Nutzentheorie der begriffliche Apparat, die der Nachfrage der Haushalte zugrunde liegt und nur mit ihrer Anwendung läßt sich die Ableitung der Nachfrage (mit der allgemein gearbeitet wird) logisch nachvollziehen.

3. Schließlich müssen im praktischen Leben und zwar sowohl im privaten wie im kollektiven Bereich ständig Entscheidungen und Wertungen vorgenommen werden. Dafür benötigt man einen Begriff und man hat sich für den des Nutzens entschieden. Da Bewerten auch heißt, man paßt sein Verhalten an veränderte Situationen nach einem bestimmten Kriterium an, unterstellt man im

praktischen Leben auch eine Vergleichbarkeit des Nutzens. Die Wirtschaftswissenschaft liefert dazu den gedanklichen Apparat.

7.2.1 Die kardinale Nutzenlehre (die Gossen'schen Gesetze)

Die kardinale Nutzenlehre geht davon aus, daß der *Nutzen* genauso *meßbar sei* wie z.B. das Gewicht.
Man nahm an, daß der Konsument ein sog. kardinales Nutzenmaß habe, d.h. er sei in der Lage, jedem Gut bzw. jeder Güterkombination eine bestimmte Zahl zuzuordnen, die die Höhe oder den Grad des Nutzens ausdrücke. Die Zahlen, die so die verschiedene Nutzenhöhe repräsentieren, könnte man handhaben wie Gewichtsangaben.

Nehmen wir z.B. an, für einen Verbraucher habe ein Gut A = 12, ein Gut B = 18, ein Gut C = 24 und ein Gut D = 27 Nutzeneinheiten. Unser Konsument würde dann im Vergleich zu Gut B das Gut A = 0,67 mal, das Gut C = 1,34 mal und das Gut D = 1,5 mal lieber haben.

Das Beispiel zeigt, daß der Konsument in der kardinalen Nutzenlehre genau angeben kann, um wie viele Nutzeneinheiten er eine Gütermenge einer anderen Gütermenge vorzieht. Durch die Abstände der Nutzeneinheiten kann man (wie im obigen Beispiel) den Nutzen im Verhältniszahlen ausdrücken und so einen Nutzenmaßstab aufstellen. Aus der kardinalen Nutzenlehre läßt sich einfach der Begriff des *Grenznutzens* ableiten, man nennt die kardinale Nutzenlehre deshalb auch die *Grenznutzenlehre.*

Der *Grenznutzen* ist der Nutzenzuwachs zum Gesamtnutzen, der sich durch die Verwendung einer weiteren letzten Gütereinheit ergibt.

Bezeichnet man den Nutzen mit "u", die verschiedenen Gütermengen eines Gutes A mit "q_a ", so ist der Grenznutzen gleich dem Differentialquotienten bzw. der ersten Ableitung des Nutzens "u", d.h.

$$\text{Grenznutzen:} \qquad u' = \frac{d\,u_a}{d\,q_a}$$

Da die unterstellte infinitesimale kleine Aufteilung der Gütermengen und des Nutzens meist nicht möglich ist, gibt man sich für Grenznutzenberechnungen mit einem Differenzquotienten zufrieden. Bezeichnet man mit " Δ " die Differenz, so ist der Grenznutzen:

$$\text{Differenzgrenznutzen:} \quad u'_{\Delta} = \frac{\Delta u_a}{\Delta q_a}$$

Stiften z.B. 7 Mengeneinheiten des Gutes A einen Nutzen von 21 Einheiten, d.h. 7 (q_a) = 21 (u_a) und stiften 9 (q_a) = 25 (u_a), so errechnet sich der Grenznutzen u'_{Δ} als:

$$\Delta u_a = 25\ (u_a) - 21\ (u_a) = 4$$
$$\Delta q_a = 9\ (q_a) - 7\ (q_a) = 2 \qquad \text{somit:}$$
$$u'_{\Delta} = \frac{\Delta u_a}{\Delta q_a} = \frac{4}{2} = 2$$

Der Grenznutzen wäre somit gleich 2 Nutzeinheiten.
Obwohl bekannte Wirtschaftswissenschaftler des 19. Jahrhunderts wie z.B. *W. St. Jevons, L. Walras und A. Marshall* den Grenznutzengedanken verbreiteten, ist es üblich, als den **Vater der Grenznutzenanalyse** den rheinischen Beamten **Hermann Heinrich Gossen** (1810 - 1858) anzusehen und ihm zum Andenken die beiden entscheidenden Schlußfolgerungen der Grenznutzenanalyse als die beiden *Gossen'schen Gesetze* zu bezeichnen.

Das **erste Gossen'sche Gesetz** bezeichnet man auch als das *Sättigungsgesetz.*
Das erste Gossen'sche Gesetz beruht auf einer zu beobachtenden Erfahrungstatsache, nämlich, daß mit fortschreitendem Konsum immer weiterer Einheiten des gleichen Gutes der Nutzeffekt jeder weiteren Einheit abnimmt, bis schließlich Sättigung eintritt.

Hat jemand Hunger, so wird er die erste Scheibe Brot mit sog. Heißhunger verzehren, sie wird ihm die größte Konsumbefriedigung = Nutzen geben. Er wird auch die zweite Scheibe Brot mit großem Appetit essen, aber sie wird nicht mehr so viel Konsumbefriedigung geben wie die erste, d.h. ihr Nutzen ist kleiner. Jede weitere Scheibe Brot wird einen kleineren Nutzen als die vorangegangene gewähren, bis z.B. nach der 5. Scheibe Sättigung eintritt, d.h. unser Konsument sagt, er sei jetzt satt und wolle eine 6. Scheibe Brot nicht mehr essen. Bei genauer Betrachtung ist das erste Gossen'sche Gesetz eine Hypothese über den Grenznutzen, nämlich, daß der Grenznutzen jeder zusätzlichen Mengeneinheit geringer ist als der der vorangegangenen Einheit. Die Sättigung tritt ein, wenn der Grenznutzen Null wird. Dieser Zusammenhang soll mit einem *Modellbeispiel* graphisch verdeutlicht werden.

Nehmen wir an, unser hungriger Verbraucher von vorher soll der ersten Scheibe Brot einen Gesamtnutzen von 12 Einheiten zuordnen, 2 Scheiben sollen ihm 22 Nutzeinheiten wert sein, usw. Mit der Formel des Differenzgrenznutzens ergibt sich der jeweilige Grenznutzen. Das Ergebnis ist in Tab. 7-1 zusammengefaßt.

Broteinheiten (Stück)	Gesamtnutzen (u)	Grenznutzen (u_{Δ}')
0	0	
1	12	12
2	22	10
3	29	7
4	33	4
5	34	1
6	34	0
7	31	-3

Tab.: 7-1: Gesetz vom abnehmenden Grenznutzen

Die Daten der Tab. 7-1 werden in eine Graphik übertragen (siehe Abb. 7-1), die die Entwicklung des Gesamtnutzens und des daraus ableitenden Grenznutzens zeigt. Die eingezeichneten Kurven stellen entsprechend dem 1. Gossen'schen Gesetz, Gesamt- und Grenznutzenentwicklung unter der Annahme infinitesimaler kleiner Nutzeneinheiten dar.

> Das 1. Gossen'sche Gesetz besagt, daß der Grenznutzen jeder weiteren konsumierten Einheit kleiner wird. Sättigung tritt ein, wenn der Grenznutzen Null wird.

Das **zweite Gossen'sche Gesetz** nennt man auch das *Genußausgleichsgesetz*, bzw. Gesetz vom Ausgleich der Grenznutzen.

Ein Konsument muß in der Mehrzahl seiner Entscheidungen mehrere Bedürfnisse gleichzeitig befriedigen, d.h. er muß den Nutzen unterschiedlicher Güter, die für seine verschiedenen Bedürfnisse in Betracht kommen, miteinander vergleichen. Er soll sich dabei rational verhalten, d.h sein Nutzenmaximum anstreben. Infolge der verschiedenen Intensität der Bedürfnisse werden ihm die Güter einen unterschiedlichen Gesamtnutzen und damit sich differenziert entwickelnde Grenznutzen stiften. Das 2. Gossen'sche Gesetz beantwortet die Frage, wie unter diesen Prämissen der Konsument sein Nutzenmaximum realisiert.

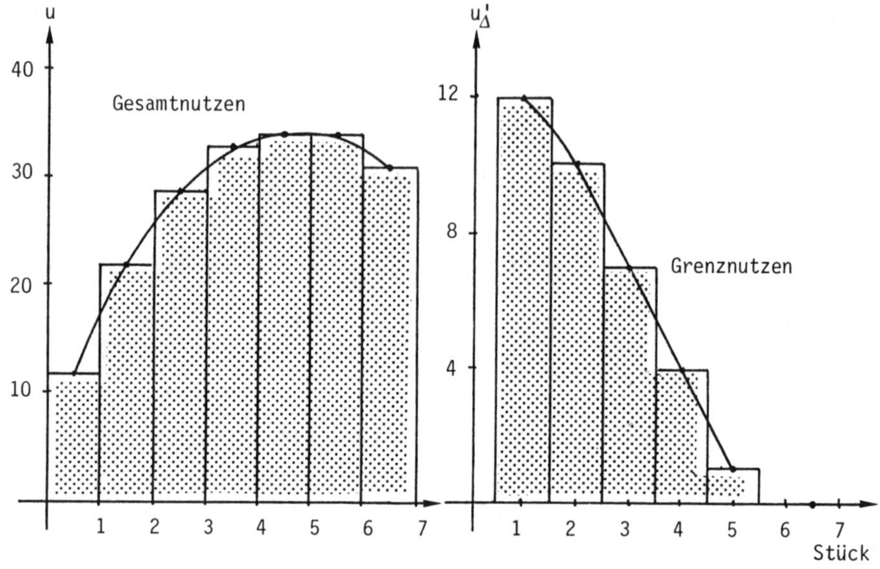

Abb.: 7-1: Gesamt- und Grenznutzenverlauf (Daten von Tab.: 7-1)

Es antwortet: Ein Konsument realisiert sein Nutzenmaximum, wenn der Grenznutzen jeder konsumierten letzten Gütereinheit gleichgroß ist, d.h. wenn gilt:

$u_1{}'_\Delta = u_2{}'_\Delta = u_3{}'_\Delta$ usw.

Oder anders ausgedrückt: Wenn die 4. Mengeneinheit eines gutes A dem Verbraucher einen Grenznutzen (= Nutzenzuwachs) von 3 Einheiten stiftet, ihm jetzt die 1. Einheit eines Gutes B = 4 Nutzeneinheiten bringt, so wird er statt der 4. Einheit von Gut A jetzt die 1. Einheit von Gut B konsumieren.

Zur Demonstration des 2. Gossen'schen Gesetzes wieder ein *Modellbeispiel.* Einem Konsumenten stehen die verschiedenen Mengeneinheiten der drei Nahrungsmittel A, B und C und die jeweiligen Grenznutzen der Mengeneinheiten in Tab. 7-2 gegenüber. Entsprechend dem 2. Gossen'schen Gesetz strebt er Nutzenmaximum an.

Die Begrenzung der Bedürfnisbefriedigung, d.h. die Knappheit der Mittel stelle sich für den Konsumenten so dar, daß er mit seinem Einkommen insgesamt nur 10 Mengeneinheiten erwerben kann. Der Konsument realisiert sein Nutzenmaximum bei 10 möglichen Mengeneinheiten, wenn er 6 von Gut A, 3 von Gut B und 1 von Gut C konsumiert. Für diese Kombination gilt: $_A u'_\Delta = {}_B u'_\Delta = {}_C u'_\Delta$

Die Knappheit der Mittel stellt sich für einen Verbraucher in der Höhe seines ihm zur Verfügung stehenden Einkommens dar. Der Grenznutzen der Güter muß somit in Relation zu den Preisen der Güter gebracht werden, was dadurch geschieht, daß man den Grenznutzen durch den Preis des Gutes dividiert, d.h.:

$$\frac{{}_i u'_\Delta}{p_i}$$

Mengeneinheiten (Stück)	Grenznutzen Gut A (${}_A u'_\Delta$)	Grenznutzen Gut B (${}_B u'_\Delta$)	Grenznutzen Gut C (${}_C u'_\Delta$)
1	23	12	8
2	20	10	5
3	17	8	3
4	14	6	1
5	11	4	0
6	8	2	-2
7	5	0	
8	2	-2	
9	0		
10	-2		

Tab.: 7-2: Ausgleich der Grenznutzen

Man spricht bei diesem Quotienten dann vom *gewogenen Grenznutzen* des Gutes i. Für unsere drei Güter A, B und C lautet das 2. Gossen'sche Gesetz jetzt:

$$\frac{{}_A u'_\Delta}{P_A} = \frac{{}_B u'_\Delta}{P_B} = \frac{{}_C u'_\Delta}{P_C}$$

und wird dann das *Gesetz vom Ausgleich der gewogenen Grenznutzen* genannt.

> Das 2. Gossen'sche Gesetz besagt: Ein Konsument erreicht sein Nutzenmaximum, wenn der Grenznutzen aller Güter gleich ist, unter Beachtung der Knappheit der Mittel.

Neben anderen Kritikpunkten (dazu muß auf die Literatur verwiesen werden) ist der **Hauptaspekt der Kritik der Grenznutzentheorie** in der fehlenden Möglichkeit einer Nutzenmessung zu erblicken. Bis jetzt ist noch kein brauchbarer Maßstab der individuellen Nutzenmessung gefunden worden. Selbst wenn dies gelingen sollte, besteht immer noch das Problem der interpersonellen Nutzenmessung (Messung des Nutzens verschiedener Personen und ihr Vergleich).

7.2.2. Die ordinale Nutzenlehre (die Indifferenzkurvenanalyse)

Die kardinale Nutzenlehre bzw. die *Grenznutzenlehre unterstellt* daß der Nutzen meßbar sei, d.h. daß er sich wie Kardinalzahlen (Grundzahlen) z.B. als 1, 2, 3, 4, 5 etc. darstellen lasse. Diese Kardinalzahlen sagen dann z.B.. aus, daß 4 viermal so groß wie 1 und zweimal so groß wie 2 ist. Damit ließe sich der Nutzen in genau festgelegten, meßbaren Abständen ausdrücken.
Die vor allem auf *F.Y. Edgeworth* (1845 - 1926) und *V. Pareto* (1848 - 1923) zurückgehende **ordinale Nutzenlehre** kritisiert diesen Ansatz und bestreitet die Meßbarkeit des Nutzens. Sie geht davon aus, daß der Konsument lediglich eine *Nutzenreihenfolge* angeben kann, ohne sagen zu können, um wie viel sich ein Nutzen von einem anderen unterscheidet. Der Verbraucher kann seinen Nutzeffekt lediglich in eine Reihen- bzw. Rangfolge einordnen und damit unterschiedliche Nutzenniveaus (aus seiner Sicht) angeben. Den Abstand seiner Nutzenniveaus weiß er aber nicht. Damit verliert auch der Begriff des Grenznutzens seine Bedeutung, d.h. er kommt in der Indifferenzkurvenanalyse nicht mehr vor.

Nach der ordinalen Nutzenlehre denkt ein Verbraucher in alternativen Nutzenniveaus konsumierbarer Güterkombinationen, d.h. seine *Nutzenvorstellung* ist *nicht auf ein* Gut alleine, sondern *auf mehrere Güter* (mindestens zwei) *gleichzeitig gerichtet.*

Daraus wird die *Theorie der Wahlakte* entwickelt (theory of consumer choice), d.h. es wird untersucht, wie sich der Konsument angesichts der ihm offenstehenden Wahlmöglichkeiten verhält.

> Die Grenznutzentheorie unterstellt einen meßbaren Nutzen. Die Indifferenzkurvenanalyse geht lediglich von einer Rangfolge der Nutzen aus, ohne den Abstand von einem zu anderen Nutzenniveau zu kennen.

7.2.2.1 Indifferenzkurven - Bilanzgerade - optimale Gütermenge

Indifferenzkurven:

Entsprechend der ordinalen Nutzenlehre ist *zunächst* **ein** *Nutzenniveau* eines Verbrauchers *zu untersuchen.* Es wurde bereits dargelegt, daß ein Nutzenniveau (aus dem Blickwinkel des Konsumenten) aus einer Güterkombination besteht, die ihm einen bestimmten Nutzen stiftet. Um die Darstellung zu vereinfachen und sie in der üblichen geometrischen Form auszudrücken, sei davon *ausgegangen*, daß einem Haushalt *zwei Güter* zur Verfügung stehen und daraus sein Nutzenniveau bestimmt werden soll.

Als *Musterbeispiel* verwenden wir die beiden Güter Wurst und Käse und bezeichnen je 20 g Wurst bzw. Käse als eine Mengeneinheit Wurst oder Käse. Unser Musterbeispielverbraucher sagt z.B., daß ihm 10 Einheiten Wurst (d.h. 200 g) und 7 Käseeinheiten (= 140 g), wenn er sie konsumiert, ein bestimmtes (ordinales) Nutzenniveau stiften. Hätte er dagegen etwas mehr Wurst, z.B. 12 Einheiten, dafür etwas weniger Käse, z.B. 6 Einheiten, so würde ihm diese Wurst-Käse-Kombination vom Nutzeneffekt her genau so lieb sein wie die erstgenannte mit 10 Einheiten Wurst und 7 Einheiten Käse.

Derartige für den Haushalt gleichwertige Güterkombinationen, die ihm ein und dasselbe Nutzenniveau stiften, nennt man *indifferente* Kombinationen. Alle derartigen indifferenten Kombinationen liegen auf einer Linie, der sog. *Indifferenzkurve.*

Die für unser Beispiel indifferente Kombination von Käse- und Wursteinheiten sind in Tab. 7-3 in den Spalten 2 und 3 ausgewiesen.

Indifferente Versorgungs-lagen Nr.	Wurstein-heiten (W)	Käseein-heiten (K)	Δ W	Δ K	G.d.S. $\Delta W:\Delta K$	G.d.S. $\Delta K:\Delta W$
(1)	(2)	(3)	(4)	(5)	(6)	(7)
1.	20	3,5	2	0.5	4.-	0.25
2.	18	4,-	2	0.5	4,-	0.25
3.	16	4,5	2	0.5	4.-	0.25
4.	14	5,-	2	1,-	2,-	0,5
5.	12	6,-	2	1.-	2.-	0,5
6.	10	7,-	2	1,-	2,-	0,5
7.	8	8,-	2	2,-	1,-	1,-
8.	6	10,-	2	5,-	0,4	2,5
9.	4	15,-	2	7,-	0,3	3,5
10.	2	22,-				

Tab.: 7-3: Daten zur Indifferenzkurve und zur Grenzrate der Substitution

Trägt man auf der Ordinate die Mengeneinheiten des Gutes 1 (hier Wurst), auf der Abszisse diejenigen des Gutes 2 (hier Käse) ab und verbindet die Punkte indifferenter Versorgungslagen, so ist der sich dabei ergebende Streckenzug eine sog. *Indifferenzkurve*. Unterstellt man, daß die gegenseitig ausgetauschten Mengeneinheiten der beiden Güter infinitesimal klein gemacht werden können (eine *Hypothese*, die bei realen Gütern meist nicht durchführbar ist), so geht der Streckenzug in eine glatte Kurve über, siehe Abb. 7-2.

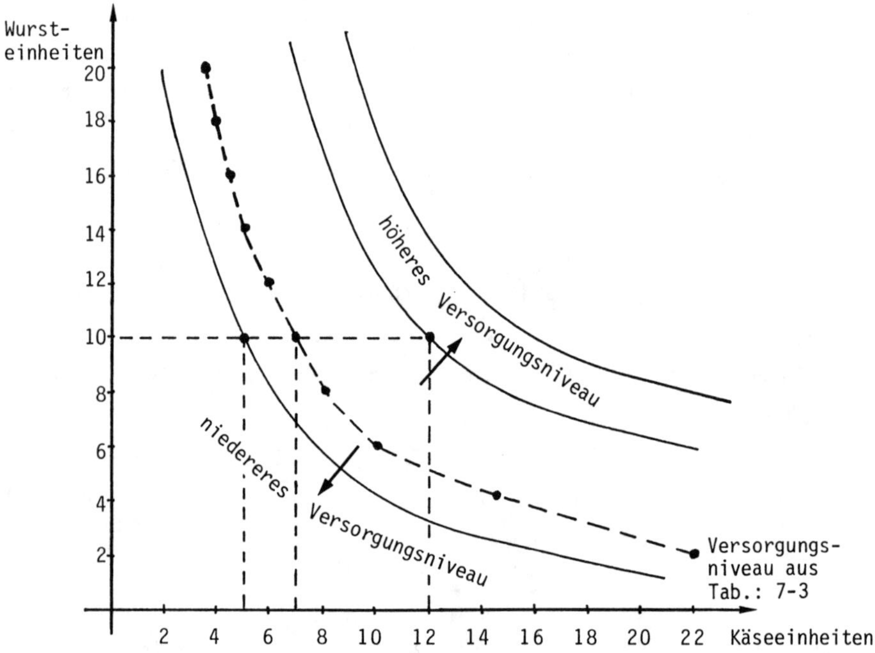

Abb.: 7-2: Indifferenzkurve der Daten aus Tab.: 7-3, dazu höhere und niederere Versorgungsniveaus

Gegenüber sämtlichen Kombinationsmöglichkeiten in Tab. 7-3 würde der Haushalt die Kombination 10 Wurst-Einheiten und 12 Käse-Einheiten auf jeden Fall vorziehen, da aus Abb. 7-2 leicht zu ersehen ist, daß diese Kombination (10 Wurst mit 12 Käse) nicht mehr dem nämlichen Versorgungsniveau, sondern einem höheren angehört. Die Kombination 10 Wurst mit 5 Käse entspricht dagegen einem niederen Niveau (siehe Abb. 7-2).

Daraus ergibt sich, daß der 1. Quadrant von einer ganzen *Indifferenzkurvenschar* ausgefüllt ist, wobei Kurven näher am Nullpunkt ein niederes, weiter entfernte ein höheres Nutzenniveau darstellen.

Die *wichtigsten Eigenschaften von Indifferenzkurven* sind:

1. Indifferenzkurven verlaufen *nur im 1. Quadranten.* Wäre dies nicht der Fall, müßte ein Gut mit weniger als der Menge Null begehrt werden.

2. Eine Indifferenzkurve verläuft im 1. Quadranten von *links oben nach rechts unten.* Ein anderer Verlauf würde nicht indifferenten Versorgungslagen entsprechen.

3. *Zwei* Indifferenzkurven können sich *nie schneiden.* Ein geometrischer Beweis zeigt einfach, daß sich sonst ein Widerspruch hinsichtlich unterschiedlicher Nutzenniveaus ergeben würde.

4. Eine Indifferenzkurve verläuft *konvex* in Bezug *auf den Nullpunkt* (konkav von oben). dies beruht auf der sog. Grenzrate der Substitution.

Sog. Gesetz von der abnehmenden Grenzrate der Substitution

> Die Menge eines Gutes q_1 (z.B. Wurst), die man hergeben muß, um *eine* Mengeneinheit eines Gutes q_2 (z.B. Käse) zusätzlich zu erhalten, wobei das Nutzenniveau gleichbleiben soll, nennt man die *Grenzrate der Substitution* von q_1 in Bezug auf q_2.

Aus tabellarischen Daten errechnet sich die Grenzrate der Substitution (G.d.S.) als Quotient der entsprechenden Differenzen, d.h.

$$\text{G.d.S.} \quad (q_1 \text{ zu } q_2) \quad = \quad \frac{-\Delta q_1}{+\Delta q_2}$$

Das sich für die G.d.S. ergebende Minusvorzeichen wird meist weggelassen.
Errechnen wir die beiden G.d.S. für das tabellarische Beispiel in Tab. 7-3, so sind zunächst die Differenzen für Wurst (= Δ W) und Käse (= Δ K) beim Übergang zur nächsten indifferenten Versorgungslage Nr. zu bestimmen (siehe Spalten 4 und 5 in Tab. 7-3). Dann kann die G.d.S. Wurst und Käse, d.h. - Δ W/ + Δ K in Spalte 6 und umgekehrt Käse zu Wurst, d.h. - Δ K / + Δ W in Spalte 7 bestimmt werden.
Der Grundgedanke der G.d.S. soll mit einer geometrischen Darstellung noch einmal wiederholt werden (siehe Abb. 7-3 a).

Aus Abb. 7-3 a ist zu ersehen, daß, wenn der Verbraucher vom Punkt A auf der Indifferenzkurve sich zum Punkt B bewegt (wobei A und B ihm den nämlichen Nutzen stiften), er die Menge Δq_1 abgeben muß, um die Menge Δq_2 dafür zu bekommen. Aus den errechneten Daten zur G.d.S. in Tab.: 7-3 ergibt sich die eigentlich bedeutsame Information der G.d.S., nämlich, daß bei fortschreitender Substitution des einen Gutes durch ein anderes (d.h. Konsument gibt immer mehr vom Gut q_1 her, um dafür Gut q_2 zu erhalten) die *Grenzrate der Substitution laufend abnimmt.*

Transformiert man die Aussage von der abnehmenden G.d.S. auf unser Musterbeispiel, so läßt sich die Gültigkeit leicht nachweisen (siehe Tab. 7-3 und Abb. 7-2). Gehen wir von der Versorgungslage Nr. 10 aus, so erhält der Verbraucher reichlich Käse (22 E) und wenig Wurst (2 E). Um mehr Wurst zu bekommen, ist er hier bereit, relativ viel Käse für eine Wurst-Einheit abzugeben, von der Lage Nr. 10 zur Lage Nr. 9 gibt er 3,5 Einheiten Käse für 1,0 Einheiten Wurst her (siehe Spalte 7). Bewegt sich der Verbraucher laufend zu niedereren Nr. der Versorgungslage, so wird er immer besser mit Wurst, dafür aber schlechter mit Käse versorgt. Er ist infolgedessen auch nur bereit, immer weniger Käse für neue Wurst-Einheiten abzugeben (am Schluß nur noch 0,25 Käse-Einheiten für eine weitere Wurst-Einheit).

Auch diese Analyse läßt sich geometrisch darstellen, siehe Abb. 7-3 b. Bei fortwährender Substitution (Pfeil) von q_2 für q_1, gibt der Konsument laufend weniger q_2 für eine Einheit q_1 her, d.h. die Grenzrate der Substitution nimmt laufend ab.

Unterstellt man infinitesimal kleine Substitutionsmengen, dann geht der Differenzquotient für die Grenzrate der Substitution, d.h. G.d.S. = $- \Delta q_1 / + \Delta q_2$ in den Differentialquotienten über, d.h. es wird

$$\text{G.d.S} = \frac{-dq_1}{+dq_2}$$

Geometrisch wird aus der Sekante mit der Indifferenzkurve die Tangente an die Indifferenzkurve. Jetzt kann die G.d.S. als Differentialquotient auch als tan der Tangente geschrieben werden.

$$\text{G.d.S} = \frac{-dq_1}{+dq_2} = \tan \alpha$$

Die **bisherigen Indifferenzkurven** (konvex zum Nullpunkt) beschreiben den (üblicherweise dargestellten) *Normalfall* des Verhältnisses zweier Güter zueinander. Als Normalfall des Verhältnisses von Gütern wird dabei die übliche Substitution unterstellt, wobei die sich substituierenden Güter (= im Nutzen ersetzenden Güter) aber nicht identisch sind.

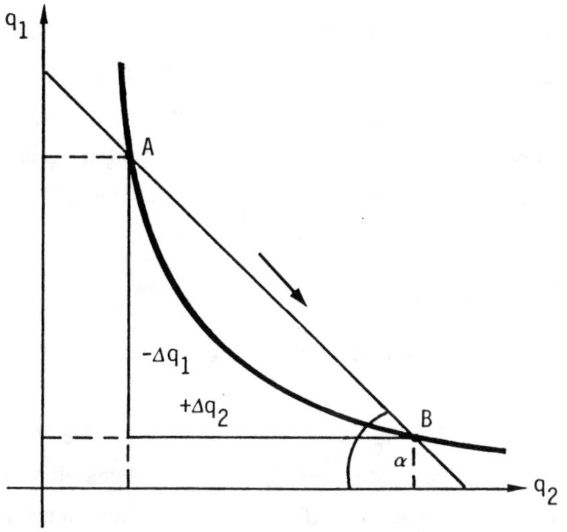

Abb.: 7-3 a: Grenzrate der Substitution

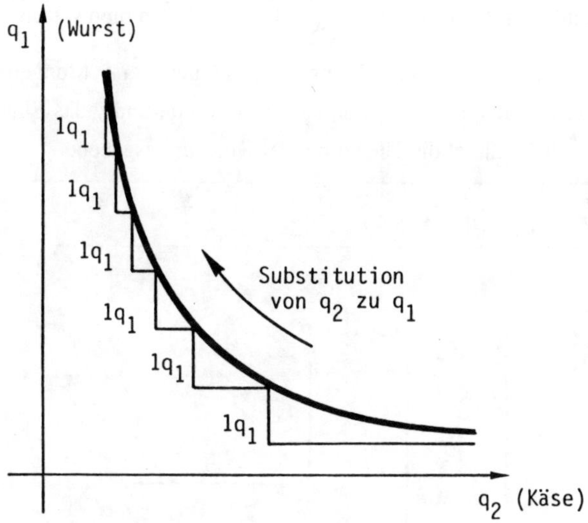

Abb.: 7-3 b: Abnehmende Grenzrate der Substitution von q_2 zu q_1

Es können in den Güterverhältnissen aber auch *Ausnahmen* auftreten, die dann *andere Indifferenzkurven zur Folge* haben. Eine *erste Ausnahme* ergibt sich, wenn zwei Güter zueinander *komplementär (limitational)* sind, d.h. sich in der Nutzenanwendung für den Verbraucher gegenseitig bedingen (somit nicht gegenseitig ersetzbar sind), wie z.B linker und rechter Handschuh. Hier können die beiden Güter nur in einem konstanten Verhältnis genutzt werden. Es liegen somit *rechtwinklige Indifferenzkurven* vor (siehe Abb. 7-4 a).

Eine *zweite Ausnahme* liegt vor, wenn sich zwei Güter gegenseitig *völlig substituieren*, somit aus der Sicht des Haushaltes beide Güter identisch sind, wie z.B. ein und zwei Pfundpackungen Zucker oder 10er und 20er Zigarettenpackungen (der gleichen Sorte). Dem Verbraucher ist es hier gleichgültig, ob er Gut 1 oder 2 besitzt. Die *Indifferenzkurve ist* hier eine Gerade (siehe Abb. 7-4 b). In der Darstellung mit Indifferenzkurven geht man überwiegend nur vom Normalfall aus.

Die Bilanzgerade bzw. die Budgetlinie

Die Indifferenzkurvenschar stellt die Bewertung aller denkbaren Güterkombinationen durch den Verbraucher dar.
Will man feststellen, welche der möglichen Kombinationen für den Verbraucher optimal ist, so müssen den denkbaren die realisierbaren Möglichkeiten gegenübergestellt werden. Dazu werden in die Analyse die Preise der beiden Güter und die Konsumsumme (bzw. das Einkommen) eingefügt. Unterstellt man, daß der Haushalt nicht spart, so kann man Konsumsumme gleich dem Einkommen setzen.

Nehmen wir (wie bisher) an, daß q_1 Mengen eines Gutes 1, q_2 Mengen eines Gutes 2, p_1 der Preis einer Einheit von q_1, p_2 der Preis von q_2 und y das Einkommen des Haushaltes sein soll, so lautet die Gleichung der Konsumausgaben:

$$y = p_1 \cdot q_1 + p_2 \cdot q_2$$

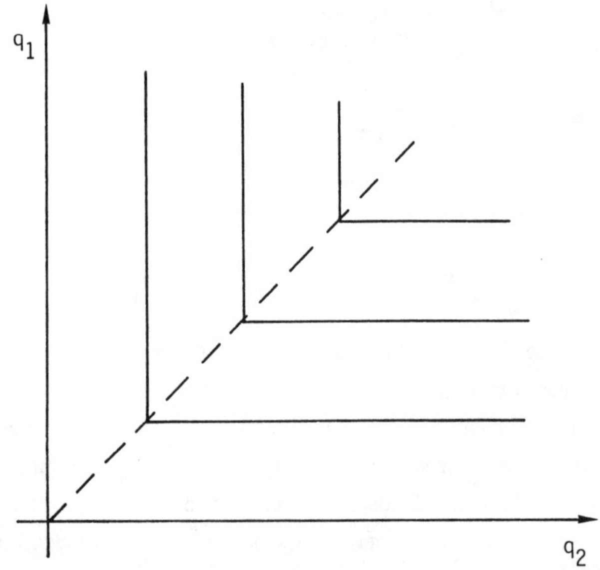

Abb.: 7-4 a: Indifferenzkurven bei komplementären Gütern

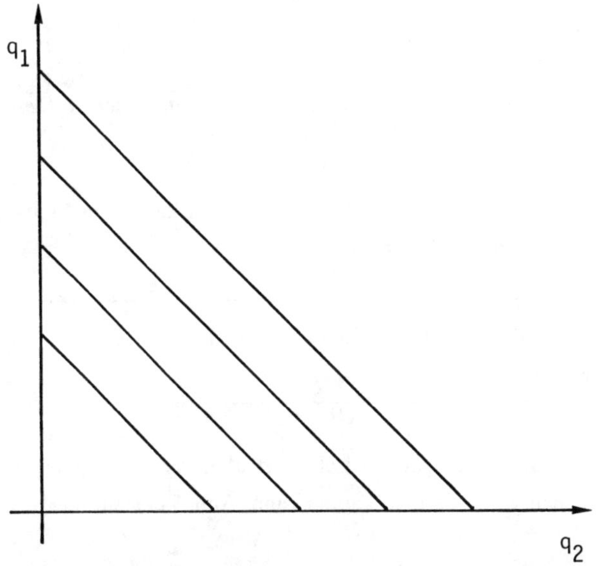

Abb.: 7-4 b: Indifferenzkurven bei völlig substituierbaren Gütern

Wäre für einen Haushalt y = 2.000 (DM), p_1 = 10 und p_2 = 5, so könnte der Haushalt z.B. 100 Einheiten von q_1 und 200 Einheiten von q_2 kaufen, denn 2.000 = 100 · 10 + 200 · 5. Nimmt man y, p_1 und p_2 als Parameter an, so kann jede Menge wechselweise als Funktion der anderen Menge dargestellt werden, was sich durch Auflösung der Gleichung der Budgetlinie ergibt, z.B. nach q_1:

$$q_1 = \frac{y}{p_1} - \frac{p_2}{p_1} \cdot q_2$$

und nach q_2:

$$q_2 = \frac{y}{p_2} - \frac{p_1}{p_2} \cdot q_1$$

Nimmt man an, daß der Haushalt einmal sein ganzes Einkommen zu Kauf von q_1 verwendet, somit q_2 = Null ist; zum anderen, daß er umgekehrt nur q_2 kauft, somit q_1 = Null wird, so kann er vom Gut 1 maximal y/p_1 und von Gut 2 maximal y/p_2 Mengeneinheiten kaufen, bzw.:

wenn $q_2 =$ Null, $q_1 = \frac{y}{p_1}$

wenn $q_1 =$ Null, $q_2 = \frac{y}{p_2}$

$q_1 = \frac{y}{p_1}$ und $q_2 = \frac{y}{p_2}$ sind die *Schnittpunkte der Budgetlinie* mit den beiden *Koordinatenachsen*, oder stellen die maximal kaufbaren Mengen des jeweiligen Gutes dar, wenn das andere nicht gekauft wird.

Die Verbindungslinie der beiden Schnittpunkte auf den Achsen, d.h. y/p_1 und y/p_2 nennt man die *Bilanzgerade bzw. Budgetlinie.*

Die Bilanzgerade ist dabei der geometrische Ort aller Versorgungslagen, die der Haushalt bei gegebenen y, p_1 und p_2 kaufen kann. Abb. 7-5 stellt die Bilanzgerade geometrisch dar.

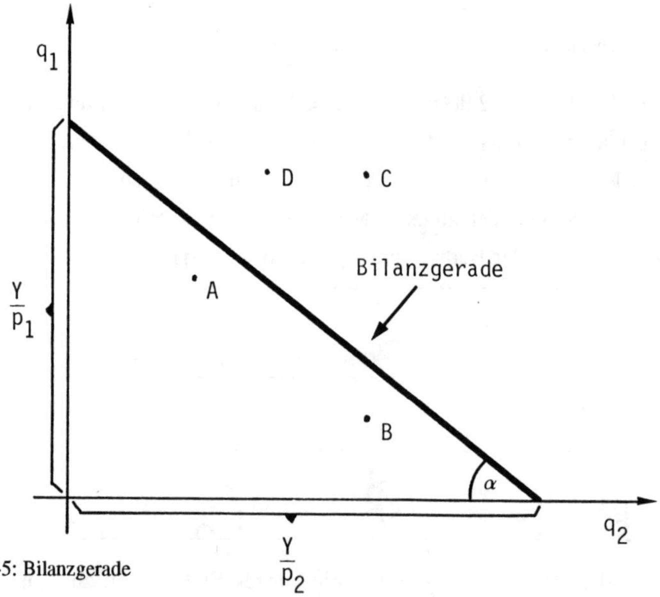

Abb.: 7-5: Bilanzgerade

Das Steigungsmaß der Bilanzgeraden ist tan α, d.h.

$$\tan \alpha = \frac{\frac{y}{p_1}}{\frac{y}{p_2}} = \frac{p_2}{p_1}$$

Die *formalen Eigenschaften* der Budgetlinie gleichen der bereits dargelegten Transformationskurve:
Alle Punkte *auf* der Bilanzgeraden und *links von ihr*, z.A. A und B sind vom Haushalt realisierbare Güterkombinationen.

Optimale Gütermenge

Unterstellt man (wie in der Grenznutzentheorie), daß der Haushalt unter den gegebenen Bedingungen sein *Nutzenmaximum* realisieren möchte, so muß man die denkbaren Realisierungsmöglichkeiten den möglichen Kombinationen gegenüberstellen und daraus das Maximum bestimmen.

Alle denkbaren Nutzenkombinationen stellen dabei die Indifferenzkurvenschar dar, die möglichen Kombinationen beschreibt die Bilanzgerade. Man stellt beide in einer Graphik gegenüber und sucht daraus das Nutzenmaximum, siehe Abb. 7-6.

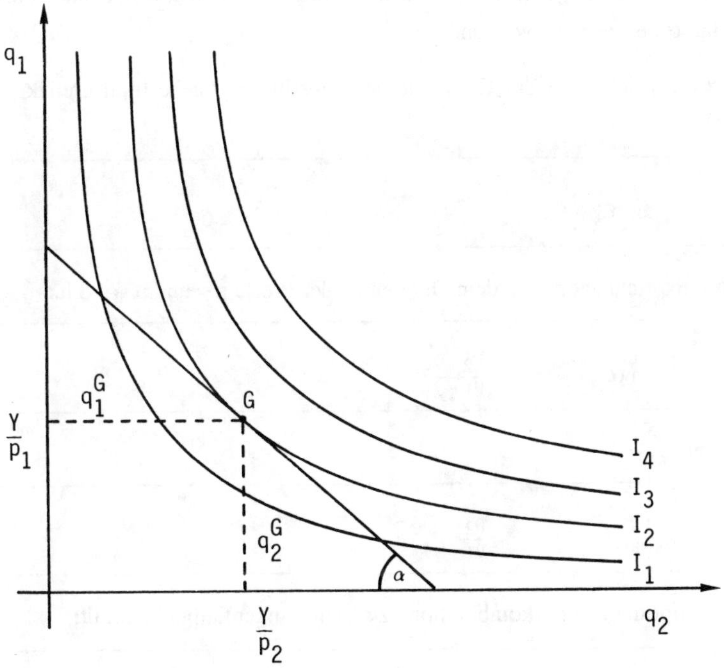

Abb.: 7-6: Bestimmung der optimalen Gütermenge

Jede weiter vom Ursprung entfernte Indifferenzkurve stiftet dem Haushalt ein höheres Nutzenniveau. Aus Abb. 7-6 ist zu ersehen, daß, wenn der Haushalt sein Nutzenmaximum realisieren möchte, er die Kurve I_1 nicht wählen wird. Unter Berücksichtigung der Budgetlinie (Preise, Einkommen) kann er höchsten die Kurve I_2 erreichen. Indifferenzkurve I_2 = die maximal realisierbare Güterkombination, ist dabei diejenige, die an die Bilanzgerade den Tangentialpunkt G bildet. In Abb. 7-6 hat der Haushalt sein Nutzen*maximum* im Punkt G und wählt somit die Güterkombination

q_1^G mit q_2^G (= Koordinaten von G).

> *Optimale Gütermenge* ergibt sich im Tangentialpunkt G von Bilanzgerade und entsprechender Indifferenzkurve.

Bei gegebener Bilanzgerade kann der Haushalt Kurve I_3 und höhere nicht realisieren.

Die optimale Gütermengenkombination, bzw. der *Tangentialpunkt G erfüllt* dabei folgende mathematische *Bedingungen*:

Sowohl von der Bilanzgeraden wie von der Indifferenzkurve I_2 her kann Punkt G mit dem tan α beschrieben werden.

Der tan α entspricht aber der Grenzrate der Substitution (siehe Indifferenzkurven), d.h.

$$\tan\alpha = \frac{-dq_1}{+dq_2}$$

Der tan α entspricht aber auch dem Quotienten der Preise p_2 und p_1, d.h.:

$$\tan\alpha = \frac{p_2}{p_1}$$

Daraus folgt:

$$\frac{-dq_1}{+dq_2} = \frac{p_2}{p_1}$$

bzw. für die optimale Güterkombination bzw. den Tangentialpunkt G gilt:

> Die optimale Gütermenge genügt der Bedingung:
> Dir Grenzrate der Substitution ist gleich dem reziproken Preisverhältnis der beiden Güter, d.h.
>
> $$\frac{-dq_1}{+dq_2} = \frac{p_2}{p_1}$$

7.2.2.2 Optimale Gütermenge bei Präferenz - Preis- und Einkommensänderung

Die *bisherige* Indifferenzkurvenanalyse war eine rein *statische* Analyse, d.h. wurde unter den Annahme unveränderlicher Nutzenvorstellungen, des Preises und des Einkommens vorgenommen.

In der *Realität* muß davon ausgegangen werden, daß sich alle drei *Größen ändern können.* In einer *komparativ statischen* Analyse müssen somit die Auswirkungen einer eventuellen Präferenz-, Preis- und Einkommensänderung auf die Bestimmung der optimalen Gütermenge untersucht werden.

Änderung der Präferenz des Haushaltes

Die Präferenz beschreibt die Nutzenvorstellung, die der Haushalt den beiden Güterkombinationen zuordnet. Graphisch haben wir dies durch die Indifferenzkurvenschar ausgedrückt.

Man kann nicht davon ausgehen, daß eine Präferenz seitens des Haushaltes eine immer gegebene Größe darstellt. Durch ein ganzes Bündel an Einflußgrößen kann sich die Präferenz eines Haushaltes verändern. Wenn er z.B. aufgrund eines Berichtes von der Schädlichkeit des Rauchens überzeugt ist, wird sich seine Nutzenvorstellung gegenüber dem Gut Rauchwaren verändern, er wird diesem Gut im Vergleich zum bisherigen u.U. eine wesentlich geringere Nutzenvorstellung zuordnen.

In unserem zwei-Gütermodell ergibt sich eine *Änderung der Nutzenvorstellung* geometrisch als **eine andere Indifferenzkurvenschar.**
Nehmen wir gleichbleibende Preise und gleiches Einkommen an, so verändert sich die Budgetlinie nicht. Das Ergebnis der Präferenzänderung kann dann aus der Abb. 7-7 einfach abgelesen werden.

Die alte Nutzenvorstellung repräsentieren die (gestrichelten) Indifferenzkurven alt. Das Güterkombinationsoptimum war im Punkt G_1 gegeben. Die Änderung der Präferenz ergab die Indifferenzkurvenschar (ausgezogen) neu. Optimale Güterkombination wird jetzt im Punkt G_2 realisiert. Aus der Veränderung der Koordinaten von G_1 zu G_2 ergibt sich als Resultat der *Präferenzänderung eine Variation der Grenzrate der Substitution.* Im Beispiel der Abb. 7-7 ist das neue Nutzenmaximum des Haushaltes dadurch gekennzeichnet, daß er beträchtlich mehr vom Gut q_1 erwirbt und wesentlich weniger vom Gut q_2 (z.B. den als schädlich angesehenen Rauchwaren).

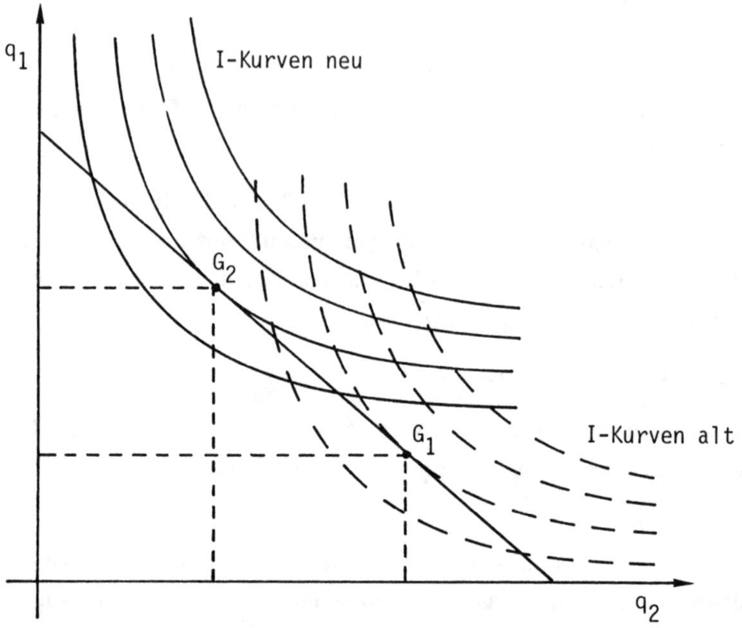

Abb.: 7-7: Änderung der Präferenz seitens des Haushaltes

Änderung in den Preisen der Güter

Die Preise der beiden Güter q_1 und q_2 werden durch die Bilanzgerade ausgedrückt.

> Eine Preisänderung der beiden Güter q_1 und/oder q_2 bewirkt eine Verschiebung der Budgetlinie.

Die Verschiebung der Bilanzgeraden infolge einer *Preisänderung* von p_1 oder p_2 erfolgt nach folgender *Regel*:
Eine **Preiserhöhung** bewirkt eine Verschiebung des betreffenden Schnittpunktes der Bilanzgeraden mit der Koordinatenachse **hin zum Nullpunkt**. Eine **Preissenkung** bewirkt dagegen eine Verschiebung des entsprechenden Schnittpunktes Bilanzgerade/Koordinatenachse **weiter weg vom Nullpunkt**.

In Abb. 7-8 a ist eine Preiserhöhung von p_1 (d.h. für q_1) bei Konstanz von p_2 angenommen. In Abb. 7-8 b ist umgekehrt eine Preissenkung von p_2 bei Preiskonstanz für p_1 unterstellt.

Aus Abb. 7-8 a ist ersichtlich, daß eine Preiserhöhung von, wie angenommen p_1 , eine Drehung der Bilanzgeraden um den Schnittpunkt auf der Abszisse in Richtung Nullpunkt bewirkt. Bei gegebenem Einkommen und gleichbleibender Präferenz kann der Haushalt nun *nicht* mehr die optimale Gütermenge in G_1 mit der Kurve I_2 realisieren, sondern nur noch G_2 mit Kurve I_1 . Die Auswirkung der Preiserhöhung von p_1 auf die optimale Güterkombination des Haushaltes ist aus den unterschiedlichen Koordinaten von G_1 gegenüber G_2 ablesbar. Er ergibt sich: Infolge der Preiserhöhung von p_1 verbraucht der Haushalt weniger vom Gut q_1 (das teurer wurde), aber auch weniger vom Gut q_2 (das im Preis konstant blieb).

In Abb. 7-8 b ist bei Preissenkung von p_2 (für q_2) die Drehung der Bilanzgeraden um den Schnittpunkt auf der Ordinate weg vom Nullpunkt geworden. Der Haushalt kann nun G_2 mit Kurve I_2 realisieren. Die Folge der Preissenkung von p_2 für den Haushalt ist eine bessere optimale Güterkombination, d.h. er verkonsumiert mehr von q_2, aber auch mehr von q_1.

Unterstellt man in Fortführung des Beispiels aus Abb. 7-8 b fortwährende (zeitlich aufeinander folgende) Preissenkungen für Gut q_2 , so läßt sich dies durch ein ständiges Verschieben der Bilanzgeraden auf der Abszisse immer weiter vom Nullpunkt weg darstellen (siehe Abb. 7-9).

Der Haushalt kann infolge des ständigen Preisrückganges von p_2 eine immer günstigere optimale Güterkombination realisieren, was durch die Punkte G_1 bis G_3 ausgedrückt wird.

Die Verbindungslinie der Punkte G, die sich infolge von Preisänderungen ergeben, nennt man **Preis-Konsum-Kurve**.

Die Preis-Konsum-Kurve informiert uns darüber, wie sich die optimale Güterkombination des Haushaltes infolge von Preisveränderungen (Senkungen bzw. Erhöhungen) eines der Güter (im Beispiel q_2) verschiebt.

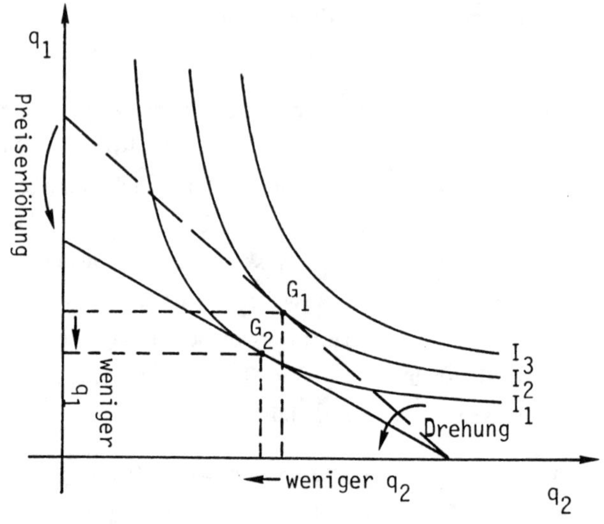

Abb.: 7-8 a: Preiserhöhung von p_1

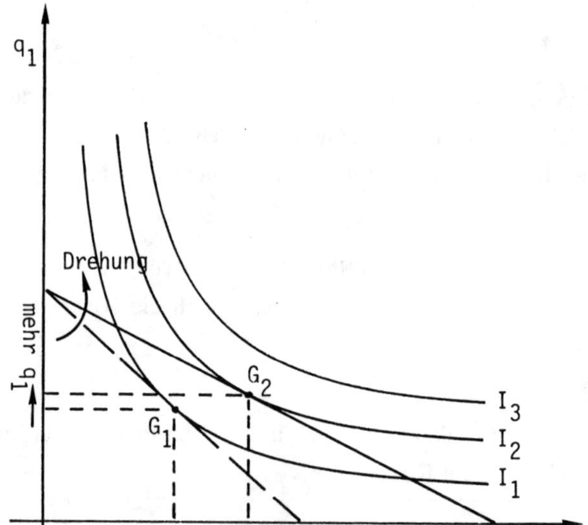

Abb.: 7-8 b: Preissenkung von p_2

Alle bisherigen Beispiele für eine Preisveränderung und daraus abgeleitet die Variation der optimalen Güterkombination waren ein sog. *Normalfall* des Haushaltsverhaltens.

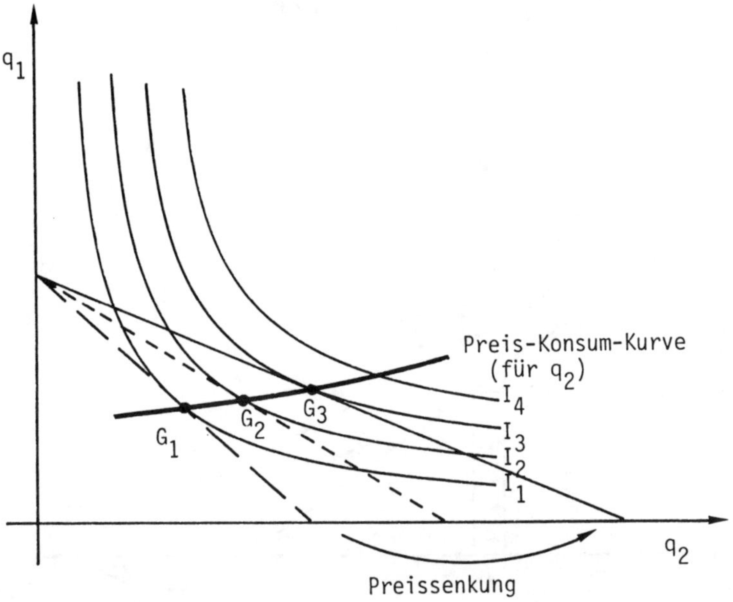

Abb.: 7-9: Ableitung der Preis-Konsum-Kurve für q_2

Mit dem sog. **Giffen-Fall** wird die *nicht übliche* (anomale) *Reaktion eines Haushaltes* aufgrund einer Preisveränderung (*hier* einer *Preiserhöhung*) dargestellt. Reagiert ein Haushalt nach dem Giffen-Fall, so kauft er infolge einer Preiserhöhung des Gutes q_2 nicht weniger, sondern *mehr von ihm.*

Der Giffen-Fall beruht auf den statistischen Untersuchungen des Schotten *Robert Giffen* Ende des vorigen Jahrhunderts. Er hatte herausgefunden, daß arme Familien (= niederes Einkommen) bei steigendem Brot- (oder Kartoffel-)-preis nicht etwa weniger, sondern mehr vom Brot (bzw. von den Kartoffeln) kaufen. Dies läßt sich damit erklären, daß diese (relativ) billigen Grundnahrungsmittel der Hauptbestandteil des Verbrauchsplanes der Haushalte sind. Steigt deren Preis, so sind die Haushalte gezwungen, den Konsum an höherwertigen (relativ teueren) Nahrungsmitteln (z.B. Fleisch) einzuschränken, um die Ernährungsgrundlage aufrecht zu erhalten. Zum Ausgleich des eingeschränkten Fleischkonsums müssen sie jetzt noch mehr von den (relativ) billigeren (aber teurer gewordenen) Nahrungsmitteln nachfragen.

Auch der Giffen-Fall läßt sich mit unseren Kurven zum Ausdruck bringen, d.h. durch eine Verschiebung der Bilanzgerade beschreiben. Die nicht übliche Reaktion der Haushalte ist dabei lediglich durch deren besondere Präferenz, d.h. der Indifferenzkurvenschar, darzustellen, siehe Abb. 7-10.

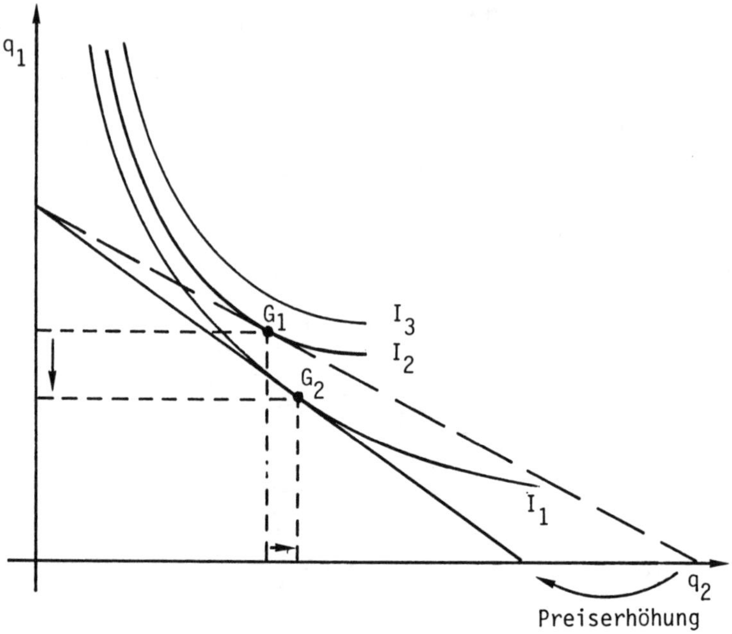

Abb.: 7-10: Giffen-Fall bei einer Preiserhöhung von q_2

Aus Abb. 7-10 läßt sich die nicht übliche Reaktion im Giffen-Fall deutlich ablesen. Die Preiserhöhung von q_2 hat mit dem Punkt G_2 eine schlechtere optimale Güterkombination zur Folge. Es wird erheblich weniger von Gut q_1 (z.B. Fleisch), dafür etwas mehr vom Gut q_2(z.B. Brot) nachgefragt bzw. verbraucht.

Änderung des Einkommens des Haushaltes

Das Einkommen der Haushalte wird ebenfalls durch die Bilanzgerade ausgedrückt. Ändert sich das Einkommen des Haushaltes, so verändert sich wiederum die Bilanzgerade, jetzt aber als Parallelverschiebung.

Eine Einkommenssteigerung ergibt eine Parallelverschiebung der Budgetlinie weg vom Nullpunkt, eine Einkommensminderung eine hin zu Nullpunkt.

Eine Verbindung der sich neu ergebenden optimalen Güterkombinationen (d.h. der verschiedenen G-Punkte) infolge der Einkommensänderung ergibt die sog. **Einkommen-Konsum-Kurve**, siehe Abb. 7-11.

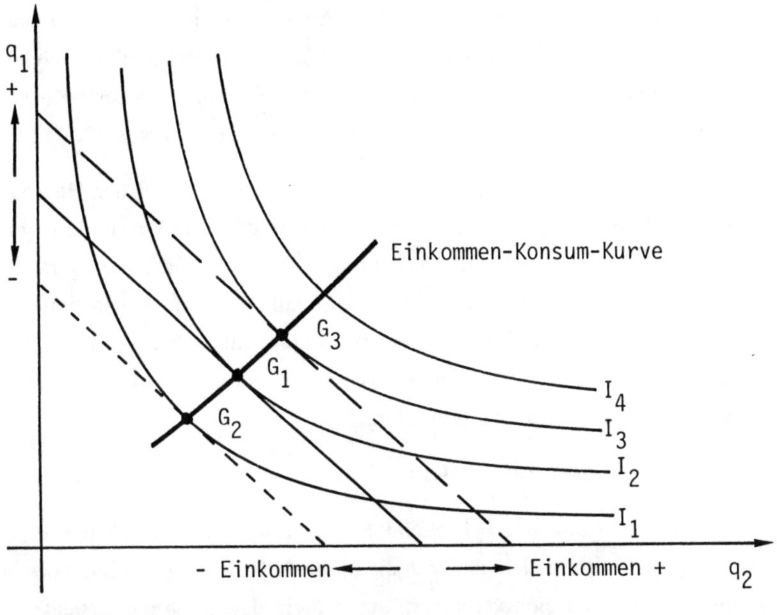

Abb.: 7-11: Einkommensveränderung und neue optimale Güterkombination

Aus den Punkten G, die sich infolge der Einkommensveränderung ergeben, bzw. aus der Einkommen-Konsum-Kurve ergibt sich die Information, wie sich die optimale Güterkombination des Haushaltes infolge einer Einkommensvariation verändert.

Im Beispiel der Abb. 7-11 ergab sich (in etwa) eine proportionale Zu- bzw. Abnahme der vom Haushalt verbrauchten Güter q_1 und q_2 aufgrund der Einkommensvariation.

Insgesamt sind *vier* unterschiedliche *Fälle* denkbar, wie ein Haushalt *infolge einer Einkommensveränderung* seinen *Verbrauch* (bzw. seine Nachfrage) variiert (das nämliche wird in einem späteren Abschnitt als sog. Einkommenselastizität dargelegt):

1. Er steigert (vermindert) seinen Verbrauch nach dem Gut proportional
2. - überproportional
3. - unterproportional
4. - nicht üblich (anomal), d.h. bei steigendem Einkommen geht der Verbrauch absolut nach dem Gut zurück.

Geometrisch betrachtet *resultieren* alle vier Alternativen aus der entsprechenden Lage der jeweiligen Indifferenzkurvenschar. Die vier Möglichkeiten *zeigen* sich geometrisch durch eine entsprechend verlaufende Einkommen-Konsum-Kurve, was in den Abb. 7-12 a und 7-12 b für die beiden Güter $q_1$und q_2 dargestellt ist.

Eine *anomal verlaufende Einkommen-Konsum-Kurve* besagt, daß der Haushalt bei einer Einkommenserhöhung (nur dies wird betrachtet, d.h. eine Verminderung nicht) dieses Gut weniger verbraucht (bzw. nachfragt). Derartige Güter nennt man **inferiore Güter**. Ein inferiores Gut ist ein billiges (qualitativ geringwertigeres) Gut des Grundbedarfs, das bei einer Einkommensverbesserung zugunsten teurer, höherwertiger Güter (die man sich jetzt leisten kann) weniger verbraucht wird. Bei uns bekannte Beispiele sind Brot, Kartoffeln, Margarine.

Einkommnes- und Substitutionseffekt

Vergleicht man die Abb. 7-11 = Einkommensänderung mit Abb. 7-8 b = Preissenkung von Gut q_2 , so zeigt sich, daß sich die optimale Güterkombination eines Haushaltes (im Normalfall) gleich verbessert, unabhängig davon, ob die Ursache wie in Abb. 7-11 eine Einkommenserhöhung oder wie in Abb. 7-8 b eine Preissenkung war.

Einkommenserhöhung oder Preissenkung (und umgekehrt) bewirken im Hinblick auf die optimale Güterkombination des Haushaltes das nämliche, d.h. eine Verbesserung (Verschlechterung).

Da eine Preisänderung immer umgekehrt wie eine Einkommensänderung wirkt (in Bezug auf die Richtungsänderung), *nennt* man die *Wirkung einer Preisänderung* auch den *Einkommenseffekt einer Preisvariation.* Dieser Effekt *besagt,* daß im Normalfall von beiden (allen!) Gütern bei einer Preissenkung mehr nachgefragt wird. Diesem Einkommenseffekt (bei einer Preisvariation) steht normalerweise der sog. *Substitutionseffekt* gegenüber, der *besagt,* das meist eine Verstärkung des Verbrauchs (der Nachfrage) nach dem relativ billigen Gut zu Lasten des relativ teuren Gutes zu beobachten ist.

Im Normalfall treten beide Effekte auf, die sich dann als Saldo (da sie gegeneinander wirken in aller Regel) darstellen.

Beide Effekte sollen nunmehr getrennt zur Darstellung kommen. Wir nehmen eine Preissenkung für Gut q_2 an und stellen dies durch die Verschiebung der Budgetlinie dar, siehe Abb. 7-13.

Infolge der Preissenkung von q_2 kann der Haushalt nunmehr die bessere optimale Güterkombination in G_2 realisieren, d.h. die Preissenkung hat ihm eine reale Einkommensverbesserung gebracht.

Nehmen wir nun an, der Preis von q_2 sei *nicht* gesunken und zeichnen wir durch Parallelverschiebung der Budgetlinie eine Einkommenserhöhung (dünn gestrichelte Linie) soweit ein, daß der Haushalt in der Lage wäre, die nämliche Indifferenzkurve I_2 wie vorher infolge der Preissenkung zu erreichen. Er könnte dann (angenommen) die optimale Güterkombination in G_2 ' realisieren. Sowohl G_2 wie G_2 ' liegen auf dem gleichen Nutzenniveau.

Infolge der Preissenkung von q_2 kann der Haushalt aber nur den Punkt G_2 realisieren. Gedacht bewegt er sich auf der Indifferenzkurve somit von G_2 ' nach G_2 . Diese Bewegung ist eine Substitution von Gut q_1 für Gut q_2 und wird deshalb Substitutionseffekt genannt. Die gedachte Bewegung von G_1 nach G_2 ' nennt man den Einkommenseffekt.

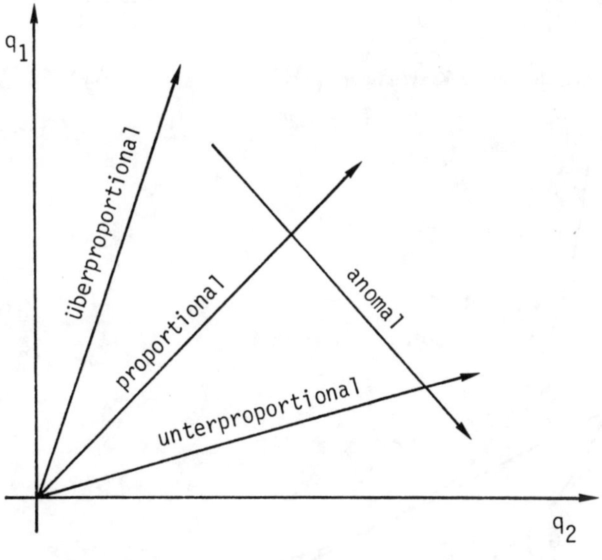

Abb.: 7-12 a: Einkommen-Konsum-Kurven für q_1

Bei der Bewegung von G_1 nach G_2 über (gedacht) G_2 ' nimmt die Menge des Gutes q_2 um die Differenz von q_2 - q_1 zu. Diese Zunahme der Menge des Gutes q_2 beruht auf dem Einkommenseffekt in der Differenzmenge von q_2 ' - q_1 und auf dem Substitutionseffekt in der Differenzmenge von q_2 - q_2 '. D.h. man kann schreiben:

$$q_2 - q_1 = (q_2' - q_1) + (q_2 - q_2')$$

Einkommens-Substitutions-Effekt

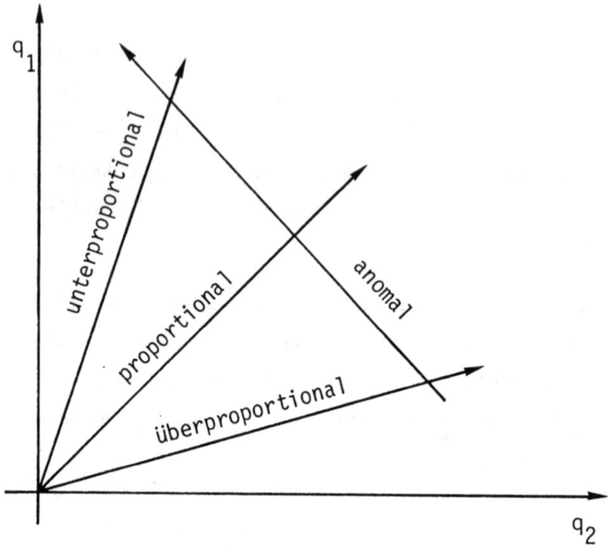

Abb.: 7-12 b: Einkommen-Konsum-Kurven für q_2

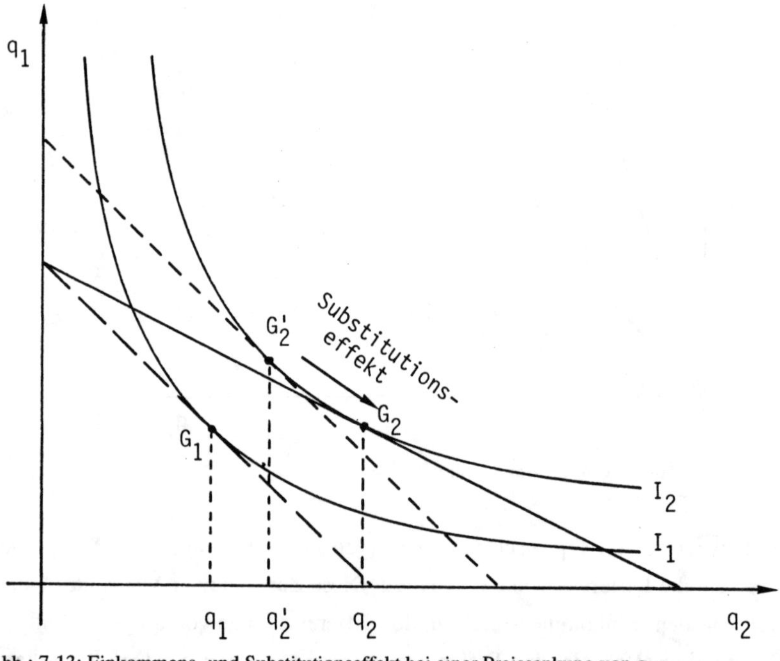

Abb.: 7-13: Einkommens- und Substitutionseffekt bei einer Preissenkung von q_2

7.2.2.3 Ableitung der individuellen Nachfrage - Aggregation zur volkswirtschaftlichen Gesamtnachfrage

Ableitung der individuellen Haushaltsnachfrage

Aus dem Indifferenzkurvensystem läßt sich die individuelle Nachfrage des Haushaltes nach *einem* Gut einfach ableiten.
Wir benötigen dazu die Analyse der optimalen Güterkombination bei Preisänderung der Güter, insbesondere die Entwicklung der Preis-Konsum-Kurve.
Wir verwenden dazu das Beispiel in Abb. 7-9 und entwickeln aus der Preis-Konsum-Kurve für q_2 , die Haushaltsnachfragekurve nach dem Gut q_2 . Die in Abb. 7-9 entwickelte Preis-Konsum-Kurve beantwortet uns die Frage, wie sich für den Haushalt die Güterkombination q_2 zu q_1 infolge einer Preissenkung von p_2 verändert.

Betrachten wir *nur* q_2 , dessen Preis sich verändert (lassen somit das Gut q_1 unberücksichtigt), so sind wir bereits bei der grundsätzlichen Fragestellung der Nachfrage:

> Die *Aufgabenstellung der Nachfrage* lautet: Wie verändert sich die nachgefragte Menge eines Gutes (z.B. q_2) durch den Haushalt infolge einer Preisänderung dieses Gutes?

Die *Antwort* kann bereits aus dem Verlauf der Preis-Konsum-Kurve gegeben werden:

> Wie aus Abb. 7-9 ersichtlich, nimmt im Normalfall die Nachfrage nach einem Gut zu (ab), wenn der Preis des Gutes sinkt (steigt).

Die aus der Preis-Konsum-Kurve für das Gut q_2 ableitbare *Funktion der individuellen Nachfrage* hat die Form:

$$q_2 = f(p_2 ; p_1 = \text{const.}; \; y = \text{const.})$$

bzw. läßt man die konstanten Größen außer acht:

> Funktion der Nachfrage: $q_2 = f(p_2)$

Aus der Ableitung der Bilanzgeraden ergab sich, wenn die Menge q_1 = Null gesetzt wird, die Beziehung:

$$q_2 = \frac{y}{p_2}$$

Mit Abb. 7-14. die an die Abb. 7-9 anknüpft, läßt sich nunmehr die individuelle Haushaltsnachfrage ableiten.

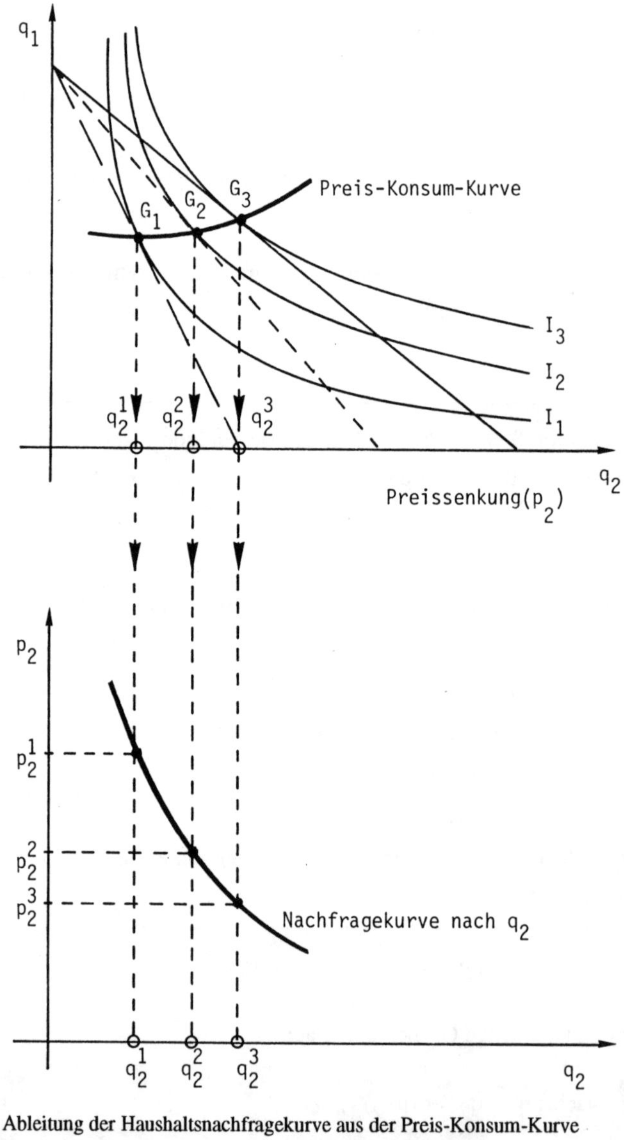

Abb.: 7-14: Ableitung der Haushaltsnachfragekurve aus der Preis-Konsum-Kurve

Im oberen Koordinatenbild ist die analoge Graphik aus Abb. 7-9 enthalten. aus der zweimaligen Preissenkung für q_2 ergab sich die Drehung der Bilanzgeraden. Der Haushalt konnte jeweils eine bessere optimale Güterkombination in den Punkten G_1 bis G_3 realisieren. Deren Verbindung ergab die Preis-Konsum-Kurve (siehe Darlegungen zu Abb. 7-9).

Die Punkte G_1 bis G_3 (bzw. die Punkte der PKK-Kurve) sagen aus, welche Mengen von q_2 beim entsprechenden Preis p_2 vom Haushalt verbraucht, (bzw. nachgefragt werden).

Man lotet somit die Mengenkoordinatenangaben der Punkte G_1 bis G_3 in das untere Koordinatenbild (siehe Abb. 7-14). Im Punkt G_1 frägt (verbraucht) der Haushalt die Menge $q_2^{\,1}$ nach, im Punkt G_2 die Menge $q_2^{\,2}$ usw. Aus der graphischen Darstellung unmittelbar nicht ersichtlich sind die Preise der Mengen $q_2^{\,1}, q_2^{\,2}, q_2^{\,3}$

Dazu benötigen wir die vorher erwähnte Beziehung,

$q_2 = \frac{y}{p_2}$, die nach p_2 umgeformt ergibt:
$p_2 = \frac{y}{q_2}$

y (das Einkommen) ist eine gegebene konstante Größe, so daß die gesuchten Preise errechenbar sind:

Der Preis des Gutes q_2 im Punkt G_1 sei $p_2^{\,1}$, er ergibt sich:

$p_2^{\,1} = \frac{y}{q_2^{\,1}}$ usw.

Da unser Beispiel geometrisch, ohne Zahlen abgeleitet wird, sind die Preise $p_2^{\,1}$, $p_2^{\,2}$, $p_2^{\,3}$ angenommen und auf der Ordinate im unteren Koordinatenbild eingetragen. Die Verbindung der sich so ergebenden (hier drei) Punkte ist die gesuchte (normale) Nachfragekurve des Haushaltes nach Gut q_2.

Da die Preis-Konsum-Kurve eine leicht gekrümmte Kurve ist, ist auch die aus ihr entwickelte Nachfragekurve leicht (konvex zu Nullpunkt) gekrümmt.

Üblich ist es, die *Nachfragekurve als Gerade* darzustellen, damit ist sie eine lineare Funktion, mit der sich einfacher arbeiten läßt.

Je nach der Gestalt der Indifferenzkurvenschar des Haushaltes ergibt eine andere Preis-Konsum-Kurve, hin bis zum sog. anomalen Giffen-Fall. Infolgedessen sind auch die individuellen Nachfragekurven der Haushalte nach dem gleichen Gut q_2 (u.U.) stark unterschiedlich.

In Abb. 7-15 sind die Typen derartiger unterschiedlicher Nachfragekurven enthalten (siehe Abb. 7-15).

Diese unterschiedlichen Typen von Nachfragekurven werden in einem folgenden Abschnitt genauer mit der sog. Preiselastizität der Nachfrage charakterisiert.

Normale Nachfragekurven (steile oder flache) verlaufen (wenn wie üblich Preis auf der Ordinate, Menge auf der Abszisse) von links oben nach rechts unten. Nur die anomale, die auf den Giffen-Fall zurückgeht, verläuft umgekehrt.

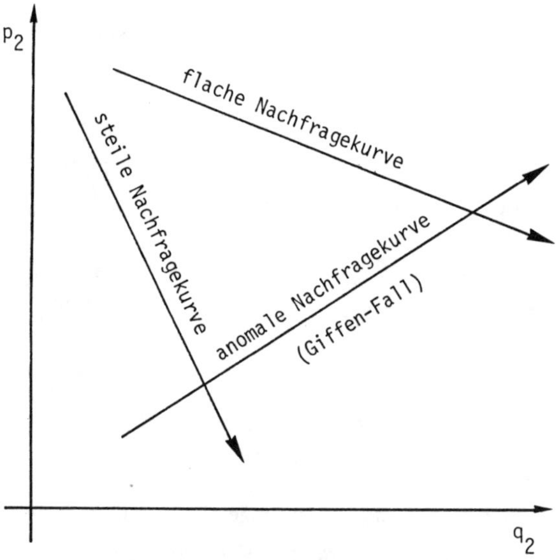

Abb.: 7-15: Typen von Nachfragekurven eines Haushaltes

Aggregation zur volkswirtschaftlichen Gesamtnachfrage

Die für Preis- und Marktanalysen wichtige Nachfrage ist nicht die eines einzelnen Haushaltes, sondern die aller Haushalte nach dem Gut q_2

Die volkswirtschaftliche Gesamtnachfrage ergibt sich einfach durch Addition aller Einzelnachfragen der individuellen Haushalte.

Die Überlegung dazu ist folgende:
Welche Menge von q_2 fragt der Haushalt Nr. I beim Preis p_2^1 nach; dies sei $q_{2\,I}^1$.
Ein Haushalt Nr. II soll beim Preis p_2^1 die Menge $q_{2\,II}^1$ nachfragen, der Haushalt Nr. N schließlich die Menge $q_{2\,N}^1$.

Wir erhalten somit:

$$\text{Gesamtnachfrage für } q_2 \quad (\text{bei } p_2^1) = q_{2\,I}^1 + q_{2\,II}^1 + ... + q_{2\,N}^1$$

$$\text{oder:} \quad q_2 \quad (\text{bei } p_2^1) = \sum_1^N q_2^1$$

Man stellt den Haushalten die gleiche Frage für den Preis p_2^2 und erhält die Antwort:

$$\text{Mengen} \quad q_2 \quad (\text{bei } p_2^2) = \sum_1^N q_2^2 \quad \text{u.s.w.}$$

Diese Überlegung wird üblicherweise graphisch demonstriert, wobei aus Darstellungsgründen von nur drei Haushalten ausgegangen wird, siehe Abb. 7-16.

Beim Preis p_2^4 besteht keine Nachfrage der Haushalte (= 1. Punkt = Q_4), damit 1. Punkt der Gesamtnachfrage (Q_4). Beim Preis p_2^3 fragt lediglich Haushalt III nach, seine Menge übertragen ergibt (Q_3) als insgesamt nachgefragte Menge und Punkt Q_3 . Beim Preis p_2^2 fragt Haushalt II und III nach, die Summe aus deren beider Mengen ergibt mit Punkt Q_2 die gesamte nachgefragte Menge. Analog ergibt sich Punkt Q_1 . Der Streckenzug aus Q_4 bis Q_1 ist die volkswirtschaftliche Gesamtnachfrage nach q_2 bei alternativen Preisen von p_2.

Unterstellt man eine endlich größere Anzahl von Haushalten und entsprechend kleine Preisvariation, so geht der Streckenzug schließlich in eine glatte Kurve der Gesamtnachfrage über, die ebenfalls (aus dem erwähnten Grund) als Gerade angenommen wird.

> Aussehen (= Verlauf) und Eigenschaften der Gesamtnachfrage entsprechen der einzelnen Haushaltsnachfrage. Die allerdings vorhandenen, nicht einfachen Aggregationsprobleme werden hier nicht analysiert.

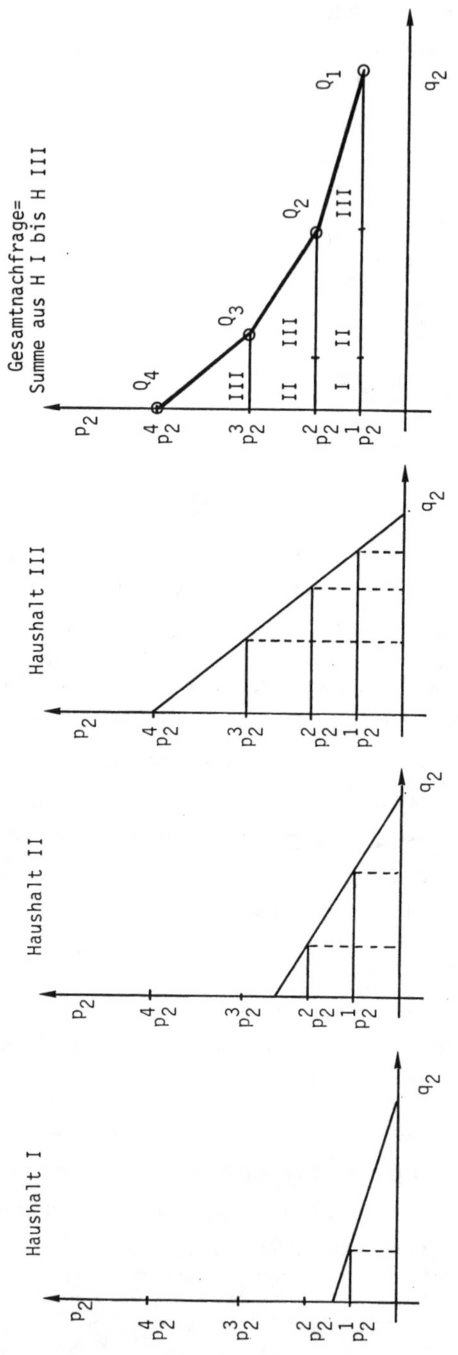

Abb.: 7-16: Ableitung der Gesamtnachfrage aus den Haushaltsnachfragen

7.2.2.4 Kritik der Nutzen - Indifferenzanalyse und der Nachfragebetrachtung

Aus der Darlegung der Indifferenzkurvenanalyse und den daraus ableitbaren Nachfragekurven ergibt sich eindeutig, daß eine kritische Beurteilung des in den Wirtschaftssozialwissenschaften üblichen Nachfragebegriffes (und der Kurven) bei der ordinalen Nutzenlehre und nicht bei den Nachfragekurven selbst einzusetzen hat. Die wichtigsten Kritikpunkte, die für eine Interpretation der Aussage der Nachfrage mit zu sehen wären, sind:

1. Als Bestimmungsvariable der Nachfrage werden nur der Nutzen bzw. die Präferenz, das Einkommen und die Preise berücksichtigt. Andere Bestimmungsgründe, wie z.B. Geltungskonsum (Konsumpsychologie), die auf die nachgefragte Menge mit einwirken, werden nicht betrachtet. Hier wäre eine Aufgabe der Konsumforschung, die der Haushaltstheorie damit helfen könnte.

2. Es wird Markttransparenz unterstellt. Unsicherheit als Merkmal zukünftiger Entscheidungen wird nicht berücksichtigt.

3. In den Modellen wird die Tatsache nicht berücksichtigt, daß die Verbraucher sich über den tatsächlichen Nutzen der Güter nicht im klaren sind.
   Die Mikroökonomik geht von den am Markt von den Haushalten offenbarten Wünschen aus, ohne prüfen zu müssen, was davon wahre oder falsche Wünsche seien. Hierbei würde es sich um ein echtes Werturteil handeln.

4. Die Nachfrage setzt eine Kenntnis der Indifferenzkurven voraus, die sich empirisch nicht nachweisen lassen.

5. Die unterstellte Entscheidungsfreiheit der Haushalte wird durch die Werbung eingeschränkt. Auch dazu wäre dagegen zu argumentieren, daß es Aufgabe der Theorie ist, von den gegebenen Entscheidungen auszugehen und nicht nach den Beweggründen zu forschen (Aufgabe der Konsumforschung).

6. Verbraucher verhalten sich völlig rational, indem sie Nutzenmaximierung anstreben.

Eine Auseinandersetzung mit diesen (und einer Reihe nicht aufgeführter) Kritikpunkten soll u.a. deshalb unterbleiben, da darüber die Auffassungen in der Literatur nicht einheitlich sind.

Als *einfache Zusammenfassung* wäre aber zu berücksichtigen:

Bei einer intensiveren Erforschung der Bestimmungsgründe der Nachfrage der Haushalte, z.B. als Betriebswirt im Marketingbereich, sind sicherlich noch weitere Aspekte zu erforschen, was andeutungsweise in einem folgenden Abschnitt geschieht.
Eine Reihe von Annahmen der mikroökonomischen Haushaltstheorie, z.B. Nutzenmaximierung, erfordern eine realistischere Ausgestaltung ihrer Aussage.
Trotzdem vermittelt die Theorie der Nachfrage der Haushalte die Grunddenkrichtung der Konsumenten.
Darüber hinaus hat sie einen Denkapparat entwickelt, Begriffe und dergl. abgeleitet, die heute im Wirtschaftsleben gang und gäbe sind.

7.2.2.5 Eigenschaften der Nachfrage (-kurve)

Die abgeleitete und in den Wirtschaftswissenschaften üblicherweise verwendete Nachfrage, in ihrer Form als Nachfragekurve, hat eine Reihe analytischer Eigenschaften, die zusammenzufassen bzw. noch darzulegen sind.

Funktion der Nachfrage (-kurve)

Als Variable der Nachfrage werden Preis (p) und Menge (q) berücksichtigt, übrige Größen wie Einkommen (y), Preis des anderen Gutes sind Konstante und bleiben außer Betracht. Somit arbeitet die Nachfrage mit der *Funktion:*

$$q = f(p)$$

Mit dieser Funktion wird ausgedrückt, daß die nachgefragte Menge q (nur) abhängig ist vom Preis p, d.h. alternative Preise bestimmen q. Geht man wie üblich zur Vereinfachung davon aus, daß die Nachfrage (= NN) eine Gerade = *lineare Funktion* sei, so wird aus q = f (p)

$$q = a - b \cdot p$$

wobei a und b die üblichen Parameter einer linearen Funktion sind und es sich um eine normale Nachfrage handelt (Minus-Vorzeichen!)

Typen von Nachfragekurven

Bekannt ist, daß der Typ und die Art der Nachfrage durch die Indifferenzkurven der Haushalte bestimmt wird.

Trägt man (wie seit A. Marshall üblich), auf der Ordinate den Preis und auf der Abszisse die Menge ab, so verlaufen *normale* Nachfragekurven im ersten Quadranten von links oben nach rechts unten. Es kann sich dabei um mehr *steil* abfallende (größerer Neigungswinkel mit de X-Achse zu Nullpunkt) oder mehr *flach* abfallende Kurven (kleinerer Winkel) handeln. Die anomale Nachfragekurve (sog. Giffen-Fall) verläuft umgekehrt von links unten nach rechts oben. Man sehe dazu Abb. 7-15.

Direkte Preiselastizität der Nachfrage

Die eben allgemein charakterisierten Typen von NN-Kurven werden exakter mit dem in den Wirtschaftswissenschaften wichtigen Begriff der Elastizität beschrieben.

> Die *Elastizität* mißt die *Stärke* eines Ursache-Wirkungsverhältnisses. Sie vergleicht somit als Quotient: Wie groß ist die relative (prozentuale) Wirkungsänderung im Vergleich zur relativen (prozentualen) Ursachenänderung.

D.h. mathematisch gilt:

$$\text{Elastizität} = \frac{\text{Wirkung (in \%)}}{\text{Ursache (in \%)}}$$

Überträgt man diese Definition der Elastizität auf die Nachfrage, so ist bereits bekannt, daß aus der NN-Funktion q = f (p) die Ursache für eine Änderung der Preis = p und die Wirkung der Änderung die Menge = q darstellt.

Somit ist die *Definitionsformel der direkten Preiselastizität der NN*:

$$\text{Direkte Preiselastizität der NN} = \frac{\text{Mengenänderung (\%)}}{\text{Preisänderung (\%)}}$$

Die direkte Preiselastizität der NN (Symbol " ε "), oft auch nur als Preiselastizität der NN bezeichnet, gibt somit an:

> Um wieviel Prozent sich die nachgefragte Menge nach einem Gut ändert, wenn sich der (ursächliche) Preis um 1 Prozent ändert.

Beschreiben wir die Änderung als Differenzen (Δ), so gilt:

Mengenänderung in %: $\frac{\Delta q}{q} \cdot 100$

Preisänderung in %: $\frac{\Delta p}{p} \cdot 100$

Somit gilt: $\varepsilon = \left(\frac{\Delta q}{q} \cdot 100\right) : \left(\frac{\Delta p}{p} \cdot 100\right)$

$$\varepsilon = \frac{\Delta q}{q} \cdot \frac{p}{\Delta p} \quad \text{oder}$$

$$\boxed{\varepsilon = \frac{\Delta q}{\Delta p} \cdot \frac{p}{q}}$$

Nehmen wir *z.B.* an, ein billiges Herrenhemd kostet DM 30,00. Bei diesem Preis beträgt in einem Fachgeschäft die NN = 100 Stück. Im Ausverkauf wird das Hemd auf DM 24,00 reduziert. Jetzt beträgt die NN = 115 Stück. Wie groß ist infolge der Preissenkung die NN-Elastizität.

p = 30,00 (DM); q = 100 (Stück); Δ q = 100-115 = -15;
Δ p = 30 - 24 = + 6

$$\varepsilon = \frac{-15}{+6} \cdot \frac{+30}{+100} = -0{,}75$$

Wird somit der Preis um 1 % gesenkt, so nimmt die nachgefragte Menge nur um 0,75 % zu.

Wären im vorangegangenen Beispiel die Angaben für Preis und Menge gleich in Prozentwerten erfolgt, so ließe sich ε schneller errechnen. Im Beispiel betrug die Preisreduzierung = ·/. 20 % und die mengenmäßige Nachfragezunahme = + 15 %, somit

$$\varepsilon = \frac{+15\%}{\cdot/.\ 20\%} = -0{,}75.$$

Der sich für ε *ergebende Zahlenwert* ist eine dimensionslose Zahl. Er vermittelt folgende *Informationen:*

1. *Das Vorzeichen*

   a) Ein *Minus*vorzeichen besagt, daß es sich um eine normale Nachfragekurve handelt.

b) Ein *Plus*vorzeichen besagt, es liegt eine anomale NN-Kurve vor (Giffen-Fall)

Manchmal läßt man in der Literatur das (übliche) Minusvorzeichen weg, bzw. multipliziert den Quotienten mit - 1 (obwohl dies nicht einzusehen ist).

2. *Der Zahlenwert alleine, d.h.* $/\varepsilon/$ (absolut genommen):

a) *kleiner als 1* (z.B. 0,75), sog. *unelastische* NN-Reaktion. Hier ist die mengenmäßige Nachfrageänderung kleiner als die sie auslösende Preisänderung (relativ gesehen).

b) *größer als 1* (z.B. 2,08), sog. *elastische* NN-Reaktion. Hier ist (umgekehrt) die mengenmäßige Nachfrageänderung größer als die Preisänderung.

Dann ergeben sich noch *drei Grenzfälle für* ε *:*

c) *gleich 1*, sog. *neutrale* Reaktion, weder elastisch noch unelastisch

d) = Null (O), sog. *völlig unelastische* Reaktion

e) = ∞(unendlich), sog. *völlig elastische* Reaktion

Wenn man vom Fall einer anomalen Nachfrage absieht, so kann man mit dem Zahlenwert der NN-Elastizität *grob* die Typen von NN-Kurven beschreiben, in Abb. 7-17 sind alle Varianten zusammengefaßt.

Eine steile Nachfragekurve (= N_1 N_1) nennt man (grob) eine unelastische Nachfrage. Eine flache NN-Kurve (= N_2 N_2) ist (grob) eine elastische NN. Eine NN-Kurve, die ständig neutral ist, muß eine gleichseitige Hyperbel sein (= N_3 N_3). Eine völlig unelastische Kurve (= N_4 N_4) ist eine Parallele zur Ordinate und eine völlig elastische (= N_5 N_5) ist eine Parallele zur Abszisse.

Die Kurven N_1 N_1 (unelastisch) und N_2 N_2 (elastisch) wurden bewußt als *grob* unelastisch bzw. elastisch bezeichnet, denn (abgesehen von den drei Grenzfällen) *ist es falsch*, eine ganze NN-Kurve als elastisch oder unelastisch zu bezeichnen. Der *Grund* liegt darin, daß sich die *Elastizität* auf einen bestimmten Zustand bezieht bzw. mathematisch *auf einen Punkt.* Geht man deshalb von einer *linearen Funktion* aus, dann *durchläuft* ε letztlich *alle Werte.*

Zur Demonstration eine *Beispiel*:

Die Werte der Tab. 7-4 sollen eine NN-Kurve beschreiben, daraus wurde ε berechnet. In der Abb. 7-18 (darunter) ist die Graphik mit der NN-Kurve und den Beispielen die ε durchläuft.

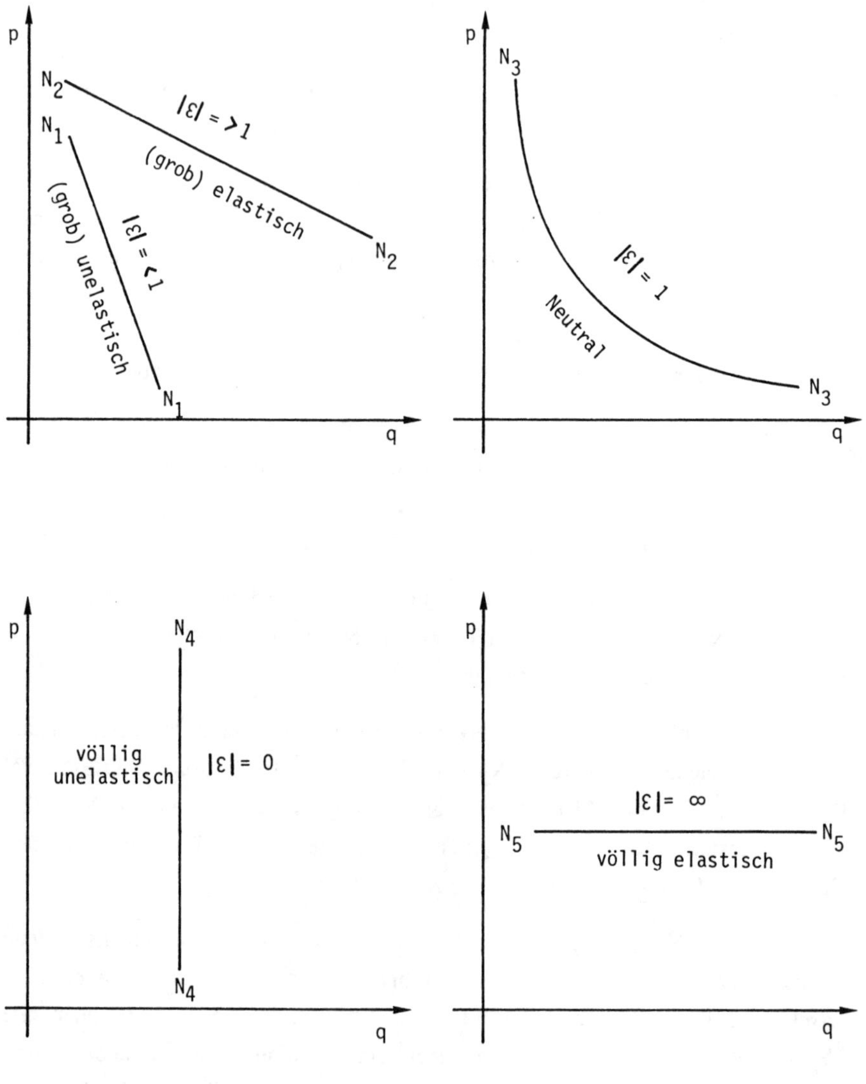

Abb.: 7-17: Preiselastizität der Nachfrage und Typen von NN-Kurven

Preis (p)	Menge (q)	|ε|
0	20	0
1	18	0,11
2	16	0,25
3	14	0,45
4	12	0,67
5	10	1,0
6	8	1,5
7	6	2,33
8	4	4,0
9	2	9,0
10	0	∞

Tab.: 7-4: Daten einer Nachfragekurve mit ε berechnet.

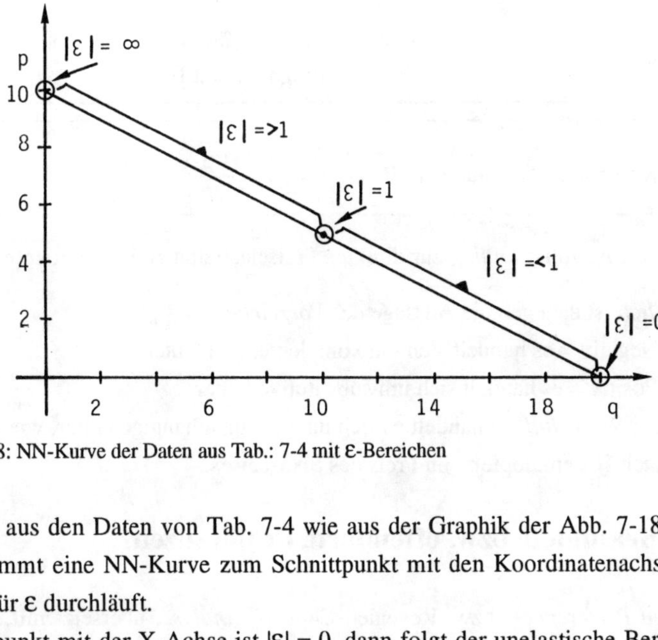

Abb: 7-18: NN-Kurve der Daten aus Tab.: 7-4 mit ε-Bereichen

Sowohl aus den Daten von Tab. 7-4 wie aus der Graphik der Abb. 7-18 zeigt sich, daß, kommt eine NN-Kurve zum Schnittpunkt mit den Koordinatenachsen, sie alle Werte für ε durchläuft.

Schnittpunkt mit der X-Achse ist |ε| = 0, dann folgt der unelastische Bereich, genau bei q = 10 und p = 5 ist |ε| = 1. Es folgt der elastische Bereich. Im Schnittpunkt mit der Y-Achse ist |ε| = .

Aus dem Bild der NN-Kurve in Abb. 7-18 hätte man wahrscheinlich den falschen Schluß gezogen, es würde eine elastische NN vorliegen, weil relativ flache Kurve.

Man hat sich *dadurch täuschen lassen,* daß den absolut gleichen Änderungsraten von p und q (p immer um 1, q immer um 2) völlig verschiedene relative Änderungsraten entsprechen und ε ja ein Quotient aus relativen Größen ist.

Kreuzpreiselastizität bzw. indirekte Preiselastizität der Nachfrage

Bei der Untersuchung einer Preisänderung eines Gutes auf die optimale Güterkombination des Haushaltes und beim sog. Substitutions- und Einkommenseffekt zeigt sich, daß (im Normalfall) von einer Preisänderung eines Gutes q_1 (meist) auch eine mengenmäßige Änderung auf ein Gut $q_2$ausgeht, dessen Preis unverändert blieb.

Die Auswirkungen einer Preisänderung auf die mengenmäßige Nachfrage eines *anderen* Gutes untersucht die Kreuzpreiselastizität.

Es ergibt sich analog:

$$\text{Kreuzpreiselastizität} = \frac{\text{Mengenänderung (\%) Gut A}}{\text{Preisänderung (\%) Gut B}}$$

$$\text{somit: Kreuzpreiselastizität der NN} = \frac{\Delta q_A}{\Delta p_B} \cdot \frac{p_B}{q_A}$$

Der *Zahlenwert* ist völlig *analog* zur direkten Preiselastizität zu interpretieren.

Unterschiedlich ist dagegen die Aussage des *Vorzeichens.*

Negativ = es handelt sich um komplementäre Güter.

Positiv = es handelt sich um substitutive Güter

Ergibt sich der Wert *Null,* so handelt es sich um sog. unabhängige Güter, wie z.B. die Nachfrage nach Hosenknöpfen von Preis des Speiseeises.

7.2.3. Bekundete bzw. offenbarte Präferenzen

Die *Revealed-Preference-* (bzw. Revealed-Choice-) *Analyse*, übersetzt mit, bekundeten bzw. offenbarten (gewählten) Präferenzen, geht auf *Paul A. Samuelson* zurück und wird insbesondere von Autoren im englischen Sprachbereich vertreten.

Das *Ziel* der Revealed-Preference-Analyse ist es, die Hauptkritikpunkte der Indifferenzkurventheorie (Nutzenmaximum der Verbraucher und Kenntnis der Indifferenzkurven) zu vermeiden. Sie will deshalb die Nachfrage nicht aus Nutzenvorstellungen, sondern aus *tatsächlich beobachtetem Verhalten* ableiten (sog. behavioristischer Ansatz).

Die Theorie der bekundeten Präferenzen geht deshalb *nicht* (wie die Indifferenzkurventheorie) von (psychologisch erklärbaren) in den Indifferenzkurven *gegebenen Präferenzen aus, sondern* will diese *Präferenzen auf indirekte Weise ermitteln lassen.* Dieses Ermitteln der Präferenzen (auf indirektem Wege) erfolgt durch das Bekunden bzw. Offenbaren seitens des Konsumenten (sog. zentrale Prämisse dieser Theorie). Für diesen *Vorgang des Bekundens durch den Verbraucher* folgende Überlegung:

Hat ein Haushalt ein gegebenes Einkommen zur Verfügung und sind für die Güter q_1 und q_2 deren Preise angegeben, so sind seine Wahlmöglichkeiten einer Güterkombination aus q_1 und q_2 durch die Bilanzgerade vorgegeben. Er kann eine Güterkombination links von der Budgetlinie oder eine auf ihr liegende wählen. Wählt der Haushalt nun aus dieser Vielzahl von Möglichkeiten eine ganz bestimmte Kombination aus, z.B. den Punkt G auf der Bilanzgeraden (mit der Kombination der Güter q_1^G und q_2^G), so offenbart bzw. bekundet der Haushalt mit dieser Wahl, daß er die Kombination im Punkt G allen anderen Möglichkeiten vorzieht (siehe Abb. 7-19).

Hat ein Haushalt sich (wie angenommen) für die Kombination im Punkt G einmal entschieden, so wird jetzt das sog. *Konsistenzaxiom* formuliert, welches besagt:

> Ein Haushalt handelt *konsistent,* d.h. *widerspruchsfrei*, wenn er bei einer einmal ausgewählten Güterkombination grundsätzlich beharrt, d.h. zu einem anderen Zeitpunkt *keine* andere Offenbarung (d.h. Wahl) abgibt, selbst wenn sich Preise und Einkommen ändern.

Eine derart getroffene Entscheidung des Haushaltes, z.B. Kombination im Punkt G der Abb. 7-19, wird vom Haushalt beibehalten, nur dann handelt er (wie unterstellt) konsistent.

Nimmt man an, daß der Haushalt nach dem *Rationalsprinzip* handelt, (d.h. möglichst viele Bedürfnisse mit seinem Einkommen befriedigen will) und *verbindet* man dies mit dem Vorgang der *Bekundung der Präferenz* und dem *Konsistenzaxiom,* so ergibt sich das *Verfahren,* wie nach der Theorie der offenbarten Präferenzen, quasi *Zonen* einer *unterlegenen* (d.h. auf keinen Fall mehr in Betracht kommenden) Präferenz zu *Zonen* einer *überlegenen* (grundsätzlich gewünschten) Präferenzen sich bilden lassen.

Die Überlegung sei mit Abb. 7-20 demonstriert.

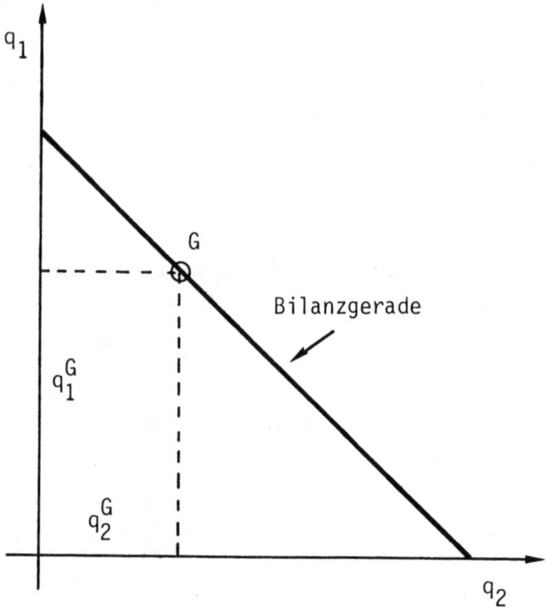

Abb.: 7-19: Offenbarte Wahl eines Verbrauchers in der Revealed-Preference-Analyse

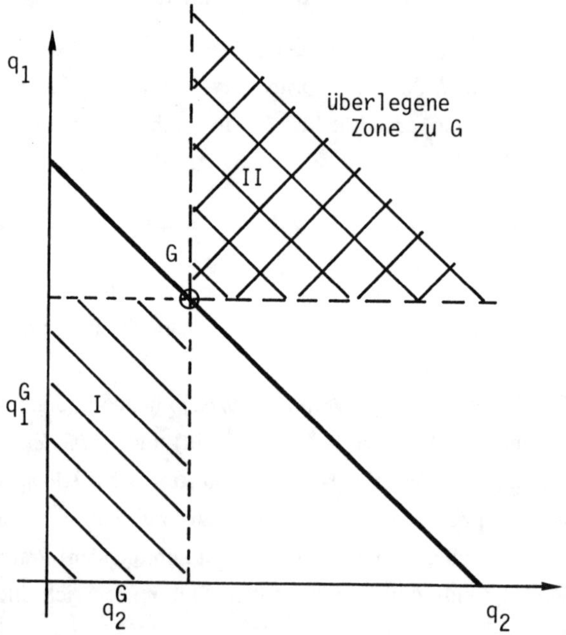

Abb.: 7-20: Konsequenz einer bekundeten Präferenz beim Konsistenzaxiom

Handelt ein Haushalt nach dem Rationalprinzip, hat er für den Punkt G seine Präferenz bekundet und gilt das Konsistenzaxiom, so kommen für ihn Güterkombinationen in der (gestrichelten) Zone I der Abb. 7-20 sicher *nicht* in Betracht, denn jede Kombination dort bedeutet eine Verschlechterung seiner Güterkombination, die er mit dem Punkt G dokumentiert hat. Jede Kombination in der (schraffierten) Zone II berücksichtigt einmal aber seine bekundete Wahl (d.h. gibt ihm bei jeder Kombination auch die Gütermengen $q_1{}^G$ und $q_2{}^G$), gibt dem Haushalt darüber hinaus aber mindestens von einem der Güter q_1 oder q_2 mehr, oder aber von beiden mehr, d.h. ist auf jeden Fall ein überlegenes Kombinationsgebiet. Nach diesem Verfahren lassen sich Zonen, die für den Haushalt auf gar keinen Fall (Annahmen!) in Betracht kommen gegenüber solchen abgrenzen, die er gegebenenfalls immer vorziehen würde. Baut man in diese Überlegung nun noch Preisänderungen der Güter q_1 und q_2 und Einkommensvarianten ein (siehe Abschnitt 722.2), so grenzen sich die vom Haushalt bevorzugten und nicht bevorzugten Kombinationsmöglichkeiten gegenseitig immer deutlicher ab, bis am Schluß wieder eine (Art) Indifferenzkurve gefunden wird. Siehe dazu die Literatur (u.a. Fehl/ Oberender; A. Woll; Henderson/Quandt).

Kritische Beurteilung:
Als richtig wird heute der Ansatz der Revealed-Preference-Analyse angesehen, nämlich daß man statt einer psychologischen Annahme wie in der Indifferenztheorie zur Ableitung der Nachfrage einen empirischen Ansatz wählt. Trotzdem ist bis jetzt aber die empirische Absicherung unbefriedigend geblieben.
Man kritisiert an ihr insbesondere das Konsistenzaxiom, denn dieses unterstellt ja, daß sich die Bedürfnisstruktur der Verbraucher nicht wandelt.

7.3 Ergänzungen der traditionellen Nutzen- und Nachfragetheorie

7.3.1 Prinzipielle Ergänzungen

Bei den einzelnen Abschnitten und zusammenfassend im Abschnitt 722.4 wurden die wichtigsten Kritikpunkte bei der im deutschen Sprachbereich im Mittelpunkt stehenden Indifferenzkurventheorie dargelegt.
Daraus läßt sich insgesamt folgende Erkenntnis gewinnen:
Die traditionelle Nachfragetheorie, d.h. die dargelegte Nutzen-Nachfragetheorie, stellt auch heute noch die Basis der mikroökonomischen Haushaltstheorie dar. Sie hat einmal den heute üblichen Begriffs- und Denkapparat für diesen Bereich zur

Verfügung gestellt. Bei der kritischen Betrachtung der nur beschränkten Verwendung ihrer Ergebnisse zeigt sie andererseits, welche Ergänzungen und Erweiterungen noch erforderlich sind, um zu einer umfassenderen Theorie der Haushaltsplanung und Entscheidung zu gelangen.

Einige dieser Erweiterungen und Ergänzungen sollen kurz in diesem Abschnitt 73 analysiert werden. Für eine erschöpfende und ausführliche Betrachtung fehlt in dieser Grundlegung wieder der Platz.

Die Notwendigkeit von Erweiterungen und Ergänzungen läßt sich mit einem ökonomischen Begriffspaar beschreiben: Die traditionelle Nutzen-Nachfragetheorie unterstellt einen *homogenen Markt,* während für die Verbraucher der Markt (Ausführungen dazu siehe Kapitel Marktformenlehre) überwiegend *heterogen* ist. Der Markt der Realität ist kein homogener, d.h. völlig gleichartiger, er ist wesentlich mehr ein heterogener, d.h. ein *un*gleichartiger Markt. Auf diesem heterogenen Markt spielen für die Entscheidung und Planung der Haushalte und damit letztlich für deren Nachfrage eine Reihe von Einflußgrößen eine Rolle, die in der traditionellen Theorie *nicht* berücksichtigt werden. Es sind dies im besonderen:

1. Die Präferenzen der Haushalte sind wandelbar und werden darüber hinaus von sozialen Einflußfaktoren mitgeprägt.
   Nach heutigem Erkenntnisstand ist die Präferenzordnung keine immer gegebene Größe. Die Präferenzordnung kann sich aus individuellen Gegebenheiten des Haushaltes selbst ändern, wie z.B. durch Einkommensveränderung, Strukturänderung des Haushaltes, Vorliegen anderer Güterarten, Beruf und Bildungsstand. Zusätzlich wird die Präferenz durch soziale und gesellschaftliche Einflüsse verändert, was im folgenden Abschnitt mit den Snob- und sonstigen Effekten dargelegt werden soll.

2. Die Haushaltsentscheidung ist nicht sofort und unmittelbar auf ganz bestimmte Güter und deren Preise gerichtet, sondern das dem Verbraucher gegenüberstehende Angebot wird von ihm zunächst als Gruppe in Hinblick auf eine ganz bestimmte Bedürfnisbefriedigung gesehen. Erst in einem zweiten Schritt werden dann einzelne Güter und deren Preise betrachtet. Dieser erste Schritt müßte aber ebenfalls mit analysiert werden.

3. Eine Preisveränderung kann beim Verbraucher einen Lernvorgang bewirken und somit zu einer Variation seiner Präferenzordnung führen. Würde sich der Preis wieder in der umgekehrten (vorher angenommenen) Richtung bewegen,

so wird infolge der gemachten Konsumerfahrung des Haushaltes nicht die übliche mengenmäßige Reaktion eintreten.

7.3.2. Einkommenselastizität

Obwohl im Abschnitt 722.2 auf die Auswirkung einer Einkommensänderung im Hinblick auf die optimale Güterkombination und damit die Nachfrage bereits eingegangen wurde, ist es üblich, die Bedeutung von Einkommensvariationen auf die Nachfrage gesondert zu untersuchen. Der Grund liegt darin, daß die mit dem Wirtschaftswachstum verbundenen Einkommenssteigerungen der Verbraucher heute einen wesentlich stärkeren Einfluß auf die Entwicklung der Nachfrage ausüben als dies grundsätzlich Preisvariationen bewirken.

Die Haushalte legen in ihren Dispositionen im Hinblick auf die Nachfrage u.U. verschiedene Einkommen zugrunde:

1. Im *Normalfall* legt der Haushalt den Nachfragedispositionen sein *laufendes Einkommen* zugrunde, d.h. das gegenwärtig erzielte Einkommen bestimmt die Nachfrage.

2. Beim sog. *Modigliani-Effekt* wird für die Nachfrage entweder ein vorangegangenes niederes oder höheres Einkommen angenommen. Bei einem steigenden Einkommen dehnen die Konsumenten (entgegen der Indifferenz-Analyse) ihre Nachfrage erst mit zeitlicher Verzögerung aus. Bei sinkenden Einkommen wollen (können) die Verbraucher zunächst ihre Nachfrage nicht anpassen (reduzieren). Lieber wird nicht mehr gespart, oder entspart (Ersparnisse aufgebraucht bzw. Schulden gemacht).

3. Der *Zeitaspekt* spielt u.U. bei einem *erwarteten höheren oder niederen* Einkommen in der Nachfragegestaltung eine Rolle. Rechnet der Haushalt mit einer Einkommenssteigerung (neue Stellung, Tarifverbesserung), so dehnt er jetzt schon seine Nachfrage aus. Umgekehrt schränkt er vor der tatsächlichen Einkommensreduzierung (Kurzarbeit) seine Nachfrage bereits ein.

Die *grundsätzlichen Nachfragereaktionsmöglichkeiten* infolge einer Einkommensvariation sind bereits dargelegt (siehe Abschnitt 722.2). Mit der Einkommenselastizität lassen sie sich analytisch exakter und auch im Hinblick auf die jeweilige Stärke beschreiben.

Für die Einkommenselastizität ergibt sich wieder analog zum Abschnitt 722.5 über die Elastizität:

$$\text{Einkommenselastizität der NN} = \frac{\text{Mengenänderung} \quad (\%)}{\text{Einkommensänderung} \quad (\%)}$$

Wenn y = das Einkommen und q = die mengenmäßige Nachfrage, folgt daraus:

$$\text{Einkommenselastizität der NN} = \frac{\Delta q}{\Delta y} \cdot \frac{y}{q}$$

Der *berechnete Wert* ist wie folgt zu *interpretieren:*

1. Im *Normalfall* ist sein *Vorzeichen positiv* und es gilt:
   a) Zahlenwert *unter 1* (kleiner als 1), hier dehnt der Haushalt seine Nachfrage im Vergleich zur Einkommensänderung geringer aus (schränkt sich ein) = *unelastisch.*
   Derartige Güter mit einer Einkommenselastizität kleiner als 1 nennt man *Notwendigkeitsgüter.* Diese Güter sind im Haushaltsplan ein relativ starrer Block, der auf Einkommensvariationen hin nicht im gleichen Ausmaß verändert wird (z.B. viele der täglichen Nahrungsmittel).

   b) Zahlenwert *größer als 1* = elastisch.
   Bei diesen sog. *Nichtnotwendigkeitsgütern* dehnt der Haushalt bei einer Einkommenssteigerung seine Nachfrage überproportional aus (schränkt sie ein), z.B. typisch für Güter des gehobenen Bedarfs.
2. Als *Ausnahmen* kommen in Betracht:
   a) *Negatives Vorzeichen* bei einem *inferioren Gut.*
   b) *Wert Null* bei einem *Sättigungsgut,* d.h. ein Gut wird bereits in der maximal denkbaren Menge nachgefragt und weder auf Einkommenszu- noch -abnahmen erfolgt eine Änderung in der Nachfrage (z.B. Streichhölzer, Salz).

7.3.3. Snob- und sonstige Effekte

Wie im vorangegangenen Abschnitt 731 bereits angedeutet, werden die Präferenzen der Haushalte u.a. auch durch soziale und gesellschaftliche Einflüsse bestimmt und auch verändert. Der Verbraucher in der modernen Gesellschaft ist vielerlei Beeinflussungen seiner Umwelt ausgesetzt. Das Bestreben nach Geltung, Anerkennung, der Nachahmungstrieb führen zu einer Anpassung an die Verbrauchsgewohnheiten der Gruppen, zu den sog. *Effekten* (geht insbesondere auf *J.S. Duesenberry* zurück).

Mit dem *Mitläufereffekt* bezeichnet man das Phänomen, daß Nachfrage nach einem Gut seitens des Haushaltes deshalb erfolgt, weil andere Haushalte das nämliche Gut nachfragen. Der Verbraucher will zu dieser Gruppe gehören, er will es ihr gleichtun können, ein typisches Beispiel der *Nachahmung* des Gruppenverhaltens, wie es uns in der Mode gegenübertritt.
Der *Vebleneffekt* (nach T. Veblen) beschreibt die Nachfrage eines Haushaltes nach einem auffälligen und zugleich teuren Gut nur deshalb, um mit diesem Konsum die Bezugsgruppe zu übertreffen. Der Verbraucher frägt das Gut nach, weil es viel kostet (*Demonstrations- und Prestigeeffekt).*
Der *Snobeffekt* ist das Gegenteil zum Mitläufereffekt. Ein Haushalt frägt hier ein Gut nach, weil es von wenigen Haushalten nachgefragt wird, d.h. man tut dies, um der *Exklusivität* willen. Würde die Nachfrage danach zunehmen, so frägt es der Snob nicht mehr nach.

Im Rahmen einer dynamischen Marktentwicklung kann man bei entsprechenden neuen (meist zunächst teuren) Gütern die Beobachtung machen, daß zunächst infolge des Vebleneffekts von wenigen Haushalten Nachfrage besteht. Meist wirkt gleichzeitig der Snobeffekt. Nimmt die Nachfrage nach dem neuen Gut zu (meist wird es zumindest relativ billiger), so sucht sich der Snobeffekt ein anderes Gut, während es infolge des Mitläufereffektes zu einem Massengut wird.

7.3.4 Markttransparenz - Verbraucheraufklärung

Die traditionelle Nachfragetheorie impliziert in ihrer Analyse eine vollständige Information des Verbrauchers. Auf den tatsächlich vorhandenen heterogenen Märkten fehlt selbst dem sorgfältigst prüfenden Konsumenten die notwendige Übersicht über alle angebotenen Waren und deren Preise, d.h. es fehlt ihm die nötige *Markttransparenz* (= Übersicht über alle Waren und deren Preise). Dazu kommt noch, daß er die *Qualität* der meisten Waren nicht eindeutig beurteilen kann.
Die Folge ist, daß die Haushalte infolge intensiver Werbung ein Gut in ihre Präferenz aufgenommen haben (d.h. nachfragen) obwohl es ein billigeres, gleich gutes, u.U. besseres Gut geben würde.

Die Ansätze einer Verbraucheraufklärung (d.h. die Verbraucher über warenkundliche, rechtliche, preisliche und qualitative Dinge zu informieren) würden somit helfen, den Grundgedanken der traditionellen Nachfragetheorie besser zum Durchbruch zu verhelfen. In der BRD sind in den Bundesministerien für Landwirtschaft und für Wirtschaft sog. Verbraucherreferate eingerichtet. Daneben gibt es noch die private Arbeitsgemeinschaft der Verbraucherverbände (AGV).

Zusammenfassung:

1. Die *wirtschaftliche Bedeutung* der Haushalte besteht einmal in der Notwendigkeit einer Einkommenserzielung, die für die meisten von ihnen im Anbieten einer Arbeitsleistung (Arbeitsmarkt) besteht. Weiterhin kaufen sie Waren und Dienste = der Verbrauch. In steigendem Ausmaß nehmen sie kollektive Leistungen in Anspruch. Schließlich sparen sie. In der üblichen Nachfragetheorie wird nur der Verbrauch betrachtet.

2. Volkswirtschaftlich ist Verbrauch bzw. Konsum der *Verkauf* von Gütern und Diensten an die Haushalte.

3. Hat ein Haushalt sein Einkommen (y) in die Ersparnisse (s) und den Verbrauch (c) aufgeteilt, so stellt die Nachfragetheorie fest, daß der Verbrauch = c im wesentlichen von der Bedarfsstruktur, dem Einkommen und den Preisen bestimmt wird.

4. Die übliche *Ableitung der Nachfrage* der Haushalte setzt ein bei der Nutzenfunktion. Dabei wird unterstellt, der Haushalt weiß den Nutzen der Güter und Dienste, und er gibt sein Einkommen so aus, daß sein Gesamtnutzen maximal wird.

5. Die *kardinale Nutzenlehre* ist die erste Auffassung vom Nutzen. Sie geht davon aus, daß der Nutzen meßbar sei, wie z.B. Gewicht und Körpergröße, eine Auffassung, die heute überwiegend als nicht mehr haltbar angesehen wird. Bedeutungsvoll sind aus ihr die beiden Gossen'schen Gesetze.

1. Gossen'sches Gesetz: Der Grenznutzen (= Nutzenzuwachs einer Konsumeinheit) jeder weiteren konsumierten Einheit wird kleiner. Sättigung tritt ein, wenn der Grenznutzen Null wird.

2. Gossen'sches Gesetz: Verbraucher erreicht sein Nutzenmaximum, wenn der Grenznutzen aller Güter gleich ist, bei Beachtung der Knappheit der Mittel.

6. Die *ordinale Nutzenlehre* steht heute im Zentrum der Betrachtung, sie sagt, ein Nutzen ist *nicht* meßbar, sondern nur eine Rangfolge der Nutzen kann der Konsument angeben. Untersucht wird ein Zweigüterfall.

7. Alle im Zweigüterfall für den Haushalt gleichwertigen Güterkombinationen (= stiften ihm das nämliche Nutzenniveau), liegen auf einer Linie, der sog. *Indifferenzkurve.*

8. Die *Grenzrate der Substitution* besagt, welche Menge eines Gutes man hergeben muß, um eine Einheit des 2. Gutes zu erhalten, wobei das Nutzenniveau gleich bleiben soll. Die Grenzrate der Substitution nimmt bei fortlaufender Substitution ab.

9. Die *Bilanzgerade* stellt bei gegebenen Einkommen und Preisen der beiden Güter alle für den Haushalt realisierbaren Güterkombinationen dar.

10. Die *optimale Güterkombination* des Haushaltes ist im Tangentialpunkt der Bilanzgeraden und einer Indifferenzkurve gegeben.

11. Eine *Änderung* der Präferenz des Haushaltes ergibt eine neue Indifferenzkurvenschar; eine Preisänderung ergibt eine Drehung der Bilanzgeraden; eine Einkommensveränderung eine Parallelverschiebung der Budgetgeraden und entsprechend eine neue optimale Güterkombination.

12. Untersucht man die optimale Güterkombination bei einer Preisänderung eines Gutes, so erhält man die sog. Preis-Konsum-Kurve. Aus dieser läßt sich einfach die *individuelle Nachfrage*kurve eines Haushaltes ableiten.

13. Eine Aggregation aller individuellen NN-Kurven ergibt die *gesamte Nachfrage* nach einem bestimmten Gut.

14. Mit der *direkten Preiselastizität* der NN kann der unterschiedliche Verlauf einer Nachfrage beschrieben werden. Sie besagt: Um wieviel Prozent ändert sich die nachgefragte Menge nach einem Gut, wenn sich der (ursächliche) Preis um 1 Prozent ändert.

15. Die *Kreuzpreiselastizität* untersucht die mengenmäßige Auswirkung auf die Nachfrage infolge der Preisänderung eines anderen Gutes.

16. Die *Revealed-Preference-Analyse* will die Problematik des Nutzens vermeiden und die Nachfrage aus dem tatsächlichen beobachteten Verhalten der Verbraucher ableiten.

17. Die übliche traditionelle rationale Nachfragetheorie gründet sich auf die Nutzenvorstellung. Sie hat nur eine beschränkte Aussagekraft und muß somit *ergänzt* werden durch folgende Punkte:
    a) Berücksichtigung der vorherrschenden heterogenen Märkte.
    b) Präferenzen sind wandelbar und unterliegen sozialen Einflüssen.
    c) Lernvorgang bei Preisen.
    d) Einkommenselastizität.
    e) Snob- und weitere Effekte.
    f) Verbraucheraufklärung und Markttransparenz.

8. Angebotstheorie (Produktions- und Angebotsplanung der Unternehmung)

8.1. Einführung

Kehren wir zur Kreislaufdarstellung zurück (siehe Abb. 4-1 oder Abb. 4-2), so besteht in einem Verkehrswirtschaftssystem (wie dem der BRD) die *Absicht jeder Unternehmung* darin, irgendetwas Spezifisches zu produzieren, es auf dem Markt anzubieten mit der Absicht, es auch zu verkaufen. Der Begriff "etwas zu produzieren" bedeutet dabei Güter, aber auch alle Arten von Diensten.
Aus den beiden Kreislaufdarstellungen ist deutlich erkennbar, daß zur Verwirklichung dieser Absicht die Unternehmung nach zwei Seiten hin mit anderen Wirtschaftseinheiten in Kontakt treten muß.
Sie ist einmal Nachfrager (Käufer) von Arbeitsleistungen und allen übrigen sachlichen Produktionsmitteln, die erforderlich sind, um Güter oder Dienste produzieren zu können. Zum anderen ist sie Anbieter (Verkäufer) ihrer Produkte bzw. Dienstleistungen. In der Sprache der Kreislaufanalyse trat der Sektor U über den Faktormarkt (als Nachfrager) und über den Waren-Dienstemarkt (als Anbieter) in Beziehung zu anderen Sektoren.

In der Makrobetrachtung der Kreislaufanalyse wurde (bewußt) das Verbindungsstück dieser zwei Beziehungsseiten einer Unternehmung, nämlich der Vorgang *in der Unternehmung*, das Produzieren nicht untersucht. *Produzieren bedeutet zunächst*, in der Unternehmung werden die eingekauften Arbeitsleistungen und übrigen sachlichen Produktionsmittel so miteinander kombiniert (verbunden), daß damit die spezielle Leistung (Produktion) dieser Unternehmung erbracht (produziert) werden kann, die dann verkauft werden soll.

Der Wirtschaftsplan einer Unternehmung besteht somit aus drei großen Teilbereichen:

1. Einkauf (Bezug) von Faktoren, d.h. von Arbeitsleistungen und sachlichen Produktionsmitteln.

2. Kombination (Einsatz) dieser Faktoren im Unternehmen mit dem Ziel der Produktion von Gütern bzw. Diensten, d.h. der Hervorbringung einer Leistung.

3. Angebot dieser produzierten Leistung am Markt.

Was ist bei der *Verwirklichung des Wirtschaftsplanes* einer Unternehmung (dem Einkauf, der Produktion, dem Angebot) die verfolgte *Zielsetzung?*

Üblicherweise wird in einer Markt-Verkehrswirtschaft unterstellt, daß die Unternehmung dabei den *größtmöglichen (maximalen) Gewinn* anstrebt. In der Praxis spricht man meist von einem angemessenen, normalen, brachenüblichen Gewinn.
Die neuere Forschungsrichtung der BWL (siehe u.a. E. Heinen) bringt daneben andere Zielsetzungen in den Vordergrund, wie Macht, Marktanteile usw. Aber auch hier ist der Gewinn "wenigstens" die Meßziffer, um den Erfolg (oder Mißerfolg) auszudrücken.

Bei dem in der Angebotstheorie *unterstellten* Ziel der Unternehmung, einen möglichst hohen Gewinn zu erzielen, ist zu berücksichtigen, daß andere Zielsetzungen u.U. oder zeitweise wichtiger erscheinen können.

Die Produktion ist somit eine entscheidende und wesentliche Schaltstelle im volkswirtschaftlichen Kreislauf. Sie hat einen doppelten Charakter: Denn durch die Nachfrage nach Produktionsfaktoren schafft sie das Einkommen, mit dem auf der anderen Seite ihr Güterangebot auf dem Markt gekauft werden kann.

Die Darstellung in diesem Buch beschränkt sich auf die herkömmliche volkswirtschaftliche Produktions- und Kostentheorie, die den prinzipiellen Denkapparat erarbeiten will und der es darauf ankommt zu zeigen, welche Einflußfaktoren unter bestimmten Prämissen für das Angebot wichtig sind. Damit kommt nicht die große Vielfalt der Empirie in der Produktions- und Kostensphäre zur Darstellung, denn hier setzt die betriebswirtschaftliche Produktions- und Kostentheorie ein. In der Darstellung der Grundlagen sind VWL und BWL dagegen deckungsgleich. Es geht die BWL lediglich vielen branchenspezifischen Besonderheiten nach.

Die übliche Angebotstheorie in der VWL wird meist in drei Abschnitte aufgeteilt:
1. In die Produktionstheorie
2. In die Kostentheorie
3. In die Angebotsplanung

Wir gehen analog vor. Zwischen den drei Abschnitten besteht folgender Zusammenhang:
Die *Produktionstheorie* untersucht die mengenmäßigen Beziehungen zwischen dem Einsatz der Produktionsfaktoren (dem input) und der Menge der ausgebrachten Güter und Dienste = Leistungen (dem output). Dabei will sie die Produktionsfunktionen bestimmen.

Die *Kostentheorie* baut auf der Produktionstheorie auf, indem sie die mit den Preisen bewerteten, eingesetzten Produktionsfaktoren (= die Kosten) dem mengenmäßigen Output gegenüberstellt.
Sie ermittelt dabei wie ein bestimmter Output mit den geringsten Kosten produziert werden kann.

Die *Angebotsplanung* ihrerseits verwendet die Kostentheorie, um festzustellen, wo die größte Differenz zwischen dem Erlös und den Kosten, d.h. der größtmögliche erzielbare Gewinn (unter bestimmten Prämissen) gegeben ist, um dann diese Menge anzubieten.

8.2. Produktion - Produktionsfunktion - Produktionsgleichgewicht

8.2.1 Produktionstechnische Grundlagen

Der *Begriff Produktion* muß nunmehr exakter gefaßt werden. Wie so oft, wird er mit unterschiedlichem Inhalt verwendet.
Zum *Produktionsbegriff im weiteren Sinne* zählt man alle Vorgänge, die der Bereitstellung von Gütern und Diensten dienen. Dazu rechnen dann: die technischen Vorgänge der Gütererzeugung, alle Transport-, Handels- und Lagervorgänge, Dienstleistungen wie Finanzierung (Banken), Versicherung, Beratung, Prüfung usw.
Der *Produktionsbegriff im engeren Sinne* versteht unter Produktion nur die physische (physikalisch-chemische) Hervorbringung, Umformung und Verarbeitung von Gütern. Dieser Begriff entspricht meist dem Sprachgebrauch im Alltagsleben, der bei Produktion an die Industrie (technische Seite), die Landwirtschaft und teils an das Handwerk denkt.

Wenn nicht anders vermerkt, wird der weitere Produktionsbegriff unterstellt (obwohl die Beispiele des plastischen Verständnisses wegen ausnahmslos den engeren Begriff entnommen werden).

Die *Produktionstheorie* untersucht die alternativen Produktionsmöglichkeiten, die zur Hervorbringung der Güter und Dienste möglich und denkbar wären. Die Produktionstheorie ist somit primär eine technische Disziplin, d.h. ihr liegen *technische Beziehungen zugrunde*, die man in Form technischer Gleichungen ausdrücken kann. Für das prinzipielle Verständnis der ökonomischen Denkweise (ganz besonders in einem marktwirtschaftlichen System) muß *die technische und die wirtschaftliche Analyse scharf getrennt werden.*

Ein Wirtschaftswissenschaftler beurteilt ein bestimmtes technisches Produktionsverfahren nicht danach, ob es unter technischen Aspekten modern oder altmodisch ist, sondern ob es unter ökonomischen Kriterien günstig ist. So kann ökonomisch eine alte technische Anlage einer neueren überlegen sein, da sie kostengünstiger produziert.

> In der Produktionstheorie stehen zunächst nur technische Aspekte zur Untersuchung an, da wie bekannt, man hier den technisch-physikalischen Zusammenhang zwischen dem input von Faktoren gegenüber dem output von Produkten (rein mengenmäßig) untersucht. Erst, indem man die Inputfaktoren mit ihren Preisen bewertet, d.h. zu den Kosten gelangt, kommt die typische ökonomische Fragestellung zum Tragen.

Es ist die Regel, daß für eine beliebige Produktion *mehrere Inputfaktoren benötigt* werden (auch die Dienstleistung einer Beratung benötigt neben dem deutlich vorherrschenden Faktor Arbeit, den Boden z.B. in Form eines Zimmers und den PKW als Realkapital). D.h. somit, man benötigt die Produktionsfaktoren Arbeit, Boden, Kapital und Technischen Fortschritt.

In der *neueren* Produktionstheorie der *BWL* teilt man die Inputfaktoren in die Potential- und die Repetierfaktoren ein.

Potentialfaktoren sind solche, die durch wiederholten Einsatz im Produktionsprozeß ihre Leistung abgeben, wie z.B. die menschliche Arbeitskraft und die Betriebsmittel (Teil vom Realkapital!).

Repetierfaktoren werden nur einmal im Produktionsprozeß gebraucht oder verbraucht, wie die Roh-, Hilfs- und Betriebsstoffe und die Werkstoffe.

Bei sehr vielen Inputfaktoren ist es schwierig (oft nur unter einer Reihe von Annahmen) oder gar unmöglich, ihre Leistungsabgabe quantifizierbar zu bestimmen. Am deutlichsten wird das bei leitender, dispositiver Arbeit. Wie soll man die mengenmäßige Arbeitsabgabe (nicht die Zeit mit dem Lohn bewertet) des Koordinierens, des Führens usw. bestimmen. Aber auch bei vielen maschinellen Anlagen läßt sich die unmittelbare Leistungsabgabe nicht ermitteln.

> Daraus ergibt sich: Der produzierte Output ist das Resultat des Zusammenwirkens *aller* eingesetzter Inputfaktoren.

Daran schließt sich die ökonomische Problematik an, ob und wie man den bei der Produktion erzielten Output (= Mengenertrag) auf die einzelnen, eingesetzten Inputfaktoren (auf ihr Mitwirken) aufteilen könnte, d.h. das Problem der *Zurechnung des Outputs auf die einzelnen Inputfaktoren.* Abgesehen vom Ausnahmefall, daß eine Produktion nur mit einem Inputfaktor möglich ist, gilt:

> Wegen der technisch-physikalisch bedingten, meist immer gegebenen Komplementarität im Einsatz der Inputfaktoren, ist die Zurechnung des Outputs auf die einzelnen Inputfaktoren technisch nicht lösbar.

Die ökonomische Realität will und muß oft aber eine Zurechnung vornehmen und hilft sich dabei durch eine *Faustregel:*

> Das Mehr an Output wird dem Mehreinsatz des betreffenden Inputfaktors zugerechnet, d.h. der Mehrertrag wird ausschließlich dem Mehr der eingesetzten Faktoren zugerechnet, obwohl dies physikalisch-chemisch-technisch falsch ist.

Wird z.B. in einem Industriezweig eine alte Maschine durch eine neu entwickelte ersetzt, wobei sie vom nämlichen Arbeiter (bei gleichem Lohn) bedient wird und ergibt sich ein um 10 % höherer Ertrag (= output), so rechnet man den 10 % höheren Ertrag der neuen maschinellen Anlage zu. Die neue Maschine erfordert vom nämlichen Arbeiter aber z.B. eine erhöhte Aufmerksamkeit, denn nur so ergibt sich die 10 %ige Ertragssteigerung. Es müßte einleuchten, daß ein Teil des Mehrertrages eigentlich der Arbeitsleistung zuzurechnen wäre (aber welcher?).

8.2.2 Produktionsfunktionen und -verläufe

8.2.2.1 Begriffe der Produktionsfunktion

Die bisherigen Darlegungen zur Aufgabe der Produktionstheorie kann man in folgender Beziehung komprimiert zum Ausdruck bringen:

Aufgabe der Produktionstheorie = Output zu Inputfaktoren

Beschreibt man diese Aussage der Produktionstheorie unter Verwendung mathematischer Symbole und Ausdrucksweisen, ist man bei der Produktionsfunktion angelangt.

> Eine *Produktionsfunktion beschreibt* (formal mathematisch) die funktionale (eindeutige und umkehrbare) Beziehung, die zwischen den in einem Produktionsprozeß eingehenden Inputfaktoren und den aus diesem Prozeß hervorgehenden Output besteht.

Bei dieser Beziehung zwischen den Faktoroutputmengen (mengenmäßiger Ertrag) und den Faktorinputmengen handelt es sich um eine *Produktivitätsbeziehung.* Sie zeigt dabei an, wie sich der Ertrag ändert, wenn die Einsatzmengen der inputs variiert werden.

Eine Produktionsfunktion kann man formalmathematisch in unterschiedlicher Art und Weise darstellen, so z.B. in implizierter Form, in vektorieller Weise, in expliziter Form, in outputorientierter Form (Produktorform).
Am üblichsten ist die Schreibweise in outputorientierter Form (soll hier auch erfolgen), da man in Anlehnung an die Praxis das Produktionsergebnis als Entscheidungstatbestand ansieht. Der Output wird dabei als abhängige Variable, die Inputs als unabhängige Variable angesehen, so daß sich ergibt

$$\text{Output} = f\,(\text{Input})$$

Nehmen wir zur Vereinfachung der Darstellung für alle folgenden Darlegungen zur Produktionstheorie *an*, daß unsere Unternehmung *nur ein Produkt* produziert (= y) und dazu *nur zwei Inputfaktoren* zum Einsatz kommen (= v_1 und v_2), so lautet die Produktionsfunktion:

$$y = f(v_1, v_2)$$

Stellt man eine derartige Produktionsfunktion, z.B. $y = f(v_1, v_2)$, graphisch, geometrisch dar, so ist man bei der beliebten Ausdrucksweise der *Produktionsverläufe*. In unserem einfachen Fall, indem ein Produkt durch den Einsatz von nur zwei Faktoren produziert wird, kann dies in einer dreidimensionalen Darstellung zum Ausdruck kommen (siehe Abb.: 8-1).

In Abb. 8-1 stellen die Punkte A, B, C und D alternative Produktionsergebnisse dar, wobei Punkt C und B den gleichen Ertrag durch unterschiedliche Kombination von v_1 und v_2 repräsentieren. Der ganze Raum v_1, v_2, y ist so mit Punkten produzierbarer Mengen von y ausgefüllt. Verbindet man all diese möglichen Punkte miteinander, entsteht das **Ertragsgebirge**, das in der Graphik nach Nordosten hin anteigt, siehe Abb. 8-2. Das Ertragsgebirge beschreibt alle möglichen mengenmäßigen Erträge von y, die sich durch den unterschiedlichen mengenmäßigen Einsatz der Faktoren v_1 und v_2 ergeben würden.

Legt man durch ein Ertragsgebirge parallel zur v_1 - v_2 -Ebene einen Schnitt, so erhält man an der äußeren Schnittpunktkante eine Linie, die alle Punkte mit einem gleichen Ertrag y_1 beschreibt, der sich mit variierendem Einsatz von v_1 und v_2 ergeben hat (siehe Abb. 8-2).

Eine derartige Linie nennt man eine *Isoquante*, die somit der geometrische Ort all derjenigen Faktorkombinationen v_1, v_2 ist, die zur gleichen Produktmenge y_1 führen.

Welchen Verlauf eine Isoquante haben kann, hängt von der jeweiligen Produktionsfunktion und damit von den Eigenschaften der Produktionsfaktoren ab (siehe dazu Abschnitt 822.2 und 823). Man beachte die völlig analoge instrumentale Darstellung in der Nachfragetheorie mit den Indifferenzkurven, auch dort kann man ein sog. Nutzengebirge entwickeln (siehe besonders Abschnitt 722).

8.2.2.2 Überblick möglicher Produktionsfunktionen

Infolge der zentralen Bedeutung, die ökonomisch dem Begriff Produktion zukommt, existierten zur Zeit eine Fülle unterschiedlicher Produktionsfunktionen. Je nachdem, welchen Teilaspekt der Produktion man analysieren möchte, eignet sich dazu diese oder jene Produktionsfunktion besser. Untersucht man betriebswirtschaftlich eine

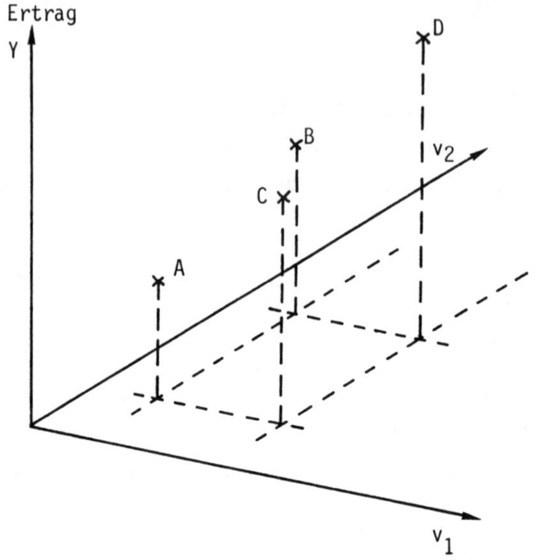

Abb.: 8-1: Produktionsfunktion mit zwei Inputfaktoren

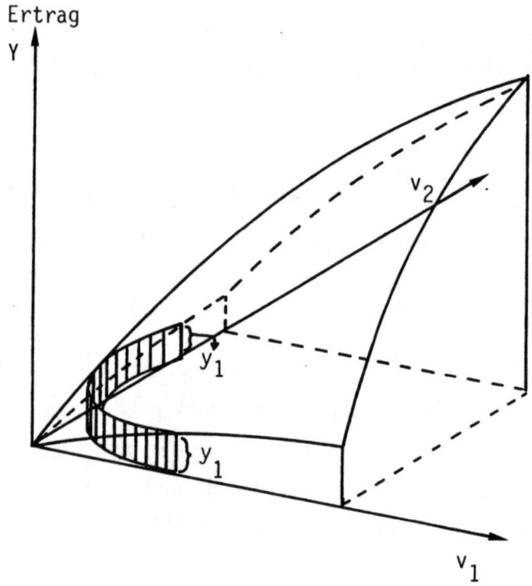

Abb.: 8-2: Ertragsgebirge für Abb.: 8-1 mit Isoquante

standardisierte industrielle Massenproduktion, so ist dazu die Produktionsfunktion X optimal. Analysiert man dagegen volkswirtschaftlich die Produktionsentwicklung einer ganzen Nation (z.B. diejenige der BRD oder der ehemaligen DDR), so eignet sich dazu besser die Produktionsfunktion Z.

Zur Charakterisierung der Produktionsfunktionen läßt sich folgende Dreiteilung vornehmen:

1. Die Art der möglichen Kombination der Inputproduktionsfaktoren.
2. Mathematische Typen von Produktionsfunktionen, kombiniert mit der Frage, wie sich der Output verändert, wenn bei gegebener Relation der Einsatz der Inputfaktoren variiert wird.
3. Mikro- gegenüber makroökonomischer Produktionsfunktion.

Weitere, denkbare Kriterien wie z.B. theoretische zu empirischer, oder klassische zu nichtklassischer (= sog. Leontief-Funktion) Produktionsfunktion wurden dabei nicht berücksichtigt.
Eine ganz *bestimmte Produktionsfunktion* beinhaltet *oft mehr als eines* der aufgeführten *Kriterien,* wird aber meist infolge des Vorherrschens eines der Kriterien zu einer bestimmten Gruppe gerechnet.

8.2.2.2.1 Produktionsfunktionen nach Art der Kombination der Inputfaktoren

Die Art der Kombination der Inputfaktoren eines Produktionsprozesses kann auf zwei Grundarten erfolgen:

a) *Limitationale Inputfaktoren* lassen sich nur in einer festen, gegebenen technischen Relation zum Einsatz bringen. Setzt man z.B. nur einen Inputfaktor mehr ein, so bleibt dies ohne jegliche Auswirkung auf den Output. Der eine Inputfaktor wäre hier umsonst vermehrt eingesetzt worden. Vermindert man dagegen (bei realisierter Relation der Inputfaktoren) den Einsatz eines Faktors, so geht der Output zurück und ein Teil des zweiten Faktors wird wieder umsonst eingesetzt.

b) *Substitutionale Inputfaktoren* lassen sich gegenseitig austauschen, ohne daß sich der Output verändert. D.h. Einsatz des Faktors 1 wird vermindert, dafür Faktor 2 vermehrt eingesetzt, Output ist gleich geblieben. Dies bedeutet aber weiterhin: Einsatz vom Inputfaktor 1 bleibt unverändert hoch, Faktor 2 wird dagegen vermehrt eingesetzt, es läßt sich eine Outputsteigerung erreichen (ist bei limitationalen Faktoren nicht möglich).

Folgende Übersicht faßt alle Kombinationsarten der Inputfaktoren zusammen (siehe Abb. 8-3).

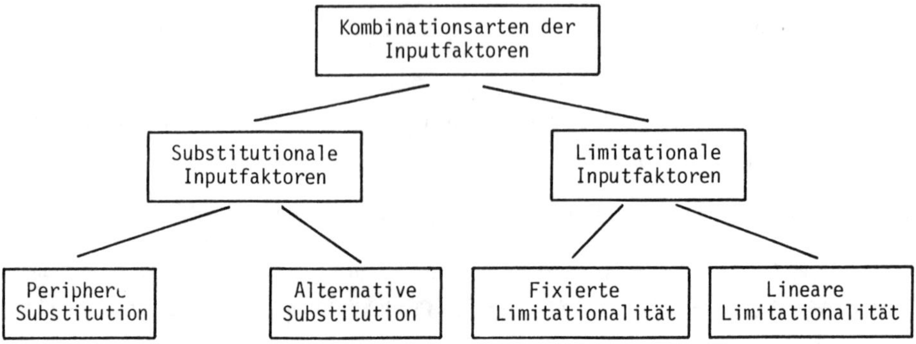

Abb.: 8-3: Kombinationsarten von Produktionsfaktoren

Von *peripherer Substitution*, auch *Randsubsitution* genannte, spricht man, wenn der Austausch der Inputfaktoren nur innerhalb bestimmter Grenzen möglich ist.
Bei der *alternativen Substitution* dagegen kann (im Extremfall) ein Inputfaktor durch einen anderen völlig ersetzt werden.

Bei *fixierter Limitationalität* zweier Faktoren gibt es nur eine einzige mengenmäßige Kombination, die zu einem Output führt. Ein Einsatz eines Faktors unter dieser Relation ergibt keinen Output, ein Einsatz über der erreichten Relation ist immer umsonst.

Bei *linearer Limitationalität* gibt es nicht nur eine Kombination für den Output, sondern mehrere Kombinationen in einem gleichen Verhältnis der Inputfaktoren, die zu unterschiedlichen Outputs führen.
In den Abschnitten 822.3 und 822.4 wird auf die Substitution und Limitationalität noch ausführlicher eingegangen.

8.2.2.2.2 Typen mathematischer Produktionsfunktionen

Zunächst muß der Teilaspekt betrachtet werden, *wie* sich der **Output verändert,** wenn der Input gesteigert wird, die Relation der Inputfaktoren aber beibehalten wird. Dieser Gesichtspunkt wird mit dem Begriff der **proportionalen Inputfaktorvariation** und den **Skalenerträgen** dargelegt.

Unter einer *proportionalen Inputfaktorvariation* versteht man die proportionale Erhöhung aller Inputfaktoren, wobei die Relation der zum Einsatz kommenden Inputfaktoren beibehalten wird.

Sind unsere beiden Inputfaktoren v_1 und v_2 und kommen sie bei einer bestimmten Produktion in der Relation 0,28 v_1 und 2,56 v_2 zum Einsatz, so soll sich ein Output von 3 Einheiten = 3 y ergeben. Erhöht man nun den Einsatz der beiden Faktoren v_1, v_2 gleichmäßig um die zweifache Menge (d.h.: $\alpha = 2$), wobei ihr Einsatzmischungsverhältnis beibehalten wird, wie verändert sich dann der Output (Ertrag), lautet die Frage.

Im Beispiel hätten wir $\lambda = 2$, so daß sich ergeben hätte:

$2 \cdot 0{,}28\ v_1$ und $2 \cdot 2{,}56\ v_2$ bzw.

$0{,}56\ v_1$ und $5{,}12\ v_2$ kommen zum Einsatz

Welcher y Ertrag ergibt sich jetzt?

Für das Ergebnis, d.h. den Output, sind hierbei drei Fälle denkbar:

1. Der Output steigt im gleichen Verhältnis λ, indem die Faktoren zum Einsatz kommen, im Beispiel würden sich 6 y ergeben. Diesen Fall nennt man *"constant returns to scale"*.

2. Der Output nimmt in einem geringen Verhältnis λ zu, im Beispiel würden sich 5 y ergeben. Dies ist der *"decreasing returns to scale"*.

3. Der Output nimmt mehr als das λ-Verhältnis zu, z.B. Output = 7 y, so ist dies der *"increasing returns to scale"*.

Die Größe α drückt dabei das Niveau bzw. die *Skala* der Produktion aus.

Das Anliegen dieser Analyse besteht in der Frage, wie sich die sog. *Skalenerträge* entwickeln, wenn infolge einer proportionalen Inputfaktorerhöhung sich eine neue *Produktionsskala* (bzw. ein neues Produktionsniveau) ergibt.
D.h., haben sich konstante Skalenerträge (constant returns to scale) ergeben, (z.B. hat eine 10 %ige Erhöhung der Inputfaktoren auch eine 10 %ige Erhöhung des Outputs ergeben), oder haben sich sinkende oder steigende Skalenerträge eingestellt.

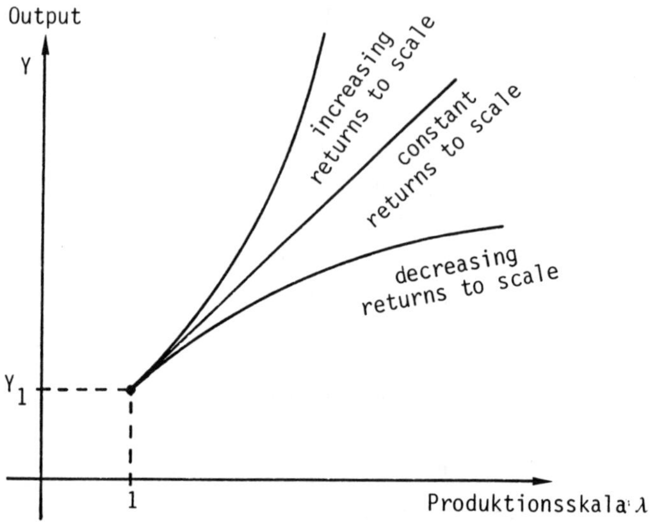

Abb.: 8-4: Entwicklungsmöglichkeiten von Skalenerträgen

Der Zusammenhang wird gerne graphisch dargestellt, indem man auf der y-Achse der Output y und auf der x-Achse λ abträgt und eine bestimmte Relation von v_1 zu v_2 unterstellt (siehe Abb. 8-4).

Mathematisch unterscheidet man die folgenden **Produktionsfunktionen:**

1. Linear - homogene Produktionsfunktion
2. Nichtlinear - homogene Produktionsfunktion
3. Inhomogene Produktionsfunktion

Eine Funktion mit den Inputfaktoren v_1 und v_2 wird als homogen vom Grade r bezeichnet, wenn bei einer Multiplikation der Mengen von v_1 und v_2 mit λ sich ein Output y im Wert multipliziert mit λ^r ergibt.

D.h. wenn sich unsere unterstellte allg. Produktionsfunktion (siehe Abschnitt 822.1)

$$y = f(v_1, v_2)$$

schreiben läßt als:

$$\lambda^r \cdot y = \lambda^r \cdot f(v_1, v_2)$$

handelt es sich um eine homogene Funktion von r. Gerade.

Eine *linear homogene Produktionsfunktion* ist gegeben, wenn r = 1 ist. Produktionsfunktionen mit r = 1 haben konstante Skalenerträge, entsprechen demnach der Produktionsfunkton mit consant returns to scale.

*Nichtlinear homogene Produktionsfunktion*en sind *entweder unterproportional homogen*, haben dann ein $r < 1$ und entsprechen den decreasing returns to scale, *oder* sind *überproportional homogen*, haben dann ein $r > 1$ und entsprechen den increasing returns to scale.
Inhomogene Produktionsfunktionen sind solche, für die die Homogenitätsbedingung nicht zutrifft, d.h. bei denen sich *nicht* bestimmen läßt, in welchem Verhältnis λ^r der Output zunimmt, wenn die Inputfaktoren um den Faktor λ vermehrt eingesetzt werden (sie kommen in der Realität meistens vor, lassen sich aber mathematisch schwer handhaben).

8.2.2.2.3 Mikro-Makroökonomische Produktionsfunktionen

Makroökonomische Produktionsfunktionen beschreiben die gesamte Relation zwischen den Inputfaktoren (= den Produktionsfaktoren) und dem sich daraus ergebenden Output (= das Sozialprodukt) einer Volkswirtschaft. *Zwei* davon sind die bekanntesten:

1. Die *Cobb-Douglas-Produktionsfunktion* (auch Wicksell-Cobb-Douglas-Funktion genannt) ist ein Typ der linear-homogenen Funktion.

2. Die *CES-Produktionsfunktion* (von: *c*onstant *e*lasticity of *s*ubstitutuions-function), erst vor einigen Jahren entwickelt, ist die weiteste Funktion und enthält die Cobb-Douglas-Funktion als Spezialfall.

Als *speziell mikroökonomische Produktionsfunktionen* sieht man die aus der betriebswirtschaftlichen Produktionstheorie entwickelten an. Bezogen auf den deutschen Sprachraum sieht man *drei* derartige Produktionsfunktionen als wichtig an (wobei die Typen A bis D als *statische* - und die weiterhin zusätzlich entwickelten Typen E und F als *dynamische Produktionsfunktion* bezeichnet werden. Die Zukunft wird sicherlich noch eine weitere "Produktion" von Produktionsfunktion bringen).

1. *Produktionsfunktion vom Typ B*, die zuerst von H.B. *Chenery*, dann insbesondere (auch der Name) von Erich *Gutenberg* entwickelt wurde. Sie basiert auf

limitationalen Produktionsfaktoren und ist insbesondere auf die industrielle Produktion zugeschnitten.

2. *Produktionsfunktion vom Typ C*, von Edmund *Heinen* entwickelt, basiert auf der vom Typ B, ist aber verfeinert und weiterentwickelt mit dem Ziel, die Mannigfaltigkeit betrieblicher Produktionsprozesse besser zu erfassen.

3. *Produktionsfunktion vom Typ D*, von Josef *Kloock* entwickelt, überträgt die Input-Output-Analyse von W. Leontief (d.h. einen makroökonomischen Ansatz, siehe Abschnitt 63) auf die Produktion eines Betriebes (= mikroökonomisch).

Zur systematischen Vervollständigung sei erwähnt, daß die *Produktionsfunktion vom Typ A* = das sog. Ertragsgesetz, aus einem nationalökonomischen Ansatz kommt.

Im Rahmen dieser Grundlegung der VWL und auch im Hinblick auf das Ausbildungsziel eines Betriebswirtes werden im folgenden zwei Produktionsfunktionen und die daraus ableitbaren Begriffe und Bezüge zur Kostentheorie genauer betrachtet. Für alle anderen Varianten muß auf die weiterführende Literatur verwiesen werden.

8.2.2.3 Produktionsverlauf nach dem sog. Ertragsgesetz (Typ A) (= ein substituierbarer Einsatzfaktor)

Die *Bedingungen* für diese Produktionsfunktion *lauten*:

1. Es liegt eine *periphere Substitution* vor (Randsubstitution), siehe Abschnitt 822.21.

2. *Bis auf einen Inputfaktor* = dem substitutiven Faktor, werden *alle übrigen als konstant* (in ihrem Einsatz) angenommen. Im Falle von nur zwei Inputs v_1 und v_2 liegt die Funktion vor:

   $$y = f \; (v_1 \, , v_2 = \text{const.})$$

   oder da v_2 = const., kann man schreiben:

   $$y = f \; (v_1); \qquad v_1 = \text{variabel substituierbar.}$$

Jetzt betrachtet man den Ertrag y lediglich als Funktion des subst. Inputfaktors v_1.

Eine derartige Produktionsfunktion nennt man *Ertragsgesetz, exakter* Gesetz zunehmender, dann abfallender Grenzerträge beim Einsatz eines variabel substituierbaren Faktors, seit E. Gutenberg auch *Produktionsfunktion vom Typ A*.

Der Franzose *J. Turgot* (1727 - 1781) und der Deutsche *J.H. von Thünen* haben als erste auf die Aussage des Ertragsgesetzes hingewiesen, dessen prinzipielle Gültigkeit für landwirtschaftliche, biologische und chemische Produktionsprozesse angenommen werden kann.

Verbal formuliert lautet das Ertragsgesetz:
Wenn man die Einsatzmenge eines Inputfaktors bei Konstanz der Einsatzmengen des anderen Inputfaktors (allg.: der anderen Inputfaktoren) sukzessive vermehrt, dann ergeben sich zunächst steigende, dann abnehmende Ertragszuwächse. Nach dem Ertragsmaximum werden die Ertragszuwächse negativ.

Zur tabellarisch-geometrischen Demonstration eignet sich ein *Beispiel* aus der Landwirtschaft (siehe A. Heertje S. 100 ff.) am besten.
Wir nehmen an: v_1 = eingesetzte Landarbeiter; v_2 (const.) = 1 ha landwirtschaftlicher Boden; y = Output = Ertrag in Zentner Kartoffeln. Zunächst bearbeitet ein Arbeiter den 1 ha Boden allein und erzielt dabei einen Ertrag von 5 Zentnern, dann werden zwei Arbeiter eingesetzt, ihr Ertrag ist 13 Zentner, usw., wie in Tab. 8-1 aufgeführt.

Aus der verbalen Formulierung des Ertragsgesetzes zeigt sich, daß es mit Hilfe der Ertragszuwächse, die sich beim vermehrten Einsatz des variablen Inputfaktors erzielen lassen, beschrieben wird.
Üblicherweise sagt man für Ertragszuwächse = Grenzerträge.

Der *Grenzertrag* gibt an, um wie viele Mengeneinheiten der Ertrag zunimmt, wenn der Einsatzfaktor um eine Einheit erhöht wird.

Damit liegt wieder einer der in den Wirtschaftssozialwissenschaften so beliebten Grenzbegriffe vor, der uns in der Nachfragetheorie bereits begegnet ist.

Völlig analog zum dort ausgeführten gilt für die *Bestimmung des Grenzertrages:*

1. Soll der Grenzertrag aus einem *empirischen* bzw. *tabellarischen* Beispiel bestimmt werden, so verwendet man einen Differenzenquotienten. Soll der *Grenzertrag = y'* sein, so gilt:

$$y' = \frac{\Delta y}{\Delta v_1} \qquad \Delta = \text{Differenz}$$

z.B. $v_{1,1} = 3$ und $y_1 = 25$; $v_{1,2} = 4$ und $y_2 = 39$

$\Delta y = 39 - 25 = 14$; $\Delta v_1 = 4 - 3 = 1$

$$y' = \frac{14}{1} = 14 \text{ (siehe Tab. 8-1)}$$

Alternativ eingesetzte Arbeiter	Erzielter Gesamtertrag (in Ztr.)	Grenzertrag (in Ztr.)	Durchschnittsertrag (in Ztr.)
v_1	y	$y' = \frac{\Delta y}{\Delta v_1}$	$\bar{y} = \frac{y}{v_1}$
1	5	8	5,0
2	13	12	6,5
3	25	14	8,3
4	39	16	9,7
5	55	15	11,0
6	70	14	12,0
7	84	12	12,0
8	96	10	11,8
9	106	8	11,4
10	114	7	11,0
11	121	5	10,3
12	126	4	10,0
13	130	2	10,0
14	132	0	9,4
15	132	-2	8,8
16	130	-3	8,1
17	127		7,5

Tab.: 8-1: Zahlenbeispiel zum Ertragsgesetz

2. *Mathematisch exakt* ist der Grenzertrag die 1. Ableitung der Ertragsfunktion, ist somit ein Differentialquotient, d.h.

$$y' = \frac{dy}{dv_1} \qquad d = \text{Differential}$$

Der *Durchschnittsertrag y* ergibt sich als:

$$\bar{y} = \frac{y}{v_1}$$

$$\text{z.B. für } y = 106; \quad v_1 = 9; \quad \bar{y} = \frac{106}{9} = 11{,}4$$

In Tab. 8-1 (siehe dort) sind der Grenz- und Durchschnittsertrag des Zahlenbeispiels ausgerechnet.

Die Daten dieses Beispiels, in eine graphische Darstellung übertragen, ergeben die bekannten *Kurvenverläufe nach dem Ertragsgesetz* für den *Gesamtertrag y*, den *Grenzertrag y'* und den *Durchschnittsertrag* $\bar{y}$. Obwohl die Daten der Tab. 8-1 verwendet werden, sind die Kurven nicht (wie eigentlich richtig) als Streckenzug, sondern als glatte Kurve gezeichnet worden, siehe Abb. 8-5.

Aus den Kurvenverläufen der Abb. 8-5 lassen sich folgende Gesetzmäßigkeiten des Ertragsgesetzes ableiten (man betrachte dazu Tab. 8-1 und Abb. 8-5):

1. Gesamtertragskurve y:

Bis zum *Wendepunkt* (= Punkt W), d.h. zwischen 4 und 5 eingesetzten v_1 -Mengen (Arbeitern), ergeben sich progressive (= überproportionale = entspricht increasing returns to scale) Zuwachsraten zum Gesamtertrag. *Im* Wendepunkt liegen proportionale Zuwachsraten vor (= entspricht constant returns to scale). *Nach* dem Wendepunkt ergeben sich *bis zum Maximum* (= Punkt M) degressive Zuwachsraten (= unterproportionale = entspricht decreasing returns to scale) zum Gesamtvertrag. *Nach dem Maximum* des Gesamtertrages (bei 14 und 15 eingesetzten v_1 -Mengen) geht der erzielte Gesamtertrag zurück, bzw. es ergeben sich negative Ertragszuwächse (= es trampeln auf dem Feld so viele Arbeiter herum, daß sie sich behindern und ein geringerer Gesamtertrag als vorher erwirtschaftet wird).

2. Grenzertragskurve y':

Die prinzipiell gleiche Aussage über das Ertragsgesetz kann auch mit der Grenzertragskurve geführt werden. *Bis* zum *Maximum von y'* ergeben sich zunehmende Grenzerträge (zwischen 4 und 5 v_1 -Mengen); dieses Max. von y' entspricht dem Punkt W der Gesamtertragskurve y. *Ab* dem Max. von y' stellen sich abnehmende Grenzerträge ein, d.h. bis Max. y' steigt die y'-Kurve an, nach Max. von y' fällt die Kurve. Zwischen 14 und 15 v_1 -Mengen schneidet die y'-Kurve die Abszisse, d.h. es ergeben sich negative Grenzerträge, dies ist identisch mit dem Punkt M der Gesamtertragskurve.

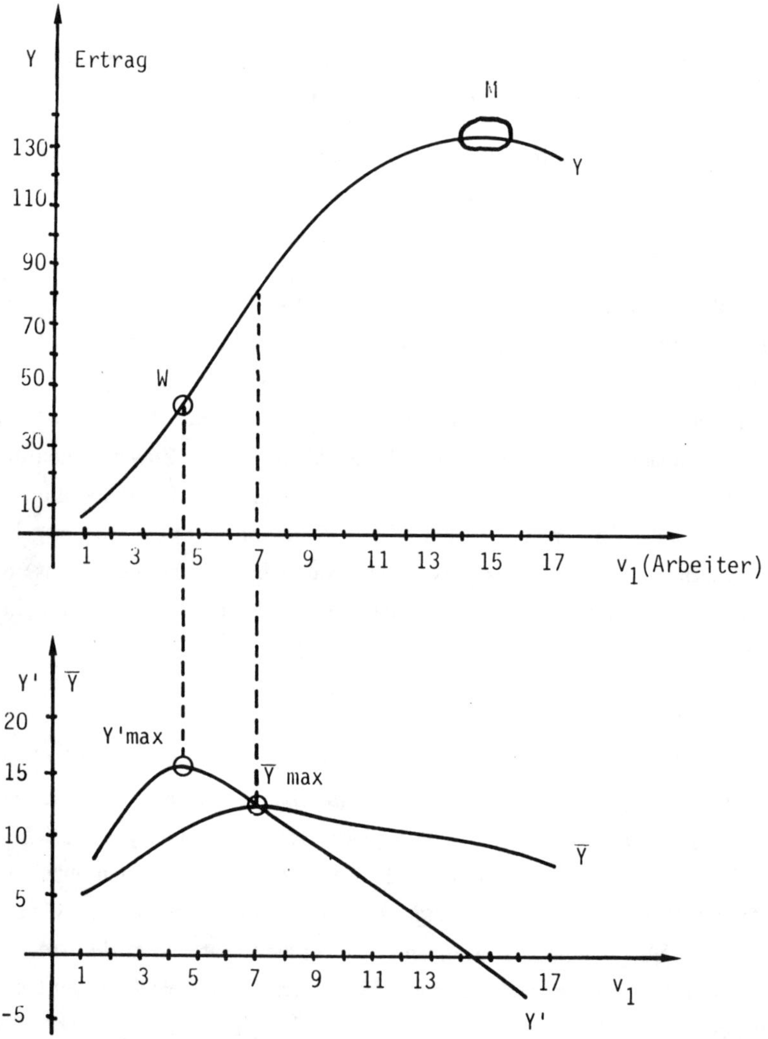

Abb. 8-5: Gesamt- Grenz- Durchschnittskurvenverlauf nach dem Ertragsgesetz (Daten aus Tab.: 8-1)

3. Durchschnittsertragskurve $\bar{y}$:

Zunächst ergibt sich ein wachsender Durchschnittsertrag ($\bar{y}$-Kurve steigt an), der bei 6 und 7 v_1 -Mengen seinen *maximalen* Wert (= max. von $\bar{y}$) erreicht. *Ab* Max. von $\bar{y}$ ergeben sich nur noch abnehmende Durchschnittserträge. Im Punkt Max. von $\bar{y}$ schneidet die y'-Kurve die $\bar{y}$-Kurve.

Seit Erich *Gutenberg* (zuerst bei E. Schneider) ist es üblich, die Gesetzmäßigkeiten im Verlauf der *Ertragskurven* in einem *Vierphasenschema* darzustellen. Jede Phase beschreibt dabei für y, y' und $\bar{y}$ deren typische Entwicklung. Analog zum Musterbeispiel aus Tab. 8-1 und Abb. 8-5 ergibt sich die Graphik in Abb. 8-6.

In der folgenden Matrix sind die Regelmäßigkeiten der Ertragskurvenverläufe noch einmal zusammengefaßt (siehe Abb. 8-7), wobei zum Verständnis auf die vorangegangenen Ausführungen zu den Ertragskurven verwiesen wird.

Verlauf in Phase	Ertragskurve			Phasenendpunkte
	y	y'	$\bar{y}$	
I	positiv steigend	positiv steigend	positiv steigend	Wendepunkt W; bzw. Max. von y'
II	positiv steigend	positiv fallend; aber $y' > \bar{y}$	positiv steigend bis Maximum	Maximum von $\bar{y}$ hier $\bar{y} = y'$
III	positiv steigend	positiv fallend bis O $y' < \bar{y}$	positiv fallend	Maximum von y hier y' = Null
IV	positiv fallend	negativ fallend	positiv fallend	----

Abb.: 8-7: Erklärung des Vierphasenschemas der Abb.: 8-6

Obwohl die Problematik bereits früher erkannt und diskutiert wurde, ist vor allem nach dem 2. Weltkrieg, insbesondere durch E. Gutenberg ausgelöst, die *Frage* teilweise sehr lebhaft erörtert worden, *ob* der Ertragsverlauf entsprechend dem *Ertragsgesetz als gültig für die Realität* (besonders für die heutige industrielle Produktion) angenommen werden kann.
Als Kernresultat der heutigen Diskussion zu dieser Frage kann gelten:

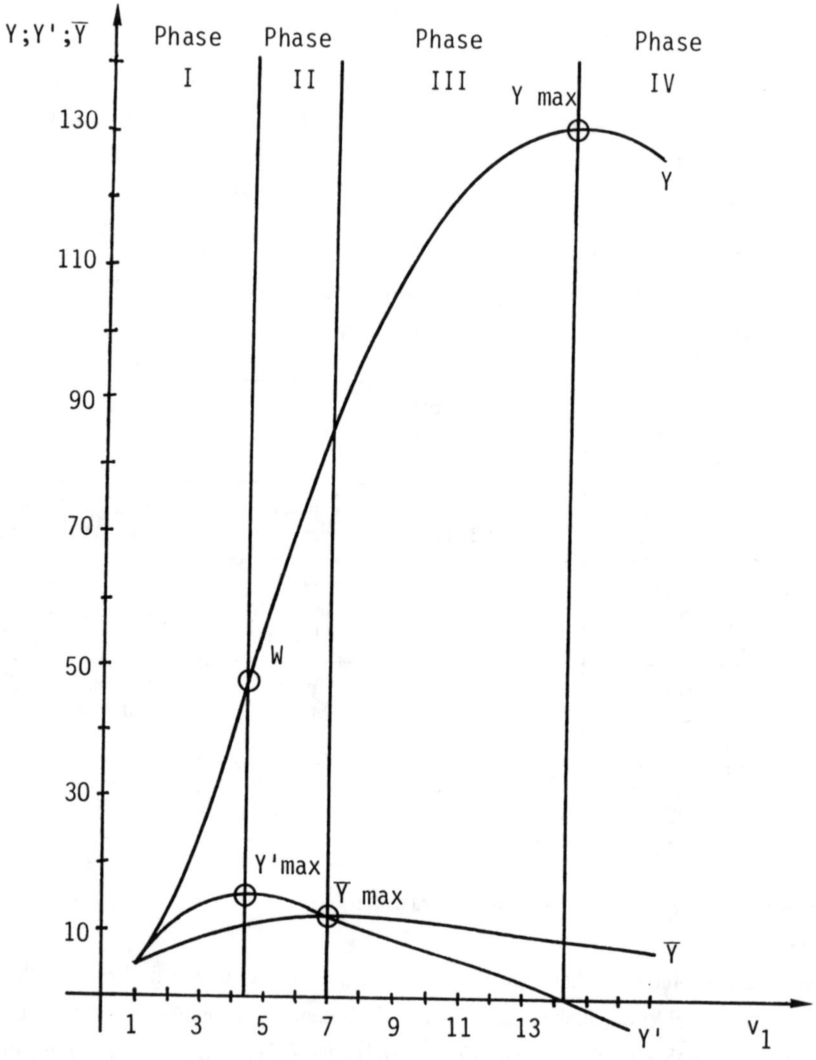

Abb.: 8-6: Vierphasenschema des Ertragsgesetzes (zum Beispiel der Abb.: 8-5)

1. Als grundsätzlich realistisch kann das Ertragsgesetz für die Produktionsentwicklung in der Landwirtschaft zur Erklärung verwendet werden. Dies vor allem deshalb, weil der Produktionsfaktor Boden als ein (fast) konstanter Inputfaktor angenommen werden kann (siehe Abschnitt 122.2). Bisher hat lediglich der verstärkte Einsatz des Produktionsfaktors Technischer Fortschritt bewirkt, daß der gefürchtete Punkt M des Gesamtertrages nicht erreicht wurde. Auch hier ist das sog. Zurechnungsproblem nicht gelöst, d.h. ob die Qualität und damit Ergiebigkeit des Bodens nicht durch den vermehrten Einsatz des variablen Faktors verbessert wird.

2. Seit dem Untersuchungen von A. Gälweiler und E. Heinen ist die von E. Gutenberg aus betriebswirtschaftlicher Sicht strickte Ablehnung des Ertragsgesetzes als nicht repräsentativ für die industrielle Produktion modifiziert worden. Nach heutiger (betriebswirtschaftlicher) Auffassung gibt es auch industrielle Produktionsprozesse (besonders biologischer und chemischer Art), die richtigerweise mit dem Ertragsgesetzverlauf beschrieben werden. Allerdings gibt es viele empirische Produktionsabläufe in der Industrie, die durch eine andere Produktionsfunktion, z.B. durch limitationale Inputfaktorkombinationen, zu charakterisieren wären.

Das Ertragsgebirge in Abb. 8-2 (Abschnitt 822.1) entspricht dem Produktionsverlauf nach dem Ertragsgesetz, d.h. bei peripherer Substitution. Im Abschnitt 822.1 wurde bereits ausgeführt, wie man aus dem Ertragsgebirge eine Isoquante (bzw. die Isoquanten) ableitet. **Die Isoquanten** bei Randsubstitution bzw. **nach dem Ertragsgesetz** haben dabei den in Abb. 8-8 gezeigten Verlauf.

Analog zur *Erläuterung* für Indifferenzkurven gilt auch *für die Isoquanten*:

1. Isoquanten können sich nicht schneiden.
2. Umso weiter eine Isoquante vom Nullpunkt entfernt ist, umso höher wird der Ertrag, den sie repräsentiert (so stellt y_2 einen höheren Ertrag als y_1 dar, usw.).
3. Die Isoquanten nach dem Ertragsgesetz haben einen konvexen Verlauf, d.h. bei fortgesetzter Substitution des Faktors v_2 durch den Faktor v_1 (Bewegung auf der Isoquante von links oben nach rechts unten) muß relativ immer mehr von v_1 zum Einsatz kommen, um die Verminderung der gleichen v_2-Menge auszugleichen. Das Verhältnis der Substitution (bei gleichem Ertrag) zwischen der Abnahme des Faktors v_2 und der dazu erforderlichen Zunahme von v_1 ist die

bekannte Grenzrate der Substitution (siehe Indifferenzkurven), die man bei den Isoquanten *Grenzrate der Faktorsubstitution* nennt.

Substituiert man v_2 durch v_1, so lautet sie:

$$\text{Grenzrate der Substitution} = \frac{-\Delta v_2}{+\Delta v_1}$$

Substituiert man (umgekehrt) v_1 durch v_2, so lautet sie:

$$\text{Grenzrate der Substitution} = \frac{-\Delta v_1}{+\Delta v_2}$$

Wir haben wieder zunächst den für praktische Rechenbeispiele notwendigen Differenzenquotienten. Bei unterstellten infinitesimalen kleinen Faktorsubstitutionsmengen ergibt sich wieder der Differentialquotient

$\frac{-dv_2}{+dv_1}$ bzw. $\frac{-dv_1}{+dv_2}$ bzw- die *Tangente* an die Isoquante.

Ebenfalls analog zu den Indifferenzkurven gilt für die Grenzrate der Faktorsubstitution: Bei fortschreitendender Substitution nimmt die Grenzrate der Faktorsubstitution laufend ab.

8.2.2.4 Limitationaler Produktionsverlauf

Die in der Betriebswirtschaftslehre dominierende *Produktionsfunktion vom Typ B* zählt zum limitationlaen Produktionsverlauf.
Im Gegensatz zu dem jetzt darzulegenden limitationalen Produktionsverlauf (für die VWL) betrachtet die Produktionsfunktion vom Typ B betriebswirtschaftliche Besonderheiten, die vor allem auf die industrielle Produktion abgestellt sind.
Der *wesentliche Unterschied* zwischen dem limitationalen Produktionsverlauf (für die VWL) und der Funktion vom Typ B (für die BWL) besteht darin:

1. Der limitationale Produktionsverlauf untersucht eine *unmittelbare* Beziehung zwischen den Faktorinputs und dem Output.
   Der Typ B betrachtet dagegen eine *mittelbare* Beziehung zwischen den Faktorinputs und dem Output und entwickelt dazu sog. Verbrauchsfunktionen.

2. Der limitationlae Produktionsverlauf betrachtet den Betrieb produktionsmäßig als eine *Einheit (als Ganzes)*, während der Typ B den Betrieb in Teileinheiten aufteilt und für diese *Teilkapazitäten* den Produktionsverlauf analysiert.

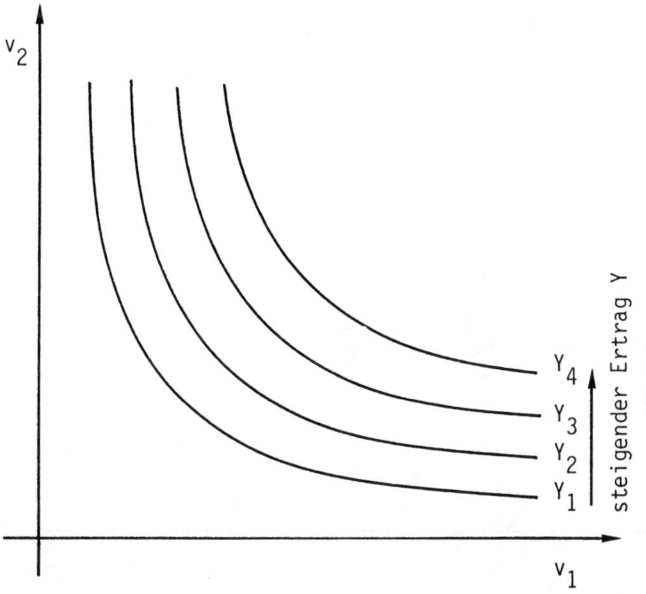

Abb.: 8-8: Isoquantenschar bei Produktionsverlauf nach dem Ertragsgesetz (siehe auch Abb.: 8-2)

Zur genaueren Darstellung muß auf die weiterführende Literatur verwiesen werden (siehe u.a. die informativen Ausführungen bei Schroer, Krycha und Schneider).

Entsprechend den Ausführungen im Abschnitt 822.21 ist bei limitationalem Produktionsverlauf zwischen fixierter Limitationalität und linearer Limitationalität zu unterscheiden. Bei einer **fixiert limitationalen Produktionsfunktion** gibt es (wie bereits dargelegt) nur eine *einzige mengenmäßige Kombination* der Faktoren v_1 und v_2, die einen effizienten Ertrag y ergibt. Jeder Mehreinsatz von v_1 oder v_2 über die effiziente Kombination ist ein Überschußeinsatz ohne Auswirkung auf den Ertrag. Jeder Mindereinsatz der Faktoren v_1 und v_2 unter der effizienten Kombination ergibt gar keinen Ertrag y. Der *Produktionsverlauf* bei fixiert limitationaler Produktionsfunktion im Isoquantensystem ist *lediglich ein Punkt* (siehe Abb. 8-9).

Nur die Kombination von v_{1R} und v_{2R} ergibt für den Punkt R einen Ertrag, der einem effizienten Einsatz der Faktoren v_1 und v_2 darstellt. Weniger als v_{1R} und v_{2R} ergibt keinen Ertrag, ein Mehr über v_{1R} oder v_{2R} ergibt ebenfalls nur den Ertrag von R.

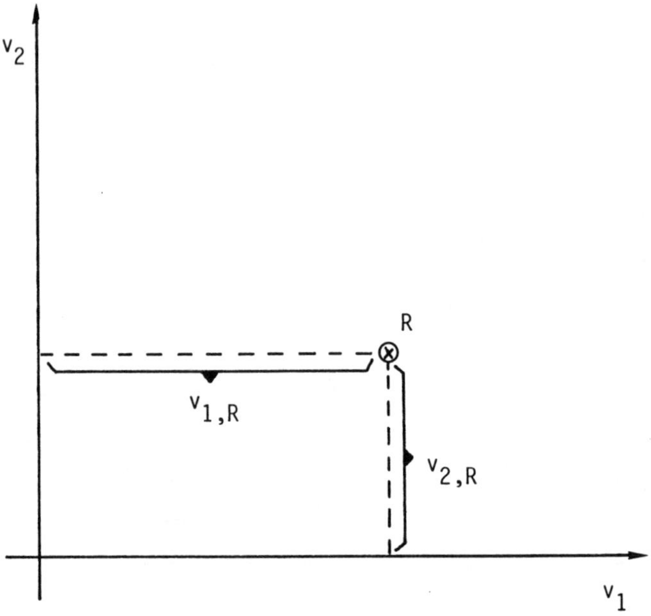

Abb.: 8-9: Isoquante bei fixiert limitationaler Produktionsfunktion

Bei einer **linear limitationalen Produktionsfunktion** gibt nicht nur eine Kombination der Faktoren v_1 und v_2 einen Ertrag, sondern mehrere, wobei aber das Mengenverhältnis der Faktoren v_1 und v_2, die zum Einsatz kommen, stets konstant ist, d.h.

$$\frac{v_2}{v_1} = \text{constant.}$$

Die Isoquanten bei linearer Limitationalität haben die in Abb. 8-10 gezeigte Gestalt. Die aus dem Ertragsgebirge bei linearer Limitationalität ableitbaren Isoquanten für den Ertrag y_1 bis y_4 haben rechtwinklige Gestalt zu den Koordinaten. Bei jeder Isoquante ist nur je ein Punkt ein effizienter Faktoreinsatz, nämlich Punkt R_1 bis R_4. D.h. auch hier ergibt der Mehreinsatz von nur einem Faktor keinen Mehrertrag, er wäre ein Überschußfaktor. Nur ein gleichzeitiger Mehreinsatz von v_1 und v_2 ergibt einen Mehrertrag, wobei aber nur v_1 und v_2 in der Relation v_2/v_1 = constant eingesetzt effizient sind, d.h. wieder einen (anderen) Punkt R ergeben. Alle effizienten Punkte R liegen dabei auf einem *Prozeßstrahl* (Prozeßgerade) OQ, dessen Steigung tan α gleich ist dem konstanten Einsatzverhältnis der Faktoren v_1 und v_2, d.h.:

$$\tan \alpha\,(OQ) = \frac{v_2}{v_1} = \text{const.}$$

8.2.3 Inputgleichgewicht (Minimalkostenkombination)

Die bisherigen Ausführungen haben gezeigt, daß es bei einigen Produktionsverläufen unterschiedliche Kombinationen der Inputfaktoren v_1 und v_2 gibt, um den gleichen Output (Ertrag) hervorzubringen. Dabei ergibt sich die Frage, welche dieser Kombinationen ein Betrieb realisieren soll. Allgemein ist dies die Frage nach den *Kriterien für das Inputgleichgewicht*, d.h. danach, in welcher Relation die Faktoren v_1 und v_2 eingesetzt werden sollen, damit ein bestimmter Ertrag am günstigsten produziert werden kann. Die technischen Gegebenheiten eines Betriebes, d.h. seine Produktionsstruktur, werden dabei durch die Isoquanten zum Ausdruck gebracht. Dies muß mit einer ökonomischen Komponente, nämlich den Preisen der Faktoren v_1, v_2, d.h. deren Kosten verglichen werden. Den Vergleich dieser beiden Zusammenhänge nennt man die Minimalkostenkombination.

Die *Minimalkostenkombination* klärt die Frage, wie bei gegebener Produktionsstruktur (= Isoquante), die Inputfaktoren so eingesetzt werden, daß *ein* bestimmter Ertrag mit minimalsten Kosten der Faktoren produziert werden kann (= Inputgleichgewicht).

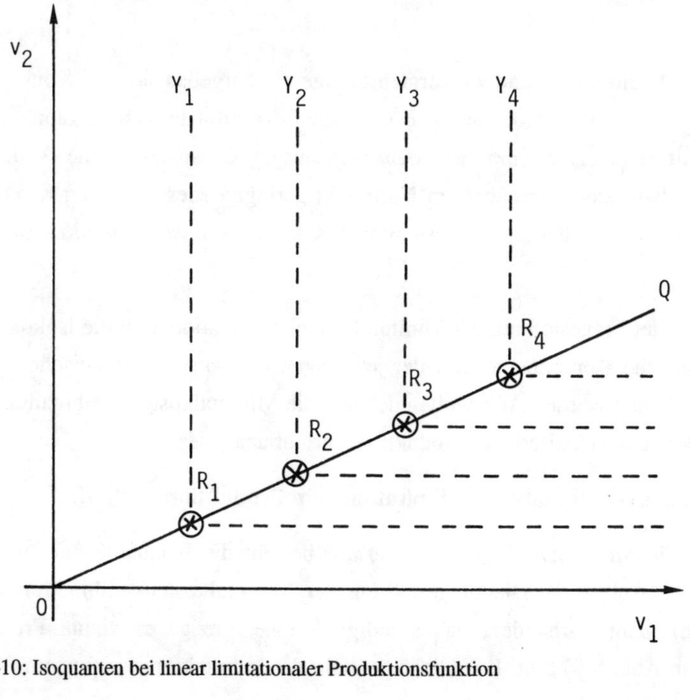

Abb.: 8-10: Isoquanten bei linear limitationaler Produktionsfunktion

Bezeichnen wir mit p_1 den Preis einer Einheit vom Faktor v_1, dann stellt das Produkt aus $p_1 \cdot v_1$ die Kosten des Faktors v_1 dar. p_2 sei der Preis vom Faktor v_2, $p_2 \cdot v_2$ sind die Kosten des Faktors v_2.

Die Summe der beiden Kosten der Faktoren sei K (= Gesamtkosten), bzw.

$$K = p_1 \cdot v_1 + p_2 \cdot v_2$$

Da K, p_1 und p_2 gegebene Größen sind (d.h. der Betrieb keinen Einfluß auf die Faktorpreise nehmen kann, sie für ihn Daten sind), handelt es sich bei obiger Beziehung um eine lineare Funktion, die die Achsen im Abstand

$\frac{K}{p_1}$ und $\frac{K}{p_2}$

schneidet. Diese Gerade nennt man die **Isokostenlinie** (analog der Budgetgerade in der Nachfragetheorie).

> Die Isokostenlinie ist der geometrische Ort, auf dem die Faktorkombination v_1, v_2 die gleichen Kosten, hier in Höhe von K, aufweisen.

In Abb. 8-11 ist eine Isokostenlinie in das v_1 -, v_2 -Koordinatensystem eingezeichnet.

Werden die Faktoren v_1 und v_2 vermehrt eingesetzt, ergeben sich bei Konstanz von p_1 und p_2 höhere Gesamtkosten K. Das v_1 -, v_2 -Koordinatensystem kann man sich deshalb mit einer *Schar vom Isokostenlinien* ausgefüllt denken (siehe Abb. 8-12), wobei eine Isokostenlinie näher am Nullpunkt geringere Gesamtkosten K repräsentiert. In Abb. 8-12 stellen die Isokostenlinien K_1 bis K_4 *ansteigende Kostenniveaus dar.*

Zur Lösung der Fragestellung der Minimalkostenkombination muß die Isokostenlinie (= ökonomsiche Komponente) mit der jeweiligen Isoquante (= technische Komponente) verglichen werden. Wir wollen deshalb die Minimalkostenkombination bei limitationalem und substitutivem Produktionsverlauf analysieren.

Minimalkostenkombination bei limitationalem Produktionsverlauf.

Bei *fixiert-limitationalem Produktionsverlauf* besteht die Isoquante nur aus einem Punkt (siehe Abb. 8-9). Die Fragestellung der Minimalkostenkombination ist hier (eigentlich) nicht vorhanden, da es lediglich eine einzige effiziente Produktion (Punkt R in Abb. 8-9) gibt. Das Gleichgewicht der Inputfaktoren ist nur im Punkt R gegeben, d.h. die Minimalkostenkombination ist hier durch die technischen Produktionsbedingungen vorgegeben.

Bei *linear-limitationalem Produktionsverlauf* gibt es mehrere Produktionsmöglichkeiten (mehrere erzielbare Outputs), wobei die Relation der Inputfaktoren fest vorgegeben ist durch die technischen Produktionsbedingungen. Wie aus Abb. 8-10 ersichtlich, gibt er für eine bestimmte Outputmenge auch hier nur eine effiziente Kombination der Faktoren = Punkt R_1 usw. Alle Punkte R liegen auf dem Prozeßstrahl OQ, der somit zugleich der geometrische Ort aller Minimalkostenkombinationen alternativer Outputs ist. Auch bei linear-limitationalem Produktionsverlauf ist die Lösung der Minimalkostenkombination durch den technischen Produktionsablauf bereits vorgegeben.

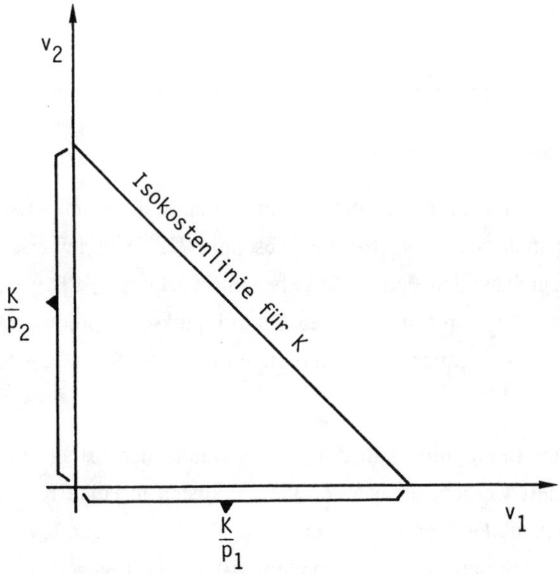

Abb.: 8-11: Isokostenlinie der Gesamtkosten K

Minimalkostenkombination bei peripher substitutionalem Produktionsverlauf

Die eigentliche Problematik der Minimalkostenkombination ist nur bei Substitution gegeben, wobei der Fall der totalen Substitution nicht betrachtet werden muß, da dieser entweder eine neue limitationale oder Randsubstitution ergibt.

Nur bei einer Randsubstitution besteht die eigentliche Fragestellung der Minimalkostenkombination.

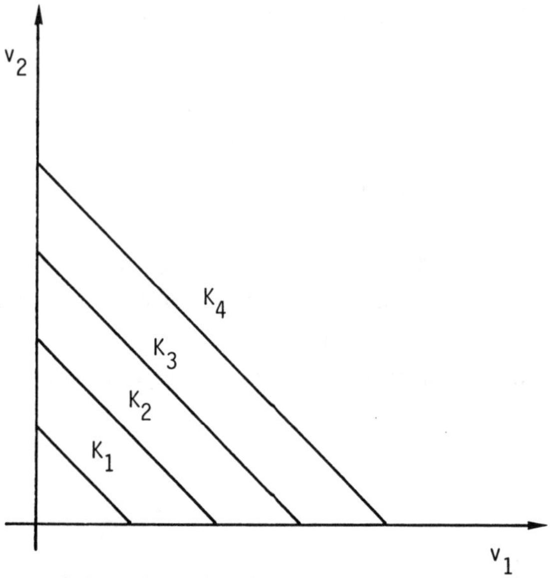

Abb.: 8-12: Schar von Isokostenlinien K_1 bis K_4

Zum Verständnis der Minimalkostenkombination sei auf die analytisch völlig analoge Darstellung in der Nachfragetheorie (Abschnitt 722.1) hingewiesen.
Wir betrachten zunächst den Fall, daß ein bestimmter Output, z.B. y_2, repräsentiert durch die Isoquante y_2, mit minimalsten Faktorinputkosten produziert werden soll. In Abb. 8-13 wird die Isoquante y_2 alternativen Isokostenlinien K_1 bis K_4 gegenübergestellt.

Entsprechend den Bedingungen in Abb. 8-13 könnte der Ertrag (Output) y_2 im Punkt A produziert werden, dann fallen Gesamtkosten in Höhe K_4 an. Produziert man sie entsprechend den Konditionen im Punkt B oder C, fallen Kosten von K_3 an. Die günstigste Kombination ist im (Tangential-) Punkt T gegeben. Mit dem Faktoreinsatz von v_{1T} und v_{2T} fallen die niedrigst möglichen Gesamtkosten K_2 zur Produktion y_2 an.

Die Minimalkostenkombination ist im Tangentialpunkt einer Isoquante und einer Isokostenlinie gegeben.

Das Problem könnte sich aus betrieblicher Sicht umgekehrt so darstellen, daß eine feste Kostensumme zur Verfügung steht, z.B. dargestellt durch die Isokostenlinie K_3. Gefragt ist, welche maximale Produktion damit am günstigsten produziert werden könnte. In Abb. 8-14 stehen K_3 die Isoquanten y_1 bis y_3 gegenüber. Mit den

Kosten von K_3 ließe sich der Punkt Z realisieren, es ergäbe sich der Output y_1. Auch hier stellt der Punkt T die günstigste Möglichkeit dar, denn jetzt kann der Output y_2 hergestellt werden. Mit K_3 ist der noch höhere Ertrag y_3 nicht erreichbar.

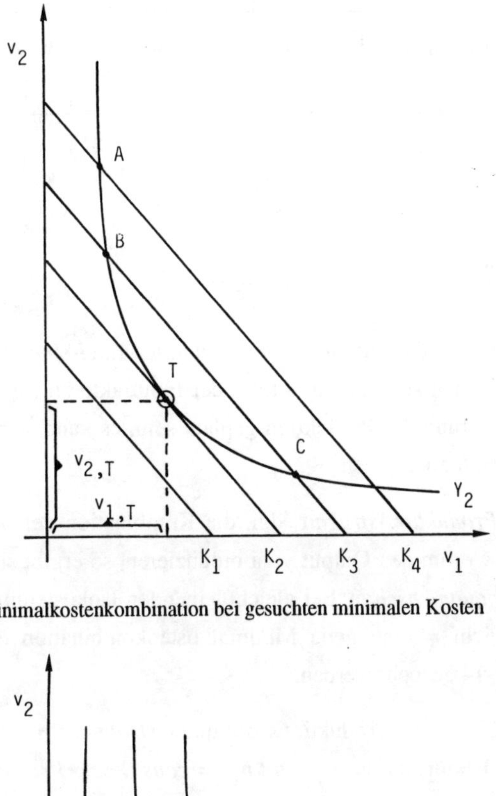

Abb.: 8-13: Minimalkostenkombination bei gesuchten minimalen Kosten

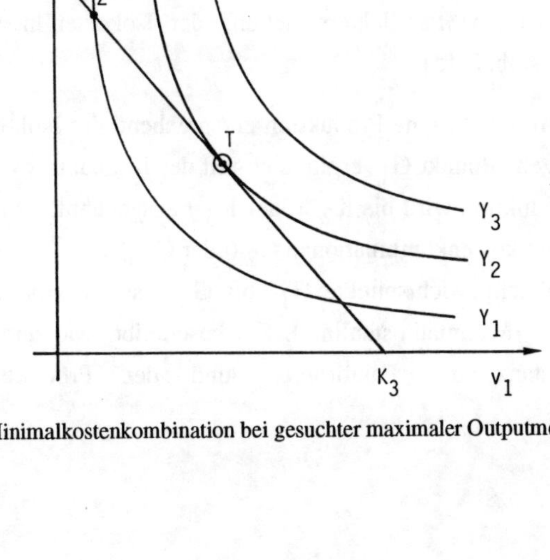

Abb.: 8-14: Minimalkostenkombination bei gesuchter maximaler Outputmenge

Durch analoge Ableitungen wie beim Indifferenzkurvensystem ergibt sich für die Minimalkostenkombination:
Für den Tangentialpunkt einer Isoquante und einer Isokostenlinie *gilt*:

Die Grenzrate der Faktorsubstitution ist gleich dem umgekehrten Verhältnis der Faktorpreise.

D.h. für den Punkt T gilt: $- \frac{dv_2}{dv_1} = - \frac{p_1}{p_2}$

bzw. bei umgekehrter Substitution: $- \frac{dv_1}{dv_2} = - \frac{p_2}{p_1}$

Zu untersuchen ist, wie sich die *Minimalkostenkombination bei einer Variation der Parameter* ergibt. So können sich u.a. die Preise der Inputfaktoren (die Kosten) ändern, es kann eine Steigerung der Produktion geplant sein, es kann sich eine Änderung im Produktionsverfahren ergeben.

1. *Ändert sich die Produktionsstruktur*, d.h. die Kombination der beiden Inputfaktoren v_1 und v_2 um den Output y zu produzieren, so ergibt sich eine *Verschiebung der Isoquantenschar*. Bei gleichbleibenden Isokostenlinien muß ein neues Gleichgewicht = eine neue Minimalkostenkombination entsprechend Abb. 8-13 bzw. 8-14 gesucht werden.

2. Soll bei gleichbleibenden Produktionsstrukturen *(Isoquanten = const.)* und gleichbleibenden Faktorpreisen *(p_1 und p_2 = const.)* eine *Produktionssteigerung* erfolgen, so geht dies nur durch einen Mehreinsatz der Faktoren v_1 und v_2, was *gleichbedeutend* ist mit *höheren Gesamtkosten K.*
   Graphisch ist dies eine Parallelverschiebung der Isokostenlinien weg vom Nullpunkt (siehe Abb. 8-15).

   Zunächst ist in Abb. 8-15 eine Produktion entsprechend der Isokostenlinie K_1 geplant. Im Tangentialpunkt G_1 ergibt sich mit der Isoquante y_2 das Gleichgewicht. Die Produktion wird bis K_2 (oder K_3) ausgedehnt. Es ergeben sich analog die Minimalkostenkombinationen G_2 (oder G_3).

Verbindet man alle Gleichgewichtspunkte G_1 bis G_3 usw., ergibt sich die sog. *Faktoranpassungskurve* (Minimalkostenlinie). Sie beschreibt, wie und in welcher Relation (bei Konstanz der Faktorpreise und der Produktionsstruktur)

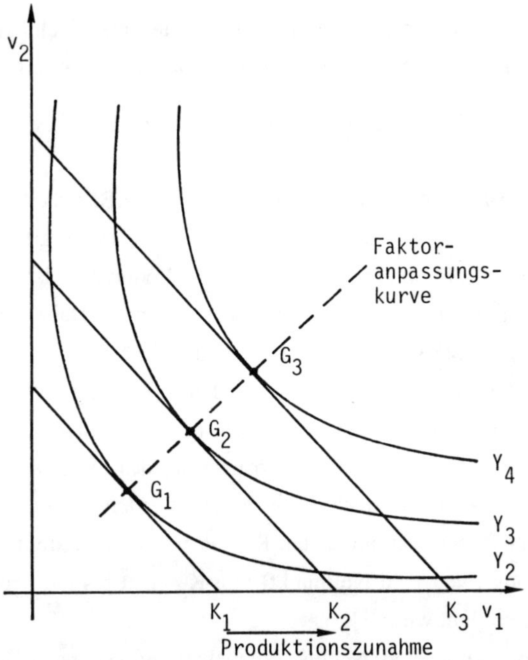

Abb.: 8-15: Minimalkostenkombination bei Produktionssteigerung

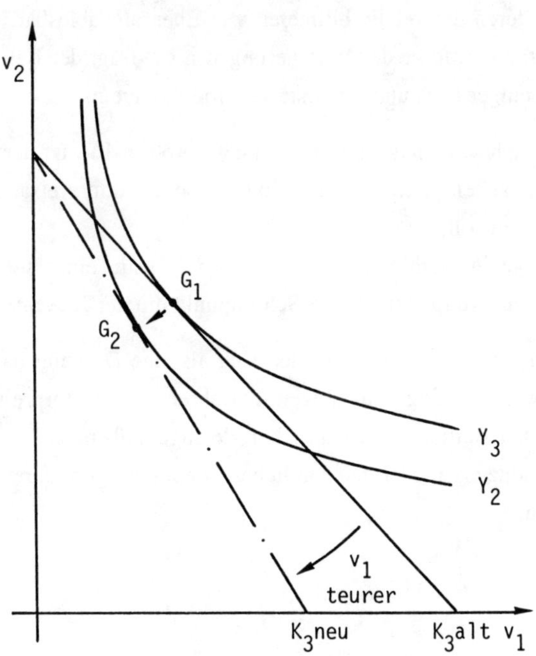

Abb.: 8-16: Minimalkostenkombination bei Preiserhöhung von Faktor v_1

eine Änderung des Outputs sich auf die Faktoren niederschlägt. Sie ist damit gleichzeitig *identisch mit* der *Nachfragekurve nach den Produktionsfaktoren.*

3. Bei gleichbleibender Produktionsstruktur kann sich der *Preis der Inputfaktoren* verändern.
Betrachten wir zunächst den Fall, daß Faktor v_1 (z.B. Arbeit) *teurer wird,* v_2 konstant bleibt. Wie bekannt (Indifferenzkurvenanalyse) ergibt eine Preiserhöhung des Faktors v_1 eine entsprechende Linksdrehung der Isokostenlinie (zum Nullpunkt) um ihren Schnittpunkt mir der Ordinate. Dabei ergibt sich eine neue Minimalkostenkombination, wie in Abb. 8-16.
Infolge der Verteuerung des Faktors v_1 kann (ceteris paribus) nur noch die Isokostenlinie K_3 neu produziert werden, die ein Gleichgewicht G_2 mit y_2 ergibt. Dies würde bedeuten eine Verringerung des Outputs. Soll der Output (alt) entsprechend der Isoquante y_3 erzielt werden, ist dies insgesamt nur möglich durch höhere Gesamtkosten K, was erreichbar wäre durch eine Parallelverschiebung (weg vom Nullpunkt) von K_3 neu bis ein neuer Tangentialpunkt mit y_3 erreicht wird.
In Abb. 8-16 ist aus der Bewegung (zunächst) von G_1 nach G_2 deutlich der *Substitutionseffekt* erkennbar, d.h. der Betrieb substituiert den jetzt teuren Faktor v_1 durch den relativ billigeren v_2. Ebenfalls ablesbar ist der *Ausbringungseffekt,* d.h. infolge der Verteuerung von v_1 frägt der Betrieb von beiden Faktoren weniger nach und schränkt die Produktion ein.

Wie sich graphisch leicht zeigen läßt (siehe Abb. 8-16), ist der Sustitutionseffekt auch gegeben, wenn die Produktion trotz Faktorpreisanstieg den alten Output ergeben soll.
Eine alleinige Preiserhöhung des Faktors v_2 wäre eine Isokostenlinienverschiebung zum Nullpunkt um den Schnittpunkt mit der X-Achse.

Preissenkungen eines Faktors stellen sich als eine Drehung nach rechts (weg vom Nullpunkt) analog dem obigen Verfahren dar. Faktorpreissenkungen ergeben für den Betrieb die Chance bei gleichgebleibenden Gesamtkosten (K) mehr zu produzieren, oder den nämlichen Output mit geringeren Gesamtkosten herzustellen.

8.3. Kosten - Kostenfunktionen - Kostenverläufe

8.3.1. Begriff und Einteilung der Kosten

8.3.1.1 Kostenbegriff

Kosten sind eine zentrale wirtschaftliche Kategorie. Diese Aussage gilt ohne Einschränkung für ein markt-verkehrswirtschaftliches System. Erläutert man den sachlichen Inhalt von Kosten so: Was nichts kostet, liegt außerhalb des ökonomischen Interesses (siehe freie Güter!), so gilt obige Aussage auch für ein planwirtschaftliches System.

Obwohl VWL und BWL beim Kostenbegriff stets die Kernaussage gemeinsam aufweisen, legen sie bei der Interpretation das Schwergewicht der Betrachtung unterschiedlich. Somit ist es zweckmäßig, die wichtigsten Unterschiede aufzuzeigen:

Spezielle volkswirtschaftliche Kostenbegriffe:

1. *Opportunity* costs bzw. Alternativkosten
   sind eine besondere volkswirtschaftliche Betrachtung von Kosten. Man geht dabei von der Güterknappheit aus. Einmal ist der Vorrat an Gütern begrenzt, zum anderen erlauben die meisten Güter eine unterschiedliche Verwendung zur Bedürfnisbefriedigung. So kann man Kartoffeln unmittelbar als Speisekartoffeln verwenden, man kann sie zu einer Vielzahl von Nahrungsmitteln weiter verarbeiten, man kann daraus Schnaps brennen, man kann sie als Mastfutter zur Eiweißproduktion verwenden, usw. Hat man sich für eine der möglichen Verwendungsarten entschieden, scheidet eine alternative Verwendung aus. Die Opportunitätskosten sind die Kosten eines Gutes oder Faktors, die dem Verlust entsprechen, wenn ein Gut einer bestimmten Verwendung zugeführt wird und damit für einen alternativen Einsatz nicht mehr zur Verfügung steht.
   Bei der Abwägung der Verwendung von Geldbeträgen (= knappen Mitteln) zur alternativen Wunsch-(Bedürfnis-)befriedigung denkt man letztlich in opportunity costs (ohne den Begriff meist zu kennen).

2. *Private und soziale bzw. interne und externe Kosten.*
   Private bzw. *interne* Kosten entstehen in der jeweiligen Unternehmung und werden in deren Kalkulation erfaßt.
   Soziale (externe) Kosten entstehen der Volkswirtschaft, werden aber in der Kalkulation der Unternehmung nicht erfaßt, da sie sie nicht belasten. Wenn,

um ein bekanntes Beispiel zu nehmen, durch eine Unternehmung (durch deren Produktion) Wasser verschmutzt wird, das vor einem weiteren Gebrauch mit Steuermitteln wieder gereinigt werden muß, entstehen soziale Kosten. Durch das wachsende Umweltbewußtsein (Belastung der Umwelt) ist die Diskussion um die sozialen Kosten richtig in Gang gekommen (siehe Spezialliteratur). In einer Marktwirtschaft laufen die Vorschläge im wesentlichen darauf hinaus, möglichst viele externe Kosten in interne umzuwandeln.

Spezielle betriebswirtschaftliche Kostenbegriffe:

Aus der Fülle betriebswirtschaftlicher Definitionen sollen nur die heute aktuellen gebracht werden.

1. *Wertmäßiger Kostenbegriff.* Er herrscht heute in der deutschen Literatur der BWL vor.

> Kosten sind der *wertmäßige* Güter- und Dienste*verzehr* zur Erstellung einer Leistung und zur Aufrechterhaltung der Betriebsbereitschaft.

Der wertmäßige Kostenbegriff geht im wesentlichen auf *Schmalenbach* zurück.

2. *Österreichische Variante* des wertmäßigen Kostenbegriffes. Da nach überwiegender Auffassung (in Österreich) ein Güterverzehr einen technischen Vorgang darstelle, sind dort Kosten ein *Werteeinsatz* zur Erstellung einer Leistung.

3. Der *pagatorische Kostenbegriff* bezeichnet Kosten als eine spezielle Ausgabenkategorie.
   Nach dem pagatorischen Kostenbegriff sind z.B. die Eigenkapitalzinsen und der Unternehmerlohn keine Kosten.

> Für die folgenden Darlegungen wird der interne, wertmäßige Kostenbegriff zugrundegelegt.

Dabei läßt sich einfach die Verbindung zwischen der Produktions- und Kostentheorie herstellen. Wie dargelegt, erforscht die Produktionstheorie die mengenmäßigen Kombinationsprozesse und die daraus ableitbaren Produktionsfunktionen.

Die Kostentheorie baut dabei auf der Produktionstheorie auf. In der Kostentheorie wird der mit den Faktorpreisen bewertete mengenmäßige Input (= die Kosten) dem mengenmäßigen Output gegenübergestellt.

Durch die Bewertung des Faktormengeneinsatzes mit den Faktorpreisen werden die Kosten (des Faktorinputs) gewonnen.

Daraus folgt, daß zur Beurteilung der Kosten zwei Komponenten berücksichtigt werden müssen: Die *Mengenkomponente* der Kosten resultiert aus dem Mengengerüst der Inputs (aus der Produktionstheorie). Die *Wertkomponente* der Kosten resultiert dagegen aus den Faktorpreisen.

Zur *Bildung der* **Kostenfunktion** sind zwei Wege möglich.

1. *Bildung der Umkehrfunktion.*
   Liegt die bekannte Produktionsfunktion $y = f(v_1, v_2)$ vor, so ist die Umkehrfunktion $v = f(y)$. Anschließend werden die Faktoreinsatzmengen mit deren Preisen bewertet, d.h. $v_1 \cdot p_1$ und $v_2 \cdot p_2$ und es ergibt sich die Kostenfunktion, wenn

   $$v_1 \cdot p_1 + v_2 \cdot p_2 = K.$$

   Allgemein $\Sigma\, v \cdot p = K$

   $$K = f(y)$$

2. *Bildung der monetären Produktionsfunktion*
   Bewertet man die Produktionsfunktion $y = f(v_1, v_2)$ mit den Preisen der Faktoren p_1 und p_2, so ergibt sich die monetäre Produktionsfunktion $y = f(v_1 \cdot p_1; v_2 \cdot p_2)$.
   Wenn $K = v_1 \cdot p_1 + v_2 \cdot p_2$, ist sie

   $$y = f(K)$$

   Kehrt man die monetäre Produktionsfunktion um, so ergibt sich die (nämliche) Kostenfunktion

   $$K = f(y)$$

8.3.1.2 Einteilung der Kosten

Von den Möglichkeiten der Kosteneinteilung werden *nur* die für die folgenden Darlegungen wichtigsten betrachtet.

1. Aufteilung der Gesamtkosten (K) in fixe (Kf) und variable (Kv)

Die *Gesamtkosten = K* sind die Summe aller Kosten, die bei der Produktion pro Zeiteinheit anfallen.

Bewertet man sämtliche erforderlichen Inputfaktoren mit deren Preisen und summiert diese Kosten, ergeben sich die Gesamtkosten einer Produktion.

Fixe Kosten = Kf sind innerhalb der Gesamtkosten diejenigen, die unabhängig von der Höhe der Outputs in gleicher Höhe anfallen.

Unabhängig von der Höhe des jeweiligen Outputs ergeben sich eine Reihe von Kosten, die "stets" in gleicher Höhe anfallen, wie z.B. typisch für Mieten, Zinsen und Abschreibungen. Für ein aufgenommenes Darlehen (= Fremdkapital) sind die Zinsen als ein fester Betrag zu leisten, unabhängig davon, ob viel oder nichts produziert wird. Ein Betriebswirt nennt die fixen Kosten auch *Kosten der Betriebsbereitschaft*, denn sie fallen prinzipiell auch bei stilliegendem Betrieb (Urlaub) an.

Ob eine Kostenart fix ist, hängt vielfach von der *untersuchten Zeitspanne* ab. Je länger die Zeitperiode ist, umso weniger Kostenarten sind fix. Mieten rechnet man üblicherweise zu den fixen Kosten. Geht man in die längerfristige Periode über, so lassen sich durch Kündigung oder Wiederanmietung auch die Mietkosten variieren. Für ein Unternehmen sind heute Löhne und Gehälter kurzfristig fixe Kosten. Längerfristig lassen auch sie sich durch Kündigung und Wiedereinstellung variieren.

Einige der fixen Kosten fallen stets in gleicher Höhe an, man nennt sie deshalb *absolut fixe Kosten*, wie z.B. Mieten und Zinszahlungen.
Andere fixe Kostenarten entstehen durch die mangelnde Teilbarkeit der Inputfaktoren und fallen dann sprunghaft an, man bezeichnet sie im Gegensatz zu den absolut fixen Kosten als *sprungfixe Kosten*. Typisch sind sprungfixe Kosten bei maschinellen Produktionseinheiten. Die Abschreibung für einen Stanzautomaten sind fixe Kosten in fester Höhe, unabhängig, ob er nur halb oder voll ausgelastet ist. Muß man infolge guter Produktionslage einen zweiten Stanzautomaten anschaffen, steigen die Abschreibungen sprunghaft auf das Doppelte an. Benötigt man für 20 Bauarbeiter als Aufsichts-Koordinierungs-

person einen Meister (Polier), so sind die Polierlohnkosten fix. Wird der Personalbestand auf 27 Arbeiter aufgestockt, so steigen mit dem zweiten Meister sprunghaft die Kosten an und sind dann bis 40 Arbeiter wieder fix.
Die fixen Kosten des ersten Poliers werden für die 20 Bauarbeiter völlig nutzvoll eingesetzt, d.h. es sind die gesamten anfallenden Fixkosten gleich *Nutzkosten.* Dagegen sind die Fixkosten vom zweiten Polier nur z.T. (für die 7 Arbeiter) Nutzkosten, hier ergeben sich umgerechnet auf 13 nicht eingesetzte Arbeiter *Leerkosten.* D.h. wird ein Inputfaktor, der eine fixe Kostenart darstellt, bis zu seiner Kapazitätsgrenze eingesetzt, sind seine fixen Kosten insgesamt Nutzkosten. Die Differenz einer fixen Kostenart bis zu seiner vollen Leistung (Kapazität) sind seine Leerkosten.

Variable Kosten = Kv sind aus den Gesamtkosten diejenigen Kostenarten, die in ihrer anfallenden Höhe von der jeweiligen Outputhöhe abhängig sind.

Typische (auch kurzfristig) variable Kosten sind Materialkosten und Materialhilfskosten. Unter dem Aspekt der Gewinnmaximierung (-optimierung) sind für eine effektive Produktion die variablen Kosten erheblich günstiger zu beurteilen.

2. Durchschnittskosten und Grenzkosten

Die *Grenzkosten = GK* sind die *zusätzlich* entstehenden Kosten (= Änderung der Gesamtkosten), die bei der Produktion *einer* weiteren Mengeneinheit von y anfallen.

Die Grenzkosten werden dabei ex-definitione nur von den variablen Kosten bestimmt. Wie bereits dargelegt, errechnet man für praktische Beispiele die GK als Differenzenquotienten, d.h.:

$$GK = \frac{\Delta K}{\Delta y}$$

Definitionsgemäß sind die GK ein Differentialquotient, d.h. gleich der ersten Ableitung der Gesamtkosten K, d.h.:

$$GK = \frac{dK}{dy}$$

Die *Gesamtdurchschnittskosten = DK*, bzw. *Stückkosten* ergeben sich durch Division der Gesamtkosten K durch die Menge des Outputs.

d.h.: $$DK = \frac{K}{y}$$

Die *fixen Durchschnittskosten = DKf* ergeben sich, wenn die fixen Kosten durch die Menge des Outputs dividiert werden,

d.h.: $$DKf = \frac{Kf}{y}$$

Die DKf nehmen mit steigendem Output kontinuierlich ab. Geht man heute davon aus, daß die fixen Kostenarten (zumindest kurzfristig) deutlich überwiegen, so bewirken die DKf bei zunehmendem Output in Richtung Kapazitätsgrenze, daß die Stückkosten deutlich kleiner werden. Diese Erscheinung beschreibt man mit dem sog. *Gesetz der Massenproduktion*, das vereinfacht aussagt, daß umso höher der Output ist, umso billiger ist die Produktionsmöglichkeit. Eine Tendenz, die grundsätzlich bei industrieller Produktion beobachtet werden kann.

Die *variablen Durchschnittskosten = DKv* ergeben sich durch Division der variablen Kosten durch die Menge des Outputs,

d.h.: $$DKv = \frac{Kv}{y}$$

Für die beiden dargelegten Produktionsfunktionen nach dem Ertragsgesetz (substituierbarer Faktor) und bei limitationaler Produktionsfunktion sollen die Kostenverläufe näher analysiert werden.

8.3.2 Kostenverlauf bei Produktionsfunktion nach dem Ertragsgesetz

Im Abschnitt 822.3 hatten wir die Produktionsfunktion

$$y = f\ (v_1\,;\ v_2 = \text{const.})$$

als Produktionsfunktion des Ertragsgesetzes angenommen; v_1 war dabei der variabel substituierbare, v_2= der konstant zum Einsatz kommende Inputfaktor.

Für eine derartige Produktionsfunktion soll der daraus ableitbare Kostenverlauf analysiert werden. Diese *Kostenverläufe* nennt man diejenigen *nach dem Ertragsgesetz* bzw. *nach der Produktionsfunktion von Typ A.* Für das Verständnis der Kostenverläufe nach dem Ertragsgesetz ist bedeutsam:

> Unterstellt man die Preise der Inputfaktoren als gegeben und konstant (vom Unternehmen nicht beeinflußbar), dann ergeben sich die Kostenverläufe nach dem Ertragsgesetz logisch und folgerichtig aus dem Produktionsverlauf von Typ A. Eine kritische Betrachtung der ertragsmäßigen Kostenverläufe muß somit bei der Kritik am Ertragsgesetz einsetzen.

Wie in Abschnitt 831.1 ausgeführt, läßt sich die angenommene Produktionsfunktion für das Ertragsgesetz,

$$y = f\ (v_1 ;\ v_2 = \text{const.})$$

indem man die Inputfaktoren mit ihren (konstanten) Preisen multipliziert, in die monetäre Ertragsfunktion überführen, d.h.,

$$y = f\ (v_1 \cdot p_1 ;\ v_2 \quad \text{const.} \cdot p_2)$$

ist die monetäre Ertragsfunktion Typ A.
Da $v_1 \cdot p_1 = Kv$ und v_2 const. $\cdot\, p_2 = Kf$, wobei $Kv + Kf = K$ läßt sich die monetäre Ertragsfunktion schreiben

$$y = f\ (Kv; Kf) \text{ oder } y = f\ (K)$$

Kehrt man die monetäre Ertragsfunktion um, ergibt sich die Kostenfunktion für das Ertragsgesetz, d.h.

$$Kv + Kf = f\ (y) \text{ oder } K = f\ (y)$$

Die Ableitung der Kostenfunktion nach dem Ertragsgesetz aus der monetären Produktionsfunktion vom Typ A stellt man gerne graphisch durch die *Spiegelung um die Symmetrieachse* dar, siehe Abb. 8-17.

Durch das Einbeziehen der Kf (bzw. v_2 const. · p_2) beginnt die monetäre Ertragskurve in Abb. 8-17 nicht wie die Ertragskurve (in Abb. 8-5) im Nullpunkt, sondern um den Betrag der Fixkosten verschoben auf der Abszisse. Denkt man sich diese monetäre Ertragsfunktion um die 45° Linie gespiegelt, ergibt sich die daraus ableitbare Gesamtkostenkurve nach dem Ertragsgesetz. Die Spiegelung entspricht dabei der funktionalen Umkehrung der monetären Ertragsfunktion.

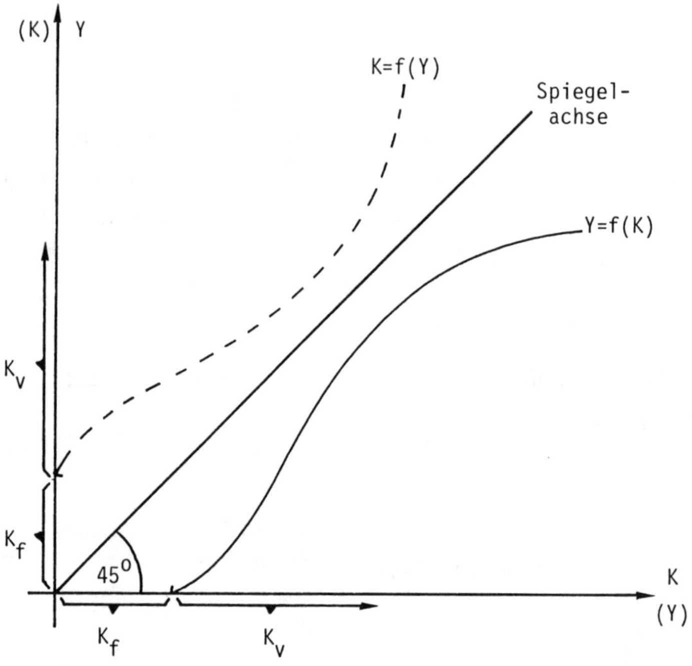

Abb.: 8-17: Ertragsmäßige Kostenkurve durch Spiegelung der monetären Ertragskurve

Um die Kostenverläufe nach dem Ertragsgesetz abzuleiten, verwenden wir das *Beispiel* zum Ertragsgesetz aus Tab. 8-1 (siehe dort). y = der Output (bzw. Ertrag) war dort ein Ertrag in Zentner Kartoffeln, v_1 = waren eingesetzte Arbeiter; v_2 = 1 Hektar Boden.

Als Preise der Inputfaktoren werden angenommen: 1 Arbeiter (v_1) kostet DM 2.000,00; Fixkosten des 1 Hektor Boden = DM 5.000,00. Es ergeben sich dann aus Tab. 8-1 abgeleitet die Kosten im Vergleich zur Produktion in Tab. 8-2.

Die Summe der Kf (Spalte 2) und Kv (Spalte 3) ergibt die Gesamtkosten K (Spalte 4) bei der entsprechenden Produktion von y.

Aus den Daten der ersten vier Spalten in Tab. 8-2 lassen sich, wie in Abschnitt 831.2 dargelegt, die Grenzkosten, die Durchschnittskosten für die gesamten, variablen und fixen Kosten errechnen. Die Ermittlung erfolgte nach folgenden Rechenformeln:

Grenzkosten GK : $GK = \frac{\Delta K}{\Delta y}$ (Differenzenquotient)

Gesamtdurchschnittskosten DK : $DK = \frac{K}{y}$

Variable Durchschnittskosten DKv : $DKv = \frac{Kv}{y}$

Fixe Durchschnittskosten DKf : $Dkf = \frac{Kf}{y}$

Die graphische Darstellung der Kostendaten aus Tab. 8-2 ergibt die (bekannten) Kostenkurven nach dem Ertragsgesetz. In Abb. 8-18 sind die Kostenkurven nach dem Ertragsgesetz aus der Tab. 8-2 dargestellt.

Aus den Kurvenverläufen der Abb. 8-18 lassen sich folgende Regelmäßigkeiten für die Kostenverläufe nach dem Ertragsgesetz gewinnen:

1. *Gesamtkostenkurve K*

   Mit steigender Produktion von y nehmen die Gesamtkosten stetig zu. *Bis* zum *Wendepunkt (W)* ist der Kostenanstieg *degressiv* (bzw. unterproportional). *Im* Wendepunkt *W* ist *proportionaler* Gesamtkostenanstieg. *Nach* dem Punkt *W* nehmen die Gesamtkosten *progressiv* (bzw. überproportional) zu.

   Von einer *degressiven Kostenzunahme* spricht man, wenn die relative Kostenzunahme geringer ist als die relative Outputzunahme (Output oft auch als Beschäftigungszunahme bezeichnet). Eine *progressive Kostenzunahme* liegt dann vor, wenn die relative Kostenzunahme größer ist als die relative Outputzunahme. Dieser Vergleich der relativen Änderungsraten entspricht dem bekannten Elastizitätsbegriff, hier auf Kosten bezogen. In der BWL nennt man die Elastizität der Kosten den *Reagibilitätsgrad.*

Gesamtertrag in Ztr.	Fixe Kosten für 1 ha DM	Variable K. pro Arbeiter DM	Gesamtkosten Kf + Kv DM	Grenz-kosten	Totale Durch-schnittsk.	Variable Durchschn.k.	Fixe Durch-schnittsk.
Y	Kf	Kv	K	GK	DK	DKv	DKf
5	5000	2000	7000	250,-	1400,-	400,-	1000,-
13	5000	4000	9000	166,67	692,31	307,69	384,62
25	5000	6000	11000	142,86	440,-	240,-	200,-
39	5000	8000	13000	125,-	333,33	205,13	128,20
55	5000	10000	15000	133,33	272,73	181,82	90,91
70	5000	12000	17000	142,86	242,86	171,43	71,43
84	5000	14000	19000	166,67	226,19	166,67	59,52
96	5000	16000	21000	200,-	218,75	166,67	52,08
106	5000	18000	23000	250,-	216,98	169,81	47,17
114	5000	20000	25000	285,70	219,30	175,44	43,86
121	5000	22000	27000	400,-	223,14	181,82	41,32
126	5000	24000	29000	500,-	230,16	190,48	39,68
130	5000	26000	31000	1000,-	238,46	200,-	38,46
132	5000	28000	33000	2000,-	250,-	212,12	37,88
132	5000	30000	35000	--	265,15	227,27	37,88
130	5000	32000	37000	--	284,62	246,15	38,46
127	5000	34000	39000		307,09	267,72	39,37

Tab.: 8-2: Kostenverlauf nach dem Ertragsgesetz zum Beispiel aus Tab.: 8-1

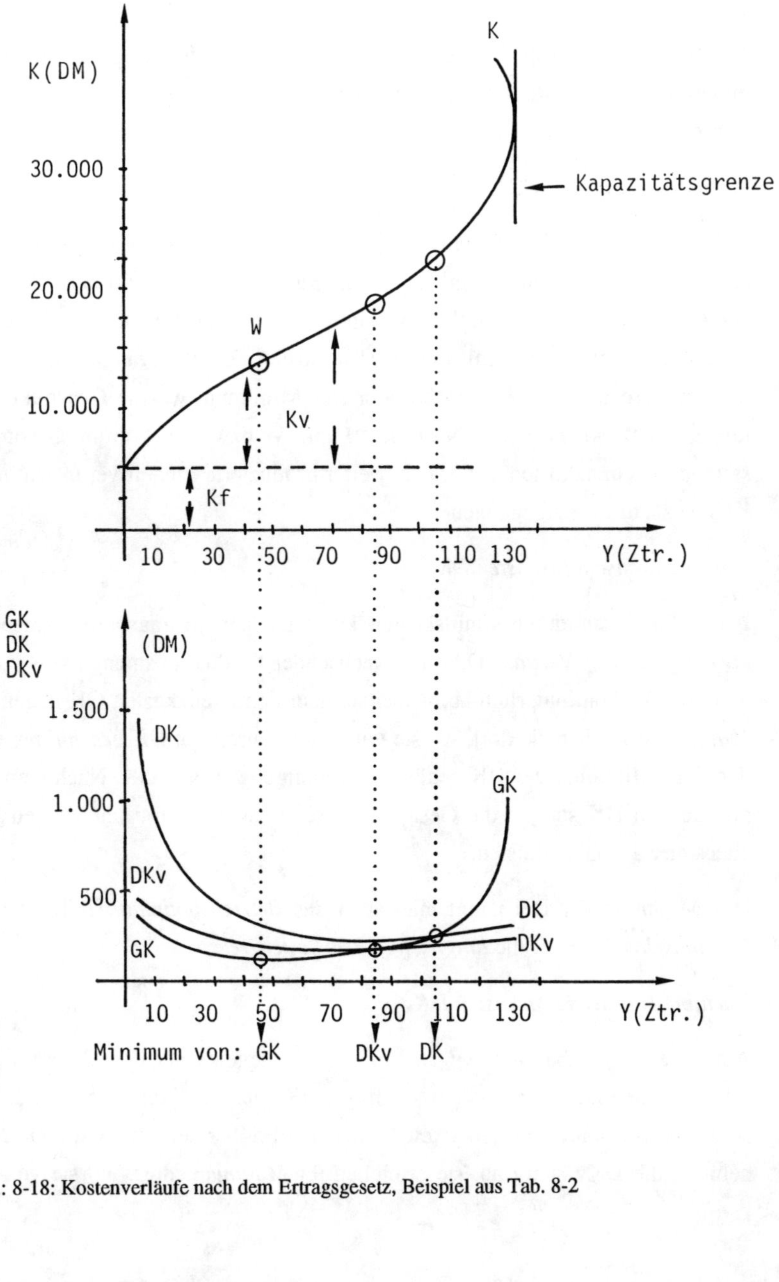

Abb.: 8-18: Kostenverläufe nach dem Ertragsgesetz, Beispiel aus Tab. 8-2

Reagibilitätsgrad	=	$\dfrac{\text{prozentuale Kostenänderung}}{\text{prozentuale Outputänderung}}$
bzw. "	=	$\dfrac{\Delta K}{\Delta y} \cdot \dfrac{y}{K}$ (Differenzenquotient)

Die Berechnung erfolgt völlig analog zu den Elastizitäten. Degressive Kostenzunahme hat einen Reagibilitätsgrad kleiner als 1, progressive einen größer als 1, proportionale einen von 1.

2. *Grenzkostenkurven GK*

Beim Kostenverlauf nach dem Ertragsgesetz (oft auch als *S-förmiger Gesamtkostenverlauf* bezeichnet) ergibt sich eine (durchhängende) *u-förmige Grenzkostenkurve.* D.h. zunächst fallen die Grenzkosten, dies bedeutet, jede weitere Produktionseinheit kann mit niedrigeren Kosten als die vorangegangene produziert werden. Die *GK* erreichen dort ihr Minimum, wo die Gesamtkostenkurve den *Wendepunkt* hat. Nach dem Punkt W bzw. dem Minimum von GK steigen die Grenzkosten stetig, jede weiter produzierte Einheit verursacht mehr Kosten als die vorangegangene.

3. *Gesamtdurchschnittskosten DK*

Auch die Gesamtdurchschnittskosten DK nach dem Ertragsgesetz zeigen *in etwa u-förmigen Verlauf.* D.h. mit wachsender Produktionsmenge von y nehmen die DK kontinuierlich ab, wobei sie über den Grenzkosten GK liegen. Ihr *Minimum* erreichen sie dort, wo sie von den *Grenzkosten GK geschnitten* werden. Das Minimum der DK genügt der Bedingung: DK = GK. Nach dem Minimum von DK steigen die Gesamtdurchschnittskosten stetig an, liegen jetzt aber unter den Grenzkosten.

Das Minimum der DK nennt man auch das *Betriebsoptimum (BO)* oder die *Gewinnschwelle*, oder die *langfristige Preisuntergrenze.*

4. *Variable Durchschnittskosten DKv*

Auch die DKv haben *u-förmigen* Verlauf und liegen unter den Gesamtdruchschnittskosten DK (verständlich, da in den DK auch die fixen Kosten enthalten sind, die DK somit um den fixen Kostenanteil höher sein müssen). Zunächst nehmen die DKv stetig ab, sie erreichen ihr *Minimum* dort, wo sie von den

Grenzkosten geschnitten werden. Es gilt wieder: Minimum DKv = GK. Anschließend nehmen sie ständig zu.

Das Minimum der DKv nennt man das *Betriebsminimum (BM)* oder die *Produktionsschwelle* oder die *kurzfristige Preisuntergrenze.*

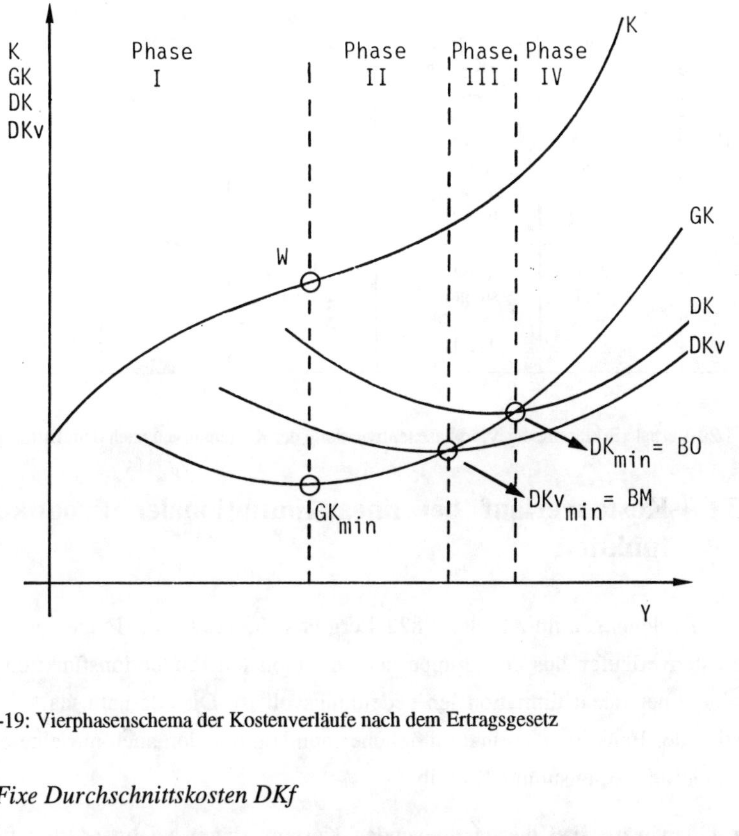

Abb.: 8-19: Vierphasenschema der Kostenverläufe nach dem Ertragsgesetz

5. *Fixe Durchschnittskosten DKf*

Die (nicht eingezeichneten) DKf nehmen mit steigender Produktion stetig ab und nähern sich asymtotisch der Abszisse. Lediglich das Überschreiten der Kapazitätsgrenze hätte einen Wiederanstieg der DKf zur Folge.

Analog zu den Ertragskurven stellt man die Kostenverläufe nach dem Ertragsgesetz in einem *Vierphasenschema* dar (siehe Abb. 8-19).

In der Matrix der Abb. 8-20 sind die Ergebnisse nach dem Vierphasenschema noch einmal zusammengefaßt.

Verlauf in Phase	Kostenkurve nach dem Ertragsgesetz				Endpunkte der Phasen
	K	GK	DK	DKv	
I	degressiv steigend	positiv fallend bis Min	positiv fallend	positiv fallend	W von K Min von GK
II	progressiv steigend	positiv steigend GK < DK GK < DKv	positiv fallend	positiv fallend bis Min	Min von DKv bzw. BM
III	progressiv steigend	positiv steigend GK < DK GK > DKv	positiv fallend bis Min	positiv steigend	Min von DK bzw. BO
IV	progressiv steigend	positiv steigend GK > DK GK > DKv	positiv steigend	positiv steigend	------

Abb.: 8-20: Verbale Erklärung der Vierphasenentwicklung der Kostenkurven nach dem Ertragsgesetz

8.3.3 Kostenverlauf bei linear-limitationaler Produktionsfunktion

Aus den Darlegungen im Abschnitt 822.4 ergibt sich, daß für die Frage der Analyse von Kostenverläufen aus der Gruppe der limitationalen Produktionsfunktionen nur diejenige einer linear-limitationalen bedeutungsvoll ist. Dies deshalb, da bei fixiert limitationaler Funktion die einzig mögliche Inputkombination auch nur eine einzige fixierte Gesamtkostensumme K ergibt.

Zu beachten wäre, daß die darzulegenden Kostenverläufe bei linear-limitationaler Produktionsfunktion in ihren typischen Verläufen identisch sind denjenigen aus der Produktionfunktion Typ B (der BWL). Sich aus beiden Produktionsansätzen nämlicher Kostenverlauf ergibt, die Ausgangsbasis (siehe Abschnitt 822.4) aber unterschiedlich ist.

Der Prozeßstrahl OQ aus Abb. 8-10 repräsentiert die Produktionsfunktion bei linear-limitationalem Faktoreinsatz. Durch analoges Vorgehen (wie beim Ertragsgesetz vorgeführt), d.h. durch Spiegelung um die Symmetrieachse bzw. über die monetäre

Ertragsfunktion und deren Umkehrung ergibt sich der Kostenverlauf für die linear-limitationale Produktionsfunktion.
Da hier die Ertragsfunktion eine Gerade (lineare Funktion) war, verlaufen die *Gesamtkosten ebenfalls als Gerade.*
Genau wie beim Kostenverlauf nach dem Ertragsgesetz beginnt die *Gesamtkostenkurve K* bei linear-limitationaler Funktion um die Höhe der Fixkosten Kf versetzt auf der Ordinate. In Abb. 8-21 sind der Verlauf der K, Kv und Kf bei linear-limitationaler Funktion zusammengefaßt.

Die *Kf* verlaufen definitionsgemäß (beim Typ B) als Parallele zur Abszisse. Umso höher die Produktion y, umso geringer ist die anteilige Fixkostenbelastung, d.h. die *DKf* sind analog zum Typ A ebenfalls eine stetig sich der Abszisse nähernde Kurve.

Die *Kv* entsprechen dem Prozeßstrahl OQ und sind eine lineare Funktion, ihr Steigungswinkel tan α entspricht dem Einsatzverhältnis der Faktoren v_2 zu v_1.
Die *Gesamtkosten K* ergeben sich als Summe aus:
K = Kv + Kf und sind somit ebenfalls eine Gerade mit der Steigung α.

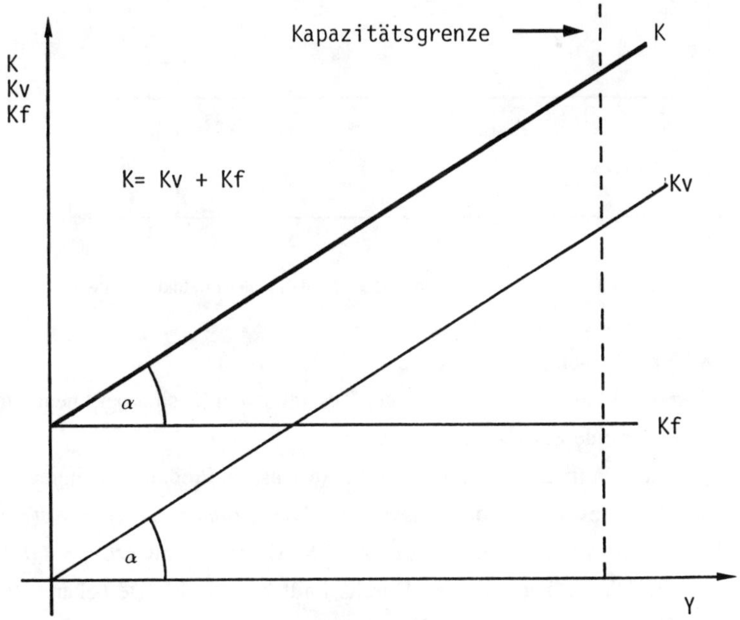

Abb.: 8-21: Verlauf von K, Kv und Kf bei linear-limitationaler Produktionsfunktion

Entsprechend den Bedingungen eines linear-limitationalen Produktionsverlaufes verlaufen die K, Kv und Kf stetig bis zur Kapazitätsgrenze des Betriebes.

Wie bei den Kostenverläufen nach dem Ertragsgesetz (Abschnitt 832) vorgeführt, kann man aus dem Verlauf von K, Kv und Kf die Grenzkosten GK, die totalen Durchschnittskosten DK und die variablen Durchschnittskosten DKv (und auch DKf) ableiten (zur Vorgehensweise siehe Abschnitt 832). Das Resultat dieser Ableitung ist in Abb. 8-22 zusammengefaßt wiedergegeben:

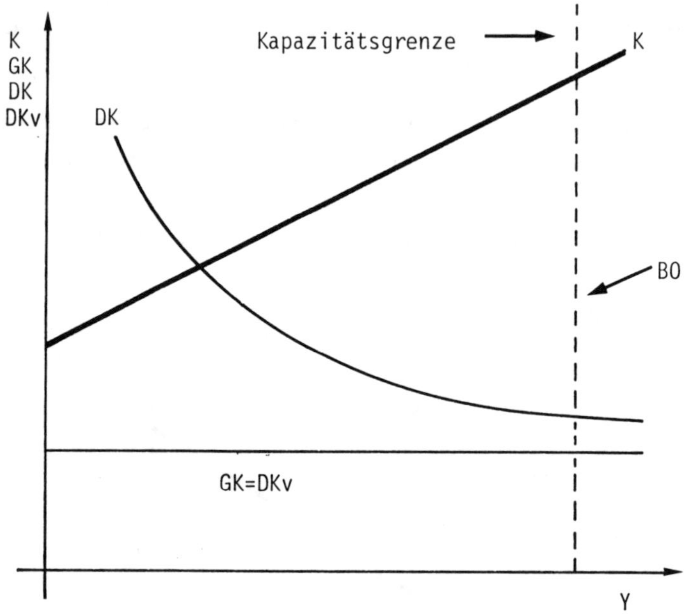

Abb.: 8-22: Verlauf von K, GK, DK und DKv bei linear-limitationaler Produktionsfunktion

Aus Abb. 8-22 ergibt sich:
Die *Grenzkosten GK*, als erste Ableitung der Gesamtkosten K, sind bei linear-limitationaler Produktion eine *Parallele zur Abszisse.*
Dies deshalb (ex-definitione), weil die Kostenzuwächse je Produktionseinheit von y konstant sind (folgt aus dem Produktionsverlauf). Die *variablen Durchschnittskosten DKv* sind ebenfalls *konstant* und *gleich den GK.* Es gilt somit *DKv = GK.* Die Grenzkosten sind gleich den variablen Durchschnittskosten, da, wie bekannt (siehe Kosten nach dem Ertragsgesetz), die Grenzkosten alleine von den variablen Kosten Kv (nicht von den Kf) bestimmt werden.

Die *totalen Durchschnittskosten DK* sind eine nichtlineare, stetig fallende und sich asymtotisch der DKv-Linie nähernde Kurve. Die DK setzen sich aus den DKv und den DKf zusammen. Um so weniger Einheiten von y produziert werden, um so stärker schlagen die DKf auf die DK durch und ergeben hohe DK. Um so mehr dagegen produziert wird, um so relativ geringer werden die DKf und DK nähert sich den DKv.

Bereits dargelegt ist, daß das *Betriebsoptimum (BO)* sich im Minimum der DK ergibt. Da bei linear-limitationalem Produktionsverlauf die DK ständig sinken (siehe Abb. 8-22), fällt das BO hier mit der *Kapazitätsgrenze* zusammen, da hier produktionstechnisch sich die niedrigsten realisierbaren DK ergeben.

Die Analyse der Kostenverläufe im Abschnitt 832 und 833 unterstellte gegebene Produktionsverhältnisse und untersuchte somit *kurzfristige* Kostenverläufe. Ändern sich die Produktionsvoraussetzungen (siehe PF Technischer Fortschritt), müßte die Entwicklung *langfristiger*, u.U. *sehr langfristiger Kostenverläufe* analysiert werden. Dazu muß wieder auf die weiterführende Literatur verwiesen werden.

8.4. Angebotsplanung der Unternehmung

Teilt man eine Unternehmung in die drei Hauptfunktionsbereiche Einkauf (von Produktionsfaktoren, teils auch von finanziellen Mitteln = Geldkapital), Produktion und Verkauf (Absatz) auf, dann haben wir uns bisher im 8. Kapital ausschließlich mit der Produktion befaßt.
Bei der Erörterung des Funktionsbereiches Produktion ist es üblich und zweckmäßig, etwas breiter in einige Nebengebiete mit einzusteigen, u.a.: Was ist denn überhaupt Produktion; wie kann die Produktion sich eigentlich entwickeln = Produktionsfunktion und -verläufe; was sind Kosten und wie können Kosten verlaufen usw.

Versucht man aber ökonomisch (nicht technisch) zum Kerngedanken der Produktion in einem marktwirtschaftlichen System vorzustoßen, so wurde versucht, dies mit der Darlegung der Minimalkostenkombination = dem Inputgleichgewicht aufzuzeigen.

Inputgleichgewicht, dargestellt mit Hilfe der Minimalkostenkombination, besagt einfach, wie ein Unternehmen eine bestimmte Produktion mit minimalsten Kosten durchführen kann, sucht demzufolge das *Kostenminimum eines Betriebes*.

Da die innerste Zielsetzung einer Unternehmung in einer Verkehrswirtschaft aber nicht darin besteht, daß irgendein Gut oder eine Dienstleistung mit minimalsten Kosten produziert wird, sondern daß ein Gewinn erzielt wird (wie immer man auch Gewinn sehen und definieren mag), müssen wir einen Schritt weiter gehen und in den dritten Hauptfunktionsbereich einsteigen, den Verkauf bzw. Absatz. Verkauf bzw. Absatz oder Erzielung eines Gewinnes bedeutet die Analyse des sog. *Outputgleichgewichtes*, d.h. die Untersuchung des Problems, welche Menge soll eine Unternehmung unter den gegebenen Umständen anbieten, will sie einen Gewinn erzielen.

D.h. mit dem Stichwort Angebotsplanung einer Unternehmung beginnen wir die Funktion des Verkaufs einer Unternehmung zu untersuchen.

8.4.1 Prämissen der Angebotsplanung

Ähnlich wie wir bei der Nachfrage der Haushalte festgestellt hatten, daß diese von einer Reihe von Determinanten abhängt (siehe u.a. Abschnitt 713), so wird auch das Angebot einer Unternehmung von einigen Faktoren abhängen. Die Angebotsmenge einer Unternehmung hängt ab von:

1. Dem Preis dieses Gutes (p_o)
2. Von den Preisen der übrigen Güter (p_1, ..., p_n)
3. Von den Preisen der Produktionsfaktoren (p_A ... p_K)
4. Von der Zielsetzung der Unternehmung (Z)
5. Vom Stand des technischen Wissen (T)

Somit ist die individuelle Angebotsplanung folgende *Angebotsfunktion:*

$$q_o = f \; (p_o \,;\, p_1 \ldots \; p_n ; \; p_A \ldots \; p_K ; \, Z ; \, T)$$

Unterstellen wir, daß die Determinanten 2. bis 5. konstant sind, geht die Angebotsfunktion in die übliche Form über:

$$q_o = f \; (p_o)$$

Geht man von dieser *vereinfachten Angebotsfunktion* aus, so gilt für die angebotene Menge grundsätzlich:

Um so höher der Preis für das Gut ist, um so mehr wird angeboten werden.

Diese Hypothese wird nicht für alle Produktionsbereiche gelten. Insbesondere im Agrarbereich kann man für die kürzere Frist (z.B. bis zur nächsten Ernte) feststellen, daß auch ein höherer Preis kein mengenmäßiges Mehrangebot zur Folge hat (da einfach nur eine bestimmte Menge da ist). In diesem Fall wäre das Angebot völlig unelastisch (siehe Abschnitt 722.5).

Dadurch, daß man die Determinanten 2. bis 5. der Angebotsplanung konstant hält, wird die Analyse beträchtlich vereinfacht. Man sollte sich jedoch stets klar sein, daß die konstant gehaltenen Bedingungen in der Realität sehr wohl einen Einfluß auf die angebotene Menge haben können.

Steigen z.B. die Faktorpreise, die zur Produktion eines bestimmten Gutes nötig sind, so wird die angebotene Menge (ceteris paribus) zurückgehen. Oder aber, wenn die Preise aller übrigen Güter steigen, nur der des betreffenden Gutes nicht, so wird (ceteris paribus) dessen angebotene Menge zurückgehen. Denn eine Produktion erscheint im Gegensatz zu den im Preis gestiegenen Gütern weniger rentabel. Eine Verbesserung des technischen Wissens wirkt dagegen wie eine Faktorpreissenkung.

In den folgenden Untersuchungen gehen wir davon aus, daß die angebotene Menge nur vom Preis für das Gut abhängt. Das Ziel der Unternehmung ist dabei die Gewinnmaximierung.

8.4.2 Individuelle Angebotsplanung (eines Mengenanpassers)

Die *Angebotsplanung* einer Unternehmung *differiert danach*, in welcher *Marktform* die betreffende Unternehmung sich befindet. Die grundsätzlichen Überlegungen zur Angebotsplanung werden zunächst *nur* für die Marktform des *Polypols* (atomistische Konkurrenz) untersucht (siehe Abschnitt 9.1).

Auf einem vollkommenen Polypolmarkt hat der einzelne Anbieter *keinen Einfluß auf den Preis*, er ist für ihn ein Marktdatum. Infolgedessen paßt er sein Marktangebot (die angebotene Menge) so dem Marktpreis an, daß er dabei sein Gewinnmaximum realisiert, oder wie man sagt, er verhält sich als *Mengenanpasser*. Die Angebotsplanung bei anderen Marktformen wird in folgedem 9. Hauptteil untersucht. So für das Monopol im Abschnitt 932.11 und für das Oligopol im Abschnitt 933.1.

8.4.2.1 Beim Kostenverlauf nach dem Ertragsgesetz

Die *Annahmen* für unser Unternehmen (Mengenanpasser) sind:

1. Der Preis ist gegeben (Datum), Unternehmer ist price-taker.
2. Jede Angebotsmenge kann auf dem Markt untergebracht werden.
3. Der Unternehmer möchte seinen Gewinn maximieren.
4. Vollkommener Markt ist gegeben.

Daraus folgt:
Der *Erlös (E)* ist das Produkt aus verkaufter Menge (q) mit dem einheitlichen Stückpreis (p); d.h. $\underline{E = q \cdot p}$

Der *Grenzerlös (E')*, d.h. der Erlöszuwachs beim Verkauf *einer* weiteren Mengeneinheit q ist *hier* gleich dem einheitlichen Stück-(Markt-)preis p, d.h.

$$\underline{E' = p}$$

Der *Gewinn (G)* ist die Differenz zwischen dem Erlös (E) und den zur Produktion nötigen Gesamtkosten (K), d.h. $\underline{G = E - K}$

Wir unterstellen, daß die Gesamtkosten ertragsgesetzmäßigen Verlauf (Typ A) haben sollen. Der Verlauf der daraus ableitbaren übrigen Kostenbegriffe wurde in den vorangegangenen Abschnitten bereits dargelegt.

Zur Demonstration beginnen wir mit einem tabellarischen Zahlenbeispiel:
Ein Unternehmen soll ein beliebiges Massenprodukt herstellen, wobei es pro Tonne (t) einheitlich 30,00 erzielt. Die fixen Kosten der Produktion betragen DM 150,00, die variablen Kosten je produzierte t sind festgehalten. Daraus lassen sich alle weiteren Größen errechnen, siehe Tab. 8-3.

Aus den Daten der Tabelle 8-3 ist einfach ablesbar, daß der Unternehmer bei 35 produzierten und verkauften Tonnen sein Gewinnmaximum mit DM 500,00 realisiert. Er entsprechend unseren Annahmen somit 35 t anbieten wird.
Dieses so gefundene Resultat wollen wir wieder allgemein mit Hilfe der Kurvenverläufe zum Ausdruck bringen.
Da die Größe p konstant ist, ist das Produkt aus q · p gleich dem Erlös, eine lineare Funktion, d.h. eine aus dem Nullpunkt ansteigende Gerade. Die Gesamtkosten K verlaufen in unserem Beispiel nach dem Typ A, d.h. bekannt S-förmig. Ohne den Maßstab der Tab. 8-3 einzuhalten (Übersichtlichkeit), würden sich folgende Kurvenverläufe in Abb. 8-23 ergeben.
Aus Abb 8-23 ist ersichtlich (wie vorher aus Tab. 8-3 auch), daß die Unternehmung zunächst Verluste erwirtschaftet. Erst beim Schnittpunkt der K-Kurve mit der E-

Kurve (im Punkt S_1) gleichen sich Kosten und Erlös aus, das Unternehmen tritt in die Gewinnzone ein. *Punkt S_1 nennt* man deshalb auch die *Nutzenschwelle* des Unternehmens. Wenn K und E sich zum zweiten mal (im Punkt S_2) schneiden, wird die Gewinnzone verlassen und das Unternehmen tritt in die zweite Verlustzone ein. *Punkt S_2* nennt man deshalb die *Nutzengrenze.*

Die Punkte S_1 und S_2 , die Nutzenschwelle und die Nutzengrenze, sind die sog. Deckungspunkte einer Unternehmung, die *break-even points.*

Zwischen den break-even points S_1 und S_2 liegt die sog. *Gewinnlinse* der Unternehmung, in der alternative Gewinnlagen beschrieben werden. Wir suchen daraus den *maximalen Gewinn.* Er kann auf *zwei Arten* bestimmt werden:

1. Durch Abmessen, wo sich der größte Abstand zwischen der K- und E-Kurve befindet.
2. Geometrisch eleganter: Wo die Tangente an die Gewinnlinse parallel zur E-Kurve verläuft.

Auf beide Arten gleich hat sich in Abb. 8-23 der G_m (wie eingezeichnet) ergeben, der das Unternehmen darüber informiert: Produziere und verkaufe die Menge q_M , dann ist dein Gewinn maximal.

Wenn wir annehmen (was in unserem Modell realistisch wäre), daß sich die Kosten zumindest kurzfristig nicht verändern, bleibt der *Verlauf der K-Kurve* konstant.
Keinen Einfluß hat unser Unternehmer auf den Marktpreis p. Ändert sich p, verschiebt sich die Erlöskurve E und zwar, wenn der Preis ansteigt, nach links, wenn er sinkt, nach rechts. Das Ergebnis ist einfach aus Abb. 8-24 ablesbar: Ein *Preisanstieg von p,* der die neue Erlöskurve E_1 ergibt, bringt, eine Verschiebung der break-even points, eine Vergrößerung der Gewinnlinse, ein neues (vergrößertes) Gewinnmaximum und eine Reduzierung der Verlustzonen.

Umgekehrt wirkt eine *Preissenkung,* die z.B. E_2 geben würde. Sinkt der Preis noch weiter, wie z.B. für E_3 angenommen, so entstehen nur noch Verluste. Im eingezeichneten Fall von E_3 wird der Betrieb stillgelegt (Unternehmer scheidet als Grenzanbieter aus dem Markt aus).

Das gleiche Ergebnis, Gewinnmaximum und anzubietende Menge beim Mengenanpasser kann noch auf eine zweite Art ermittelt werden, nämlich indem man mit den *Grenzgrößen E' und GK arbeitet.* Wie dargelegt, ist der Grenzerlös E' der Erlöszu-

Absatzmenge (t) q	fixe Kosten (DM) Kf	variable Kosten (DM) Kv	Gesamtkosten (DM) K=Kf + Kv	Gesamterlös (DM) E=q·p	Gewinn (DM) G=E-K	Grenzkosten (DM) $GK=\frac{\Delta K}{\Delta q}$	Grenzerlös (DM) $E'=\frac{\Delta E}{\Delta q}=p$
0	150,-	--	150,-	--	-150,-	20,-	30,-
5	150,-	100,-	250,-	150,-	-100,-	10,-	30,-
10	150,-	150,-	300,-	300,-	0	6,-	30,-
15	150,-	180,-	330,-	450,-	+120,-	4,-	30,-
20	150,-	200,-	350,-	600,-	+250,-	8,-	30,-
25	150,-	240,-	390,-	750,-	+360,-	12,-	30,-
30	150,-	300,-	450,-	900,-	+450,-	20,-	30,-
35	150,-	400,-	550,-	1050,-	+500,-	40,-	30,-
40	150,-	600,-	750,-	1200,-	+450,-	60,-	30,-
45	150,-	900,-	1050,-	1350,-	+300,-	80,-	30,-
50	150,-	1300,-	1450,-	1500,-	+ 50,-	80,-	30,-
55	150,-	1700,-	1850,-	1650,-	-200,-		

Tab.: 8-3: Daten eines Unternehmens (Mengenanpasser) zur Ermittlung der Angebotsmenge bei Gewinnmaximierung

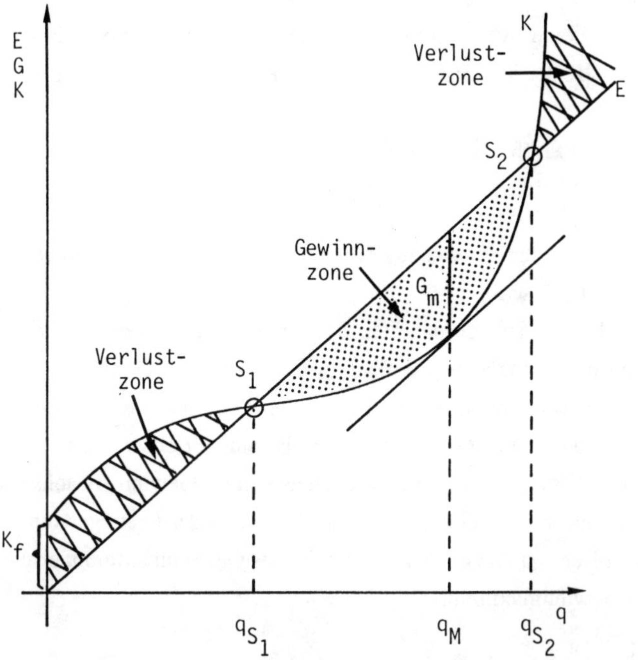

Abb.: 8-23: Ermittlung des Gewinnmaximums bei Gesamtgrößenbetrachtung (Typ A)

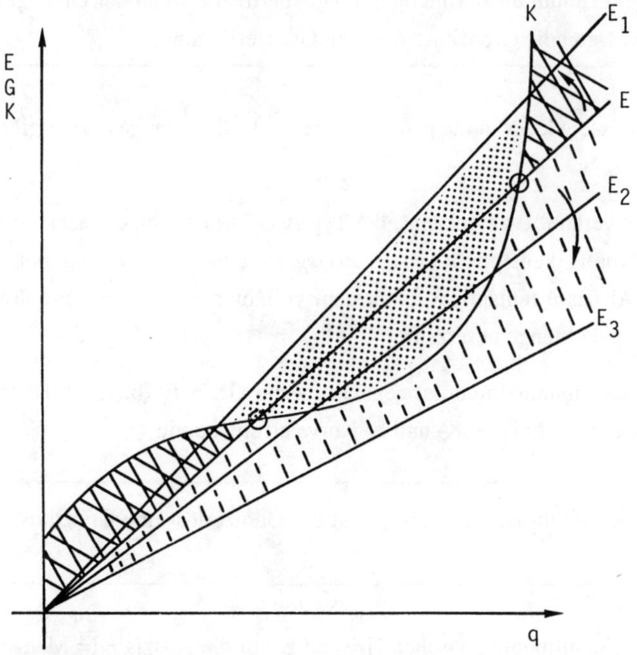

Abb.: 8-24: Gewinn und Verlust bei Preisänderungen (Typ A)

wachs beim Absatz einer weiteren Mengeneinheit (der hier konstant = p ist) und sind die Grenzkosten GK der Kostenzuwachs bei der Produktion einer weiteren Mengeneinheit.

Die Differenz beider Größen ist der *Grenzgewinn G'*, d.h.

$$\underline{G' = E' - GK}$$

Der Grenzgewinn ist der Gewinnzuwachs, wenn eine weitere Einheit produziert (GK) *und* abgesetzt (E') wird.

Aus den letzten beiden Spalten der Tab. 8-3, die die GK und den E' des Beispiels beinhalten, kann der Grenzgewinn einfach ermittelt werden. G' nimmt zunächst zu, dann wieder ab, bis schließlich bei der Produktion von 35 t Grenzkosten und Grenzerlös gleich sind und somit G' = Null ist. Es ist einfach einzusehen, daß, solange eine Unternehmung noch einen positiven Grenzgewinn = Gewinnzuwachs erzielt, sie ihr Gewinnmaximum noch nicht erreicht hat. Erst wenn der Grenzgewinn = Null ist bzw. die Grenzkosten = dem Grenzerlös sind, ist das Gewinnmaximum erreicht.

Bedingung des Gewinnmaximums:

G' = Null; GK = E'

> Das Gewinnmaximum einer Unternehmung ist erreicht, wenn der Grenzgewinn = Null ist, bzw. wenn die Grenzkosten = dem Grenzerlös sind.

Diese Erkenntnisse wieder in die geometrische Darstellung umgesetzt, ergibt Abb. 8-25.

Die GK-Kurve verläuft (wie bekannt) bei Typ A U-förmig. Die Grenzerlöskurve, die hier dem Stückpreis p entspricht (= sog. *Preisgerade bei Mengenanpassung)* ist eine Parallele zur Abszisse (entspricht damit dem vollkommen elastisch und drückt aus: Anbieter kann jede Menge absetzen).

Das gesuchte Gewinnmaximum ist gegeben, wenn GK = E' (bzw. p). Diese Bedingung ist im Schnittpunkt der GK- und E'-Kurve erfüllt, somit:

> Das Gewinnmaximum ist im Schnittpunkt der Grenzerlös- und Grenzkostenkurve gegeben.

Lotet man den Schnittpunkt zwischen GK und E' auf die Abszisse (= Mengenachse), so ergibt sich die Menge $q_{1, M}$, die der Unternehmer produzieren und anbieten muß, will er seinen maximalen Gewinn realisieren. Das untere Flächenstück, das von der E'- und GK-Kurve begrenzt wird, ist der *Bereich der Grenzgewinne* (man beachte den Unterschied zwischen den Grenzgewinnen in Abb. 8-25 gegenüber dem Gesamtgewinn in Abb. 8-23 bei der Interpretation von Mengen q). Das obere von E' und GK gegrenzte Flächenstück ist der *Bereich der Grenzverluste.*

Bei einem *Preisanstieg*, z.B. *auf* p_2 (siehe Abb. 8-25), ergibt sich ein neuer Schnittpunkt zwischen der (neuen) E'- und der (gleichbleibenden) GK-Kurve. Aus der Abb. 8-25 ist einfach ablesbar, daß der Preisanstieg auf p_2 eine Vergrößerung der vom Unternehmer angebotenen Menge zur Folge hat (Prämisse: Realisierung des neuen Gewinnmaximums), daß der Bereich der Grenzgewinne vergrößert wird und damit der Unternehmer einen höheren maximalen Gewinn erzielt und daß demzufolge der Bereich der Grenzverluste reduziert wird.
Bei einer *Preissenkung*, z.B. *auf* p_3 (siehe Abb. 8-25), ergeben sich die genau umgekehrten (ebenfalls leicht ablesbaren) Resultate.
Aus der eben vorgenommenen Analyse von Preisveränderungen im Hinblick auf die Verlagerung des Gewinnmaximums und vor allem der vom Unternehmer jeweils angebotenen Menge ergibt sich aus Abb. 8-25:

> Der aufsteigende Ast der U-förmigen Grenzkostenkurve (Typ A) ist für einen Mengenanpasser seine *individuelle Angebotskurve.*

Denn, wie Abb. 8-25 deutlich zeigt, ergibt sich bei unterstellter Gewinnmaximierung des Mengenanpassers immer ein Schnittpunkt der Preisgeraden (E') mit der GK-Kurve. Der Unternehmer paßt seine Menge entsprechend dem Verlauf der GK-Kurve an, die somit seine individuelle Angebotskurve wird.

Das Resultat, wie beim Kostenverlauf entsprechend dem Ertragsgesetz die Angebotsplanung eines Mengenanpassers verläuft, kann unter Einbeziehung einiger (bereits bekannter) Kostenaspekte noch präziser dargestellt werden. Wir benötigen dazu *zusätzlich* die *Totalen Durchschnittskosten DK* und die *variablen Durchschnittskosten DKv* und stellen den Zusammenhang aus Abb. 8-25 mit den DK und den DKv in *Abb. 8-26* nochmals dar.

Wie in Abschnitt 832 bereits erörtert und in Abb. 8-19 dargestellt, ergibt sich in Abb. 8-26 im Minimum der DKv das sog. Betriebsminimum BM und im Minimum der DK das Betriebsoptimum BO.

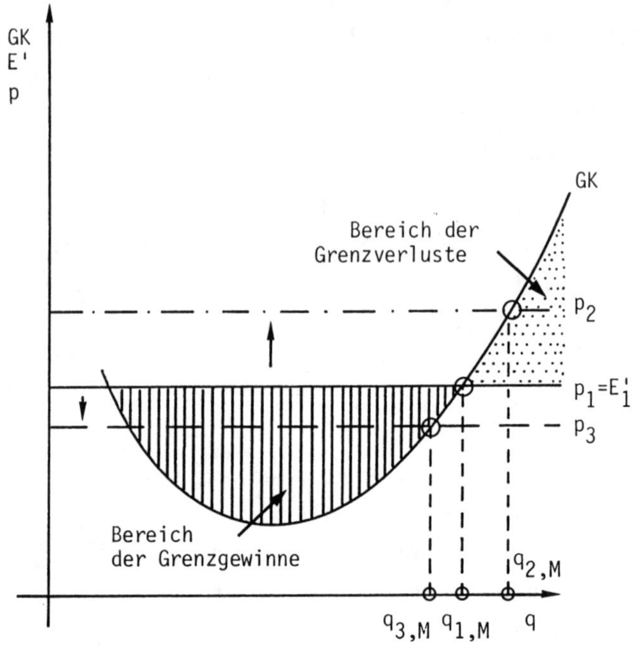

Abb.: 8-25: Angebotsmenge und Gewinnmaximum bei Grenzbetrachtung (Typ A)

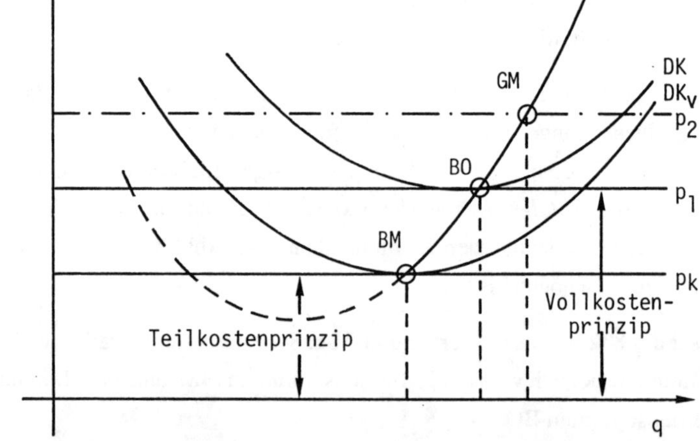

Abb.: 8-26: Individuelle Angebotskurve unter Berücksichtigung von BM, BO und GM (Typ A)

Im BM lassen sich sämtliche durchschnittlichen variablen Kosten abdecken, man nennt es deshalb auch die *kurzfristige Preisuntergrenze*, d.h. kurzfristig kann der Preis bis BM in Höhe *von* p_K absinken (siehe Abb. 8-26), dann lohnt es sich für den Betrieb immer noch anzubieten, denn es lassen sich ja alle variablen Durchschnittskosten abdecken. Da ein Teil der Kosten, nämlich die fixen Durchschnittskosten DKf hier (im BM) nicht abgedeckt sind, wird *ab der Höhe von* p_K bzw. BM das sog. *Teilkostendeckungsprinzip realisiert.*

Im BO lassen sich die gesamten durchschnittlichen Kosten, d.h., die DKv und die DKf hereinbringen, deshalb nennt man das BO, auch die *langfristige Preisuntergrenze*, d.h. langfristig trachtet das Unternehmen danach, daß der Preis am Markt nicht unter die *Höhe* p_1 absinkt, denn dann lassen sich die gesamten Durchschnittskosten hereinbringen. Da mit dem BO bzw. mit dem Preis p_1 voll sämtliche Durchschnittskosten abgedeckt sind, wird *ab* p_1 das *Vollkostendeckungsprinzip realisiert.*

Die Erkenntnisse in die Angebotsplanung unseres Mengenanpassers eingebaut ergeben:

> Die individuelle Angebotskurve eines Unternehmers ist der aufsteigende Ast der Grenzkosten, beginnend mit dem Punkt BM (Betriebsminimum). Bei Preisen am Markt zwischen BM und BO (Betriebsoptimum) bietet das Unternehmen nur kurzfristig an (Teilkostenbereich). Erst bei Preisen über BO (Vollkostenbereich) liegt die langfristige Angebotskurve des Unternehmers. Gewinnmaximum ist im Punkt GM gegeben.

8.4.2.2 Bei linear-limitationalem Kostenverlauf

Für die Angebotsplanung eines Mengenanpassers wird jetzt sein Gewinnmaximum gesucht, sollten seine *Kosten nicht* entsprechend dem Typ A, *sondern* nach dem *Typ B* verlaufen (siehe Abschnitt 833). Sämtliche Annahmen des vorangegangenen Abschnittes gelten analog, lediglich verlaufen die Kosten nun wie in den Abb. 8-21 und 8-22 dargelegt.

In *Abb. 8-27* ist die Gesamtgrößenbetrachtung zur Bestimmung des Gewinnmaximums bei linearem Gesamtkostenverlauf aufgeführt.

Aus Abb. 8-27 ergibt sich, daß solange die Gesamtkosten K über dem Gesamterlös E verlaufen (K > E) sich lediglich Verluste ergeben *(Verlustzone)*. Erst im Schnittpunkt S_1 gleichen sich Kosten und Erlös aus, d.h. ab der Menge q_{S1} tritt das Unternehmen in die *Gewinnzone ein.* S_1 ist wieder die *Nutzenschwelle*, der erste *break-even point.*

Verlaufen Gesamtkosten und Erlös, wie in Abb. 8-27 unterstellt, so ergibt sich *kein* zweiter Schnittpunkt S_2 , d.h. bei *Kostenverlauf vom Typ B fehlt die Nutzengrenze* (der 2. break-even point). Infolge des Fehlens des Nutzengrenze und dem linearen Verlauf von E und K gilt für das Gewinnmaximum eines Mengenanpassers:

> Bei linearem Gesamtkostenverlauf (Typ B) ist das Gewinnmaximum eines Mengenanpassers bei seiner Kapazitätsgrenze gegeben. Denn jede weitere angebotene Menge vergrößert seinen Gewinn.

Im Falle eines linearen Gesamtkostenverlaufes vom Typ B gibt es keinen eindeutigen Punkt für das Gewinnmaximum des Anbieters. Er wird (siehe Abb. 8-27) die Menge anbieten, die seiner Produktionskapazität entspricht, denn je größer seine angebotene Menge, umso größer ist sein Gewinn. In *Abb. 8-28* ist die gleiche Analyse mit den *Grenzgrößen*, d.h. den Grenzkosten GK und dem Grenzerlös E' durchgeführt.

Hier zeigen sich einige *Besonderheiten der Angebotsplanung*, wenn wir einen *Kostenverlauf vom Typ B* unterstellen.

Liegt der *Preis, der gleich ist dem Grenzerlös, (z.B.* $p_1 = E'_1$ *), über* den *Grenzkosten GK*, so erzielt das Unternehmen einen Grenzgewinn G', der aber, da die Grenzkosten gleich sind den variablen Durchschnittskosten (d.h. GK = DKv), zunächst nur sämtliche variablen Durchschnittskosten DKv abdeckt. Somit ergibt sich:

> Liegt beim Kostenverlauf vom Typ B der Preis (d.h. der Grenzerlös) *über* den Grenzkosten, so bietet das Unternehmen prinzipiell an.

Ab der Menge q_{S1} (Schnittpunkt S_1 von p und DK) werden auch die fixen Durchschnittskosten DKf abgedeckt, d.h. ab S_1 tritt das Unternehmen in die Gewinnzone ein (sämtliche Kosten werden abgedeckt). Mit immer weiter angebotenen Mengen wächst der vom Unternehmer insgesamt erzielte Gewinn. Sein maximaler Gewinn ist bei seiner Kapazitätsgrenze gegeben, d.h. er wird die Menge anbieten, die seiner Produktionskapazität entspricht.

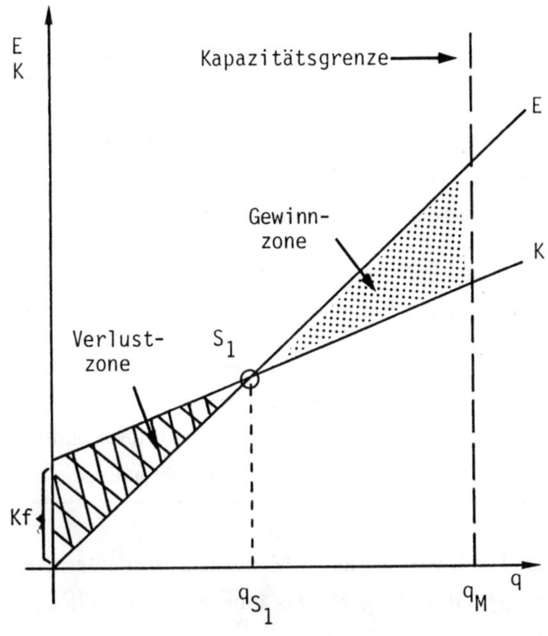

Abb.: 8-27: Gewinnmaximum bei Gesamtgrößenbetrachtung (Typ B)

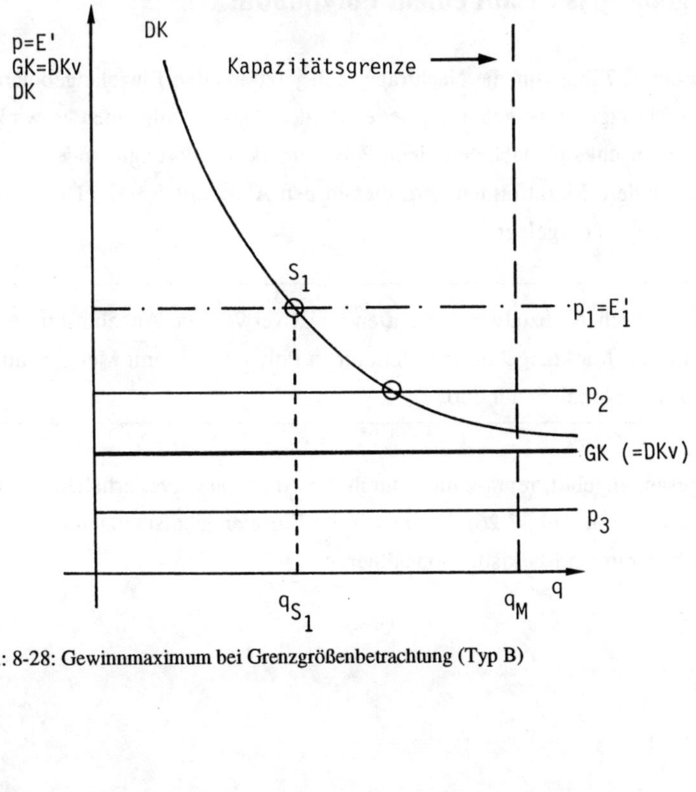

Abb.: 8-28: Gewinnmaximum bei Grenzgrößenbetrachtung (Typ B)

Im Falle eines Kostenverlaufes vom Typ B gibt es kein eindeutiges Gewinnmaximum und es gilt auch *nicht:* Grenzkosten = Grenzerlös für das Gewinnmaximum.

Sinkt der Preis und damit der Grenzerlös (z.B. auf p_2), so ändert sich die vom Unternehmer angebotene Menge *nicht*, er wird nach wie vor seine Kapazitätsmenge anbieten. Verschoben hat sich aber der Eintritt in die Gewinnzone.

Sinkt der Preis noch weiter und liegt *unter* den Grenzkosten (wie z.B. p_3), so werden ständig Grenzverluste erwirtschaftet, d.h. weder die DKf noch die DKv werden abgedeckt.

Sinkt der Preis unter die Grenzkosten, so entstehen nur Verluste und das Unternehmen wird als Grenzanbieter anschneiden und nichts mehr anbieten.

Beim Kostenverlauf vom Typ B wird somit der Mengenanpasser entweder die Kapazitätsmenge anbieten (bei $p > GK$) oder gar nichts anbieten (bei $p < GK$).

8.4.3 Aggregation zum Gesamtangebot am Markt (für Mengenanpasser auf einem Polypolmarkt)

Wie im Abschnitt 723.2 (für die Nachfrage) soll jetzt aus den Einzelangeboten der Anbieter das Marktgesamtangebot abgeleitet werden. Das im folgenden entwickelte Marktangebot bezieht sich dabei auf einen Polypolmarkt für dort agierende Mengenanpasser. Für andere Marktformen wird dies in den Abschnitten 932.11 (Monopol) und 933.1 (Oligopol) dargelegt.

Die in den Wirtschaftssozialwissenschaften meist verwendete Angebotskurve als Ausdruck für das Marktangebot unterstellt einen Polypolmarkt mit Mengenanpassung (gilt deshalb letztlich nur dort).

Das Marktgesamtangebot, repräsentiert durch die Angebotskurve, erhalten wir (wie die Marktnachfrage in Abb. 7-26), indem wir die Einzelangebotsmengen der Anbieter bei einer bestimmten Marktsituation addieren.

Das Marktangebot ergibt sich durch Addition der individuellen Angebotsmengen der Anbieter bei einer bestimmten Marktsituation.

Wir nehmen stellvertretend für die gesamten Anbieter nur drei an, deren Kostensituationen unterschiedlich sein sollen. Der Marktpreis ist für jeden Anbieter gleich (als Datum). In *Abb. 8-29* unterstellen wir Kostenverläufe vom Typ A.

In Abb. 8-29 beginnt erst beim Preis p_1 von UI ein Angebot auf den Markt zu kommen. Wie aus Abb. 8-29 zu ersehen ist, bietet beim Preis p_1 nur UI die Menge I_1 an, die somit das Marktgesamtangebot darstellt. Erst beim Preis p_2 bietet auch UII an (der Preis p_2 entspricht für UII im Minimum der DKv seinem BM, d.h. er bietet jetzt zumindest kurzfristig die Menge II_2 an). Bei p_2 ergibt sich das Marktangebot aus UI mit der Menge I_2 und von UII mit II_2 (siehe Abb. 8-29). Erst bei p_3 bietet auch UIII an. Mit dem Preis p_3 ergibt sich ein Marktangebot aus UI + UII + UIII mit den Mengen $I_3 + II_3 + III_3$. Beim Preis p_3 realisiert UI sein entsprechendes Gewinnmaximum, UII hat sein BO und UIII sein BM erreicht.

Das Marktangebot ist eine Treppenkurve, die von links unten nach rechts oben im ersten Quadranten ansteigt.
Unterstellt man, daß das Marktangebot (wie im Polypol üblich) nicht aus drei Unternehmungen besteht, sondern aus vielen, dann geht der Streckenzug in eine glatte Angebotskurve über.

In Abb. 8-30 soll auf analoge Weise das Marktangebot bestimmt werden, jetzt sollen jedoch Kostenverläufe von Typ B bei den Unternehmen gegeben sein. Beim Preis p_1 bietet nur U1 an und zwar seine gesamte Produktionskapazität q_1. Bei p_2 bietet U1 und U2 an, das Marktangebot besteht hier aus $q_1 + q_2$ (U_2 hat dabei lediglich seine Nutzenschwelle erreicht). Bei p_3 bieten U1, U2 und U3 ihre gesamten Kapazitäten an.

Aus Abb. 8-30 ist die *Besonderheit des Marktangebotes* bei Kostenverläufen vom *Typ B* ersichtlich. Da ein Unternehmen, wenn es anbietet, stets seine gesamte Kapazität als Angebot auf den Markt bringt, ist das Marktangebot bei steigenden Preisen solange unverändert groß, bis nicht durch Überschreiten der GK eines neuen Anbieters auch dessen Menge auf den Markt kommt. D.h. selbst bei vielen Anbietern entspricht das Marktangebot bei Kostenverläufen vom Typ B immer eher einem Streckenzug (Treppenform) und nicht wie bei Kosten vom Typ A einer (eher) glatten Kurve.

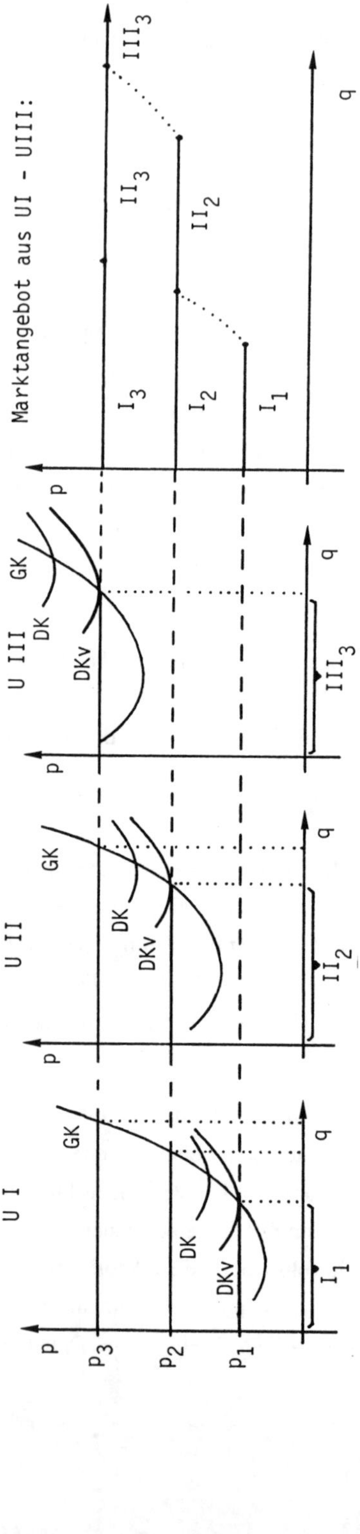

Abb. 8-29: Aggregation zum Marktangebot bei Kostenverläufen vom Typ A

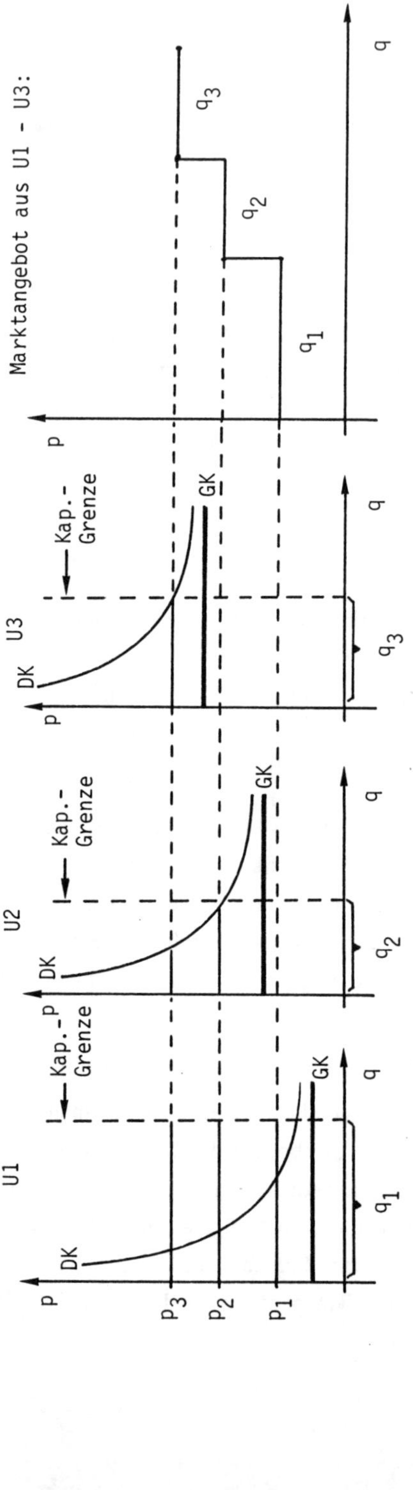

Abb. 8-30: Aggregation zum Marktangebot bei Kostenverläufen vom Typ B

Von dieser Besonderheit abgesehen, ergeben auch Kosten vom Typ B (wie vom Typ A) als Marktangebot eine von links unten nach rechts oben ansteigende Kurve.

In der Abb. 8-31 sind alle Typen von so aggregierten Angebotskurven dargestellt.

Verläuft eine Angebotskurve *steil*, so bezeichnet man sie grob als *unelastisches Angebot* mit $|\varepsilon| = < 1$. Verläuft das Angebot dagegen als *flache* AA-Kurve, liegt ein *elastisches Angebot* mit $|\varepsilon| = > 1$ vor. Als Ausnahmefall auch denkbar ist eine *anomale AA-Kurve* (wäre identisch einer normalen NN-Kurve), d.h. mit steigenden Preisen nimmt das Angebot ab, weil die Unternehmer weiter steigende Preise erwarten und ihr Angebot zurückhalten (ist dann selbstverständlich kein vollkommener Markt mehr). Gehen die Preise zurück, dann nimmt bei anomalem AA die angebotene Menge zu, da die Anbieter weiter sinkende Preise vermuten und deshalb verstärkt anbieten.

Eine AA-Kurve, die in jedem Punkt eine Preiselastizität von 1 hat *(neutrale AA)*, ist eine aus dem Nullpunkt ansteigende Gerade, wobei es unerheblich ist, welchen Neigungswinkel die aus dem Nullpunkt ansteigende Gerade aufweist. Ein *starres Angebot* ist eine Parallele zur Ordinate und hat ein $|\varepsilon| = 0$ und ist damit völlig unelastisch. Ein *völlig elastisches Angebot* mit $|\varepsilon| = \infty$ ist eine Parallele zur Abszisse. Daraus folgt, daß die (üblichen) Angebotskurven analog zu den Nachfragekurven (im 7. Kapitel) ebenso alle Typen aufweisen können.

Abgesehen von der anomalen AA-Kurve beschreibt man den *Verlauf eines Marktangebotes mit der Preiselastizität des Angebotes*. Die Preiselastizität des Angebotes wird genauso berechnet und interpretiert wie diejenige für die Nachfrage (man sehe deshalb Abschnitt 722.5 zur Wiederholung). Für normal verlaufende Angebotskurven ergibt das *Vorzeichen* der Preiselastizität dagegen immer ein Plus.

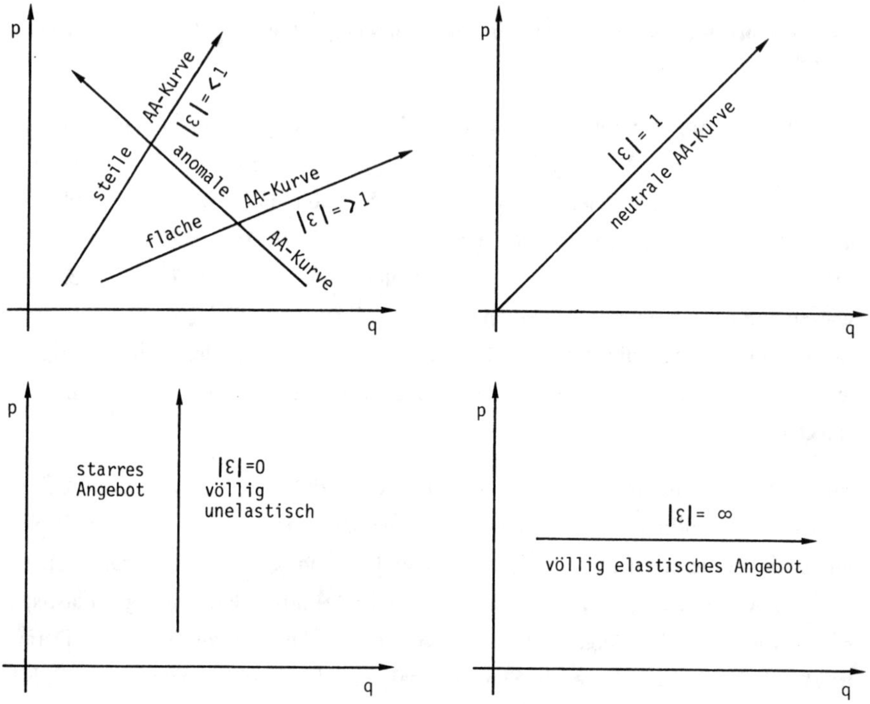

Abb.: 8-31: Typen von Angebotskurven (mit Angebotspreiselastizität)

Zusammenfassung zur Angebotstheorie:

1. Die Angebotstheorie umfaßt die Teilbereiche der Produktionstheorie, die Kostentheorie und die Angebotsplanung.

2. Die Produktionstheorie (Produktion als weiterer Begriff) untersucht die alternativen Produktionsmöglichkeiten zur Hervorbringung von Gütern und Diensten (technische Beziehung). Es wird analysiert, welcher Input an Produktionsfaktoren nötig ist, um einen bestimmten Output zu erzielen.

3. Eine Produktionsfunktion beschreibt formal mathematisch die Beziehung zwischen den eingehenden Inputfaktoren und dem sich ergebenden Output. Aus der Fülle derartiger Funktionen wurden nur zwei, der Produktionsverlauf nach dem Ertragsgesetz (Typ A) und die linear limitationale Produktionsfunktion (Typ B) untersucht.

4. Die Minimalkostenkombination (= Inputgleichgewicht) klärt die Frage, wie bei einer gegebenen Produktionsstruktur der Input der Produktionsfaktoren zu steuern ist, damit ein bestimmter Ertrag mit minimalsten Kosten produziert werden kann.

5. Kosten sind mit ihren Preisen bewertete Inputfaktoren, wobei der interne wertmäßige Kostenbegriff angewandt wird. Durch Umkehrung der Produktionsfunktion und Bewertung der Faktorinputs mit deren Preisen erhält man (üblicherweise) die Kostenfunktion. Untersucht wurde der Kostenverlauf nach dem Ertragsgesetz (Typ A) und bei linear limitationaler Funktion (Typ B).

6. Das Ziel einer Unternehmung in einer Marktwirtschaft besteht nicht darin, mit minimalsten Kosten eine Produktion durchzuführen, sondern besteht primär darin, einen Gewinn zu erzielen.
   Die Angebotsplanung (das Outputgleichgewicht) klärt somit die Frage, welche Menge eine Unternehmung produzieren und anbieten soll, will sie (Prämisse) ihr Gewinnmaximum erzielen.

7. Ein Mengenanpasser erreicht bei Kostenverläufen vom Typ A sein Gewinnmaximum bei der Bedingung Grenzkosten = Grenzerlös. Verlaufen seine Kosten dagegen nach dem Typ B und liegt der Grenzerlös (= der Marktstückpreis) über den Grenzkosten, so bietet er jetzt seine Kapazitätsmenge an. Durch Addition der Einzelangebotsmengen ergibt sich das Marktangebot, repräsentiert durch eine Angebotskurve.

9. Markt und Preistheorie

Im 7. Hauptteil wurde dargelegt, welche Überlegungen (Planungen) in den privaten Haushalten dazu führen, daß eine ganz bestimmte Nachfrage nach Gütern und Diensten entsteht. Im 8. Hauptteil war zu analysieren, aufgrund welcher Fakten (Planungen) es in den Unternehmungen zur Produktion von Gütern und Diensten kommt, d.h. eine Angebot zustande kommt.
In diesem Hauptteil wird die Planung der Haushalte und diejenige in den Unternehmungen miteinander kombiniert und abgestimmt. Dies geschieht mit der sog. Markt- und Preistheorie, die man deshalb als Kernstück der Nationalökonomie bezeichnet, da man mit ihrer Hilfe das Wesentliche im Ablauf und in der Funktionsweise einer Marktwirtschaft zu verstehen versucht.

9.1. Markt- und Marktformenlehre

Am Anfang der Untersuchung hat dabei der Begriff zu stehen, der unserem Wirtschaftssystem einen wesentlichen Inhalt geben soll, der *Markt.*

9.1.1 Begriff und Funktion des Marktes - Marktinterdependenz

Marktbegriff:

Hört man den Ausdruck "Markt", so denkt man dabei z.B. an den Wochenmarkt in der eigenen Stadt, wo die Hausfrauen an den verschiedenen Ständen vor allem Lebensmittel einkaufen können. D.h. unter dem Marktbegriff versteht man einmal einen *ganz bestimmten geographischen Ort,* an dem sich in regelmäßigen Abständen Käufer (= Nachfrager) und Verkäufer (= Anbieter) treffen, um Güter zu kaufen und zu verkaufen, d.h. sog. **Marktbegriff im realen, konkreten Sinne**.
Historisch gesehen hat sich der Markt und das Marktgeschehen aus "diesen bestimmten Orten" entwickelt, das uns noch in den Wochen- und Jahrmärkten, den Vieh- und Hopfenmärkten, den Verkaufsmessen, Auktionen und Börsen begegnet.

Heute wird in einer entwickelten Volkswirtschaft aber nur noch der kleinere Teil der Kauf- und Verkaufsvorgänge an konkreten Märkten vorgenommen, man denke u.a. an die Einzelhandelsgeschäfte, die Großhandlungen, die Speditionen, die Ein- und Verkaufsabteilungen in den Unternehmungen, die Reisenden und Vertreter.

Dabei stellt man sich *nicht* einen bestimmten lokalisierbaren Ort vor, sondern die *Summe*, das *Zusammenfassen einer bestimmten Nachfrage- und Angebotskonstellation*, d.h. **den Markt im übertragenen, abstrakten Sinne**. Spricht man heute von Marktlage, Marktbestimmung, vom Arbeitsmarkt, Kapitalmarkt, Erdölmarkt, Kupfermarkt, Gebrauchtwagenmarkt, Weltweizenmarkt usw., so denkt man dabei nicht mehr an die Verkaufs- und Kaufvorgänge, die sich auf einem bestimmten Platz abspielen (der sich oft gar nicht mehr ausmachen läßt). Man möchte damit zum Ausdruck bringen, wie sich Angebot und Nachfrage zueinander verhalten, ob mehr oder weniger ausgeprägte Kaufneigung besteht, ob man mit einem verstärkten Angebot rechnen muß und dergleichen.

Unter dem heute wichtigen *Markt* im *abstrakten Sinne* versteht man die gedankliche Zusammenfassung aller Kauf- und Verkaufsvorgänge eines bestimmten Gutes.

Funktionen des Marktes:

Wiederholt wurde darauf hingewiesen, daß sich das Wirtschaftsgeschehen auf der Erde im 20. Jahrhundert (ohne Unterscheidung nach dem jeweiligen Wirtschaftssystem) mit den beiden Fachbegriffen "Arbeitsteilung" und "Spezialisierung" beschreiben läßt. Daraus folgt, ob Haushalt oder Betrieb, jede Wirtschaftseinheit produziert eine ganz spezielle Leistung (ein Gut bzw. eine Dienstleistung), die für jemand anderen bestimmt ist (nicht selbst verbraucht wird). Das wiederum bedeutet aber, man muß eine *Organisationseinrichtung* schaffen, die den gegenseitigen *Austausch der großen Anzahl von unterschiedlichen Leistungen übernimmt.*
In Analogie zum Wirtschaftssystem gibt es *zwei Grundformen*, wie man den Austausch von Leistungen organisieren könnte.

Die *erste* Möglichkeit arbeitet mit einem *zentral gelenkten Verteilungs- und Zuteilungsapparat*, wie man dies prinzipiell in Planwirtschaften antrifft.
Die *zweite* Variante, vorwiegend in Verkehrswirtschaften gegeben, vollzieht dem Leistungsaustausch mit *Hilfe des Marktes.*

Somit ist die *grundlegende Funktion*, die die Märkte zu erfüllen haben, den heute *vielfältigen Leistungsaustausch möglichst optimal vorzunehmen.*
Damit Märkte diese Grundfunktion erfüllen können, ist es üblich, sie in eine *Reihe von Teilfunktionen auszusplitten*:

1. *Preisfindungsfunktion:*
   Durch das Gegenübertreten von Angebot und Nachfrage nach einer bestimmten Ware bzw. Leistung wird der Preis derselben ermittelt (und die umgesetzte Menge).

2. *Koordinierungsfunktion*:
   Die Wirtschaftseinheiten orientieren sich am Markt über die Angebots- und Nachfragedaten. Dadurch ist eine Abstimmung, Anpassung oder Revision der individuell, autonom aufgestellten Wirtschaftspläne des Angebotes bzw. der Nachfrage möglich.

3. *Vergesellschaftsfunktion:*
   Der Markt verbindet die aufeinander angewiesenen Anbieter und Nachfrager und schafft damit eine Wirtschaftsgesellschaft.

4. *Disziplinierungsfunktion*:
   Der Markt zwingt Anbieter und Nachfrager zu einem rationalen ökonomischen Handeln, wollen sie am Markt bestehen.

Es wäre utopisch bez. überoptimistisch, wollte man behaupten, die Märkte würden in idealer Weise die Grundfunktion bzw. die vier Teilfunktionen erfüllen. Extreme Notlagen, Zeiten einer ausgeprägten Unter- bzw. Überbeschäftigung, oder ein überstürzter technischer Fortschritt zeigen uns, daß Märkte zum Teil *nicht* mehr in der Lage sind, ihre regulierenden Funktionen zu erfüllen. Aber abgesehen von diesen Ausnahmesituationen, ist die Wirtschaftspolitik der Auffassung, daß auch in sog. "normalen Zeiten" das Resultat auf einigen Märkten nicht mehr als optimal angesehen werden kann. Somit ist es heute selbstverständlich, daß der Staat auf einer Reihe von Märkten (Frage: auf wie vielen?) mehr oder weniger intensiv regulierend eingreift (Frage: wie intensiv?).

Für die BRD zeigt sich dies deutlich auf dem Agrarmarkt, im Bergbau, im Verkehrs- und Kreditwesen.

Marktinterdependenz

Mit dem Begriff der *Interdependenz = gegenseitige Abhängigkeit,* wird in den Wirtschaftswissenschaften etwas eminent Wichtiges zum Ausdruck gebracht, nämlich, daß es im Bereich der Wirtschaft nur sehr wenige Fälle gibt, wo keine Interdependenzen = gegenseitigen Abhängigkeiten vorliegen.

Sehr oft verwendet man die Interdependenz in Verbindung mit einem anderen ökonomischen Fachausdruck, hier als Marktinterdependenz. Darunter versteht man, daß die vielen unterschiedlichen Märkte einer Verkehrswirtschaft (der Weltwirtschaft!) nicht isoliert, beziehungslos nebeneinander stehen, sondern daß das Geschehen auf einem Markt mehr oder weniger stark auf die übrigen Märkte übergreift, sich dort bemerkbar macht. Man vergegenwärtige sich dazu u.a. das vielfach strapazierte Beispiel des Erdölmarktes und das Übergreifen von Vorgängen auf diesem Markt auf alle übrigen Märkte.

Die *wichtigsten Ursachen der Marktinterdependenz* sind:

1. Die auf den verschiedensten *Märkten umgesetzten Güter* und Dienste sind entweder *substituierbare oder komplementäre* Güter, oder sie sind aus dem *gleichen Produktionsprozeß hervorgegangen* (z.B. Gas, Koks, Teer). Nimmt man als Beispiel (wieder) Erdöl bzw. Benzin, so sind bekanntlich Benzin und Auto komplementäre Güter. Eine Benzinrationierung hätte erhebliche Interdependenzen beim Komplementärgut Auto zur Folge.

2. Die Wirtschaftssubjekte können *nur im Rahmen ihres Einkommens* (plus evtl. Vermögen und Kredit) *Nachfrage ausüben.* Steigt auf einem wichtigen Markt der Preis und können die Konsumenten hier nicht ausweichen (unelastische Nachfrage), z.B. im Energiebereich, so fehlt zwangsläufig auf anderen nicht so wichtigen Märkten (z.B. sog. Luxusartikel) Nachfrage.

3. Eine *optimistische* oder *pessimistische allgemeine Grundeinstellung* auf einem bedeutungsvollen Markt überträgt sich auf andere Märkte und führt dort zu entsprechenden Reaktionen.

9.1.2 Einteilungsmöglichkeiten der Märkte

Der für eine Verkehrswirtschaft so wichtige Marktbegriff wird in eine große Anzahl von Teilbegriffen zerlegt, um ihn griffiger, einprägsamer zu machen und gleichzeitig ein als wichtig angesehenes *Merkmal des Marktes* besonders hervorzuheben. Die Differenzierungen sind in der Praxis und der Wissenschaft geläufig, so daß die wichtigsten kurz vorgestellt werden sollen. Soweit der Begriff aus der Wortbildung verständlich ist, wird auf eine Erklärung verzichtet.

Offener - geschlossener Markt

Ein offener Markt liegt vor, wenn keinerlei rechtliche oder faktische Hindernisse für eine angestrebte Teilnahme bestehen. Ein Markt ist geschlossen, wenn nicht jeder Anbieter oder Nachfrager teilnehmen kann (z.B. Fachmesse).

Freier - regulierter Markt

Ein Markt ohne staatliche Einflußnahme ist ein freier, solcher mit staatlicher Beeinflussung ist ein regulierter Markt. Oft bezieht sich (bei uns) der staatliche Eingriff auf die Preisbildung, kann aber auch andere Gebiete umfassen.

Einseitig aktiver - zweiseitig aktiver Markt

Ein Markt ist einseitig aktiv, wenn sich nur eine Marktseite aktiv um den Geschäftsabschluß bemüht. Beim sog. *Käufermarkt* ist das Angebot, beim *Verkäufermarkt* ist die Nachfrage einseitig aktiv. Sind beide Seiten etwa gleichermaßen aktiv, liegt ein zweiseitig aktiver Markt vor.

Organisierter - unorganisierter Markt

Ein organisierter Markt liegt vor, wenn das Marktgeschehen einem bestimmten kaufmännischen Reglement unterworfen ist bzw. institutionelle Vorkehrungen vorhanden sind, wie z.B. bei Börsen, Messe, Auktionen. Bei einem unorganisierten Markt liegt Derartiges nicht vor (stellt die Mehrzahl der Märkte dar).

Teil- - Gesamtmarkt

Ein Teilmarkt bzw. *Einzelmarkt* betrachtet ein ganz bestimmtes Gut (z.B. Markt für Gaskochherde) oder einen bestimmten geographischen Raum (der Markt Bayerns) oder kombiniert beides (Markt für Gaskochherde in Bayern). Die Sprache der Praxis meint beim Begriff Markt meist keinen Gesamtmarkt (z.B. Konsumgütermarkt in der EG), sondern meist einen Einzelmarkt.

Lokaler - nationaler - internationaler Markt

Ein lokaler Markt bezieht sich auf einen Ort (Benzin- oder Gebrauchtwagenmarkt der Stadt X). Der nationale Markt ist derjenige eines Staates (der französische Weinmarkt). Ein internationaler Markt umfaßt mehrere Staaten, u.U. die ganze Erde (der EG-Stahlmarkt, der Weltkaffeemarkt).

Ähnlich einfach lassen sich *folgende Marktbegriffe beschreiben:*

1. *Faktormärkte* = Märkte der Produktionsfaktoren Arbeit (Arbeitsmärkte), Boden (Häuser-, Grundstücksmarkt), Kapital (Realkapital = Maschinen usw.; oder Geldkapital = dann Geld- und Kapitalmarkt).

2. *Gütermärkte* = u.a. Märkte für Kosumgüter gegenüber Investitionsgütern.

3. Beschaffungs- - Absatzmarkt

4. Inlands- - Auslandsmarkt

5. Heutiger - zukünftiger Markt

6. Art der Umsatzobjekte; z.B. Markt für leichtverderbliche Güter (Obst - Gemüse); Markt für Güter mit hohem Gewicht (Transportkosten) wie Baumaterial, Kohle, Eisen usw.

Durch Beifügung eines sinnvollen Begriffes zum "Markt" kann das Spezielle in der Eigenschaft eines bestimmten Marktes zum Ausdruck gebracht werden.

Vollkommener - unvollkommener Markt:

Eine Unterscheidung, die für die Analyse des Preisbildungsprozesses in den Wirtschaftswissenschaften wichtig ist, differenziert in vollkommene und unvollkommene Märkte.

Ein **vollkommener Markt ist gegeben**, wenn folgende *fünf Bedingungen erfüllt sind:*

1. *Homogene Güter*: Auf derartigen Märkten dürfen nur völlig gleichartige Güter nachgefragt oder angeboten werden, wie z.B. eine bestimmte Stahl- oder Weizensorte.

2. *Keinerlei Präferenzen örtlicher, persönlicher, sachlicher Art.* D.h. im Kontakt zwischen Käufern und Verkäufern bestehen keinerlei Bevorzugungen örtlicher (liegt günstiger), persönlicher (ist sympathischer) oder qualitativer Art (ist besser).

3. *Generelle Markttransparenz:* D.h. sowohl Anbieter wie Nachfrager besitzen eine vollständige *Marktübersicht* (wo werden, von wem, welche Güter angeboten) und eine *Qualitätseinsicht* (wie werden die Güter, aus was angeboten).

4. *Sehr große Reaktionsgeschwindigkeit* bei notwendigen zeitlichen Anpassungsvorgängen. Es besteht kein Anlaß, wegen zeitlicher Vorteile einen Anbieter oder Nachfrager zu bevorzugen. Letztlich spielt die Zeit keine Rolle.

5. Es muß ein *Punktmarkt* sein (der Raum spielt keine Rolle) und es muß ein *offener Markt* sein.

Sind bei einem Markt diese fünf Bedingungen erfüllt, so liegt ein vollkommener Markt vor, auf dem infolge dieser Prämissen *nur ein einziger Preis* für ein Gut herrschen kann.

> Ist eine oder sind mehrere dieser Annahmen bei einem Markt *nicht* gegeben, so handelt es sich um einen mehr oder weniger *unvollkommenen Markt.*

Die Aufzählung zeigt, daß der vollkommene Markt ein modellmäßiger Begriff der volkswirtschaftlichen Theorie ist, der streng genommen so in der Realität nicht vorkommt, denn:

1. Güter sind von Haus aus nicht homogen, z.B. ist Weizen nicht gleich Weizen, zudem versucht das Angebot durch Produktdifferenzierung, die Güter eher ungleich als gleich zu machen.

2. Werbung, Service, Aufmachung, Ausstattung und dergl. versuchen letztlich nur, vor allem bei der Nachfrage, für bestimmte Güter Präferenzen hervorzurufen.

3. Vor allem die Käufer besitzen weder eine ausreichende Marktübersicht noch insbesondere eine Qualitätseinsicht, d.h. die Markttransparenz ist nicht gegeben.

4. Jede Änderung infolge einer neuen Marktsituation erfordert Zeit, die, man denke z.B. an neue Energietechnologien, 5, 10 und mehr Jahre erfordert.

5. Bei den meisten Märkten muß der Raum überwunden werden (Transportkosten, Zeit). Oftmals liegt auch nur ein theoretisch offener Markt vor (man sehe z.B. den erforderlichen Kapitalbedarf für einen neuen Anbieter).

Die *Konstruktion des vollkommenen Marktes* ist somit nur ein *methodisches Hilfsmittel*, das dazu dient, den Preisbildungsvorgang auf den Märkten einfacher und verständlicher in den Griff zu bekommen. Die Vorgehensweise bei der Analyse der Preisbildung eines Marktes sieht meist so aus, daß er zunächst unter den Bedingungen eines vollkommenen Marktes betrachtet wird. Dann hebt man nach und nach die wichtigsten der Annahmen auf und nähert sich so immer mehr der Realität auf dem Markt.

9.1.3 Kriterien für eine Marktform

Will man den Preisbildungprozeß auf einem Markt verstehen, so reicht es in aller Regel nicht aus, diesen mit einem oder mehreren der Marktbegriffe zu beschreiben. Es ist heute allgemein üblich, den zu untersuchenden Markt zusätzlich (oder sogar ausschließlich) noch mit seiner Marktform zu beschreiben.

Unter einer *Marktform* versteht man die Art und Weise, die Konstellation, des *Zusammentreffens* von Angebot und Nachfrage auf einem Markt.

Die Marktparteien, das Angebot und die Nachfrage werden sich konkret unter sehr vielen wichtigen und beachtenswerten Umständen begegnen. Daraus folgt, daß es schwierig ist, einen Hauptgrund für eine Einteilung nach unterschiedlichen Marktformen zu finden.
In der wirtschaftswissenschaftlichen Literatur herrschen *drei Einteilungskriterien für Marktformen* vor:

1. Marktformen nach *objektiven Tatbeständen*, d.h. nach *Anzahl und Größe der Marktteilnehmer* auf der Angebots- und Nachfrageseite.

2. Marktformen nach *subjektiven Verhaltensweisen,* d.h. nach der praktizierten *Marktstrategie.*

3. Marktformen nach *preisbestimmten Strukturen*, d.h. nach dem *Einfluß von Preisänderungen* auf die Konkurrenz.

9.1.3.1 Marktform nach der Anzahl der Marktteilnehmer

Die Darstellung einer Marktform durch Anzahl und Größe der Marktteilnehmer auf der Angebots- und Nachfrageseite (eigentlich wird meist nur die Anzahl berücksichtigt) ist die älteste Form und wird insbesondere mit den deutschen Nationalökonomen *Heinrich von Stackelberg* und *Walter Eucken* verbunden.
Nach dieser Auffassung gelangt man zur Marktform, d.h. zur Zusammensetzung von Angebot und Nachfrage eines Marktes, wenn man die Anzahl der Teilnehmer auf der Angebots- und Nachfrageseite ermittelt. Man unterscheidet dabei zunächst *drei mögliche Grundformen (Strukturen)*:

1. *Viele* (kleine) *Anbieter* bzw. *viele* (kleine) *Nachfrager* = *das* **Polypol.**

2. *Wenige* (mittlere) *Anbieter* bzw. *wenige* (mittlere) *Nachfrager* = *das* **Oligopol.**

3. *Ein* (großer) *Anbieter* bzw. *ein* (großer) *Nachfrager* = *das* **Monopol.**

Das Polypol (viele), das Oligopol (wenige) und das Monopol (einer) sind die drei möglichen Grundformen einer Marktform nach der Anzahl.

Diese Grundformen können dabei sowohl auf der Angebots- wie Nachfrageseite auftreten. Durch Durchkombinieren aller alternativen Möglichkeiten auf der Angebots- wie der Nachfrageseite in Form einer Matrix ergibt sich ein *Marktformenschema.* Ein Marktformenschema einfachster Art, das nur die drei Grundformen verwendet, ist das in Abb. 9-1a.

Im Kopf und der Vorspalte der Matrix des Marktformenschemas in Abb. 9-1a wird die jeweilige Situation (hier Anzahl) auf der Nachfrage- bzw. der Angebotsseite eines Marktes beschrieben. Im Tabellenfeld wird dann die betreffende Marktform ausgedrückt (die aufgeführten Beschreibungen sprechen für sich).

Dieses einfache Marktformenschema in Abb. 9-1a kann (und wird) oft erweitert, indem man sowohl auf der Angebots- wie auf der Nachfrageseite *weitere Strukturen der Anzahl einfügt.*

Nachfrage / Angebot	viele	wenige	einer
viele	vollständige Konkurrenz	Nachfrage-oligopol	Nachfrage-monopol
wenige	Angebots-oligopol	Bilaterales Oligopol	Beschränktes Nachfrage-monopol
einer	Angebots-monopol	Beschränktes Angebots-monopol	Bilaterales Monopol

Abb.: 9-1a: Marktformenschema aus den drei Grundformen

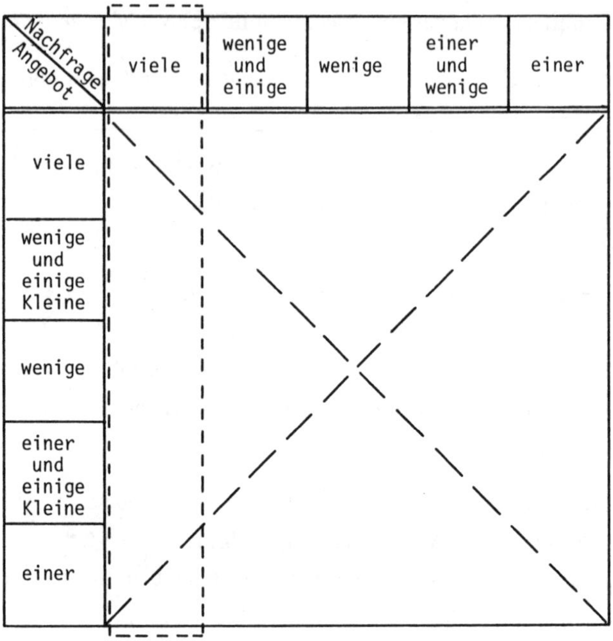

Abb.: 9-1b: Erweitertes Marktformenschema der Abb.: 9-1a

Beliebt sind das sog. *Teilmonopol* (= ein großer und einige kleine Marktteilnehmer), wie man es für die Angebotsseite z.B. im deutschen Zündwarenmonopol antraf (Monopolgesellschaft mit ca. 3/4 Marktanteil = großer und eine Reihe kleiner Zündwarenhersteller).

Ebenfalls häufig anzutreffen ist das *Teiloligopol* (= Wenige potente und eine Reihe kleiner Marktteilnehmer), das oft (für das Angebot) den Biermarkt einer Großstadt darstellt (die wenigen großen bekannten Brauereien und die kleinen Landbrauereien).

Durch Einfügen dieser oder anderer Strukturen ergeben sich differenzierte Marktformenschemata, wie dies in Abb. 9-1b mit dem Teilmonopol und Teiloligopol für das Schema der Abb. 9-1a gemacht wurde, das somit bereits 25 denkbare Marktformen umfaßt.

Beschränkt man sich bei der Analyse der Preisbildungsvorgänge auf die *Verbraucher-* bzw. *Konsumgütermärkte* (was oft in der Literatur geschieht, so *auch im vorliegenden Buch*), so reduzieren sich die zu berücksichtigenden Marktformen beträchtlich, da die Nachfrager = Konsumenten sich meist in der (undankbaren) Lage

der vielen Kleinen befinden. In den Abb. 9-1a und 9-1b sind dann *nur noch* die "gestrichelten" Marktformen der ersten Spalte der Matrix von Belang.
Analog dazu wird im Anschnitt 93 nur noch das Polypol, das Monopol und das Oligopol und deren Preisbildung untersucht.

9.1.3.2 Marktform nach den Verhaltensweisen und aufgrund von Preisveränderungen

Nachdem aus diesen Einteilungskriterien der Marktformen, Begriffe und Ausdrucksweisen sowohl in der Literatur wie im Sprachgebrauch der Praxis Eingang gefunden haben, sollen sie kurz vorgestellt werden.

Marktform nach subjektiven Verhaltensweisen:

Die zuerst von *Ragnar Frisch* (1933), in Deutschland besonders von *Erich Schneider* vertretene Auffassung behauptet, daß eine Marktform nicht durch objektive Tatbestände wie Anzahl (sog. morphologische Struktur) bestimmt wird, sondern ausschließlich von der Verhaltensweise des einzelnen Wirtschaftssubjektes.

Danach liegt z.B. ein Angebotsmonopol nicht dadurch vor, daß ein Anbieter einen 100 %igen Marktanteil besitzt (er somit der einzige Anbieter ist), sondern daß ein Angebotsmonopol nur gegeben ist, wenn besagter Anbieter sich wie ein Monopolist verhält, d.h. u.a. in seinen Handlungen mit keinerlei Konkurrenz rechnet. Würde dagegen der Anbieter mit 100 %igem Marktanteil sich nicht wie ein Monopolist verhalten, so ist nach E. Schneider eben kein Monopol gegeben.

Das Verhalten eines Marktteilnehmers wird dabei mit dem sog. Aktions- und Erwartungsparameter beschrieben. Ein *Aktionsparameter* ist eine vom Wirtschaftssubjekt gestaltbare Größe (legt ein Anbieter z.B. einen Verkaufspreis fest, so ist dies sein Aktionsparameter).
Der *Erwartungsparameter* ist die Größe (deren Veränderung oder Nichtveränderung), die das Wirtschaftssubjekt selbst nicht beeinflussen kann. Dabei ergeben sich folgende **Marktstrategien** *als Verhaltensweisen von Anbietern bzw. Nachfragern.*

1. *Marktstrategie der Mengenanpassung* (Mengenanpasser)
   Hier wird der Marktpreis als gegebene Größe betrachtet und zum gegebenen Preis lediglich die Menge angeboten (oder nachgefragt), die individuell optimal erscheint.

2. *Marktstrategie der Preis- oder Mengenfixierung*
   Beim Preisfixierer ist der Preis = Aktions- und die Umsatzmenge = Erwartungsparameter. Beim Mengenfixierer entsprechend umgedreht. Folgende spezielle Verhaltensweisen werden unterschieden:

   a) *Polypolistische Verhaltensweise* bei Preis- oder Mengenfixierung ist gegeben, wenn der Marktteilnehmer der Auffassung ist, daß die Konkurrenz auf seine Aktionen nicht reagiert.

   b) *Monopolistische Verhaltensweise* liegt dagegen vor, wenn der Teilnehmer nur mit Reaktion der Marktgegenseite rechnet, nicht aber diejenige der Konkurrenz beachtet.

   c) *Oligopolistische Verhaltensweise* liegt demgegenüber vor, wenn ein Teilnehmer nicht nur mit evtl. Reaktionen der Marktgegenseite, sondern auch mit Aktionen der Konkurrenz aufgrund seiner Handlungen rechnet.

3. *Marktstrategie der Optionsfixierung*
   Sie liegt vor, wenn ein Marktteilnehmer Preis und Menge festlegt und der Marktpartner nur die Wahl der Annahme oder Ablehnung hat.

4. *Marktstrategie der Verhandlung oder des Kampfes*
   Im Gegensatz zu den ersten drei genannten Strategien, die Formen einer friedlichen Anpassung darstellen, wird bei der Verhandlungs- und Kampfstrategie versucht, außerhalb der Marktdaten Einfluß auf das Marktergebnis zu nehmen. Ein Kartell wäre z.B. eine Verhandlungs-, Streik und Aussperrung eine Kampfstrategie.

Marktform als Einfluß von Preisveränderungen

Die von *Robert Triffin* entwickelte Theorie beschreibt die Marktform, indem die Auswirkungen einer Preisveränderung durch den Anbieter A auf die Absatzmengen des Mitanbieters B untersucht werden. Triffin hat zu diesem Zweck eine Maßzahl, den sog. *Triffin'schen Koeffizienten*, berechnet, der die jeweilige *Intensität der Wettbewerbsbeziehungen* zwischen den beiden Anbietern beschreibt.
Triffin gelangt dabei zu *folgenden Marktformen, die gleichzeitig Wettbewerbsformen sind:*

1. *Beim reinen Monopol* beeinflussen Preisänderungen von A die Absatzmengen von B nicht. Zwischen beiden Unternehmen besteht keinerlei Konkurrenz.

2. *Beim homogenen Wettbewerb* bestehen keinerlei Präferenzen. Dies hat zur Folge, daß bereits bei einer kleinen Preisanhebung durch A alle Nachfrage zu B abwandert.

3. *Beim heterogenen Wettbewerb* bestehen Präferenzen. Diese bewirken, daß bei einer Preiserhöhung durch A nicht die gesamte Nachfrage zu B abwandert.

Die Bestimmung einer Marktform aus der Verhaltensweise oder aus den Preisveränderungen hat große Schwierigkeiten, Daten bzw. Fakten zur Analyse einer Marktform in der Realität zu beschaffen. Dies hat zur Folge, daß man bei deren Anwendung irgendwie doch wieder bei der Theorie der objektiven Tatbestände anlangt.

Darüber hinaus haben die Einteilungskriterien der Marktformen nach der Anzahl der Teilnehmer in der Wirtschaftspraxis eine so feste Verankerung gefunden, daß sie heute in der Öffentlichkeit einfach üblich sind.
Somit ist es zu rechtfertigen, daß die Marktform im Folgenden nur noch nach dem (auch einfacheren) Kriterium der Anzahl der Marktteilnehmer unterschieden wird.

9.2 Preis- und Wettbewerbslehre

9.2.1 Preislehre

Ehe man sich mit der Preisbildung auf den verschiedenen Märkten befaßt, ist es angebracht, einige grundlegende Vorbemerkungen zum Begriff Preis voranzustellen.

9.2.1.1 Begriff des Preises und seine Funktionen

Begriff des Preises:

Sicherlich ist in den Wirtschaftswissenschaften der Begriff des Preises einer der wichtigsten, wenn nicht der bedeutungsvollste, so daß man dem englischen Nationalökonom *Thomas R. Malthus* (1766 - 1834) zustimmen kann, der die Gesetze des Preises "the first, greatest and most universal principle" nannte.

Will man die *ökonomische Bedeutung des Begriffes Preis* verstehen, so sind *folgende Aspekte zu berücksichtigen*:

1. *Der Preis ist der Gegenwert, den man hergeben muß, um ein Gut bzw. eine Leistung zu bekommen.*

Somit drückt der Preis aus, welche *Mengen* an Gütern bzw. Diensten sich für ein bestimmtes Gut eintauschen lassen. Heute ist es üblich, den Gegenwert = den Preis in einem Geldbetrag auszudrücken. Diese übliche Darstellung des Preises als einen (monetären) Geldbetrag dient *nur* dazu, den Gütertausch zu vereinfachen. Letztlich ist jeder Kauf bzw. Verkauf als Tauschvorgang nur ein gegenseitiger Austausch von Gütern bzw. Leistungen. Daraus folgt. daß:

2. *Der Preis ist eine Relation*, d.h. das Verhältnis, in dem ein Gut gegen eine Menge eines anderen Gutes eingetauscht wird. Die einzutauschende Menge drückt man (üblicherweise) in Geldeinheiten aus. Daß Preise nur gegenseitige Austauschrelationen von Gütern sind, zeigt ein simples Beispiel:

   Die Preise für die Güter: 1 Telefonat = DM 0,20; 1 Flasche Bier = 0,70; 1 Schachtel Zigaretten = DM 2,80; 1 Eintopf Mittagessen = DM 5,60 drücken folgende gegenseitige Güteraustauschrelationen aus:
   1 Eintopfessen = 2 Schachteln Zigaretten = oder 8 Flaschen Bier = oder 28 Telefonate. Oder aber: 1 Flasche Bier = 1/8 Eintopfessen = 1/4 Schachtel Zigaretten = oder 3,5 Telefonate usw.
   Das Beispiel zeigt auch, daß das Ausdrücken von Preisen in Geldbeträgen (= der gemeinsame Nenner) die Tauschvorgänge erheblich erleichtert.

3. *Preise werden nur für ökonomisch knappe Güter erzielt.*
   In der *Zentralverwaltungswirtschaft* werden die Preise nach den *Wertvorstellungen* der Zentralinstanz *festgelegt*. In den *Verkehrswirtschaften bilden* sich die Preise durch *Angebot und Nachfrage* am Markt.

4. *Die Preishöhe eines Gutes* wird in Marktwirtschaften einmal durch den *Knappheitsgrad* des getauschten Gutes, zum anderen durch die verschiedenen *Machtpositionen, die Angebot und Nachfrage besitzen*, bestimmt (siehe Marktformen). Auf die Preishöhe wirkt darüber hinaus noch die *Preisinterdependenz* ein (siehe folgenden Abschnitt).

Funktion des Preises:

> Die Funktion, die der Preis als sog. *Wettbewerbspreis* übernehmen soll, lassen sich in reiner Form *nur* bei der Marktform der *vollständigen Konkurrenz* realisieren.

Neben den Vorteilen der Preisfunktionen, werden auch die Nachteile darzulegen sein:

1. *Funktion des Preises:*
Lenkung der Produktion. Steigt der Preis für ein Produkt infolge verstärkter Nachfrage, so steigen auch die Gewinnchancen der Unternehmen. Sie werden im Rahmen ihrer Kapazität die Produktion erweitern. Damit ist sichergestellt, daß die gestiegene Nachfrage auch befriedigt werden kann (allerdings zu höheren Preisen).

2. *Funktion des Preises:*
Lenkung des Konsums. Der Preis beschränkt oder erweitert den Verbrauch (man beachte allerdings den Zusammenhang der Nachfragepreiselastizität). D.h. der Preis zeigt dem Nachfrager die durch die Güterknappheit gegebene Grenze und schaltet die leistungschwache Nachfrage aus. Im Erntejahr 1975/76 ergab sich in der EG eine sehr geringe Kartoffelernte mit dem Resultat eines rapiden Preisanstieges. Die Folge war, viele Verbraucher gingen zu Substituten (Reis, Teigwaren) über. Der Preis hat hier die Nachfrage dem Angebot angepaßt und sie gleichzeitig auf andere Güter gesteuert.

3. *Erziehungsfunktion des Preises.*
Der Preis erzieht den Anbieter und Nachfrager gleichermaßen, sich zu bemühen, die Knappheit zu überwinden. D.h. für einen Anbieter u.a., daß er sich bemühen muß, die Knappheit zu überwinden, will er rentabel produzieren, muß er rationalisieren. Für einen Nachfrager bedeutet dies, will er seinen Nutzen maximieren, so muß er die günstigste Einkaufsmöglichkeit suchen.

4. *Verteilungsfunktion des Preises* (Einkommensverteilung) besagt, daß durch die gezahlten Preise für Güter und Dienste gleichzeitig die Entlohnung für die Produktionsfaktoren erfolgt, die zur Produktion eben dieser Güter und Dienste eingesetzt werden (siehe u.a. Kreislaufanalyse dazu). Die Summe der bezahlten Güter- und Dienstepreise wird verteilt auf die bei der Produktion mitwirkenden Produktionsfaktoren.

5. *Sozialpolitische Preisfunktion* besagt, daß in einer Marktwirtschaft der Ausgleich zwischen Anbietern und Nachfragern (Ausgleichsfunktion) auf friedliche Weise vor sich geht. Der Wettbewerbspreis führt eine Auslese von Anbietern und Nachfragern alleine durch, ohne daß (grundsätzlich) der Staat mit einer Planungsbehörde regulierend eingreifen müßte. Somit garantiert der Preis wirtschaftliche Freiheit ohne behördlichen Zwang.

Die **Nachteile** *aus den Preisfunktionen* ergeben sich einmal aus dem Wettbewerbspreis selbst, zum anderen ergibt sich das mangelhafte Funktionieren des Preises auch aus den in der Realität vorhandenen anderen Marktformen.

Die Nachteile eines reinen Wettbewerbspreises selbst sind:

1. Ein reiner Wettbewerbspreis *berücksichtigt nicht* die heute so wichtig gewordenen *kollektiven Bedürfnisse,* da sich für viele dieser Bedürfnisse kein Preis erzielen ließe, gleichwohl sie gegeben sind.

2. Da die Besitzverteilung *(Vermögensverteilung)* ungleich ist, ist auch die Einkommensverteilung ungleich, so daß die *Verteilungsfunktion* des Preises nicht befriedigt. Dies hat zur Folge, daß auch die *Konsumlenkungsfunktion* des Preises dazu führt, daß infolge des Einkommens Luxusgüter produziert und deren Preise bezahlt werden, während für Arme nicht einmal das Existenzminimum zur Verfügung steht (siehe dazu vorangegangene Abschnitte).

3. Die *social costs* werden durch den Wettbewerbspreis *nicht abgedeckt,* vielmehr muß der Produzent infolge des Konkurrenzdruckes versuchen, diese auf die Allgemeinheit abzuwälzen. Die Folge wäre somit eine (noch höhere) Umweltbelastung und Zerstörung.

4. Der *technische Fortschritt* würde beim reinen Wettbewerbspreis *gehemmt.* Da der Wettbewerbspreis nur den niedrigsten Preis für ein Produkt zuläßt, entstehen keine sog. intermarginalen Gewinne, so daß sich kostspielige technische Neuerungen von selbst verbieten. Hohe Aufwendungen für Forschung und Entwicklung sind nicht möglich. Dazu kommt, daß bei der heutigen Fertigungstechnik in vielen Branchen nur bei Großfabrikation (damit andere Marktform) mit geringeren Kosten produziert werden kann (Massenproduktion!).

5. Reiner Wettbewerbspreis ergäbe eine recht homogene Produktion, d.h. Produktionsstandardisierung. Die zur Zeit für den Verbraucher in einer Marktwirtschaft so geschätzte reiche *Konsumauswahl wäre damit nicht gegeben.*

Die mangelhafte Erfüllung der positiven Aspekte der Preisfunktionen ergeben sich aus dem Vorhandensein *anderer Marktformen* als derjenigen der vollkommenen

Konkurrenz, und allgemein aus den *Unvollkommenheitsfaktoren des Marktes* (man sehe dazu die entsprechenden Ausführungen in 93).

Zusammenfassend ergibt sich für die Preisfunktion, daß entgegen der klassisch liberalen Auffassung der Preis allein nicht in der Lage ist, alle Aufgaben in einer Marktwirtschaft so zu realisieren, daß sich ein optimaler Zustand ergibt. Vielmehr muß die Wirtschaftspolitik (durch den Staat) so regelnd eingreifen, daß die negativen Auswirkungen vermieden und die positiven zum Zuge kommen.

9.2.1.2 Preisinterdependenz

> Die Preisinterdependenz besagt, daß insbesondere in einer Verkehrswirtschaft kein Preis für sich allein zustande kommt bzw. sich ändert, ohne daß nicht auch andere Preise davon berührt werden. D.h. alle Preise sind mehr oder weniger stark miteinander verbunden.

Die *Gründe für die Preisinterdependenz* sind vier: *Horizontale, vertikale, zeitliche* und *regionale* Ursachen:

Horizontale Preisinterdependenz besagt, daß die Preise der Güter und Dienste auf der gleichen Produktionsstufe (die Konsumgüter, differenzierter: die Nahrungsmittel) miteinander in Beziehung stehen.
Was die Verbraucher infolge des gestiegenen Preises für ein wichtiges Gut (unelastische Nachfrage), z.B. Energie, mehr an Einkommen ausgeben müssen, verringert irgendwo die Nachfrage nach einem anderen Gut, z.B. Luxusartikel.

Vertikale Preisinterdependenz besagt, daß die Preise der Fertiggüter über die Preise der Zwischenprodukte mit denjenigen der Produktionsfaktoren in einem wechselseitigen Zusammenhang stehen.

Steigen die Preise für Arbeit (Löhne), die Rohstoffpreise, die Engergiepreise, so werden diese gestiegenen Preise (in aller Regel) bis zu den Fertigerzeugnissen (z.B. Kosumgütern) weitergegeben (überwälzt).

Umgekehrt erlauben hohe Fertiggüterpreise es dem Unternehmer aber auch, höhere Produktionsfaktorpreise (Kosten) zu bezahlen. So werden gestiegene Energiepreise in den Branchen (bzw. Volkswirtschaften) am schnellsten (und leichtesten) akzeptiert, die ihrerseits ein hohes Preisniveau haben.

Die *zeitliche Preisinterdependenz* besitzt zwei Komponenten.

Einmal bauen die *gegenwärtig geltenden Preise* auf den *vorangegangenen Preisen* auf. Dies besagt, daß ein Wirtschaftssubjekt bei seiner Planung von den vorangegangenen Preisen ausgeht und damit diese in die Gegenwart zunächst als gültig überträgt. Man meint (in normalen Zeiten), die Preise von gestern werden auch heute gelten. Zum anderen aber werden die *heutigen Preise* auch von den *zukünftig erwartenden Preisen* mitbestimmt. Erwartet man (was oft realistischer ist) in Zukunft einen ins Gewicht fallenden Preisanstieg und sucht man deshalb noch heute (zu den billigeren Preisen) einzukaufen, so tritt die erwartete Preissteigerung schon deshalb ein, weil das geänderte Konsumverhalten (infolge der Erwartungen) nachfragesteigernd und ceteris paribus damit preiserhöhend wirkt.

Der *regionale Preiszusammenhang* bewirkt, daß bewegliche Waren zu den Märkten, zu den Orten strömen, wo dafür die höchsten Preise bezahlt werden.
Diese Tendenz bewirkt, daß in etwa homogene Güter sich regional bis auf die Transportkosten in ihren Preisen angleichen, z.B. bei sehr vielen internationalen Rohstoffpreisen. Die Preisangleichungstendenz kann durch Zölle oder andere staatliche Maßnahmen verhindert werden, man sehe z.B. die höheren Agrarpreise in der EG im Vergleich zu den Weltmarktpreisen.

Die Preisangleichung tritt dagegen bei Waren mit Qualitätsunterschieden, bei solchen mit Präferenzen, und mit zunehmender Unbeweglichkeit (Grundstücke) nicht ein, womit grob manche der erheblichen internationalen Preisdifferenzen erklärbar sind.

Die im Rahmen der Preislehre oftmals dargelegten *Preisarten* und die Möglichkeiten der *Preisfindung* bieten keine begrifflichen Schwierigkeiten, so daß dazu auf die Literatur verwiesen wird.

9.2.2 Wettbewerbslehre

Dieser Abschnitt wird nur sehr wenig (Grundlagen) von dem bringen, was in der Literatur unter *Wettbewerbstheorie* dargestellt wird.

Die moderne Nationalökonomie versucht über die übliche Preistheorie hinaus zu kommen und sich in einer umfassenden Wettbewerbstheorie weiterzuentwickeln, wie dies z.B. mit der sog. *workable competition* geschieht (in etwa: praktikabler Wettbewerb). Man sehe dazu u.a. die zusammenfassenden Darlegungen bei A. Woll.

9.2.2.1 Perfect comptetition - monopolistic competition

Unter Wettbewerb versteht man das Vorhandensein von Konkurrenz, von Mitbewerbern, vor allem das Angebot betreffend.

Die *klassische Nationalökonomie* (der klassische Liberalismus) ging von nur zwei Marktformen, dem Monopol und dem Polypol, aus. Nach seiner Auffassung kann ein Monopol (genauer: ein Angebotsmonopol) nur von Natur aus (einer besitzt die einzige Mine) oder durch ein staatliches Privileg entstehen. In allen anderen Fällen würde der Wettbewerb dazu führen, daß sich die Marktform der vollständigen Konkurrenz herausbildet. Diesen *Wettbewerb*, der dazu *führen soll*, daß sich (Ausnahmen!) immer die *Marktform* der *vollständigen Konkurrenz herausbildet*, nennt man (heute) den **vollkommenen Wettbewerb = perfect competition.**

Die Darlegungen zu den Marktformen haben ergeben, daß (im Gegensatz zur klassisch liberalen Auffassung) die Märkte der Realität mehr oder weniger unvollkommen sind. Gezeigt wird noch, daß die Marktform der vollständigen Konkurrenz und die des Monopols nicht die Regelform darstellen. Heutige Marktformen liegen irgendwie zwischen diesen beiden Extremen (oder sind oligopolartig).

Recht allgemein könnte man die Situation auf den Konsumgütermärkten (auch den meisten Produktionsgütermärkten) so charakterisieren: Die Konsumenten (Nachfrager) bringen den Anbietern ein mehr oder minder starkes Wohlwollen entgegen, das aus persönlichen, regionalen oder qualitativen Präferenzen resultiert. Dem Anbieter geben diese Präferenzen die Möglichkeit, innerhalb gewisser Grenzen (Frage: Wie groß sind diese im Einzelfall?) einen höheren Preis als sein Mitbewerber, Konkurrent zu fordern, ohne mit einer Reaktion seiner Kunden rechnen zu müssen. Dies bedeutet, unabhängig von der jeweiligen konkreten Marktform hat jeder Anbieter innerhalb eines gewissen Bereiches die Stellung eines Monopolisten *(Quasimonopolist)*, muß er nicht mit Konkurrenz (Wettbewerb) rechnen. Erst außerhalb dieses individuellen Bereiches macht sich der Wettbewerb, die Konkurrenz bemerkbar.

Diese heute realistische Form des Wettbewerbs, die jedem Anbieter infolge der *Präferenzen* in einem *bestimmten Bereich* eine *monopolistische Stellung* gibt und erst *darüber hinaus* zum Wirksamwerden des *Wettbewerbs* führt, nennt man den **monopolistischen Wettbewerb = monopolistische competition**. So ist auch der Ausdruck von *Joan Robinson* zu interpretieren, der besagt, daß uns die Realität eine "world of monopolies" zeigt.

9.2.2.2 Wettbewerbsformen heute

Der Wettbewerb der Firmen untereinander, d.h. Sicherung oder Erweiterung des Absatzes bzw. Behauptung oder Vergrößerung des Marktanteiles, wird in der Realität auf unterschiedlichste Art geführt. Im wesentlichen als Preis-, Präferenz- und Qualitätswettbewerb.

Bei **Preiswettbewerb** versuchen die Unternehmen durch *Forderung* eines *niedrigeren Preises* vor den Mitbewerbern zu bestehen. Im Alltagsleben entdeckt man eine *offene* niedrigere Preisforderung oftmals in den vielen Varianten von sog. *Sonderangeboten.*
Ein niedrigerer Preis kann auch mehr *verdeckt* gewährt werden, d.h. nicht als einfache Differenz nach außen hin erkennbar erscheinen. Bekannt sind die je nach Marktlage und Jahreszeit *verschiedenen Rabattsätze* beim Autokauf. Oder wenn beim Autokauf der Unterbodenschutz *kostenlos gemacht* wird. Verdeckte Preiszugeständnisse können z.B. auch in *günstigen Finanzierungsbedingungen* gewährt werden (niedrigerer Zinssatz für ein Darlehen).

Beim **Präferenzwettbewerb** versucht man trotz Preis- und Qualitätsgleichheit (u.U. bei einem höheren Preis und geringerer Qualität) solche Beziehungen (Wohlwollen) zum Kunden zu schaffen, daß er die eigenen Erzeugnisse kauft. Die Hauptmittel der Firmen zur Erreichung dieses Zieles sind Werbung (Reklame), Service und Kundendienst, entsprechende Absatzmethoden, günstige Standorte, Herstellung enger persönlicher Kontakte (heute vorherrschender Vertreterabsatz).

Beim **Qualitätswettbewerb** versuchen die Unternehmer durch echte (oder auch unechte!) Verbesserung der Warenqualität Kunden zu gewinnen. Typisch für die Konsumgütermärkte ist ein reichhaltiges Angebot heterogener Waren, die sich aber trotzdem substituieren. D.h. dem Kunden werden verschiedene Waren angeboten, die dem gleichen Zweck dienen. Beim Qualtitätswettbewerb werden ihm immer neue Waren angeboten, die noch besser seinen Wünschen entsprechen (oder entsprechen sollen!). Typisch ist dies u.a. für den Markt der Pkw's und der Unterhaltungselektronik. Dies wird dann pervertiert, wenn die "neue Qualität" in effektbetonten Nebensächlichkeiten oder einem eingeredeten Qualitätsunterschied besteht (neue Zierleisten am Auto; Stereoanlage in Silber und nicht mehr in schwarz).

Zusammenfassung zur Markt-Preis- und Wettbewerbslehre:

1. Der Markt als Summe einer bestimmten Nachfrage- und Angebotskonstellation hat in einer Verkehrswirtschaft wichtige Funktionen zu erfüllen. So soll er die Marktpreise ermitteln, die Pläne der Wirtschaftssubjekte koordinieren, dazu beitragen, daß eine Wirtschaftsgesellschaft entsteht, die sich an gewisse Marktspielregeln hält. Ein realer Markt wird diese Aufgaben meist nicht optimal erfüllen.

2. Ein vollkommener Markt muß folgende Bedingungen aufweisen:
   Es werden nur homogene Güter gehandelt. Es gibt keinerlei Präferenzen. Es herrscht Markttransparenz. Änderungen erfolgen in großer Geschwindigkeit. Es ist ein Punktmarkt. Ist eine dieser Bedingungen (oder mehrere) nicht erfüllt, liegt ein unvollkommener Markt vor.

3. Von den möglichen Einteilungskriterien für Marktformen ist diejenige nach der Anzahl der Marktteilnehmern die gebräuchlichste. Man differenziert zunächst nach den drei Grundformen Polypol (viel), Oligopol (wenige) und Monopol (einer).

4. Der Preis drückt eine Relation aus und ist der Gegenwert, den man hergeben muß, um ein Gut oder eine Leistung zu bekommen. Die Preisinterdependenz besagt, daß sich in einer Marktwirtschaft kein Preis bildet oder ändert, ohne daß nicht schwächere oder stärkere Auswirkungen auf andere Preise sich ergeben.

5. Wettbewerb ist das Vorhandensein von Konkurrenz. Dabei soll der vollkommene Wettbewerb dazu führen, daß sich immer (Ausnahmen) die Marktform des Polypols herausbildet. Heute herrscht in der Realität dagegen der monopolistische Wettbewerb vor, der uns vor allem als Preis-Präferenz- und Qualitätswettbewerb begegnet.

9.3 Theoretische Bestimmung des Preisbildungsprozesses (Preistheorie)

Der *Preisbildungsprozeß wird* für Marktformen betrachtet, wie man sie auf *Konsumgütermärkten* antreffen kann, d.h. für die vollständige Konkurrenz = das Polypol, das Angebotsmonopol und das Angebotsoligopol (siehe auch Abb. 9-1 und 9-2). Die dabei gewonnenen Erkenntnisse lassen sich ohne Schwierigkeiten auf andere Märkte übertragen.

9.3.1 Preisbildung auf Polypolmärkten

Die Preisbildung auf dem einfach erfaßbaren Polypol-Markt wird üblicherweise genau dargelegt. Der Grund liegt darin, daß dabei elementare ökonomische Erkenntnisse gewonnen werden; daß kompliziertere Modelle dadurch verständlicher werden; daß diese Marktform als Maßstab für andere Marktformen Verwendung findet.

9.3.1.1 Polypolpreisbildung auf einem vollkommenen Markt

Die *Prämissen* des Modells sind:

1. Marktform der vollständigen Konkurrenz (siehe Abschnitt 913 und 914).
2. Vollkommener Markt (siehe Abschnitt 912).
3. Die Nachfrage (die Käufer) kann durch eine normal verlaufende Nachfragekurve dargestellt werden (siehe 7. Hauptteil, vor allem Abschnitt 723).
4. Das Angebot (die Verkäufer) kann durch eine normal verlaufende Angebotskurve dargestellt werden (siehe 8. Hauptteil, vor allem Abschnitt 84).

9.3.1.1.1 Bestimmung des Gleichgewichtspreises

Unter Beachtung der aufgeführten Prämissen (man mache sich die Einschränkungen immer klar) soll für einen Polypol-Markt (= vollständige Konkurrenz) der optimalste (günstigste) Zustand zwischen den Nachfragern und den Anbietern bestimmt werden. Diesen optimalsten gesuchten Zustand nennt man das *Marktgleichgewicht.* Im Gleichgewicht herrscht *ein* Preis = der *Gleichgewichtspreis* und *eine* umgesetzte Menge = die *Gleichgewichtsmenge.*

Analog zu den Darlegungen im 7. und 8. Hauptteil (siehe dort) gehen wir davon aus, daß sich die Nachfrager durch eine Nachfragekurve und die Anbieter durch eine Angebotskurve darstellen lassen. Wir schließen uns der (beliebten) geometrischen Lösung des Preisbildungsprozesses an.
Vergegenwärtigt man sich, was eine *Nachfragekurve (= NN)* und eine *Angebotskurve (= AA)* (als Gesamtnachfrage und Gesamtangebot) auf einem Markt ausdrücken sollen (man sehe u.U. noch einmal 7. und 8. Hauptteil), so kann man eine Reaktion zwischen dem *Angebot* und der *Nachfrage* geometrisch dadurch darstellen, daß man eine *NN-* und *AA-Kurve* in die *nämliche Graphik einzeichnet.*
In *Abb. 9-2 und 9-3* sind zwei mögliche Beispiele, wie sich AA und NN gegenüberstehen könnten, angenommen.

In beiden Beispielen kommt es zu keiner Reaktion zwischen AA und NN, die Dispositionen der Anbieter und Nachfrager liegen so weit auseinander, daß es zu keinem Kaufabschluß kommt. In *Abb. 9-2* ist der denkbar niedrigste Preis von AA (= P_A) immer noch höher als der denkbar höchste Preis von NN (= P_N), d.h. die Angebotspreise sind hier so hoch, daß keine Nachfrage bereit und fähig ist, sie zu akzeptieren. Als Beispiel könnte man (Führungsschicht ausgenommen) den Markt für Porscheautos in einem armen Entwicklungsland nehmen. In *Abb. 9-3* ist die Nachfrage (= völlig unelastisch) mit der Menge q_N bereits gesättigt; aus z.B. kostenmäßigen Gründen würde das Angebot erst mit der (höheren) Menge q_A einsetzen. Als Beispiel könnte man sich die ausreichende, kostenlose Versorgung mit Reis für die Bevölkerung durch den Staat denken.

Ein *Marktgeschehen*, eine Reaktion zwischen NN und AA, *erfordert* somit immer irgendeine *Übereinstimmungsmöglichkeit* zwischen der Nachfrage und dem Angebot.

Zum Verständnis stelle man sich einen kleinen lokalen Hopfenmarkt vor, auf dem die Hopfenbauer ihren Hopfen (in Doppelzentnern) den Einkäufern der kleinen Brauereien der Region anbieten. Die Preis- und Mengenvorstellungen der Anbieter und Nachfrager sind in Tab. 9-1 zusammengefaßt.
Daraus ist ablesbar, daß, umso höher der Preis, eine um so größere Menge werden die Anbieter anbieten, umso weniger Nachfrager (Einkäufer) sind aber bereit, diesen Preis zu bezahlen. Wäre umgekehrt der Preis niedrig, würden die Nachfrager entsprechend mehr einkaufen. Nur beim Preis von DM 125,00/dZtr. sind (angenommen!) Angebots- und Nachfragedispositionen im Einklang, d.h. es herrscht Gleichgewicht.
Die Daten aus Tab. 9-1 in eine Graphik übertragen, ergibt *Abb. 9-4*.

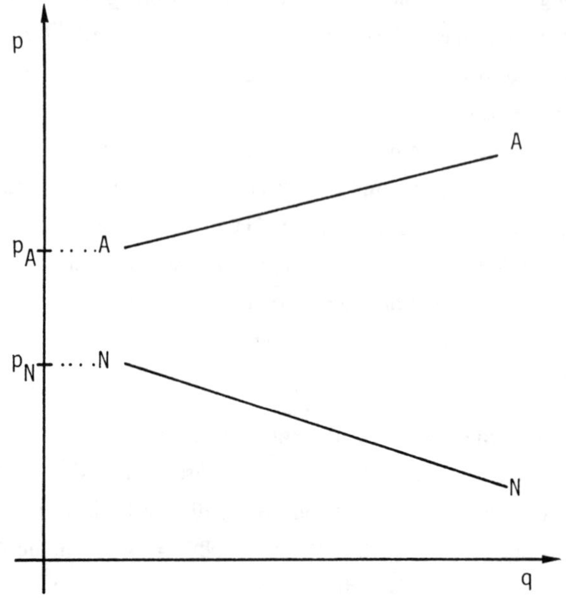

Abb.: 9-2: Keine AA- und NN-Reaktion, da AA-Preise für NN in jedem Fall zu hoch

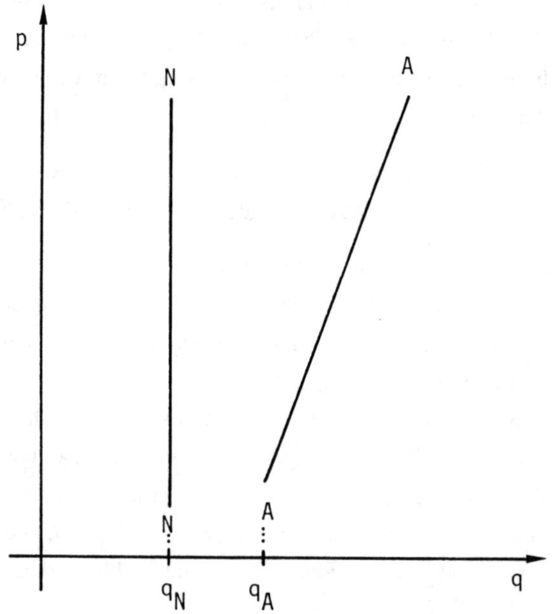

Abb.: 9-3: Keine AA- und NN-Reaktion, da NN bei Menge q_N bereits gesättigt ist

Preis in DM je dZtr. Hopfen	Angebotene Menge an dZtr. Hopfen	Nachgefragte Menge an dZtr. Hopfen	Preistendenz am Markt
160,-	1400 dZtr.	700 dZtr.	
155,-	1350 "	750 "	
150,-	1300 "	800 "	↑
145,-	1250 "	850 "	
140,-	1200 "	900 "	
135.-	1150 "	950 "	
130,-	1100 "	1000 "	steigend
125,-	1050 "	1050 "	ausgeglichen
120,-	1000 "	1100 "	fallend
115,-	950 "	1150 "	
110,-	900 "	1200 "	
105,-	850 "	1250 "	↓
100,-	800 "	1300 "	
.	. .		
.	. .		
.	. .		

Tab.: 9-1: Angebots- und Nachfragedaten auf einem Hopfenmarkt

Aus der Abb. 9-4 ist erkennbar, daß das Marktgleichgewicht (Punkt G) zwischen dem Angebot und der Nachfrage (optimalste Situation), d.h. der Preis P_G = DM 125,00/dZtr. und die umgesetzte Menge q_G = 1.050 dZtr., im Schnittpunkt der AA- und NN-Kurve liegt.

> Das Marktgleichgewicht auf einem (vollkommenen) Polypolmarkt ist im Schnittpunkt der AA- und NN-Kurve gegeben.

Daß nur im Punkt G (Schnittpunkt der AA- und NN-Kurve) Marktgleichgewicht herrscht, oder wie man sagt, *der Markt geräumt wird*, läßt sich einfach nachvollziehen, wenn man *einen anderen als den Gleichgewichtspreis* p_G (hier DM 125,00) *annimmt.*

Nehmen wir einen höheren Preis an, z.B. DM 155,00/dZtr. (siehe Abb. 9-4), so ist bei diesem Preis für die Nachfrage nur der Zustand F_N (d.h. eine nachgefragte Menge von 750 dZtr.) relevant. Das Angebot würde dagegen den Zustand G_A realisieren wollen, d.h. bei DM 155,00 = 1350 dZtr. anbieten. Angebot und Nachfrage klaffen beträchtlich auseinander, es herrscht ein *Überangebot* am Markt von 600 dZtr. Da das Angebot nicht auf so viel Ware sitzen bleiben will, beginnt der Preis zu sinken. Mit dem zurückgehenden *Preis* sind zwei Mengenbewegungen (siehe Graphik) verbunden: Einmal nimmt die Nachfrage zu, andererseits geht das Angebot zurück. In dieser Situation (höherer Preis) geht die Aktivität von AA aus, Ursache *Angebotsdruck.*

Nehmen wir einen niedrigeren Preis an, z.B. DM 105,00/dZtr. (siehe Abb. 9-4), so ist bei diesem Preis für die Nachfrage der Zustand E_N , (d.h. 1250 nachgefragte dZtr.) relevant. Das Angebot würde bei diesem Preis den Zustand D_A , (d.h. 850 angebotene dZtr.) anstreben. Die Marktsituation entspricht jetzt deutlich einer *Übernachfrage* von 400 dZtr. Ein erheblicher Teil der Nachfrage wird nicht befriedigt, ist somit bereit, einen höheren Preis zu zahlen, deshalb beginnt *der Preis zu steigen,* ausgelöst vom *Nachfragedruck.* Der ansteigende Preis hat zwei Mengenbewegungen zur Folge: Zurückgehende NN und ansteigendes AA. Der optimalste Zustand unter allen denkbaren ist hier (im Modell) nur im Punkt G (Gleichgewicht) gegeben.

In Abb. 9-5 sind die Resultate des Preisbildungsprozesses auf einem (vollkommenen) Polypolmarkt zusammengefaßt:

1. Marktgleichgewicht herrscht im Schnittpunkt der AA- und NN-Kurve (Punkt G). Durch die Koordinaten von G wird der Gleichgewichtspreis (= p_G) und die Gleichgewichtsmenge (= q_G) bestimmt.

2. Jeder Preis, der höher ist als p_G , hat einen Angebotsdruck zur Folge, was bedeutet, daß der Preis sinkt (= Käufermarkt).

3. Jeder Preis, der niedriger ist als p_G , hat einen Nachfragedruck zur Folge, was bedeutet, daß der Preis steigt (= Verkäufermarkt).

4. Derjenige Produzent, der dem Punkt G entspricht, kommt gerade noch zum Zuge und wird *Grenzanbieter* genannt. Alle anderen Anbieter hätten auch zu einem niedrigeren Preis angeboten, erzielen demzufolge beim Preis p_G eine *Produzentenrente.*

5. Der Nachfrager des Punktes G ist *Grenznachfrager.* Die anderen Nachfrager hätten einen höheren Preis bezahlt, beim Preis p_G erzielen sie somit eine *Konsumentenrente.*

Trotz der Einfachheit dieses Preismodelles kann man damit anschaulich die Auswirkungen von *zwei staatlichen Preisfixierungsmaßnahmen* demonstrieren:

1. Ein *Preis über dem Marktgleichgewichtspreis,* wie in Abb. 9-4 bei DM 155,00/dztr., entspricht einem **staatlichen Mindestpreis**, wie er z.B. in der

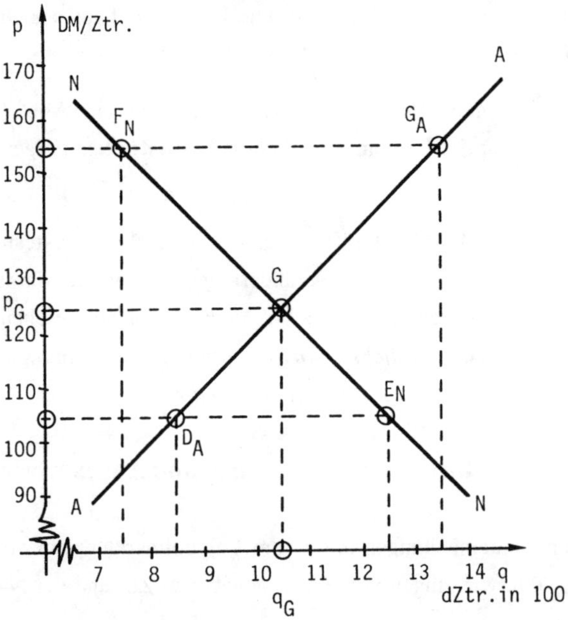

Abb.: 9-4: Preisbildung auf einem vollkommenen Polypolmarkt (Daten aus Tab.: 9-1) zum Gleichgewicht

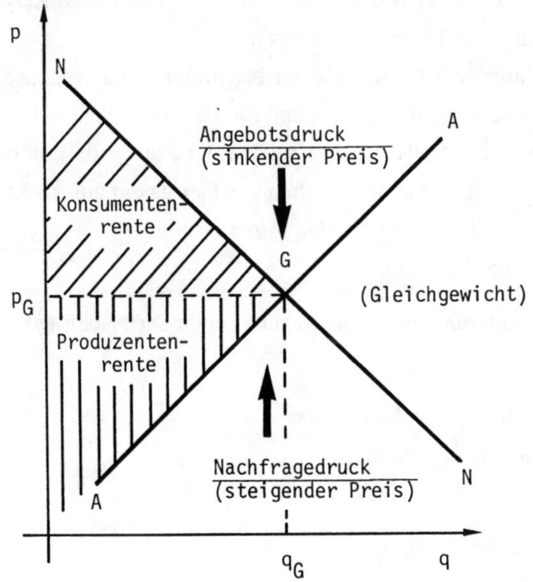

Abb.: 9-5: Resultate auf einem Polypolmarkt

Agrarmarktordnung der EG üblich ist. Die Folgen sind aus der Graphik ablesbar, d.h. *ein Überangebot.*

2. Ein *Preis unter dem Marktgleichgewichtspreis*, wie in Abb. 9-4 bei DM 105,00/dZtr., entspricht einem **staatlichen Höchstpreis**. Folge: Eine *Übernachfrage.*

Da in beiden Fällen aber die Marktkräfte durch die staatlichen Preisfestlegungen außer Kraft gesetzt sind, d.h. keine Marktveränderungen, wie vorher dargelegt, eintreten können, muß der Staat das jeweilige *Ungleichgewicht* ausgleichen. Bei einem Überangebot führt dies zur *staatlichen Vorratshaltung* (Butter- und sonstige Agrarberge), bei einer Übernachfrage zur *Rationierung und Zuteilung.*

9.3.1.1.2 Gleichgewichtspreis bei Nachfrage- und Angebotsveränderung

Die *bisherigen* Preisuntersuchungen auf einem Polypolmarkt waren eine rein *statische* Betrachtung, d.h. wir gingen von einem gegebenen Zustand der Nachfrage und des Angebotes aus.

Auf jedem Markt muß man aber mit Veränderungen der Nachfrage und des Angebotes oder beider zusammen rechnen. Im Rahmen einer *komparativ statischen* Analyse sollen bei einer AA- oder NN-Veränderung die festgestellten Resultate und der neue Gleichgewichtszustand untersucht werden.
Will man genauer hinter die Ursachen einer Nachfrage- oder Angebotsveränderung sehen, so sind dazu nochmals der 7. Hauptteil für die NN und der 8. Hauptteil für das AA nachzulesen, wo eine Reihe von Beispielen dazu aufgeführt sind. Um bei der geometrischen Darstellung zu bleiben, gehen wir hier davon aus, daß sich eine *Veränderung der NN bzw. des AA durch eine Veränderung der jeweiligen Kurven darstellen läßt (Kurvenverschiebung).*

Die Fälle einer Veränderung zwischen Angebot und/oder Nachfrage kann man wie folgt systematisieren:

1. Alleinige Nachfrageveränderung
2. Alleinige Angebotsveränderung
3. Gleichzeitige Nachfrage- und Angebotsveränderung

Alleinige Nachfrageveränderung:

Wie aus dem 7. Hauptteil bekannt, können insbesondere das Einkommen, die Bedarfsstruktur und die Preise anderer Güter zu einer Nachfrageveränderung führen.

Eine Zunahme der Nachfrage nach einem Gut X kann infolge gestiegener Einkommen der Verbraucher eintreten. Aber auch eine Verschiebung der Bedarfsstruktur (z.B. Diätwelle) kann eine Mehrnachfrage nach sich ziehen. Schließlich kann eine Preisveränderung eines Substitutes eine Mehrnachfrage ergeben (siehe z.B. Mehrnachfrage nach Erdgas als Energie infolge der Erdölverteuerung). Eine derartige *Nachfragesteigerung* drückt sich durch eine *Rechtsverschiebung der Nachfragekurve* aus. In *Abb. 9-6* ist die gestiegene Nachfrage durch Rechtsverschiebung (NN ist die Ausgangslage) dargestellt (N_1 N_1ist die gestiegene Nachfrage). Das Angebot (AA) soll unverändert bleiben.

Bei gleichbleibendem AA ergibt sich das neue Gleichgewicht mit der gestiegenen Nachfrage N_1 N_1 (wieder) als Schnittpunkt der Kurven AA und N_1 N_1 im Punkt G_1 .
Durch Vergleich der Koordinaten (q, p) der Ausgangssituation (= Punkt G) mit dem neuen Gleichgewicht (= Punkt G_1), ist die Veränderung aus Abb. 9-6 einfach ablesbar. Die gestiegene Nachfrage bewirkt einen Preisanstieg von p auf p_1 und einen mengenmäßigen Mehrumsatz von q auf q_1.

Eine *alleinige* Zunahme der Nachfrage bewirkt einen Preisanstieg und einen mengenmäßigen Mehrumsatz.

Ein Rückgang der Nachfrage kann infolge geringerer Einkommen, einer Verschiebung der Bedarfsstruktur oder einer Preisveränderung anderer Güter eintreten. Er wird durch eine *Linksverschiebung der Nachfrage* ausgedrückt. In *Abb. 9-7* ist NN und AA die Ausgangslage, N_2 N_2 durch Linksverschiebung der Nachfragerückgang.
Der Vergleich des Ausagangsgleichgewichtes (G) mit dem neuen Marktgleichgewicht (G_2) ergibt (siehe Abb. 9-7): Der Nachfragerückgang bewirkt eine Preissenkung von p auf p_2 und einen mengenmäßigen Umsatzrückgang von q auf q $_2$.

Ein alleiniger Rückgang der Nachfrage bewirkt eine Preissenkung und einen niedrigeren mengenmäßigen Umsatz.

Alleinige Angebotsveränderung:
Wie insbesondere im Hauptteil 8, teils vorher dargelegt, sind die wichtigsten Faktoren einer evtl. Angebotsänderung: Neues technisches Wissen (neue Produktionsver-

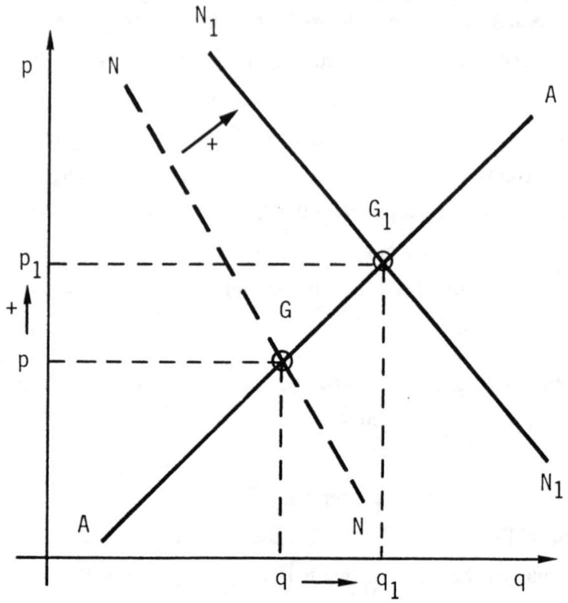

Abb.: 9-6: Neues Gleichgewicht bei *gestiegener* Nachfrage (AA unverändert)

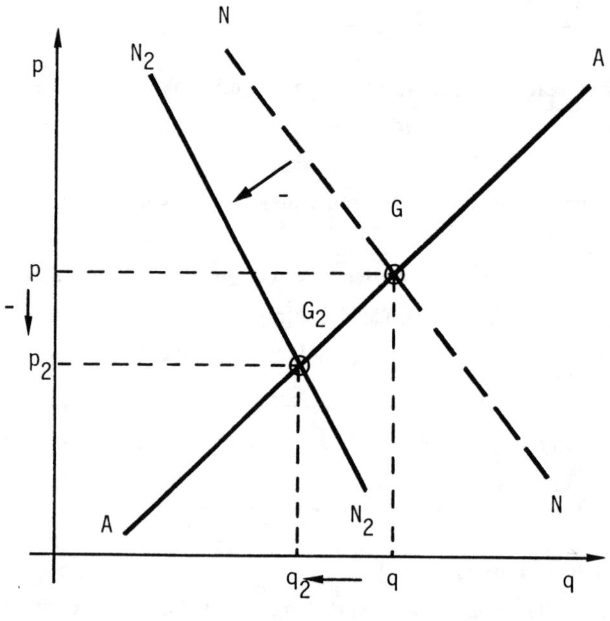

Abb.: 9-7: Neues Gleichgewicht bei *gesunkener* Nachfrage (AA unverändert)

fahren), Preisänderungen der eingesetzten Produktionsfaktoren, Preisänderungen anderer Güter, geänderte Gewinnerwartungen, Hinzukommen neuer Anbieter.

Eine Zunahme des Angebotes könnte z.B. durch eine Mehrproduktion (hervorgerufen durch ein besseres Produktionsverfahren), oder durch neue Anbieter (Ausland!) entstehen. Diese *Steigerung des Angebotes* wird durch eine *Rechtsverschiebung der Angebotskurve* dargestellt. In *Abb. 9-8* ist dies analog zur Nachfrageverschiebung durchgeführt worden.

Genau wie bei der Nachfrage kann man aus Abb. 9-8 das Resultat einer Angebotszunahme aus der Graphik durch den Vergleich von G zu G_1 ablesen: Das gestiegene Angebot bewirkt bei unveränderter Nachfrage einen Preisrückgang von p nach p_1 und einen mengenmäßigen Mehrumsatz von q nach q_1.

Ein *alleiniger* Angebotsanstieg bewirkt einen Preisrückgang und einen mengenmäßigen Mehrumsatz.

Ein Rückgang des Angebotes könnte u.a. durch Kostensteigerungen und ausfallende Anbieter eintreten. Ein *Rückgang des Angebotes* wird durch eine *Linksverschiebung der Angebotskurve* ausgedrückt, wie dies in *Ab. 9-9* dargestellt ist. Das Resultat des Angebotsrückganges ist: Ein Preisanstieg von p auf p_2 und ein Rückgang der umgesetzten Menge von q nach q_2.

Ein *alleiniger* Rückgang des Angebotes bewirkt einen Preisanstieg und eine Reduzierung des Mengenumsatzes.

Gleichzeitige Nachfrage- und Angebotsveränderung:

In einer evolutionären Wirtschaft, z.B. unserer eigenen, treten meist gleichzeitig Veränderungen der Nachfrage und des Angebotes auf. Nehmen wir einen Fall, den man auf manchen Märkten beobachten kann und übertragen ihn in unsere modellartige Darstellung, wobei selbstverständlich unsere Prämissen im Polypolmarkt gegenüber der Unvollkommenheit eines realen Marktes mit zu beachten sind. Auf Märkten mit raschem technischen Fortschritt, wie z.B. der Elektronik (u.a. sog. Mikrobausteine), wird das Angebot stark ausgeweitet, d.h. *Zunahme (stark) des Angebotes.* Zur gleichen Zeit folgt durch die Werbung bedingt eine *Zunahme (nicht so stark) der*

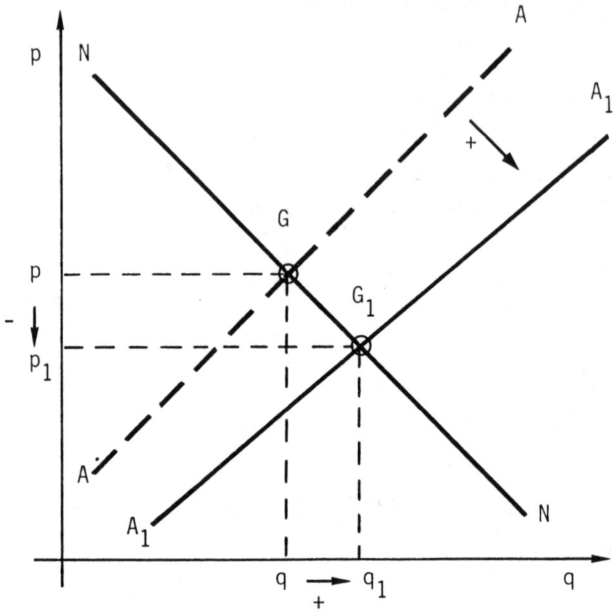

Abb.: 9-8: Neues Gleichgewicht bei *gestiegenem* Angebot (NN unverändert)

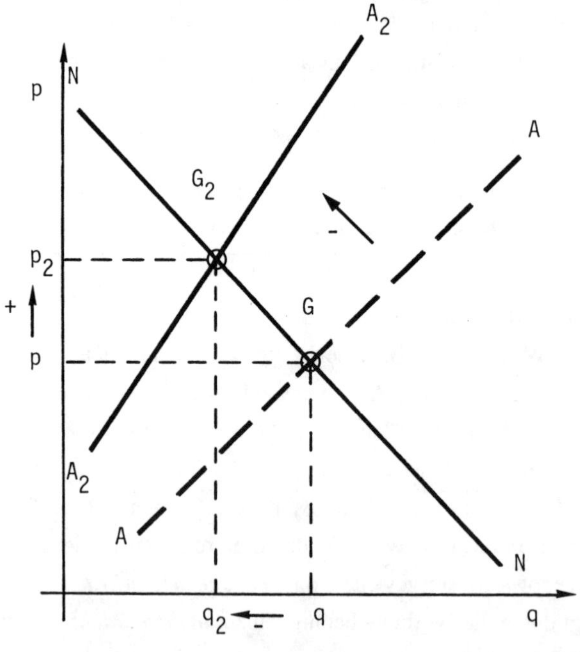

Abb.: 9-9: Neues Gleichgewicht bei *gesunkenem* Angebot (NN unverändert)

Nachfrage nach diesen Produkten. Kurz: Starke Angebots-, nicht so starke Nachfragezunahme.

In unser geometrisches Schema übertragen ergibt sich *Abb. 9-10.*
Durch Vergleich des Ausgangszustandes (= Punkt G) mit dem neuen Marktgleichgewicht nach der Angebots- und Nachfragezunahme (= Punkt G_1) ist das Resultat der geänderten Marktsituation einfach ablesbar (siehe Abb. 9-10). Infolge der (starken) Ausweitung des Angebotes und der (nicht so starken) Zunahme der Nachfrage ergibt sich eine kräftige Zunahme des mengenmäßigen Umsatzes von q auf q_1 und eine geringere Preisreduzierung von p auf p_1. Das so gefundene Resultat könnte in etwa auf den Markt für Taschenrechner übertragen werden.
Zu prüfen wäre, ob bei einer gleichzeitigen Zunahme des Angebotes und der Nachfrage *immer* das eben formulierte Resultat (kräftige mengenmäßige Zunahme des Umsatzes und geringerer Preisrückgang) eintreten muß. Abb. 9-10 gibt hierauf die Antwort. Man splittet dazu die Marktveränderungen in ihre zwei Veränderungskomponenten auf (d.h. einmal nimmt allein die Nachfrage zu, dann allein das Angebot) und kann unter Beachtung der vorher dargelegten alleinigen Veränderungen einfach ablesen (siehe dazu entsprechende Kurvenschnittpunkte und Koordinaten in Abb. 9-10). Eine alleinige Zunahme von NN ergibt einen Preisanstieg und einen mengenmäßigen Mehrumsatz. Eine alleinige Zunahme des Angebotes ergibt (ebenfalls) einen Mengenmehrumsatz und eine Preissenkung. Somit ergibt sich bei gleichzeitiger Zunahme von NN und AA auf jeden Fall eine Zunahme des mengenmäßigen Umsatzes. Da die Preisentwicklung bei gleichzeitiger NN- und AA-Zunahme gegenläufig ist, können im Hinblick auf die Preisentwicklung drei Situationen eintreten; der Preis kann sinken (wie im Beispiel angenommen), er kann steigen oder er könnte unverändert bleiben. Welches Ereignis im Einzelfall eintritt, hängt vor allem davon ab, in welcher Relation die Zunahme von AA und NN zueinander steht und ob evtl. eine Veränderung der Preiselastizitäten eintritt. Da im Beispiel der Abb. 9-10 das Angebot erheblich stärker zunahm als die Nachfrage, ergab sich insgesamt eine Preissenkung.

Zur Vertiefung des analytischen Arbeitens mit Nachfrage und Angebotsveränderungen soll dieses Instrumentarium auf ein weiteres (denkbares) wirtschaftspolitisches Beispiel angewandt werden.
Geht in einem Land XY infolge eines Geschmackswandels die Nachfrage nach Schweinefleisch merklich (und auf Dauer) zurück, so würde bei gleichbleibendem Angebot der Schweinefleischpreis sinken. Wie müßte die staatliche Agrarpolitik hier

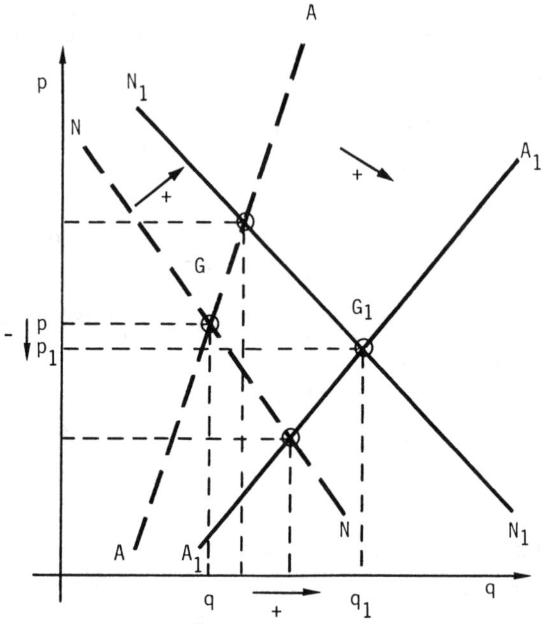

Abb.: 9-10: Neues Gleichgewicht bei gleichzeitiger Nachfrage- und Angebotszunahme

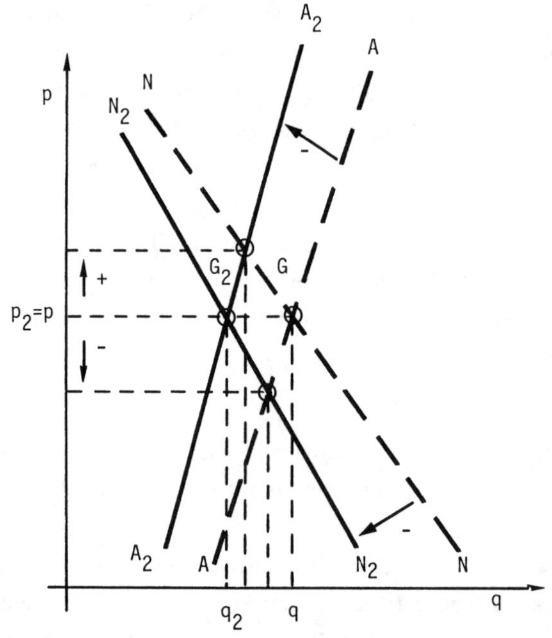

Abb.: 9-11: AA-NN Veränderungsbeispiel aus der Agrarpolitik

das Angebot steuern, damit der Preis auf dem alten Niveau bleibt und welche Konsequenzen ergäben sich dabei? In *Abb. 9-11* ist der Sachverhalt in das Angebots-Nachfrageinstrumentarium übertragen. Unter Berücksichtigung der Einschränkungen infolge der Modellprämissen ergibt sich:

Der Rückgang der Nachfrage = N_2N_2 bedeutet für den Schweinefleischpreis zunächst eine Preisreduzierung. Soll der Preis auf dem alten Niveau gehalten werden, bleibt für das Angebot nur eine Angebotsverringerung (d.h. Linksverschiebung auf A_2 A_2) solange, bis der Preisrückgang (Grund gesunkene Nachfrage) durch den Preisanstieg (infolge der Angebotsverringerung) wieder ausgeglichen ist (siehe Abb. 9-11). Die Angebotsverringerung ließe sich z.B. durch staatliche Fleischaufkäufe, oder einen verstärkten Schweineexport, oder (längerfristig) durch Subventionen für eine verringerte Schweinehaltung realisieren. Die sich dabei ergebende Konsequenz für den Schweinefleischmarkt ist aus Abb. 9-11 ebenfalls ablesbar, nämlich, ein deutlicher mengenmäßiger Rückgang (von q auf q_2) des Schweinefleischabsatzes. Unberücksichtigt blieb bei dieser agrarpolitischen Maßnahme die Belastung des Staatshaushaltes z.B. infolge der Staatsaufkäufe oder der Subventionen.

9.3.1.1.3 Preisbildungtendenzen im Zeitablauf

Der Preisbildungsvorgang für ein Polypol wurde unter der Prämisse durchgeführt, daß es sich um einen vollkommenen Markt handelt. Wie dargelegt, lautet eine der Annahmen für einen vollkommenen Markt (siehe Abschnitt 912), daß auf ihm unendliche Reaktionsgeschwindigkeit herrschen müsse. Unter dieser Annahme wurden im vorangegangenen Abschnitt auch die Ergebnisse betrachtet. Diese *Annahme bedeutet* letztlich, daß bei Änderungen für die Marktanpassung die *Zeit keine Rolle spielen* würde. Im folgenden wird, in Anlehnung an *Alfred Marshall* (1842-1924), diese Annahme aufgehoben, damit ein (kleiner) Schritt hin zu einem Markt der Realität getan.
Wir analysieren noch einmal die Preisbildungsvorgänge, wenn (angenommen) die Nachfrage infolge einer Einkommensverbesserung steigen sollte (siehe dazu Abb. 9-6), jetzt aber unter Berücksichtigung der Zeit, die für Anpassungsvorgänge meist nötig ist (siehe *Abb. 9-12).*

In Abb. 9-6 sind wir davon ausgegangen, daß bei unverändertem Angebot und gestiegener Nachfrage sich G_1, das neue Gleichgewicht (sofort) einstellt. Durch den Vergleich der Koordination von G (altes Gleichgewicht) mit G_1 wurde das Marktresultat abgelesen.

Berücksichtigen wir nun den **Zeitaspekt**, der insbesondere für das Angebot (= die Produktion) bedeutungsvoll ist, so wird sich aufgrund des Nachfrageanstieges *nicht sofort* das Gleichgewicht G_1 einstellen.

Das Angebot hat sich zunächst auf den Zustand im Punkt G eingestellt, d.h. es produziert die Menge q, die zum Preis p verkauft wird. Steigt nun (wie unterstellt) die Nachfrage plötzlich auf N_1N_1, so ist das Angebot (im Extremfall) nicht in der Lage, *sehr kurzfristig (very short run)* überhaupt mehr anzubieten, d.h. trotz der Zunahme der Nachfrage kann nur die gleiche Menge q angeboten werden. Dies heißt somit, sehr kurzfristig ist das *Angebot vollkommen unelastisch.* Dies wird in Abb. 9-12 durch die sehr kurzfristige Angebotskurve A unelastisch dargestellt. Mit N_1N_1 und A unelastisch ist das Marktresultat ablesbar: Es wird die gleiche Menge wie im Punkt G angeboten, d.h. $q_u = q$, es ergibt sich lediglich ein starker Preisanstieg, siehe p_u. Den Zustand des very short run, d.h. A unelastisch, kann man bei Agrarerzeugnissen beobachten, hier ist das Angebot bis zur nächsten Ernte völlig unelastisch. Würde hier z.B. im Herbst ein plötzlicher Run der Nachfrage nach Kartoffeln einsetzen, würden nur die Preise steigen, kein zusätzliches Angebot wäre dagegen möglich (Importe unberücksichtigt).
Nehmen wir aber eine *begrenzte Lagerhaltung* an (für Industriegüter üblich), so kann die gestiegene Nachfrage N_1N_1 teils aus den Lagervorräten mit befriedigt werden. In Abb. 9-12 ist dies die Angebotskurve A (Lager). Der Vergleich von A unelastisch mit *A (Lager)* und jeweils N_1N_1 zeigt, daß nunmehr der Preisanstieg nicht so stark ausfällt ($p_L < p_u$) und das mengenmäßige Angebot infolge der Lagervorräte etwas auf q_L gesteigert werden konnte. Eine Beobachtung, die man in der Realität öfter machen kann.

Stellt das Angebot nunmehr fest, daß die Nachfragesteigerung von Dauer ist, so wird es (meistens) versuchen, *im Rahmen der vorhandenen Produktionskapazitäten mehr anzubieten*, z.B. durch Überstunden oder eine weitere Produktionsschicht. Die Angebotskurve wird nun *A (Produktion).* Das Resultat zeigt nochmaligen Preisrückgang auf p_p und mehr angebotene Menge auf q_p
Erst wenn das Angebot sich infolge der Nachfragezunahme entschließt, die *Produktionskapazitäten zu erweitern* oder die Nachfragezunahme neue Anbieter auf den Markt bringt, wird das Angebot durch *A (langfristig),* d.h. den *long run* darzustellen sein. Das Resultat ist jetzt p_{lf} = der niedrigste Preis und nochmals eine Zunahme des mengenmäßigen Angebotes auf q_{lf}. Die Entwicklung des Angebotes von A (unelast.) bzw. A (Lager) hin bis zu A (langfristig) benötigt Zeit, d.h. das Angebot

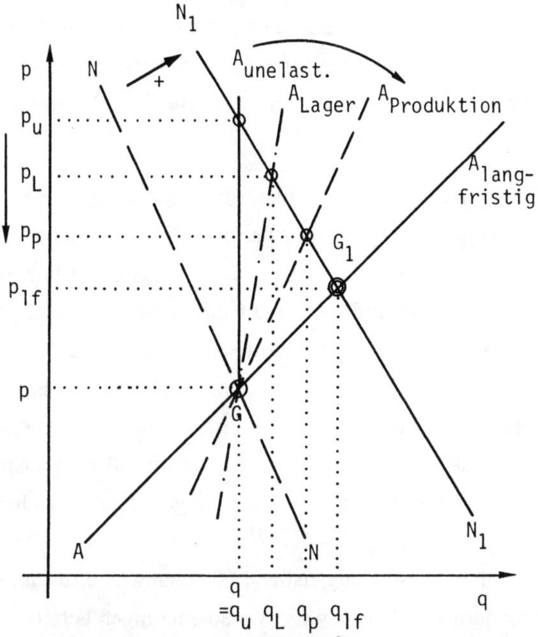

Abb.: 9-12: Preisbildung bei Zunahme der NN und zeitlicher Anpassung des Angebotes

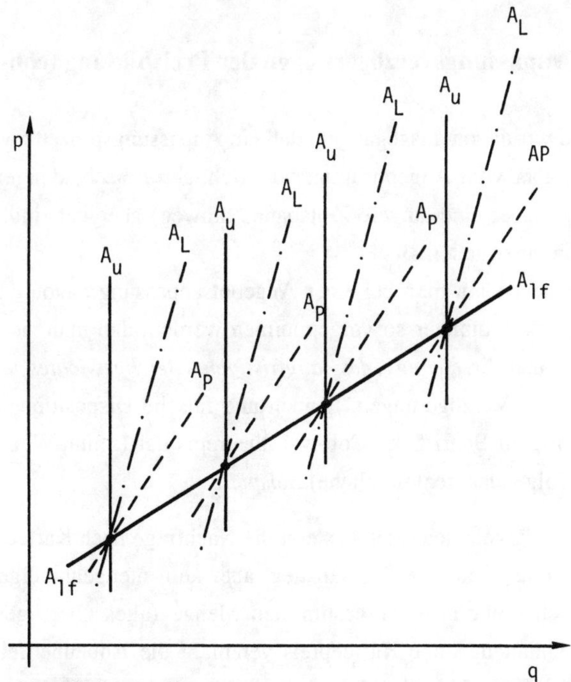

Abb.: 9-13: Kurz- und langfristige AA-Kurven

stellt sich erst (kann sich erst) im Zeitablauf auf die veränderte Marktsituation ein. Oder anders, ein vermehrtes Angebot für eine gestiegene Nachfrage erfordert Zeit, um mehr zu produzieren und noch mehr Zeit, um die Produktionskapazitäten zu erweitern.

Die Untersuchung ergab somit: Umso kurzfristiger die Zeitperiode für eine Anpassung des AA ist, umso geringer ist (ceteris paribus) die angebotene Menge und umso höher ist der Preis, bzw. umso kurzfristiger die Zeit ist, umso unelastischer ist das Angebot. Wird die Zeitspanne größer, nimmt die angebotene Menge zu, der Preis sinkt oder was gleichbedeutend ist, das Angebot wird elastischer. Erst langfristig stellt sich somit der endgültige Gleichgewichtszustand (Punkt G_l) ein.
Dieses Resultat stellt man nun graphisch so dar, daß man durch jeden Punkt einer (langfristigen) Angebotskurve entsprechende kurzfristige Angebotskurven einzeichnet, um so die zeitlichen Verzögerungen für das Angebot zum Ausdruck zu bringen, siehe dazu *Abb. 9-13.*
Reale Märkte zeigen meist keine langfristigen Gleichgewichtszustände. Ehe ein Anpassungsprozeß beendet ist, haben sich die Voraussetzungen bereits wieder geändert und ein neuer Anpassungsvorgang setzt ein. *Die tatsächliche Marktsituation befindet sich stets in einem derartigen Übergangszustand.*

9.3.1.1.4 Anpassungsverzögerungen der Preisbildung (cob-web-theorem)

Bis jetzt sind wir davon ausgegangen, daß ein Anpassungsprozeß zwar im Zeitablauf zu sehen ist, aber vom Angebot immer die richtigen Entscheidungen getroffen werden, die (zwar über eine längere Zeitspanne hinweg) geeignet sind, das langfristige Gleichgewicht anzusteuern.
Nicht immer aber kann man bei einer Angebotsanpassung davon ausgehen, daß die Dispositionen der Anbieter so vorgenommen werden, daß man sie als richtig unter dem Aspekt einer *Erreichung des langfristigen Gleichgewichtes* ansehen kann. Es können vielmehr Verzögerungen, Pannen und falsche Dispositionen eintreten. Dies stellt man mit dem Begriff des Cob-web-theorems dar (Spinn-Web-Theorem). Zum Verständnis folgendes (real mögliche) *Beispiel:*

Aus einem der dargelegten Gründe steigt die Nachfrage nach Kaffee deutlich an. Die Folge ist ein entsprechender Preisanstieg, aber kein mengenmäßiges Mehrangebot, da Kaffee bisher nur in einer bestimmten Menge (altes Gleichgewicht) angebaut wurde. Der anhaltend hohe Kaffeepreis veranlaßt die Anbaubetriebe, ihren Anbau kräftig auszudehnen. Von den Pflanzungen bis zur ersten Kaffeeernte vergehen 5

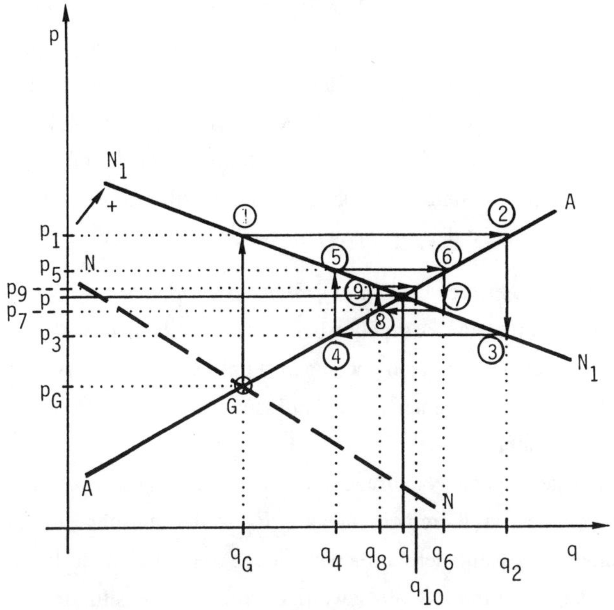

Abb.: 9-14: Cobweb-Theorem für ein stabiles Gleichgewicht

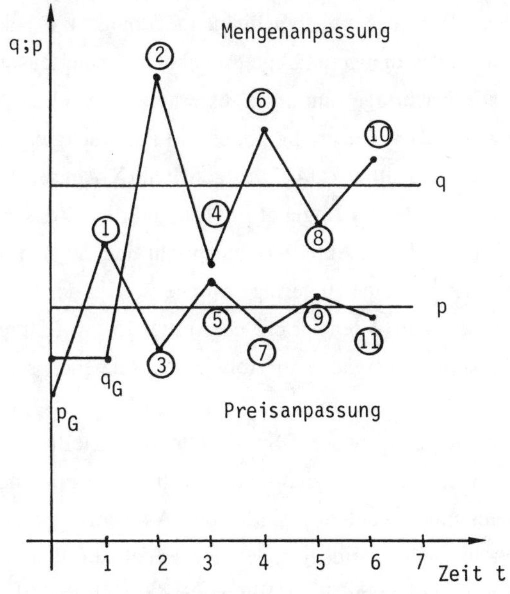

Abb.: 9-15: Mengen- und Preisanpassung im Zeitablauf für Abb.: 9-14

Jahre (ein langer time-lag). Nach dem time-lag wird erheblich mehr Kaffee angeboten, die Folge ist nun ein starker Preisverfall. Viele Kaffeepflanzungen werden völlig unrentabel und schränken die Produktion drastisch ein. Die Folge ist nun ein Unterangebot mit einem erneuten Preisanstieg. Dieser könnte die Produzenten veranlassen, nunmehr wieder verstärkt zu produzieren und damit den Zyklus fortsetzen. Die Anpassungsvorgänge verfehlen hier die Richtung auf das langfristige Gleichgewicht. Derartige Vorgänge konnte man bei landwirtschaftlichen Produkten öfters beobachten, der bekannteste ist der sog. *Schweinezyklus.*

Diese Anpassungsverzögerungen sind nun graphisch abzuleiten.
In *Abb. 9-14* ist das Kaffee-Preis-Angebotsbeispiel graphisch nachvollzogen.
Ausgehend vom bestehenden Gleichgewicht im Punkt G zwischen AA und NN soll die Nachfrage auf N_1N_1 zunehmen. Der Anpassungsprozeß für Preis und Menge vollzieht sich in Pfeilrichtung (siehe Abb. 9-14).
Auf die plötzlich gestiegene Nachfrage hin kann das Angebot keine zusätzliche Menge anbieten (AA ist vollkommen unelastisch), so daß nur der Zustand (1) mit einem Preisanstieg auf p_1 und der nämlichen Menge q_G möglich ist. In *Abb. 9-15* ist für die verschiedenen Zeitpunkte die jeweilige Preis-Mengensituation eingetragen, um für beide Größen die Entwicklung im Zeitablauf zu demonstrieren. Im Zeitpunkt 1 (Anstieg der Nachfrage auf $N_1 N_1$) herrscht somit p_1 mit q_G.
Infolge des hohen Preises dehnt das Angebot für den Zeitpunkt t + 1 entsprechend der unterstellten AA-Kurve das mengenmäßige Angebot bis zum Zustand (2) aus, d.h. bietet jetzt q_2 an. Die Nachfrage nimmt dieses erheblich größere Angebot nur zum Preis p_3, der dem Zustand (3) entspricht, ab, es tritt Preisrückgang ein. Zustand (2) und (3) sind in Abb. 9-15 im Zeitpunkt t = 2 festgehalten (X-Achse). Der nunmehr eingetretene Preisverfall veranlaßt das Angebot im Zeitpunkt t + 2 das Angebot einzuschränken, was dem Zustand (4) in Abb. 9-14 entspricht und der nun angebotenen Menge q_4. Die Menge q_4 ist aber eine zu geringe Menge, so daß der Preis wiederum ansteigt auf p_5, was dem Zustand (5) entspricht, in Abb. 9-15 im Zeitpunkt t = 3 fixiert. Die folgenden Anpassungsvergänge in Abb. 9-14 vollziehen sich nach dem gleichen Schema.
Da sich dieser Anpassungsvorgang wie ein Spinnwebnetz darstellt, nennt man ihn Cob-web-theorem. Aus Abb. 9-15 ist ersichtlich, daß die Mengen- und die korrespondierende Preisentwicklung gegenläufig sind (hohe Angebotsmenge ergibt niedrigen Preis und umgekehrt), sich beide Größen im Zeitablauf dem langfristigen Gleichgewichtszustand mit q und p annähern. Ein derartiges Cob-web-theorem nennt man deshalb ein **stabiles bzw. gedämpftes Gleichgewichtsmodell**.

Beim Cob-web-theorem sind noch *zwei weitere Fälle* für Preis-Mengenanpassung denkbar. Da sie völlig analog zu entwickeln wären, soll auf eine Ableitung verzichtet und nur das Resultat vorgestellt werden.
Einmal ist es möglich, daß Anbieter- und Nachfragereaktionen nicht zu einem neuen Gleichgewicht, vielmehr immer weiter von ihm wegführen. Man spricht hier von einem **explosiven bzw. instabilen Gleichgewichtsmodell** (siehe Abb. 9-16).

Zum anderen ist es möglich, daß sich die Reaktionen ständig gleichmäßig wiederholen und es somit zu gleichbleibenden Schwankungen kommt. Man spricht hier von einem **indifferenten bzw. labilen Gleichgewichtsmodell** (siehe Abb. 9-17).
Ob sich beim Cob-web-theorem ein stabiles, instabiles oder labiles Gleichgewicht einstellt, hängt, wie die Graphiken zeigen, vom Umfang der Nachfragezunahme und vor allem vom Verhältnis der Elastizität der Angebots- und Nachfragekurve ab.
Wirtschaftspolitisch gesehen beruhen diese andauernden Preis-Mengen-Schwankungen auf fehlenden oder falschen Informationen im Hinblick auf die erforderliche Angebots-(Produktions-)anpassung infolge von Preisvariationen. Um derartige Schwankungen zu vermeiden, arbeitet man auf diesen Märkten mit Festpreisen oder produziert nur in Auftragsfertigung. Im Agrarbereich greifen staatliche und überstaatliche Instanzen regulierend ein.

9.3.1.2 Polypolpreisbildung auf einem unvollkommenen Markt

Mit dem Abschnitt 931.13, Preisbildung im Zeitablauf, und 931.14, Cob-web-theorem wurde eine der Prämissen eines vollkommenen Marktes bereits aufgehoben.
Nunmehr wollen wir die *Grundzüge* des tatsächlichen Marktgeschehens auf einem vollkommenen Polypolmarkt, bei dem relativ viele Anbieter der Masse der Konsumenten als Nachfrager gegenüberstehen, kennen lernen. Die Marktsituation ist folgende:
Die Unternehmen sind bestrebt, einen möglichst guten Kontakt zu ihren Kunden (der Nachfrage) herzustellen. Dazu versuchen sie, ihren Waren oder Diensten einen Qualitätsunterschied zu verleihen, um sich einmal von den Mitbewerbern abzuheben, andererseits Leistungen anzubieten, die den Wünschen der Verbraucher noch besser entgegenkommen. Sie machen auf sich und ihre Erzeugnisse mit den vielfältigsten Methoden der Werbung aufmerksam.

Sie versuchen, ihrem Unternehmen ein besonderes Ansehen beim Konsumenten zu geben, z.B. durch seinen guten Service und Kundendienst, oder seine Lieferungs- und Zahlungsbedingungen.

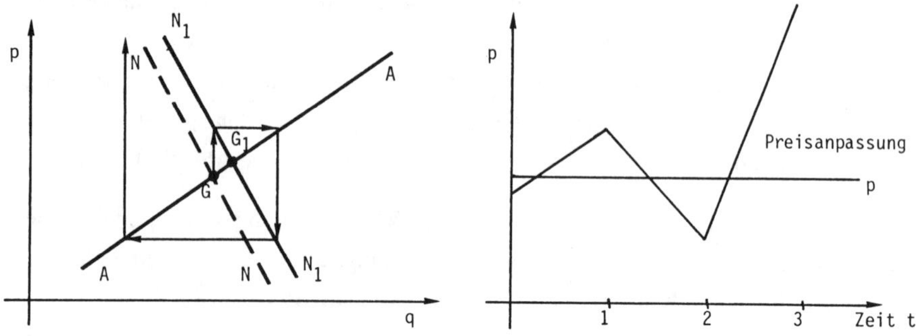

Abb.: 9-16: Explosives Cobweb-Theorem

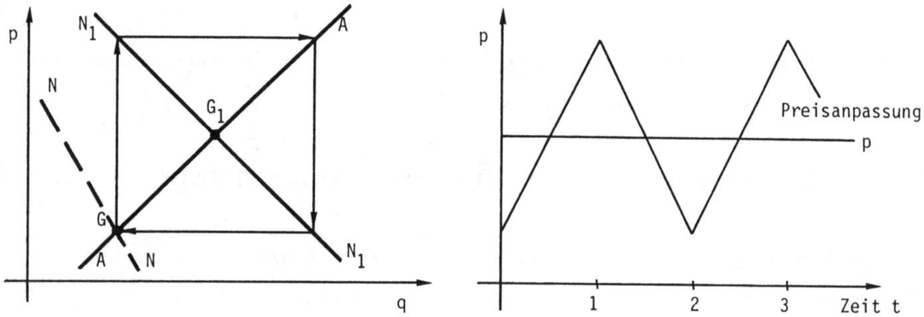

Abb.: 9-17: Indifferentes Cobweb-Theorem

Sie legen ihren Standort so, daß er den Kundenwünschen optimal entgegenkommt. *Die Summe dieser Umstände, die ein Polypolanbieter auf einen unvollkommenen Markt im Einzelfall hat,* nennt man seit *Erich Gutenberg* in der Betriebswirtschaftslehre das *akquisitorische Potential* eines Unternehmens.
Aus der Charakterisierung dieser Situation ist unschwer zu erkennen, daß damit die wichtigsten Annahmen eines vollkommenen Marktes aufgehoben wurden.
Auf einem unvollkommenen Markt der Realität trifft man meist heterogene Erzeugnisse (bzw. der Verbraucher meint, sie wären nicht homogen). Die Nachfrage (die Konsumenten) haben keine oder nur eine ungenügende Marktübersicht und Qualitätseinsicht. Es sind vor allem die mannigfachsten räumlichen, zeitlichen, sachlichen und persönlichen Präferenzen seitens der Verbraucher gegenüber den einzelnen Anbietern vorhanden. Die Folge ist, daß auch substituierbare Waren und Dienste aus der Sicht des Verbrauchers nicht gleichartig und gleichwertig sind. Diese gesamten Unvollkommenheitsfaktoren eines realen Marktes geben dem einzelnen Anbieter einen beträchtlich größeren Handlungsspielraum als sie ein Anbieter auf einem vollkommenen Markt hat (bzw. dort eben nicht hat). Man sagt deshalb, ein Anbieter auf einem unvollkommenen Markt hat in einem begrenzten Raum die Stellung eines Monopolisten und spricht somit hier vom *monopolistischen Wettbewerb* (monopolistic competion), siehe Abschnitt 922.1 und auch 922.2, oder man nennt es auch *polypolistische Konkurrenz.* Eine derartige Marktsituation trifft man bei uns weitgehend bei den Einzelhändlern, den Handwerkern, den Tankstellen, einigen Dienstleistungen (Friseur) und bei einer Reihe der freiberuflichen Tätigen an. Diese Situation herrscht aber auch bei vielen Konsumprodukten wie Nahrungsmittel, Bekleidung und Einrichtungsgegenständen (obwohl hier oft nicht ein Angebotspolypol vorliegt).

9.3.1.2.1 Polypolitische Konkurrenz auf einem heterogenen Markt (geknickte NN-Kurve)

Welche Konsequenzen ergeben sich für den Preisbildungsvorgang auf einem Polypolmarkt, nimmt man die eben geschilderte Situation an.

Die Analyse dazu wird meist mit Hilfe der sog. geknickten Nachfragekurve, der *kinky demand curve* durchgeführt.
Die begrenzt monopolartige Stellung des einzelnen Polypolisten (Anbieters) auf einem unvollkommenen Markt ermöglicht es diesen, sich quasi aus der Gesamtnach-

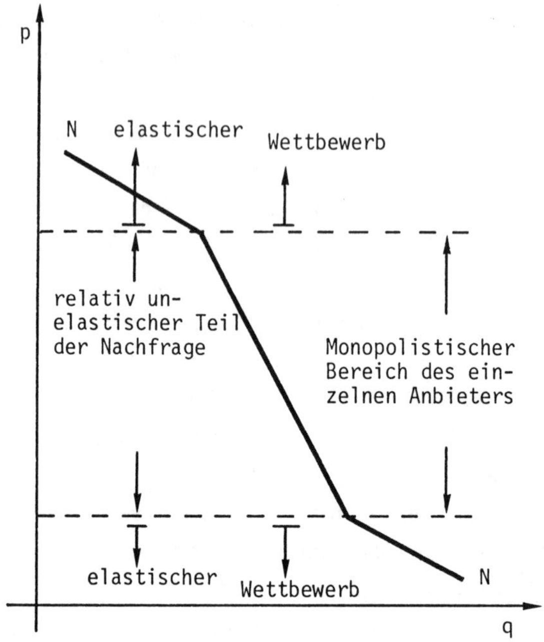

Abb.: 9-18: Die kinky demand curve eines Polypolisten auf einem unvollkommenen Markt

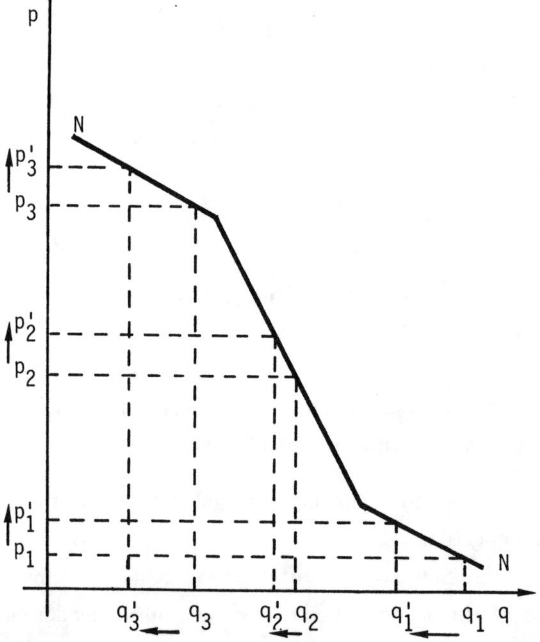

Abb.: 9-19: Alternative Preiserhöhung eines Anbieters bei einer geknickten NN-Kurve

frage des Marktes ein mehr oder weniger kleines Nachfragestück für sich allein herauszuschneiden.

Dieses kleine nur für ihn relevante Stückchen der Nachfrage ist *seine Preis-Absatzkurve* (= die Nachfragekurve), die ihm (alleine) sagt (worüber jede Nachfragekurve informiert), welche Mengen er zu welchen Preisen absetzen kann. Diese für den einzelnen Polypolisten relevante Preis-Absatzkurve hat eine typische Gestalt, sie ist aus drei Strecken mit einem unterschiedlichen Neigungswinkel zusammengesetzt, wodurch sich der (doppelte) Knick ergibt, siehe *Abb. 9-18.*

Der mittlere Kurventeil repräsentiert den monopolistischen Bereich des einzelnen Polypolisten, quasi den Teil des nur für ihn reservierten Marktes. Dieser kleine, für den einzelnen Anbieter alleine in Betracht kommende Teil der Nachfrage resultiert aus den Unvollkommenheiten des Marktes. Der steile Verlauf dieses Nachfrageteiles besagt zudem, daß hier die Preiselastizität der Nachfrage relativ unelastisch ist. Der obere und der untere Kurventeil von NN repräsentiert die Bereiche, wo der Polypolist in Konkurrenz zu seinen Mitbewerbern tritt. Für beide gilt, daß hier die Preiselastizität der Nachfrage relativ elastisch ist.
Diese Aussagen werden deutlicher, wenn man annimmt, ein Polypolist würde Preisveränderungen seiner Waren bzw. Dienste in den drei verschiedenen Kurvenabschnitten vornehmen, wie dies in Abb. 9-19 geschehen ist.

Wir nehmen an, ein Polypolist erhöhe den Preis seiner Waren bzw. Dienste jeweils um den nämlichen (absoluten) Satz, aber für die drei verschiedenen Teile seiner Preis-Absatzkurve. Wir betrachten dazu die jeweils sich ergebende mengenmäßige Absatzreduzierung. Bei der Preiserhöhung von p_1 auf p_1' im unteren Kurventeil und von p_3 und p_3' im oberen Kurventeil verliert er beide Male beträchtlich an Absatz bzw. an Kundschaft. Bei der gleichgroßen Preiserhöhung von p_2 auf p_2' im mittleren Kurventeil ist sein Absatzverlust erheblich geringer.

Daraus folgt für die *Preisbildungstendenz auf einem unvollkommenen Polypolmarkt* bzw. bei der Annahme der geknickten Nachfragekurve:
Der einzelne Anbieter, der Polypolist, wird Preiserhöhungen im mittleren Kurventeil durchführen, denn hier verliert er so wenig mengenmäßigen Absatz, daß die Preisanhebung hier (sicher) eine Erlössteigerung ergibt. Im oberen und unteren Kurvenbereich nimmt er dagegen zweckmäßigerweise (im unteren soweit nur möglich) Preissenkungen vor, denn dadurch ergibt sich ein beträchtlicher Mengenumsatzzuwachs. Berücksichtigt man, daß für jede Ware oder Dienstleistung (und für jeden Anbieter) meist nur ein normaler oder üblicher Preis (u.U. ein Durchschnittspreis) gilt, d.h. er

den Preis seiner Erzeugnisse nicht wie in Abb. 9-19 angenommen, einmal sehr niedrig, dann sehr hoch ansetzen kann, so gilt für ihn: Er versucht, seine Preisgestaltung nur im mittleren Kurventeil zu realisieren (meist nur zu erhöhen). Eine Beobachtung, die man auf vielen der genannten Märkte machen kann. Betrachtet man die Preisbildungstendenz auf einem unvollkommenen Polypolmarkt somit primär aus der Perspektive der Anbieter, so wäre zu fragen, wovon bzw. wodurch wird auf einem bestimmten Markt der (interessante) mittlere Kurvenbereich der Nachfrage bestimmt. Derlei Überlegungen leiten in den Absatz-Marketing-Bereich über, so daß dazu auf die Literatur verwiesen werden muß.

9.3.1.2.2 Andere Möglichkeiten des akquisitorischen Potentials im Polypol

Mit dem Modell der geknickten Nachfragekurve (davor muß gewarnt werden) kann in vielen Fällen der Preisbildungsvorgang auf einem unvollkommenen Markt nur teilweise oder sehr unvollständig erklärt werden. Der Grund liegt (wie bei allen derartigen Erklärungsmodellen) darin, daß man die Überlegung unter einer Reihe von Einschränkungen durchführen mußte, bzw. in der Realität gleichzeitig eine Vielzahl von Einflußgrößen wirken.
So sind wir bisher (stillschweigend) davon ausgegangen, daß nur ein Einproduktanbieter zu betrachten wäre, in der Realität aber meist Multiproduktanbieter vorliegen, wobei seine Güter ein gemeinsames Ganzes (eine Art Kuppelprodukt) darstellen. Damit sind die Möglichkeiten eines Anbieters aber vielschichtiger geworden. Um die Überlegungen zum unvollkommenen Markt in etwa abzurunden, seien einige weitere Möglichkeiten des akquisitorischen Potentials kurz vorgestellt (obwohl dies nicht Preistheorie ist).

Um bestehende Präferenzen zu festigen bzw. zu verteidigen oder evtl. neue aufzubauen, hat ein Polypolanbieter neben der Preisgestaltung (übliche Preistheorie) vor allem die Werbung, die Produktgestaltung und neue Vertriebswege als sein akquisitorisches Potential.

Die Werbung auf Polypolmärkten ist überwiegend Informationswerbung, d.h. sie will auf den Anbieter, Preis und Qualität aufmerksam machen. Es kommen dafür Inserate in Zeitungen (siehe die vielen kostenlosen Werbezeitungen), Plakate an den Schaufenstern und Wurfsendungen in Betracht. Steht ein überregionaler Markt an, so kommen auch Inserate in Fachzeitschriften, Prospekte, Werbebriefe und Ausstellungen in Frage. Oft kann man beobachten, daß ein Polypolist erst als Gegenmaßnahme zur Werbung greift, um sich gegen den "Werbefeldzug" eines Konkurrenten zu behaupten.

Die Produktgestaltung besteht darin, ein Produkt durch die Art der Verpackung, Farbe, Text, Druckart, u.U. durch unwesentliche Kleinigkeiten von anderen, oft gleichen Erzeugnissen zu unterscheiden. Ein Polypolist versucht damit, seine Produkte im Lichte der Verbraucher zu einem besonderen Produkt zu machen. Zur Produktgestaltung zählt man auch echte qualitative Verbesserungen.

Bei der Frage **geeigneter Vertriebswege** kann der Polypolist einmal unter *sachlichen* Aspekten seinem Verkaufsraum eine besondere Note geben, z.B. durch die Art der Ausstattung, der Farbe, der Beleuchtung. Dreht es sich mehr um industrielle Erzeugnisse, so bedeutet geeignete Wahl der Vertriebswege, z.B. Absatz durch Vertreter, oder den Fachhandel, oder den Einzelhandel usw. Unter *persönlichen* Gesichtspunkten kommt hier insbesondere die Wahl des geeigneten Verkaufspersonals in Betracht, oder ein geschulter Vertreterstamm, der zum Kunden persönlichen Kontakt herstellt. Hier haben örtlich gebundene Polypolisten meist die stärksten Präferenzen.

9.3.1.2.3 Beurteilung der polypolistischen Konkurrenz

Aus der Analyse lassen sich die meist erwähnten **Vorteile** auf Polypolmärkten ableiten:

1. Im Gegensatz zur perfect competition auf einem vollkommenen Markt gibt es bei der polypolistischen Konkurrenz eine Fülle individuell gestalteter, auf den Wunsch des einzelnen Verbrauchers abgestellte Produkte.

2. Die persönlichen Präferenzen ergeben einen menschlichen Ton in der Bedarfsdeckung.

3. Ein Polypolist ist bestrebt, sein Produkt ständig zu verbessern, damit ein Motor des Fortschritts.

Als **Nachteile** werden hauptsächlich für Polypolmärkte aufgezählt:

1. Unter einem negativen Aspekt betrachtet sieht man in der Produktdifferenzierung eine Täuschung des Käufers. Die Güter sind eigentlich identisch, würden künstlich differenziert, der Kunde verliert jede Markttransparenz und meint, nur der Preis sei ein Qualitätsmerkmal.

2. Die persönlichen Bedingungen würden mißbraucht, um die Wahlfreiheit des Kunden einzuschränken.

3. Oft sei die Verbesserung der Produkte keine echte Verbesserung. Viele Produktänderungen würden nur darauf abzielen, die Nutzungsdauer eines Gutes durch Aufprägung modischer Merkmale zu verringern.

4. Die Verhaltensweise eines Polypolisten orientiert sich infolge seines Gewinnstrebens an der untersten Grenze des noch moralisch Erlaubten.

5. Polypole neigen dazu, sich in Oligopole oder gar in Kollektiv-Monopole zu verwandeln, um so den Wettbewerb noch mehr einzuschränken (man sehe z.B. die Filialisten des Lebensmitteleinzelhandels).

Zusammenfassung der Polypolpreisbildung

1. Für die Polypolpreisbildung auf vollkommenen Märkten gilt:

   a) Man beachte die Einschränkung infolge der Prämissen des Modells.
   b) Das Gleichgewicht ist im Schnittpunkt der AA- und NN-Kurve gegeben. Die Koordination des Gleichgewichtes ergeben den Marktgleichgewichtspreis und die Gleichgewichtsmenge.
   c) Preis über dem Gleichgewicht wird durch den Angebotsdruck, Preis unter dem Gleichgewicht wird durch den Nachfragedruck zum Gleichgewicht hin gebracht.
   d) Eine *Zunahme* von NN oder AA wird durch eine *Rechtsverschiebung* der NN- bzw. AA-Kurven dargestellt.
   e) Eine *Abnahme* von NN und AA wird durch eine *Linksverschiebung* der NN- bzw. AA-Kurven dargestellt.
   f) Der Koordinatenvergleich der durch Verschiebung der Kurven sich ergebenden neuen Gleichgewichte mit der Ausgangslage erlaubt eine Interpretation der Veränderung.
   g) Die Preisbildung im Zeitablauf für AA zeigte, umso kurzfristiger die Anpassungszeit ist, umso unelastischer ist das Angebot; umso langfristiger, umso elastischer ist das Angebot.
   h) Das Cob-web-theorem zeigt, daß Anpassungen von AA und NN im Zeitablauf nicht immer sofort das langfristige Gleichgewicht ansteuern.

2. Für die Polypolpreisbildung auf unvollkommenen Märkten gilt:

   a) die kinky demand curve beschreibt das Typische der polypolistischen Konkurrenz.
   b) Neben den Preisen spielen in der Realität noch andere Mittel der Absatzpolitik eine wichtige Rolle, wie Werbung, Produktgestaltung und geeignete Vertriebswege.

9.3.2 Preisbildung auf Monopolmärkten

Nunmehr soll der Preisbildungsprozeß auf den völlig anders strukturierten *Angebotsmonopolmärkten* (= Verbrauchermärkten) betrachtet werden.
Ein Angebotsmonopol liegt vor, wenn das Marktangebot von *einem einzigen* Anbieter ausgeht (in der BRD z.B. für eine Reihe von Leistungen der Post), dem die Masse der Nachfrager (die Konsumenten) gegenüberstehen.

9.3.2.1 Monopolpreisbildung auf einem vollkommenen Markt

Die Preisbildunsvorgänge für das Angebotsmonopol werden zunächst für einen vollkommenen Markt analysiert, so daß folgende *Prämissen* gelten:

1. Marktform des Angebotsmonopols (siehe Abschnitt 913 und 914).
2. Vollkommener Markt (siehe Abschnitt 912).
3. Nachfrage kann durch eine normal verlaufende Nachfragekurve dargestellt werden (siehe Abschnitt 723).

Das Angebot (repräsentiert durch den Angebotsmonopolisten) hat in dieser Marktform eine ganz besondere Stellung und muß deshalb im Folgenden erst untersucht werden.

9.3.2.1.1 Bestimmung des Gleichgewichtspreises (Cournot'scher Punkt)

Beim Angebotsmonopol kann im Gegensatz zum Polypol nicht wie dort eine Angebotsfunktion, repräsentiert durch eine Angebotskurve, abgeleitet werden.
Das *Besondere einer Monopolsituation* besteht gerade darin, daß zwischen der vom Monopolisten angebotenen Menge und dem *herrschenden* Marktpreis *keine* Beziehung besteht. Im Falle des Angebotsmonopoles gibt es einen solchen herrschenden Marktpreis *nicht*, wie er sich im Polypol durch Angebot und Nachfrage ergeben hat.

Hinsichtlich des Marktpreises gilt für ein Angebotsmonopol zweierlei:

1. Die ökonomische Macht des Monopolisten besteht darin, daß er den Marktpreis (grundsätzlich) autonom festlegen kann. Er wird nicht wie im Polypol durch AA und NN gefunden, sondern er wird (kann) vom Monopolisten bestimmt werden.

2. Eine Änderung des Marktpreises durch den Monopolisten hat unmittelbar eine Auswirkung auf seine absetzbare Menge, d.h. wählt er den Preis als Aktionsparameter (siehe Abschnitt 913), so wird er feststellen, daß er zu einem bestimmten Preis immer nur eine bestimmte Menge absetzen kann.

> Da bei einem Angebotsmonopol entscheidend die Aktivitäten und die Planungen des Monopolisten das Marktgeschehen und damit den Preisbildungsprozeß bestimmen, stehen seine Überlegungen hier im Vordergrund.

Die *Überlegungen* des Monopolisten umfassen folgende *Bereiche:*

1. Wie sehen die Reaktionen der mir gegenüberstehenden Nachfrager aus? Daraus gewinnt er seine Absatz- und Erlösbeziehung.
2. Wie verläuft meine Produktionsfunktion, d.h. zu welchen Gesamtkosten kann er alternativ anzubietende Mengen produzieren?
3. Er will seinen maximalen Gewinn realisieren.

Für diese drei Überlegungsbereiche eines Angebotsmonopolisten auf einem vollkommenen Markt ergibt sich im einzelnen:

Reaktionen der Nachfrager bzw. Erlösentwicklung:

Für einen vollkommenen Markt wird davon ausgegangen, daß der Monopolist das Potential der Nachfrage richtig einschätzt, d.h. den Verlauf seiner für ihn relevanten Nachfragekurve *kennt.* Die dem Monopolisten gegenüberstehende, ihm bekannte Nachfragefunktion nennt man seine *konjekturale Preis-Absatz-Funktion.* Dies deshalb, weil die Nachfragekurve den Monopolisten darüber informiert, welche Absatzmengen er zu welchem Preis verkaufen kann. Aus der Preis-Absatz-Funktion bzw. der Nachfragekurve ergibt sich damit gleichzeitig der erzielbare Erlös des Monopolisten. Nehmen wir z.B. an, ein Punkt P_1 der dem Monopolisten gegenüberstehenden NN-Kurve habe die Koordinaten p_1 = DM 17,80 und q_1 = 3.750 Stück, so besagt dies für den Angebotsmonopolisten:

1. Verlange ich (Monopolist) für meine Produkte pro Stück DM 17,80, so kann ich 3.750 Stück absetzen.
2. Beim unterstellten Preis von DM 17,80/Stück erziele ich einen Gesamterlös von:

   17,80 · 3.750 = DM 66.750,00, da gilt:

   $E_1 = p_1 \cdot q_1$.

Daraus folgt:

> Der Monopolist kann aus der Nachfragekurve bzw. der Preis-Absatz-Funktion seinen alternativ erzielbaren Gesamterlös errechnen, indem er die jeweils nachgefragte Menge mit dem dazugehörigen Nachfragepreis multipliziert.

Das Resultat ist der Verlauf des *Gesamterlöses (E)* bzw. die Erlösfunktion. Nach dem mehrfach vorgeführten Verfahren kann daraus der *Grenzerlös (E')* als Differenzenquotient $\Delta E/\Delta q$ bzw. als Differentialquotient dE/dq errechnet werden (Grenzerlös = Erlöszuwachs beim Verkauf einer weiteren Mengeneinheit q).

Unterstellen wir eine normal verlaufende, lineare Nachfragekurve (siehe Prämissen), so hat diese die Funktion:

$$p = a - b \cdot q$$

Für den Erlös gilt:

$$E = p \cdot q$$

In E die unterstellte Nachfragefunktion eingesetzt:

$$E = (a - b \cdot q) \cdot q = a \cdot q - b \cdot q^2$$

$$E = a \cdot q - b \cdot q^2$$

Der Grenzerlös E'ergibt sich als $\frac{dE}{dq}$:

$$\frac{dE}{dq} = a - 2 \cdot b \cdot q$$

Daraus folgt:
Bei linear angenommenem Verlauf der Nachfragekurve (der Preis-Absatz-Funktion) verläuft die Gesamterlöskurve (-funktion) des Monopolisten als Parabel, die die Abszisse im Punkt q = 0 und im Punkt $q = {}^{a}/_{b}$ schneidet. Der Erlös steigt an, solange der Grenzerlös positiv ist, er nimmt ab, wenn der Grenzerlös negativ ist. Das Maximum des Erlöses ist somit gegeben, wenn der Grenzerlös Null wird. In diesem Fall gilt die Menge $q = 1/2 \cdot a/b$ (die sog. halbe Sättigungsmenge) und der Preis $q = {}^{a}/_{2}$ (halber Sättigungspreis). Diese Darlegungen, in die (übliche) geometrische Darstellung umgesetzt, ergeben die *Abb. 9-20.*

Aus jedem Punkt der Nachfragekurve (z.B. P_1) kann durch Multiplikation der zu diesem Punkt gehörenden Menge (q_1) mit dem Preis (p_1) der dazugehörige Erlös (E_1) bestimmt werden. Dies Punkt für Punkt durchgeführt, ergibt die Erlöskurve E. Das Maximum des Erlöses (E max.) ist erreicht, wenn E' = Null wird (Abszisse schneidet), bzw. bei der halben Sättigungsmenge.
$E' = a - 2 \cdot b \cdot q$, die Grenzerlöskurve, ist ebenfalls eine lineare Funktion (Gerade), die stets unter der Nachfragekurve verläuft, die Abszisse bei E max. bzw. bei $1/2 \cdot a/b$ schneidet und die Ordinate (wie die NN-Kurve) bei a schneidet.

Produktionsfunktion - Gesamtkostenverlauf:

Wie im 8. Hauptteil ausgeführt, unterscheidet man entsprechend der unterstellten Produktionsfunktion unterschiedliche Gesamtkostenverläufe. Wie heute üblich, wurde der sog. S-förmige (Typ A) und der lineare (Typ B) Gesamtkostenverlauf erörtert. Entsprechend den Ausführungen im 8. Hauptteil (siehe dort) unterstellen wir für den Angebotsmonopolisten eine bestimmte Produktionsfunktion und daraus abgeleitet den Gesamtkostenverlauf. Im Anschluß an die Darstellung in der VWL-Literatur *nehmen wir den Typ A, den S-förmigen Gesamtkostenverlauf.* Auch bei angenommen linearen Gesamtkostenverlauf gelten die folgenden Überlegungen.

Realisierung des maximalen Gewinnes:

Analog zu den Ausführungen im Abschnitt 84 soll für den Angebotsmonopolisten (dort für einen Anbieter im Polypolmarkt) die *Planung des Angebots* unter der *Prämisse* durchgeführt werden, daß der Anbieter die Menge auf dem Markt anbieten will, die ihm den *maximalen Gewinn bringt.*

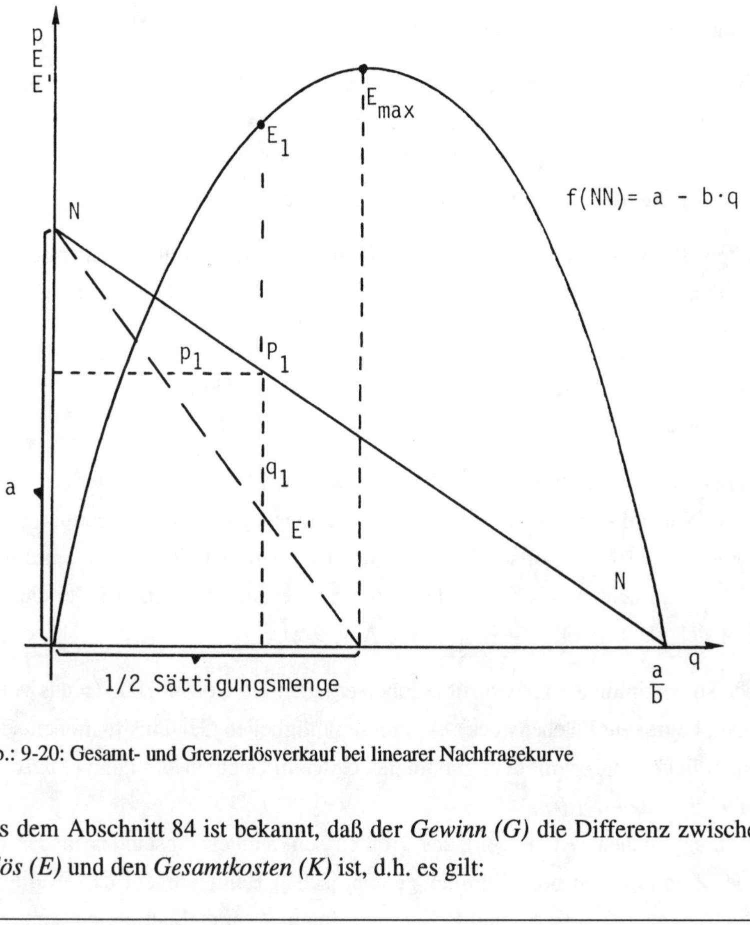

Abb.: 9-20: Gesamt- und Grenzerlösverkauf bei linearer Nachfragekurve

Aus dem Abschnitt 84 ist bekannt, daß der *Gewinn (G)* die Differenz zwischen dem *Erlös (E)* und den *Gesamtkosten (K)* ist, d.h. es gilt:

$$G = E - K$$

Ebenso wie der Mengenanpasser im Abschnitt 84 sucht der Monopolist die Stelle, wo diese Differenz am größten ist, d.h. den G max. Im Gegensatz zur Marktsituation für einen Mengenanpasser verläuft beim Angebotsmonopolisten der Gesamterlös unterschiedlich, ansonsten sind die Grundüberlegungen bezüglich des Gewinnes identisch.

Fassen wir alle bisherigen Überlegungen zusammen, so kann die Stelle bestimmt werden, die dem Monopolisten seinen maximalen Gewinn bringt. Der *maximale Gewinn repräsentiert* bei einem Angebotsmonopol *gleichzeitig das Marktgleichge-*

wicht, da der Monopolist diesen Zustand anstrebt (Prämisse!) und solange sich die Bedingungen nicht ändern, ihn auch beibehält.

Das Auffinden des Gewinnmaximums bzw. des Marktgleichgewichtes kann man *tabellarisch* durchführen, indem man alternative Produktions- (= Kosten) und Absatz- (= Erlös)situationen vergleicht und den Gewinn als Differenz bestimmt. Dort, wo der Gewinn am größten ist (G. max.), herrscht Marktgleichgewicht.

Wir suchen das Marktgleichgewicht (bzw. G max.) nach dem in der Literatur vorherrschenden *geometrischen Verfahren*, indem wir in Abb. 9-21 alle erforderlichen Informationen durch typische Kurvenverläufe ausdrücken.

Gegeben ist die dem Monopolisten gegenüberstehende Gesamtnachfrage = seine Preisabsatzfunktion und der S-förmige Gesamtkostenverlauf.

Entsprechend den Ausführungen zu Abb. 9-20 wird aus NN die Gesamterlöskurve E entwickelt. Nun können alternative Gewinnsituationen geometrisch bestimmt werden. Produziert der Monopolist z.B. die Menge q_1 , dann entstehen ihm Gesamtkosten von K_1 und beim Verkauf der Menge q_1 ein Gesamterlös von E_1. Der Gewinn G_1 ergibt sich als: $G_1 = E_1 - K_1$ (siehe Abb. 9-21).

Sämtliche so bestimmbare Gewinnsituationen ergeben die Gewinnzone (= das von K und E oben begrenzte Flächenstück). Aus diesen möglichen Gewinnsituationen sucht der Monopolist diejenige mit dem maximalen Gewinn. Geometrisch kann *G max.* auf *zwei Arten gefunden werden.*
Einmal durch Suchen (Abmessen) des größten senkrechten Abstandes in der Gewinnzone. *Zum anderen* mit Hilfe der geometrischen Bedingungen, daß in diesem Punkt die Tangenten an die K- und E-Kurve zueinander parallel laufen müssen, bzw. wo das Steigungsmaß von E und K gleich ist. Lotet man von G max. auf die Nachfragekurve NN runter, so erhält man den *Punkt C*, den *Cournot'schen Punkt*, benannt nach *Augustin Cournot* (1801 - 1877), der als erster die Monopolpreisbildung genau untersucht hat.

Der Cournot'sche Punkt C repräsentiert sowohl das Marktgleichgewicht auf einem Angebotsmonopolmarkt wie auch den maximalen Gewinn für den Monopolisten. Punkt C besagt somit für den Anbieter: Produziere die Menge q_c und verkaufe sie (entsprechend dem Verlauf von NN) zum Preis p_c, so realisierst du deinen maximalen Gewinn. Die Darstellung mit Hilfe von Abb. 9 - 21 nennt man die **Gesamtbetrachtung** der Monopolpreisbildung, weil die Analyse mit den Gesamtgrößen der Gesamtkosten und des Gesamterlöses durchgeführt wird.

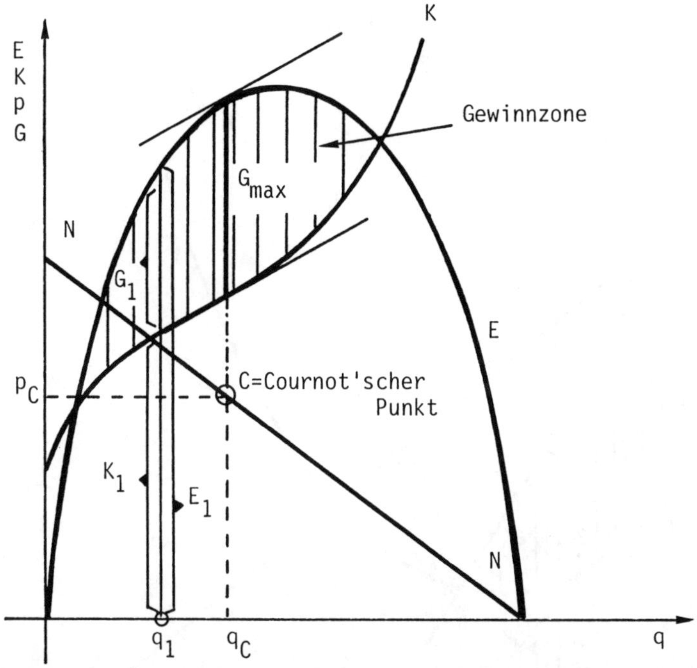

Abb.: 9-21: Gewinnmaximum (Punkt C) im Monopol (Gesamtbetrachtung)

Die Monopolpreisbildung kann aber auch (siehe auch Abschnitt 842) als sog. **Grenzbetrachtung**, d.h. mit den *Grenz*kosten und dem *Grenz*erlös vorgenommen werden.
Da die Begriffe Grenzkosten (siehe Abschnitt 831 und 832) und Grenzerlös (siehe Darlegungen zu Abb. 9-20) bereits bekannt sind, soll die Grenzbetrachtung geometrisch mit Abb. 9-22 durchgeführt werden.

Gegeben ist (wieder) die Preis-Absatz-Funktion (die NN-Kurve) und die aus der Gesamtkostenkurve (Typ A) ableitbare U-förmige Grenzkostenkurve GK.
Wie mit Hilfe der Abb. 9-20 demonstriert, kann aus der NN-Kurve die Grenzerlöskurve E' entwickelt werden.
In Analogie zum Abschnitt 842.1 (siehe dort) geht die Grenzbetrachtung zur Bestimmung des maximalen Monopolgewinnes bzw. des Punktes C wie folgt:
Der *Grenzgewinn G'* (= Gewinnzuwachs, wenn eine Einheit mehr produziert *und* abgesetzt wird) ist die Differenz aus dem Grenzerlös E' und den Grenzkosten GK einer Einheit von q, d.h:

$$G' = E' - GK$$

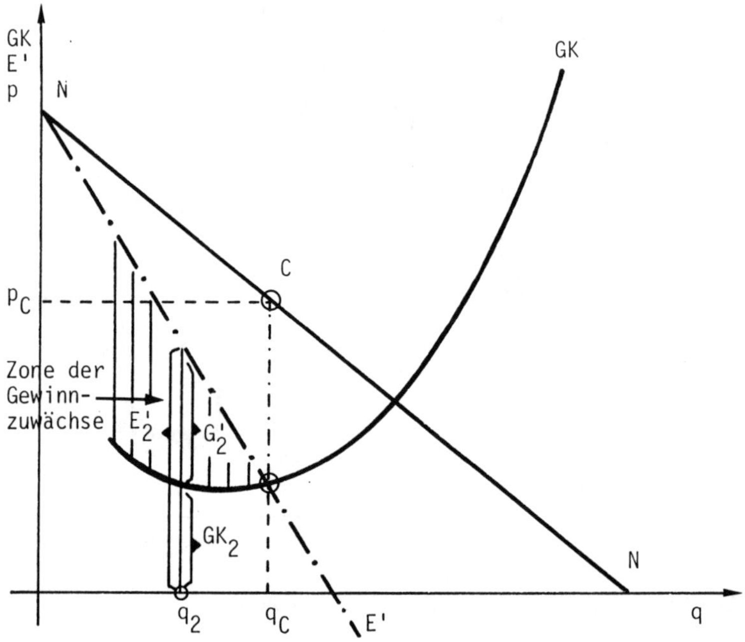

Abb.: 9-22: Monopolpreisbildung (Punkt C) als Grenzbetrachtung

Wird z.B. (wie in Abb. 9-22) *eine* Einheit q_2 mehr produziert, so fallen dabei zusätzliche Kosten (Grenzkosten) von GK_2 an. Durch den Verkauf dieser Einheit q_2 entsteht ein Grenzerlös E'_2. Die Differenz $E'_2 - GK_2 = G'_2$ ist der dabei erzielbare *Gewinnzuwachs* = Grenzgewinn G'_2. Die linke von den Kurven E' und GK begrenzte Fläche ist die sog. *Zone der Gewinnzuwächse*, - der Grenzgewinne. Solange der Monopolist durch die Produktion und den Verkauf einer weiteren Einheit noch positive Grenzgewinne erzielen kann, hat er den maximal möglichen Gewinn noch nicht erreicht. Erst wenn die Gewinnzuwächse aufhören und in die Verlustzuwächse (= negative G') übergehen, ist G max. realisiert. Für diesen gesuchten Punkt gilt somit die Beziehung:

$$G' = O \qquad \text{somit: } E' = GK$$

Diese Beziehung ist im Schnittpunkt der GK - und E'-Kurve erfüllt, somit:

Das Gewinnmaximum eines Monopolisten ist gegeben im Schnittpunkt von Grenzerlös- und Grenzkostenkurve.

Lotet man vom Schnittpunkt zwischen GK und E' auf die NN-Kurve hinauf, so erhält man wieder den Punkt C, dessen Koordination wie vorher für den Monopolisten zu interpretieren sind. Geht man von einer gegebenen Nachfrage und gegebenen Gesamtkosten aus, so führt die mögliche Gesamt- und Grenzbetrachtung selbstverständlich zum nämlichen Resultat.

9.3.2.1.2 Gleichgewichtspreis bei Kosten- und Nachfrageveränderungen

Die bisherige Analyse der Monopolpreisbildung war rein statisch. Genau wie bei der Preisbildung auf einem Polypolmarkt ist für ein Angebotsmonopol zur komparativ statischen Betrachtung überzugehen, d.h. zu berücksichtigen, daß sich im Zeitablauf wichtige Faktoren auf dem Monopolmarkt ändern können.

Ändern kann sich die Nachfrage, d.h. die Preis-Absatz-Funktion des Monopolisten und es kann sich *ein anderer Kostenverlauf ergeben* (oder beides zusammen). Der Einfluß evtl. Nachfrage- und Kostenveränderungen auf den Punkt C bzw. das Marktgleichgewicht müssen somit untersucht werden.

Einfluß von Nachfrageverschiebungen auf den Punkt C:

Die Nachfrage nach den Erzeugnissen des Monopolisten kann zu- oder auch abnehmen. Die Gründe für eine Zunahme oder Abnahme der Nachfrage und das geometrische Verfahren, dies durch eine Verschiebung der NN-Kurve darzustellen, wurden im Abschnitt 931.12 in Verbindung mit 7. Hauptteil ausführlich dargelegt (siehe dort).
Wir nehmen als Ausgangssituation einen gegebenen S-förmigen Gesamtkostenverlauf, daraus ableitbar einen U-förmigen Grenzkostenverlauf an. Ebenso ist eine Nachfrage (-kurve) N_0 N_0 und die dazugehörige Grenzerlöskurve E'_0 gegeben. Aus jetzt nicht zu erläuternden Gründen (siehe aber Abschnitt 931.12) soll die Nachfrage zunächst auf N_1N_1, dann noch einmal auf N_2N_2 zurückgehen (Linksverschiebung). Aus einer anderen Ursache heraus soll die Nachfrage auf N_3 N_3 ,nochmals auf N_4N_4 ansteigen, wie in *Abb. 9-23* dargelegt.

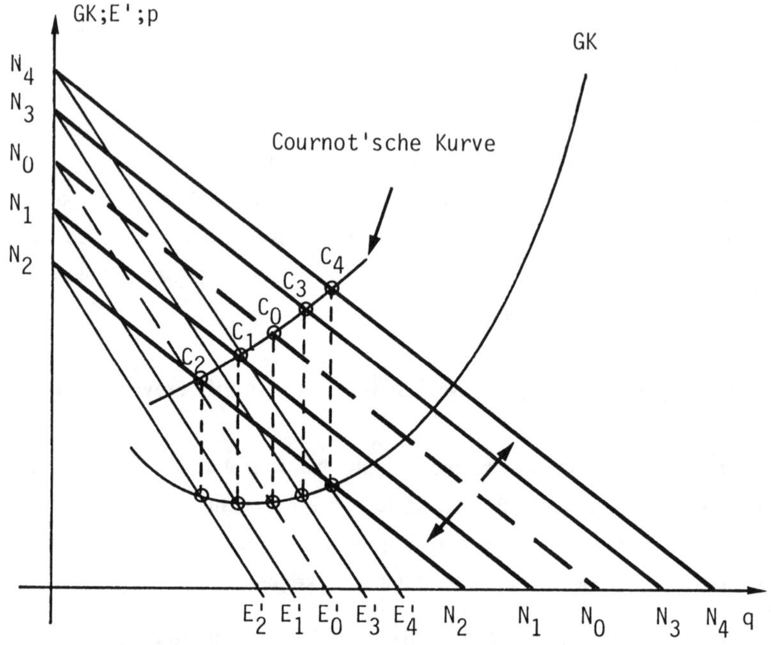

Abb.: 9-23: Monopolpreisbildung bei Nachfrageverschiebung

Bei Nachfrageverschiebungen ist die *Grenzbetrachtung* der Monopolpreisbildung *günstiger.*

Die Nachfrageverschiebungen (N_1 - N_4) in Abb. 9-23 wurden (wie in der Literatur meist üblich) als Parallelverschiebung gegenüber der Ausgangslage N_0N_0 dargestellt (dies würde, wie bekannt, den Sonderfall beinhalten, daß die Nachfrageelastizitäten unverändert sind). Realistischer wäre es, eine zurückgehende Nachfrage relativ unelastischer (N_1, N_2) und eine zunehmende Nachfrage relativ elastischer (N_3, N_4) anzunehmen. Wie im vorausgegangenen Abschnitt ausgeführt, wird zu jeder Nachfragekurve die dazu gehörige Grenzerlöskurve abgeleitet, so ergeben sich die Grenzerlöskurven E'_0 bis E'_4 in Abb. 9-23.

Jede dieser Grenzerlöskurven hat einen Schnittpunkt mit der (unverändert unter-

stellten) Grenzkostenkurve GK. Jeder dieser Schnittpunkte wird auf die entsprechende Nachfragekurve (der von GK mit E'_2 auf N_2N_2 usw.) hinaufgelotet, dabei ergeben sich die Cournot'schen Punkte C_0 bis C_4. Verbindet man die so ermittelten Cournot'schen Punkte, ergibt sich die *Cournot'sche Kurve*, die alternative Angebotslagen des Monopolisten unter der Prämisse jeweiliger Gewinnmaximierung darstellt (eine Art Angebotskurve des Monopolisten). Die sich bei der Nachfrageveränderung ergebenden unterschiedlichen C-Punkte repräsentieren sowohl das jeweilige Marktgleichgewicht, wie auch das Gewinnmaximum des Monopolisten.
Aus Abb. 9-23 ist somit deutlich ablesbar:

1. Ein Nachfragerückgang bedeutet einen Preisrückgang verbunden mit einem geringeren mengenmäßigen Umsatz und (ceteris paribus) eine Gewinnreduzierung des Monopolisten.

2. Ein Nachfrageanstieg ergibt einen Preisanstieg gekoppelt mit einer Zunahme des mengenmäßigen Umsatzes und (ceteris paribus) eine Gewinnsteigerung des Monopolisten.

Veränderungen der Nachfrage treffen den Monopolisten als Anbieter genau so wie dies im Grundsatz für einen Polypolmarkt abgeleitet wurde.

Einfluß von Kostenveränderungen auf den Punkt C:

Der bisher als konstant angenommene Kostenverlauf des Angebotsmonopolisten soll sich nunmehr ebenfalls verändern können. Welche Ursachen eine Kostenveränderung in einem Unternehmen bewirken können und wie sich einzelne Kostenänderungen in den Gesamtkosten darstellen, wurde im 8. Hauptteil, insbesondere in den Abschnitten 831, 832 und 833 dargelegt (siehe dort).

Aus hier somit nicht mehr darzulegenden Gründen sollen die Gesamtkosten des Monopolisten bei gleichbleibender Nachfrage sowohl zu- wie auch abnehmen. Zur Abwechslung des analytischen Instrumentariums verwenden wir nun die Gesamtdarstellung. Als weitere Variante unterstellen wir *linearen Gesamtkostenverlauf* vom Typ B.

In *Abb. 9-24* nehmen wir an, daß sich **nur die variablen Kosten verändern**, (zu- wie auch abnehmen).

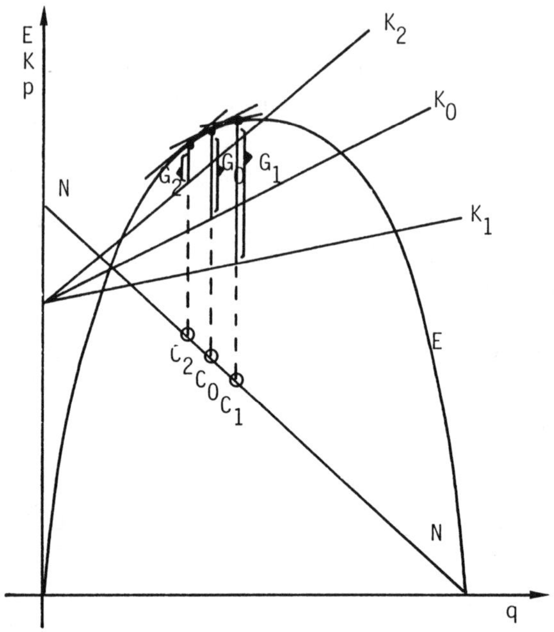

Abb.: 9-24: Monopolpreisbildung bei veränderlichen *variablen* Kosten

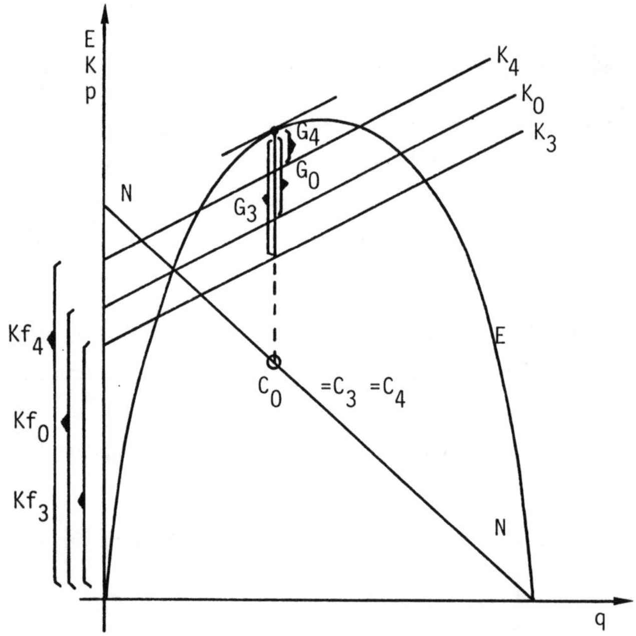

Abb.: 9-25: Monopolpreisbildung bei veränderlichen *fixen* Kosten

In Abb. 9-24 ist die Nachfragekurve NN gegeben, aus der, wie dargelegt, die Erlöskurve E abgeleitet werden kann. Zunächst unterstellen wir linearen Gesamtkostenverlauf von K_0. Wie im vorangegangenen Abschnitt bei der Gesamtdarstellung dargelegt, wird der Cournot'sche Punkt C_0 und der dabei erzielbare maximale Gewinn G_0 bestimmt.

Nun sollen bei unveränderlichen Fixkosten die variablen Kosten auf K_1 zurückgehen. Es ergibt sich bei gleichbleibendem Erlös E der neue Cournot'sche Punkt C_1 und G_1 max. Umgekehrt sollen nun die variablen Kosten auf K_2 ansteigen, wobei sich (wie üblich) C_2 und G_2 ergeben.

Aus den Darlegungen in Abb. 9-24 ist somit ablesbar:

1. Nehmen allein die variablen Kosten ab (Fixkosten unverändert), so ergibt sich ein neues Marktgleichgewicht (neuer C-Punkt), der eine Preisreduzierung und einen mengenmäßigen Mehrabsatz bedeutet, während sich der Gewinn des Monopolisten vergrößert, unveränderte NN unterstellt.
2. Steigen allein die variablen Kosten, so ergibt sich (ceteris paribus) ein Preisanstieg, zurückgehender Mengenumsatz und eine Gewinnschmälerung des Monopolisten.

In der Abb. 9-25 nehmen wir nun umgekehrt an, daß sich **nur die fixen Kosten verändern** sollen, die variablen bleiben konstant.

Zur Erleichterung des Vergleiches gehen wir in Abb. 9-25 von der nämlichen NN-Kurve aus, damit der gleichen E-Kurve und der analogen K_0- Kurve aus. Zunächst sollen die fixen Kosten von Kf_0 auf Kf_3 zurückgehen, was eine Parallelverschiebung der Gesamtkostenkurve nach K_3 zur Folge hat. Umgekehrt steigen dann die fixen Kosten auf Kf_4, dies ergibt K_4.

Dabei ergibt sich, daß für alle drei Gesamtkostenkurven bei nur variiertem Fixkostenanteil sich der nämliche Cournot'sche Punkt ergibt, d.h. $C_0 = C_3 = C_4$. Der Grund liegt darin (siehe Darlegungen im 8. Hauptteil), daß die Grenzkosten von einer Variation der Fixkosten nicht berührt werden, sondern nur von einer Änderung der variablen Kosten. Der gleichbleibende C-Punkt bedeutet: Ändern sich lediglich die Fixkosten, bleibt das Marktgleichgewicht unverändert erhalten, es bleibt beim gleichen Marktpreis und der gleichen umgesetzten Menge.

Es ändert sich, wie Abb. 9-25 zeigt, der vom Monopolisten realisierbare Gewinn. Fixkostenanstieg bedeutet Gewinnreduzierung ($G_0 > G_4$), während Fixkostenreduzierung Gewinnanstieg ergibt ($G_0 < G_3$).

Für die *Kostenveränderungen* bei unveränderter Nachfrage *ergibt sich zusammenfassend*:
Kostenanstieg bedeutet für den Monopolisten immer Gewinnreduzierung, während *Kostensenkung* Gewinnerhöhung ergibt. Das Marktgleichgewicht, d.h. Marktpreis und Umsatzmenge, damit die Situation für die Nachfrager werden im positiven (= Preisreduzierung) wie im negativen (= Preisanstieg) in gleicher Richtung nur von den variablen Kosten tangiert. Treten nur Fixkostenänderungen auf, ändert sich die Marktsituation nicht.

Die möglichen *gleichzeitigen* Nachfrageverschiebungen und/oder variablen und/oder fixen Kostenänderungen wären dem Verfahren nach, wie im Abschnitt 931.12 vorgeführt, abzuhandeln. Sie sind dem interessierten Leser zum Eigenstudium vorbehalten.

9.3.2.2 Monopolpreisbildung auf einem unvollkommenen Markt

Ähnlich wie im Abschnitt 931.2 (für einen Polypolmarkt) sollen nun einige wichtige Erkenntnisse des Preisbildungsprozesses auf einem unvollkommenen Monopolmarkt untersucht und damit ein Schritt hin zur Realität getan werden.

Die Grundgedanken im Abschnitt 931.2 gelten auch hier (siehe dort), d.h.: Wir treffen auf einem unvollkommenen Markt heterogene Produkte an bzw. der Konsument meint, sie wären nicht homogen. Die Markttransparenz der Verbraucher ist nicht (oder nur teilweise) vorhanden. Seitens der Konsumenten (der Nachfrage) herrschen regionale, sachliche, zeitliche und persönliche Präferenzen. Auf einen einfachen Nenner gebracht, *vergrößern die Unvollkommenheiten des Marktes* den Absatz- und *Preisbildungsspielraum des Anbieters*, hier des Monopolisten, nicht unwesentlich, d.h. geben ihm die zusätzliche Chance einer Gewinnsteigerung.

9.3.2.2.1 Preisdifferenzierung - Dumping - Preisdiskriminierung

Vorweg ist festzustellen, daß das hier darzulegende Verfahren der Preisdifferenzierung im Grundsatz von einem Anbieter immer dann anwendbar ist, wenn er den Preis nicht als (gegebenes) Datum hinnehmen muß, sondern ihn innerhalb gewisser Grenzen (siehe monopolistischen Wettbewerb) oder wie im Monopol ganz von sich aus festlegen kann. D.h. wenn er sich ganz (Monopol) oder teilweise (polypolistische Konkurrenz) einer konjekturalen Preis-Absatzfunktion gegenübersieht.

Die für einen Monopolmarkt darzulegende Preisdifferenzierung trifft man mit Sicherheit (nur wenig abgewandelt) auf Oligopolmärkten und (allerdings abgeschwächt) auch bei polypolistischer Konkurrenz an.

Voraussetzung ist aber immer ein unvollkommener Markt, denn:

Unter **Preisdifferenzierung** versteht man den Verkauf der gleichen Ware oder Dienstleistung an verschiedene Käufer zu *unterschiedlichen* Preisen.

Damit ein Anbieter für das gleiche Produkt unterschiedliche Preise verlangen kann (ein vollkommener Markt hat ex definitione nur einen Preis), ist zweierlei prinzipiell nötig:

1. Die Käufer, die den höheren Preis bezahlen, dürfen (bzw. wollen) keinen Zugang zu der Gruppe haben, die den niedrigeren Preis zahlt.

2. Arbitragegeschäfte müssen verhindert werden.

Beide Bedingungen sind erfüllt, d.h. verhindern sowohl den Marktübertritt von einer zur anderen Käufergruppe, wie schließen auch ein *Arbitragegeschäft* aus (man kauft das Produkt auf dem billigeren Teilmarkt und verkauft es auf dem teureren Markt - Resultat: eine Preisangleichung tritt ein), wenn persönliche, räumliche, sachliche oder zeitliche Gegebenenheiten es dem Anbieter ermöglichen, unterschiedliche Preise zu verlangen.

Persönliche Gegebenheiten, die eine Preisdifferenzierung ermöglichen, beruhen auf Prestige, den Vorurteilen oder der Eitelkeit der Verbraucher. Sie begegnet uns bei den verschiedenen Klassen von Krankenhausaufenthalten oder Beerdigungen, bei aufwendigen Festen wie z.B. Hochzeiten, bei vom Autor handsignierten Büchern u. dergl.

Räumliche Bedingungen, die eine Preisdifferenzierung ermöglichen, sind gegeben, wenn die Käufer an verschiedenen Orten wohnen, z.B. Zonenpreissystem.

Dumping ist eine regionale, räumliche Preisdifferenzierung. Dabei versteht man, daß im Inland und Ausland von Anbietern unterschiedliche Preise verlangt werden (im Ausland meist niedrigere).

Sachliche Bedingungen für eine Preisdifferenzierung beruhen meist auf verschiedenen Verwendungszwecken der Produkte, z.B. Elektrizität als Haushaltsstrom oder als Kraftstrom im Betrieb; Erdgas nur für Kochzwecke oder auch als Heizung, Preisaufschlag bei Luxusmodellen.

Zeitliche Differenzierungen sind dann gegeben, wenn der Konsument das Gut zu unterschiedlichen Terminen kauft, z.B. beim Nachtstrom, beim Saisonurlaub, bei Sommer-Winterschlußverkaufspreisen, bei Premierenkarten und dergleichen.

Die Beispiele zeigen, daß die Preisdifferenzierungen in der Wirklichkeit sehr häufig vorkommen und vielfältig sind.

Grundsätzlich eignen sich Dienstleistungen besser für eine Preisdifferenzierung als Güter, da jede Dienstleistung einen persönlich differenzierten Bezug ermöglicht, z.B. Honorarhöhe zwischen Privat- und Kassenpatienten. Umso schwerer Güter substituierbar sind, umso leichter kann eine Preisdifferenzierung durchgesetzt werden. Eine Differenzierung der Preise ist schließlich umso leichter möglich, umso unvollkommener die Märkte sind.

Preisdiskriminierung liegt vor, wenn ein Gut physisch völlig identisch ist, dem Verbraucher aber durch eine andere Aufmachung (z.B. Verpackung) oder einem anderen Markennamen fälschlich vorgemacht wird, es handele sich um unterschiedliche Güter.

Der Unterschied zwischen Preisdifferenzierung und -diskriminierung ist fließend und oft eine Interpretationsfrage. Man spricht meist von Preisdiskrimierung, wenn die Absicht des Anbieters erkennbar ist, z.B. durch zwei Markennamen den Verbraucher zu täuschen und so verschiedene Preise verlangen zu können.

Um die Problematik noch undurchsichtiger zu machen, spricht man von einer *verdeckten Preisdiskrimierung*, wenn der höhere Preis des betreffenden Gutes zwar eine Qualitätsverbesserung gegenüber dem billigeren Gut beinhaltet, diese bessere Qualität (d.h. die zusätzlichen Kosten der höheren Qualität) aber nicht dem höheren Preis entspricht (Preis ist höher als es der besseren Qualität entspricht).

Bei dem **Verfahren der Preisdifferenzierung zur Gewinnsteigerung** unterscheidet man zwischen einer horizontalen - (deglomeratives Verfahren) und einer vertikalen Marktaufspaltung (agglomeratives Verfahren).

Die horizontale Marktaufspaltung, das deglomerative Verfahren, setzt ein bei der sog. *Konsumentenrente* (siehe auch Abb. 9-5). Wenn wir wie in *Abb. 9-26* eine gegebene NN-Kurve, daraus abgeleitet die Grenzerlöskurve E' und die Grenzkostenkurve GK (hier für Gesamtkosten vom Typ B) annehmen, ergibt sich wie üblich der Punkt C. Alle Konsumenten auf der NN-Kurve über dem Preis p_C (schraffiertes Feld) erhalten die sog. Konsumentenrente. Sie wären beim Preis p_C eigentlich bereit mehr zu bezahlen, infolge des einheitlichen (für sie niederen) Preises erhalten sie einen Vorteil = die Komsumentenrente.

Hier setzt das deglomerative Verfahren, die horizontale Marktspaltung ein. Infolge vorhandener persönlicher, sachlicher, räumlicher oder zeitlicher Gegebenheiten verlangt der Monopolist von den Nachfragern über dem Preis p_C einen höheren Preis (den sie auch bereit sind zu zahlen) und nimmt so eine *Abschöpfung der Konsumentenrente* vor (d.h. wandelt einen Teil der Konsumentenrente in seinen Erlös um; bzw. wenn die GK gleich bleiben sollten, ist der vereinnahmte Teil der Konsumentenrente zusätzlicher Gewinn). Zur Vereinfachung der geometrischen Analyse ist in *Abb. 9-27* unterstellt, daß ausgehend von den nämlichen Prämissen wie in Abb. 9-26 der Angebotsmonopolist seinen Markt in zwei Teilmärkte aufspaltet. Er führt eine Preisdiskriminierung der Gestalt ein, daß er auf dem Teilmarkt 2 einen höheren Preis verlangt, indem er behauptet, dies wäre ein qualitativ besseres Markenerzeugnis.
Übertragen auf die Abb. 9-27 verlangt der Monopolist (im Gegensatz zur Sachlage in Abb. 9-26) für die Menge q_D den höheren Preis p_D von der Käufergruppe 2, die bereit ist mehr zu zahlen. Die Käufergruppe 1 erhält das nämliche Produkt in der Menge q_C - q_D zu niedrigeren (alten Einheitspreis) Preis p_C.
Da, wie aus den Abb. 9-26 und 9-27 ersichtlich, $q_D + (q_C - q_D) = q_C$ ist, produziert der Monopolist mit oder ohne Preisdiskriminierung insgesamt immer die gleiche Menge q_C. Das Rechteck der beiden Abb. 9-26 und 9-27 aus : 0; q_C; C; p_C; (Punkte) ist beide Male flächengleich. Dieses Rechteck (Produkt aus Preis und Menge) repräsentiert den Gesamterlös, den der Monopolist beide Male einnimmt. Im Falle der deglomerativen Preisdifferenzierung der Abb. 9-27 nimmt der Monopolist *zusätzlich* aber noch Erlöse in Höhe des Rechteckes (weiß) p_C; F; D; p_D ein, die bei gleich angenommenen Kostenverlauf einen zusätzlichen Mehrgewinn darstellen.
Aus den Abbildungen ist deutlich die Verringerung der Konsumentenrente (Abschöpfung der Konsumentenrente) und ihre Umwandlung in zusätzlichen Gewinn des Monopolisten erkennbar.
Wir hatten unterstellt, daß die Gesamtkosten (damit die GK) infolge der Marktspaltung unverändert bleiben. Diese Annahme ist zumindest problematisch, denn für den Anbieter entstehen bei einer Marktteilung oft zusätzliche Kosten. Bezogen auf das vorangehende Beispiel muß der Monopolist z.B. seine Werbeausgaben erhöhen, um

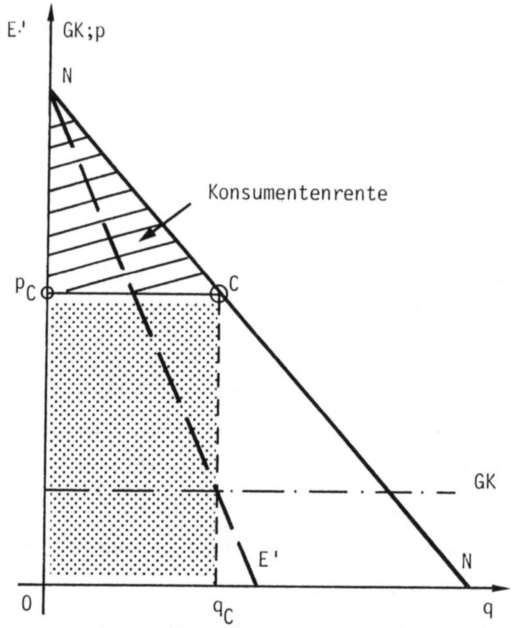

Abb.: 9-26: Konsumentenrente beim einheitlichen Marktpreis in Bezug auf C

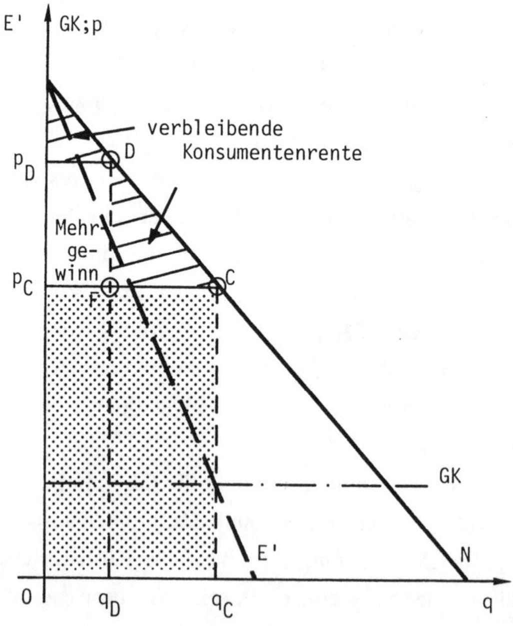

Abb.: 9-27: Preisdifferenzierung als deglomeratives Verfahren gegenüber Abb.: 9-26

der Käuferschicht 2 erst einmal klar zu machen, daß dieses Produkt besser sei und deshalb einen höheren Preis habe. In diesem Fall ist unser Mehrerlös (p_C; F; D; p_D) nicht mehr reiner Mehrgewinn, vielmehr gilt nun:

> Aus einer Preisdifferenzierung entsteht nur dann ein zusätzlicher Gewinn, wenn die Marktspaltungsgrenzkosten geringer sind als die Mehrerlöse aus der Abschöpfung der Konsumentenrente.

Die vertikale Marktspaltung, das agglomerative Verfahren, entspricht dem **Dumping**, d.h. wir nehmen an, der Anbieter (Monopolist) baut in sein Preisdifferenzierungsverfahren das Faktum ein, daß sein Gesamtmarkt in einen Inlands- und Auslandsmarkt schon aufgeteilt vorliegt. Unter Dumping versteht man, daß das gleiche Erzeugnis im Ausland billiger als im Inland verkauft wird. Der Anbieter muß aber verhindern, daß die zu einem niedrigeren Preis ins Ausland verkauften Waren wieder ins Inland zurückströmen und u.U. seinen höheren Inlandspreis unterbieten. Oftmals verhindern dies schon die Rücktransportkosten (RTr). Wenn p_a der Preis des Produkts am Ort im Ausland ist, p_i der Preis (höher) desgleichen Produktes im Inland, muß gelten: $p_a + RTr \geqq p_i$. Dann ist das Dumping durch einen möglichen Rückstrom nicht gefährdet. Gilt aber: $p_a + RTr < p_i$, bestünde besagte Gefahr. Hier erfolgt der Ausgleich z.B. durch einen entsprechenden Einfuhrzoll (EZ): $p_a + RTr + EZ = p_i$.

In *Abb. 9-28* steht dem Angebotsmonopolisten eine inländische und ausländische Preisabsatzfunktion gegenüber.

Der Kostenverlauf (Typ B) und damit die GK sollen im Inland und Ausland als gleich angenommen werden. Entsprechend der Preis-Absatz-Funktion des Inlands = $N_1 N_1$, daraus der Grenzerlöskurve E'_1 und GK ergibt sich der Cournot'sche Punkt C_1, der besagt: Produziere für das Inland die Menge q_1 zum Preis p_1. Mit der Preisabsatzfunktion des Auslandes N_2N_2, E'_2 und GK ergibt sich C_2: Produziere für das Ausland die Menge q_2 zum niedrigeren Preis p_2. Zusammengefaßt: Gesamtproduktionsmenge: $q_1 + q_2$.

Inlandspreis p_1, Auslandspreis p_2, wobei gelten muß:

$$p_2 + RTr \geqq p_1 \quad \text{oder evtl.:} \quad p_2 + RTr + EZ \geqq p_1$$

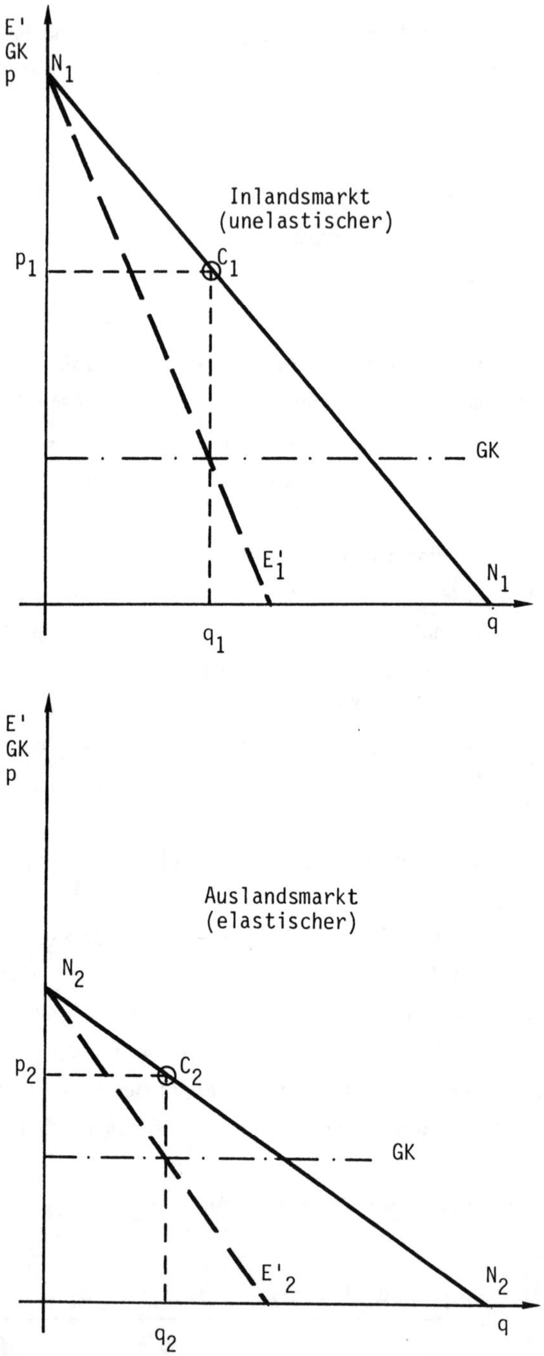

Abb.: 9-28: Agglomerative Preisdifferenz zwischen Inlands- und Auslandsmarkt (Dumping)

Dann realisiert der Angebotsmonopolist sein Gesamtgewinnmaximum. Unter den vorgenommenen Prämissen erzielt der Monopolist bei jeder abweichenden Preisgestaltung kein Gewinnmaximum.

Beim agglomerativen Preisdifferenzierungsverfahren (Dumping) gilt: Grenzerlös (Inland) = Grenzerlös (Ausland) = Grenzkosten.

Aus Abb. 9-28 ist deutlicher erkennbar, daß die vertikale Marktspaltung letztlich davon ausgeht, daß auf den *Teilmärkten unterschiedliche Elastizitäten der Nachfrage* herrschen.
So stellt sich für einen Anbieter die Inlandsnachfrage oftmals als relativ unelastisch dar (ermöglicht höheren Preis), während die Auslandsnachfrage (infolge des stärkeren Wettbewerbs) relativ elastischer ist (ermöglicht nur niedrigeren Preis).
Mit Hilfe der beiden analytischen Grundverfahren der horizontalen und vertikalen Marktspaltung kann man auch die übrigen Preisdifferenzierungen darstellen.

9.3.2.2.2 Monopole und ihre Preispolitik in der Realität

Insbesondere, wenn ein Monopol sich in Privatbesitz befindet, begegnet es vielfach Ablehnung. Man denke nur an Begriffe wie: Gewinnmaximierung durch überhöhten Preis; Preisdiskriminierung; Dumping und dergl.. Ehe man eine Beurteilung vornimmt, ist es zweckmäßig, sich die *Entstehungsmöglichkeiten für Monopole* und damit die *Ursachen für das Vorhandensein* von Monopolen zu vergegenwärtigen:

Monopole können entstehen:

1. Aus natürlichen Gegebenheiten
2. Aus rechtlich, gesetzgeberischen Zusammenhängen
3. Vom Staat selbst errichtete Monopole
4. Durch Zusammenschluß entstandene
5. Durch technische und finanzielle Ursachen bedingte Monopole

Natürliche Monopole entstehen aus dem Alleinbesitz bestimmter Naturvorräte, wie Bodenschätzen, einer Heilquelle, aber auch einer besonderen natürlichen Begabung (z.B. eines Künstlers). Echte natürliche Monopole sind selten. Viel öfter stellt man fest, daß sog. natürliche Monopole als Alleinbesitz an Bodenschätzen erst durch eine bewußte Marktpolitik geschaffen wurden, z.B. als im Jahre 1880 die Standard Oil Company fast die gesamte nordamerikanische Erdölindustrie unter ihre Kontrolle gebracht hatte. Ähnlich sind die 90 % des Weltnickelvorkommens im Besitz der International Nickel Company (Kanada) zu beurteilen.

Monopole können aus bestimmten **rechtlichen Gegebenheiten** entstehen, denn dann übernimmt (paradoxerweise?) der Staat letztlich ihren Schutz. Dazu zählt besonders das Patent- und Urheberrecht, das ja die wirtschaftliche Verwertung einer wissenschaftlichen Entdeckung oder technischen Erfindung einem einzigen Produzenten für eine bestimmte Frist alleine vorbehält. Dem steht sicher als Argument entgegen, daß ohne Patentrecht kein Unternehmen mehr Investitionen für Forschung und Entwicklung machen würde. Zugunsten der *Patentmonopole* führt man an, daß nach der Sperrfrist der Markteintritt ja jedermann offenstehe und das Monopol nicht mehr existiere. Dem kann entgegengehalten werden, daß es dem Monopolisten u.U. bis zum Ende der Sperrfrist gelingt, den Markt so fest in der Hand zu halten, daß ein Neueintritt unmöglich ist, z.B. bei der Firma R. Bosch für die Magnet- und Elektronic Zündung in PKW's. Oder wenn eine Firma sämtliche einschlägigen Patente aufkauft und in Sperrpatente umwandelt, um so nur ihr technisches Verfahren am Markt zur Anwendung zu bringen (z.B. bei Aluminium Company of America).

Staatsmonopole sind im Staatsbesitz befindliche Monopole. Meist errichtet, um eine gleichmäßige und gesicherte Versorgung sicherzustellen, z.B. in der BRD die Briefzustellung und der Telefonverkehr der Post, die meist kommunalen Versorgungsbetriebe für Wasser, Gas und Elektrizität.

Kollektivmonopole oder Kartelle sind durch Übereinkunft oder durch Zusammenschluß einer Reihe von Firmen entstandene Monopole (neuerlich bekannt die OPEC = Kartell der erdölproduzierenden Länder). Kartelle sind das besondere Objekt sowohl der Wirtschaftspolitik wie auch des Wettbewerbsrechtes (siehe in der BRD das sog. Kartellgesetz = genau Gesetz gegen Wettbewerbsbeschränkungen), weil sie neben den Staatsmonopolen mit am häufigsten auftreten.

Technische Risiken und hoher Kapitaleinsatz für Investitionen können auch Monopole entstehen lassen, so z.B. bei der Eisenbahn, bei der Energieversorgung (Atomkraftwerke, Erdölextrakteure auf dem Meeresgrund). Oftmals ist hier auch der Staat als Monopolist tätig.

Bei der **heute relevanten Beurteilung des Monopols** wären eine Reihe von Aspekten gegenseitig abzuwägen:

1. Zunächst zeigt ein einfacher geometrischer Vergleich, daß der Monopolpreis (siehe Abschnitt 932.11) gegenüber dem Polypolpreis (siehe Abschnitt 842)

höher ist und eine geringe Menge angeboten wird. Ob der Monopolpreis aber umso viel höher ist, wie dieser Vergleich zunächst zeigt, kann zumindest in Frage gestellt werden, denn: Wir unterstellen dabei letztlich, daß der Kostenverlauf im Monopolbetrieb und in den vielen kleinen Betrieben des Polypols identisch ist. Viel spricht für die Annahme, daß die Grenzkostenkurve im Monopolbetrieb niederer verläuft als in den vielen Polypolbetrieben (andere Produktionstechniken, rationellere Verfahren, Massenproduktion, Kostendegression).

2. Zu fragen und zu prüfen wäre, ob ein Monopol in der Realität wirklich das Ziel einer Gewinnmaximierung anstrebt, selbst wenn es dies könnte. Ob es infolge von Rücksicht auf die öffentliche Meinung, Furcht vor gesetzlichen Maßnahmen (Verstaatlichung), Furcht, daß übergroße Gewinne die Konkurrenz anlocken, Suche nach einer Gleichmäßigkeit des Gewinnes und der Sicherheit des Unternehmens, nicht den Preis entsprechend Punkt C, sondern einen niedrigeren verlangt?

3. Der Nationalökonom *Josef Alois Schumpeter* (1883-1950) hat darauf hingewiesen, daß zeitweise bestehende Monopole (Dynamische Unternehmer) einen wesentlichen Beitrag zum wirtschaftlichen Fortschritt leisten. Dynamische Unternehmer (Monopole) verschaffen sich gegenüber den statischen Unternehmern durch Einnahme des Monopolgewinnes einen Vorsprung im Wettbewerb, der durch Nachahmer abgebaut werde.

4. Daraus folgt schließlich, daß wenn der *Marktzugang* (auch international gesehen) *frei ist* und Monopole keinen staatlichen Schutz irgendeiner Art genießen, eine echte monopolistische Position sich nur selten über eine längere Frist entrechterhalten läßt. Der Hauptgrund dafür liegt in der Existenz von Substitutionsgütern. In einer modernen technischen Volkswirtschaft gibt es nur noch sehr weniger Güter, zu denen es (selbst im engeren Sinne) kein Substitutionsgut gibt. Die Liberalisierung des Außenhandels hat diesen Prozeß noch verstärkt. Damit geht ein Monopol mindestens in ein Oligopol über (die bei uns heute die eigentliche wirtschaftspolitische Problematik ausmachen).

5. Infolge der eben getroffenen Erkenntnis streben heutige (und auch vergangene) monopolartige Gebilde in ihrer Marktstrategie deutlich danach, anderen Anbietern den Markteintritt zu erschweren oder gar unmöglich zu machen, denn dies sichert ihnen wesentlich länger und sicherer ihre Vorzugsstellung. Hauptsächlich richtet sich die Strategie der Monopole darauf, die wirtschaftspoli-

tischen Entscheidungsträger dahin zu beeinflussen, monopolgünstige gesetzliche Regelungen zu erlassen, wie z.B. Patent-Urheber-Vertragsrecht, Schutzzölle und Kontingente, Wareneinfuhrverbote usw.

6. Somit ergibt sich letztlich, daß Monopole in der heutigen Realität entweder selbst Staatsmonopole sind, oder vom Staat durch gesetzliche Regelungen vom Wettbewerb freigehaltene Bereiche, d.h. Monopole beziehen heute ihre Stellung letztlich durch den Staat selbst.
Führt man sich vor Augen, wie rigoros die Preispolitik gerade bei Staatsmonopolen ist, erscheint der Ruf nach Verstaatlichung und der Vorteil für den Verbraucher daraus in einem "etwas" zwielichtigen Licht.

Zusammenfassung der Monopolpreisbildung

1. Bei der Monopolpreisbildung auf vollkommenen Märkten ergibt sich:
   a) Der Gleichgewichtszustand = der Cournot'sche Punkt kann als Gesamtgrößen- und als Grenzgrößenbetrachtung bestimmt werden.
   b) Durch Veränderung der Nachfrage, damit des Erlöses und der Kosten, verschiebt sich auch der C-Punkt.
   c) Bei den Kostenveränderungen beachte man die unterschiedlichen Resultate, wenn sich entweder nur die variablen oder die fixen Kosten verändern.
2. Für den Monopolpreis auf unvollkommenen Märkten gilt:
   a) Grundsatz: Auf jedem Markt vergrößern die Unvollkommenheiten der Märkte den Aktionsspielraum der (des) Anbieter(s).
   b) Durch Preisdifferenzierung, die zwischen Inland und Ausland Dumping genannt wird bis hin zur Preisdiskriminierung kann der Monopolist seinen Gewinn steigern. Die Differenzierung ist als deglomeratives und als agglomeratives Verfahren möglich.
   c) Monopole können aus einer Reihe von Ursachen heraus entstehen.
   d) Insbesondere durch Blockierungen des Marktzuganges (fehlende Substitute) kann eine Monopolstellung aufrecht erhalten werden.
   e) Heutige Monopole sind entweder Staatsmonopole oder durch gesetzliche Regelungen vom Staat letztlich ermöglichte private Monopole.
   f) Sonderprobleme sind bei Kollektivmonopolen (Kartellen) gegeben.

9.3.3 Preisbildung auf Oligopolmärkten

Mit der Analyse des Preisbildungsvorganges auf Oligopolmärkten wird eine Marktform untersucht, die in technisch entwickelten Volkswirtschaften als Anbieter gegenüber dem Verbraucher heute dominiert. Sehr viele Konsumgüter und Dienstleistungen erhält der Konsument heute von Oligopolisten angeboten, dies gilt in allen entwickelten Marktwirtschaftssystemen mindestens für die Bereiche: Automobile, Unterhaltungselektronik (Fernseher, Radio, Kassettenrecorder und dergl.), Freizeitutensilien (Foto, Filmen, Sportkleidung, Sportgeräte), Kosmetik, Waschmittel, Pharmazeutika, teilweise im Angebot bestimmter Nahrungsmittel, beträchtlich fortgeschritten im Einzelhandel.

Jeder der potenten Anbieter hat einen Einfluß auf den Preis, den er sich aber mit den anderen Konkurrenten teilen muß.
Daraus ergibt sich das Besondere auf einem Oligopolmarkt: Der Unternehmer hat bei seiner Preisgestaltung nicht nur die Reaktionen der Nachfrager zu berücksichtigen, sondern muß in sein Preissetzungskalkül auch evtl. Aktionen seiner Mitanbieter einrechnen. D.h. er muß aufgrund seiner Preissetzung mit Gegen- und Anpassungsmaßnahmen der Mitbewerber rechnen. Die Bedingungen für die günstigste Absatzmenge eines Oligopolisten variieren und komplizieren sich dadurch außerordentlich. Denn je nachdem, welche *Reaktionshypothese* man für die möglichen Gegen- und Anpassungsmaßnahmen der Mitbewerber eines Oligopolisten annimmt, ergibt sich ein anderes Lösungsmodell für die günstigste Preis-/Absatzmenge. Dies erklärt die *übergroße Fülle an Oligopolmodellen für den Preisbildungsprozeß* auf dieser Marktform. Jeder Lösungsvorschlag zielt meist nur auf eine ganz bestimmte Situation ab, einen allgemein gültigen Vorschlag zur Oligopolpreisbildung gibt es noch nicht. Das Vorstellen aller bis heute erarbeiteten Lösungsmodelle auf Oligopolmärkten ergäbe ein eigenes Buch und geht deshalb nicht. Wahrscheinlich würde ein derartiger Versuch auch eher verwirren als echt informieren. Somit wird im Folgenden nur versucht, die prinzipielle Problematik der Oligopolpreisbildung vorzuführen. Für weiterführende bzw. in die Tiefe gehende Fragen muß auf die Spezialliteratur verwiesen werden.
Zur Einarbeitung in das Grundsätzliche der Oligopolpreisbildung soll für den vollkommenen Markt das einfachste und logischste Modell, nämlich die Preisbildung nach Cournot für ein Duopol (oder Dyopol) vorgestellt werden.

9.3.3.1 Oligopolpreisbildung auf vollkommenen Märkten (nach Cournot für ein Dyopol)

Was die Prämissen dazu anbelangt, sind sie sowohl beim Polypol- wie Monopolmarkt dargelegt worden, sie gelten auch hier analog. Ausgegangen wird dabei von einer (einfachen) Sonderform des Oligopols, nämlich, daß nur zwei Anbieter der Nachfrage gegenüberstehen, ein sog. **Dyopol**. Cournot unterstellt dabei einen vollkommenen Markt, was hier bedeutet, daß beide Anbieter eine homogene Ware anbieten (bei Cournot Mineralwasser), die den gleichen Preis haben muß. Ergo scheidet eine Preispolitik aus. Die beiden Oligopolisten verwenden stattdessen die angebotene Menge als Aktionsparameter, d.h. es wird *Mengenanpassungspolitik* betrieben.

Der erste Teil der Analyse ist völlig identisch der im Abschnitt 932.12 unter "Einfluß von NN-Veränderungen auf den C-Punkt" dargestellten, so daß zum Verständnis dort nachgelesen werden könnte.
In Anlehnung an Cournot unterscheiden wir zwei Unternehmungen A und B, die das gleiche Erzeugnis herstellen und anbieten. Beide haben linearen Gesamtkostenverlauf (Typ B), allerdings von etwas unterschiedlicher Höhe. Zunächst produziert und verkauft nur Unternehmen A (hat damit vorerst eine Monopolstellung), so daß A die gesamte Nachfrage als Preis-Absatzfunktion N_0N_{0A} zur Verfügung steht. Mit Hilfe von E'_0 und GK bestimmt A jetzt sein Gewinnmaximum in $C_{0,A}$, siehe *Abb. 9-29.*

Nun kommt der Dyopolist B auf den Markt und bietet zunächst eine kleine Menge an, beansprucht für sich damit einen Teil der Gesamtnachfrage als Preis-Absatzfunktion im Umfang von N_0N_0 für B. Realisiert damit wie üblich seinen C-Punkt $C_{0,B}$, siehe *Abb. 9-30* und bietet schließlich die Menge $q_{0,B}$ an.
Dies bedeutet aber für den Dyopolisten A, daß er jetzt nicht mehr die ganze Nachfrage für sich hat, sondern nur noch abzüglich der von B beanspruchten. Er paßt sich dieser geänderten Situation dadurch an, daß er weniger anbietet. Wir drücken dies geometrisch so aus, daß er jetzt eine (geringere) neue Preis-Absatzfunktion N_1N_{1A} zur Verfügung hat (= Linksverschiebung der N-Kurve, bedeutet für A geringere Nachfrage). Anbieter A realisiert nun mit der neuen (geringeren) N_1N_{1A} den C-Punkt $C_{1,A}$.
Dyopolist B steigert seine Produktion und bietet nochmals mehr an bzw. beansprucht einen weiteren Teil der Marktgesamtnachfrage. Wir nehmen an, daß für B nun die Preis-Absatzfunktion N_1N_{1B} gelten soll. Daraus ergibt sich für B schließlich $C_{1,B}$ (siehe Abb. 9-30).

Für den Dyopolisten A steht infolge des nochmals gestiegenen Angebotes von B eine abermals geringere Nachfrage zur Verfügung. Er paßt seine Angebotsmenge der neuen Situation an, wir drücken dies um die nochmals nach links verschobene Preis-Absatzfunktion N_2N_{2A} aus. Für diese neue Situation ergibt sich die für A günstigste Lage im Punkt $C_{2,A}$ (siehe Abb. 9-29).

Analog dem Vorgeführten dehnt der (aktivere) Dyopolist B seine Angebotsmenge ständig aus und Anbieter A paßt sich der neuen Lage durch eine geringere Angebotsmenge an, bis zum Grenzfall, daß B die ganze Nachfrage beansprucht (siehe Abb. 9-29 mit 9-30).

Die Verbindung aller so gefundenen C-Punkte von A ergibt die (bekannte) Cournot'sche Kurve von A, analog die Cournot'sche Kurve von B. Die *Cournot'sche Kurven von A nach B* geben diejenigen Mengen q_1 und q_2 an, die sowohl das Unternehmen A wie B jeweils anbietet, wenn es sein Gewinnmaximum unter der *Erwartungsstruktur* anstrebt, daß der andere Anbieter seine Angebotsmenge (in diesem Zeitpunkt) konstant hält.
Bietet z.B. nur der Dyopolist A an, d.h. gilt für A der Punkt $C_{o,A}$ (A hat die Monopolstellung), so wird die Menge $q_{1,0}$ angeboten, während q_2 = Null ist. Bietet A nur die Menge für $C_{1,A}$ an, d.h. $q_{1,1}$, weil Anbieter B seinen Punkt $C_{o,B}$ verwirklicht und damit die Menge $q_{2,o}$ anbietet, so wird das Markengesamtangebot aus $q_{1,1}$ + $q_{2,0}$ gebildet. Geht man so für alle Punkte auf den Cournot'schen Kurven von A und B vor, kann man die alternativ von A angebotenen Mengen ermitteln und in die Graphik der *Abb. 9-31* übertragen, wobei auf der Ordinate die Mengen q_2, auf der Abszisse die Mengen $q_1$abgetragen werden.

OB auf der Abszisse ist die Angebotsmenge von A, wenn das Angebot von B = Null ist. Bei OA auf der Ordinate ist die Angebotsmenge von A = Null, d.h. nur B bietet an (siehe Abb 9-31). Die Verbindungslinie AB nennt man die *Reaktionskurve von A*, die alternative Angebotsmengen von A darstellt, wenn B seinerseits anbietet. In *Abb. 9-32* ergibt sich nach dem gleichen Verfahren die *Reaktionskurve von B*. (Zur deutlicheren Analyse wurde der Mengenmaßstab aus Abb. 9-29/30 *nicht* eingehalten).
In *Abb. 9-33* werden (in größerem Maßstab) die Reaktionskurven von A und B gleichzeitig eingezeichnet.
Der Schnittpunkt der beiden Reaktionskurven AB und CD ergibt den Punkt S, den sog. **Cournot'schen Dyopolpunkt**. Er ist der Punkt, der in einem Dyopol mit Mengenanpassungspolitik den einzigen *Gleichgewichtsstand* darstellt. Punkt S besagt,

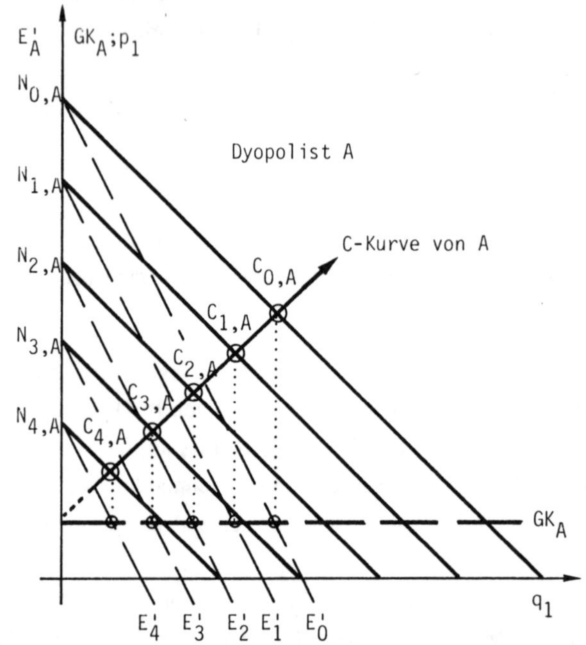

Abb.: 9-29: Alternative Angebotsmengen des Dyopolisten A

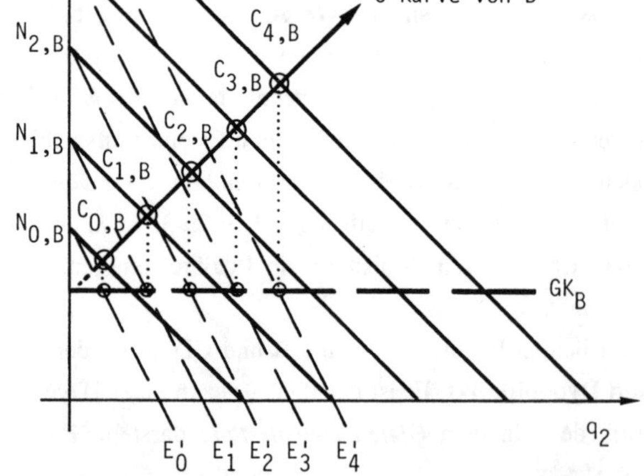

Abb.: 9-30: Alternative Angebotsmengen des Dyopolisten B

daß im Gleichgewicht der beiden Oligopolisten, A die Menge $q_{1,S}$ und B die Menge $q_{2,S}$ anbieten wird. Jede nicht dem Punkt S entsprechende Mengenkombination zwischen A und B löst in unserem Dyopol sofort Reaktionen der beiden Dyopolisten aus, die jedesmal den Punkt S ansteuern (wichtigste Prämisse dazu: Reaktionen der Dyopolisten als Mengenanpassung).

Für die folgende Überlegung vergegenwärtige man sich nochmals die Analyse des Cob-web-theorems im Abschnitt 931.14.
Würde Dyopolist B z.B. die Menge b_1 (von q_2) anbieten, würde Anbieter A entsprechend seiner Reaktionskurve AB handeln und nun seinerseits (nur) die Menge a_1 (von q_1) anbieten (siehe Abb. 9-33).
Bietet jetzt A die Menge a_1 an, reagiert nun seinerseits Anbieter B entsprechend seiner Reaktionskurve CD und bietet nur noch die Menge b_2 an. Dies veranlaßt nun aber Anbieter A, nach seiner Reaktionskurve AB die Menge $a_2$anzubieten.
Die gegenseitigen Mengenanpassungen entsprechend der eigenen Reaktionskurve des Anbieters erfolgen in Richtung der Pfeile (in Abb. 9-33) und führen hin zum Gleichgewicht in S. Auch der umgekehrte Ausgangspunkt (A bietet eine Menge zuerst an) führt ebenfalls zum Punkt S.

Abgesehen von der formalen, logischen Darstellung der Dyopolpreisbildung nach Cournot sollten zwei Resultate festgehalten werden:

1. Der Gedanke der Reaktionskurven hat sich als ein brauchbares Instrument bei der Analyse der Preisbildung auf Oligopolmärkten der Realität (teilweise) erwiesen.

2. Ein wichtiges Moment der Preisbildung auf Oligopolmärkten ist die Verhaltensweise der Oligopolisten untereinander (was beim Polypol und Monopol nicht gegeben war).

9.3.3.2 Oligopolpreisbildung auf unvollkommenen Märkten

In Analogie zum Polypol- und Monopolmarkt gilt für einen unvollkommenen Oligopolmarkt, daß durch die Unvollkommenheit des Marktes der Preisbildungsspielraum der Anbieter (der Oligopolisten) beträchtlich erhöht wird.

Die allg. Grundsätze über unvollkommene Märkte gelten hier ebenfalls, siehe dazu Abschnitt 931.2 und 932.2. Neu hinzu kommt die entscheidende Bedeutung der Reaktionshypothese für den Preisbildungsvorgang, die sog. Verhaltensweisen.

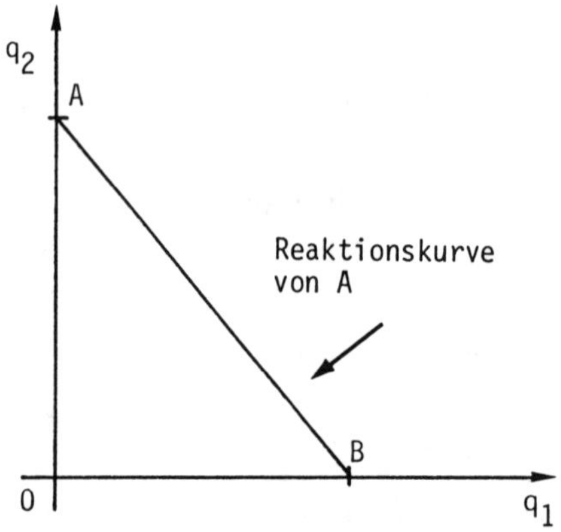

Abb.: 9-31: Reaktionskurve von A

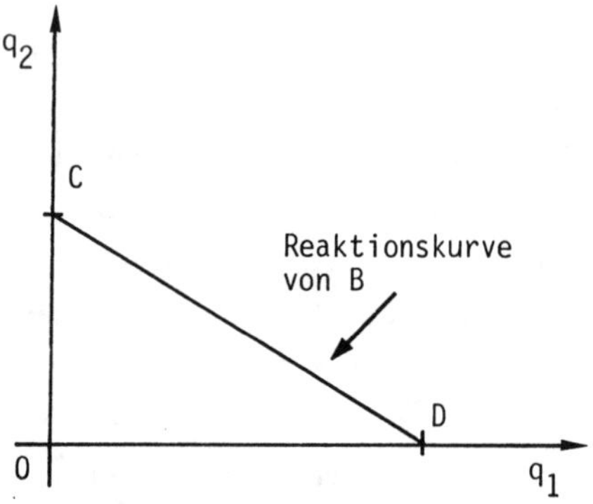

Abb.: 9-32: Reaktionskurve von B

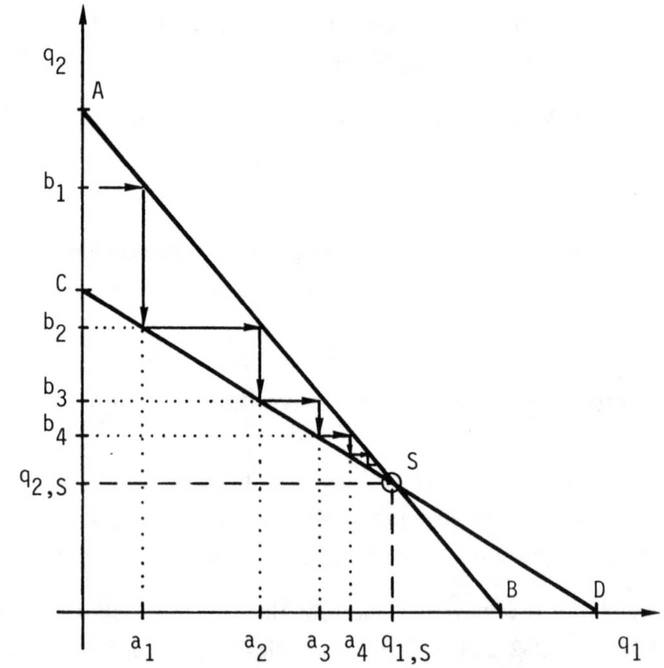

Abb.: 9-33: Cournot'scher Dypolpunkt S und Anpassungsreaktionen hin zum Gleichgewicht

9.3.3.2.1 Die Bedeutung der Verhaltensweisen für den Oligopolpreisbildungsprozeß

Aus den Ausführungen zur Oligopolpreisbildung hat sich ergeben, daß ein Unternehmen bei preispolitischen Maßnahmen grundsätzlich im Reaktionsbereich der Konkurrenzbetriebe liegt. D.h. setzt ein zur Oligopolgruppe gehörendes Unternehmen den Preis seiner Erzeugnisse herauf oder herab, so muß es infolge der *absatzpolitischen Interdependenz* immer damit rechnen, daß die Konkurrenzunternehmen darauf reagieren werden. Das Unternehmen kann nur gewisse Vermutungen, sog. *Erwartungen* über die *Verhaltensweisen der Konkurrenz* in seine Planungen mit einbeziehen.

Wenn man in der betrieblichen Realität den Satz hört, "wir rechnen damit (erwarten!), daß sich die Konkurrenz so oder so verhalten wird", dann liegt der eben geschilderte Zusammenhang vor. In den Wirtschaftswissenschaften drückt man diesen Zusammenhang so aus:

> Ein Oliopolist hat bei seiner Preispolitik (allg.: bei seinen absatzpolitischen Maßnahmen) bestimmte **Erwartungsstrukturen** hinsichtlich der Verhaltensweisen der Konkurrenz auf seine Maßnahmen.

Für die Erwartungen eines Oligopolisten kann man *zwei Grundformen* unterscheiden:

1. Der Oligopolist nimmt an (erwartet), daß die *Konkurrenzunternehmen* auf seine Preisaktion *nicht reagieren.* Oder auch, er verhält sich so, wie wenn sie nicht reagieren würden. Gerade die letztere Erwartung kann man in etwas variierter Form in der Realität antreffen. Nehmen wir an, der Oligopolist ist zwar sicher, daß seine Konkurrenten reagieren werden, er hat aber nicht die geringste Vorstellung, wie sie in diesem speziellen Fall handeln werden. Deshalb geht er der Einfachheit halber in seinen Preis- und/oder Absatzplanungen davon aus, daß die Konkurrenz nicht reagieren wird.

2. Die *Regel* wird aber sein, daß ein Unternehmen bei einem Angebotsoligopol entweder *relativ präzise oder ungefähre Vorstellungen* darüber hat, wie sich die *Konkurrenz verhalten wird.* D.h. der Oligopolist nimmt meist irgendeine Beziehung zwischen seinen absatzpolitischen (hier preislichen) Handlungen und der Verhaltensweise der Konkurrenz an.

Im *einfacheren* Fall sieht die Beziehung (die Erwartungsstruktur) des Oligopolisten so aus, daß er damit rechnet, daß die *Konkurrenz sich völlig analog zu seinen Aktionen verhält,* d.h. daß z.B. bei einer Preissenkung um 5 % für seine Waren die Konkurrenz ebenfalls eine Reduzierung um 5 % vornimmt. Erhöht er den Preis um 4,5 %, folgen die Konkurrenten im gleichen Ausmaß nach.

Für den Oligopolisten wesentlich *schwieriger* ist der *andere* Fall, wenn der Unternehmer damit rechnet, daß bei *jeder Handlung* die *Konkurrenz unterschiedlich reagieren wird.* So kann die Konkurrenz auf eine Preissenkung einmal die Preise ihrer Produkte um 3 %, ein anderes Mal um 7 %, ein drittes Mal u.U. gar nicht senken.

Aufgrund der verschiedenartigsten Erwartungsstrukturen eines Oligopolisten trifft man in der Praxis auf **Oligopolmärkten** eine **Reihe verschiedener Wettbewerbsformen an:**

1. Versucht ein Unternehmen, einen oder die Konkurrenten mit allen Mitteln aus dem Markt zu verdrängen (Marktverdrängungspolitik), so herrscht im Oligopol eine ausgesprochene *Kampfsituation.*

2. Paßt sich die Konkurrenz dagegen an Handlungen eines Oligopolisten unter Beachtung der eigenen Gewinnsituation nur entsprechend an (wird mehr reagiert und weniger agiert), wobei der jeweils aktive Unternehmer die Konkurrenz nicht verdrängen will, herrscht *friedlicher Wettbewerb*, ausgetragen mit *marktkonformen Regeln.*

3. Zielt die Preispolitik mehr auf *Verständigung* in irgendeiner Form untereinander ab, so drückt sich der Wettbewerb auf einem Oligopolmarkt in einem *gemeinsamen Vorgehen der Unternehmer aus.* Dies begegnet uns z.B. in der Form der *Preisführerschaft* eines Unternehmens. Preisführerschaft kann auftreten, weil einer besonders groß ist und die anderen sich nach ihm richten. Oder er ist sehr aktiv und risikofreudig, oder die anderen sind froh, wenn einer die Führung übernimmt. Eine Preisführerschaft charakterisiert man auch als *stillschweigende Übereinkunft.*
   Die Verständigung kann noch einen Schritt weitergehen und in *offizielle vertragliche Absprachen* einmünden. Damit wird ein Oligopol ein Kartell und ähnelt in seiner Preispolitik oft einem Monopol. Damit herrscht auf dem Oligopolmarkt *kollektive Preispolitik.*

9.3.3.2.2 Heute erkennbare Preisbildungstendenzen auf Oligopolmärkten - andere absatzpolitische Instrumente

Heute erkennbare Preisbildungstendenzen auf Oligopolmärkten

Versucht man sich zu vergegenwärtigen, welche Risiken auf einen Oligopolisten bei Berücksichtigung der Stichworte "Erwartungsstrukturen", "Verhaltensformen der Konkurrenz", "unangenehme Wettbewerbsformen" zukommen, so sind die heute feststellbaren Tendenzen hinsichtlich der Preispolitik auf Oligopolmärkten erklärbar.

1. Tendenz: Preisstarrheit

Senkt ein Oliopolist den Preis, so muß er damit rechnen, daß die Mitbewerber in Wahrung ihrer Marktpositionen ebenfalls die Preise senken. Damit verpufft für ihn aber im wesentlichen der Effekt der Preissenkung (vor allem bei relativ unelastischer NN). Sämtliche Oligopolisten befinden sich nach der Preissenkung nur auf einem gemeinsamen niederen Preisniveau mit dem Resultat einer Gewinnschmälerung für alle. Da man eine Preisreduzierung zudem nicht gleich wieder rückgängig machen kann (sollte sie, wie unterstellt, ein Mißerfolg sein), erscheint es vernünftiger, auf *Preissenkungen ganz* (oder fast ganz) *zu verzichten*, d.h. man beobachtet die Preisstarrheit nach unten auf vielen Oligopolmärkten.

Könnte ein Oligopolist, z.B. infolge einer Verbesserung der Kostensituation, die Preise eigentlich senken, so investiert er seinen Gewinn daraus lieber in einer Erhöhung seines Verkaufsaufwandes (selling costs) und verankert so durch Werbemaßnahmen z.B. seine Marke im Bewußtsein der Verbraucher (schafft Präferenzen).

Analytisch stellt man die relative Preisstarrheit auf Oligopolmärkten meist mit dem Begriff der "*Preispolitik bei partieller Interdependenz*" dar und arbeitet im Prinzip mit der *kinky demand curve* unseres Abschnittes 931.21 (für deren Übertragung auf Oligopolmärkte siehe u.a. die informative Darstellung bei E. Gutenberg).

2. Tendenz: Bestreben einer gemeinsamen Gewinnmaximierung

Da im Oligopol das Bewußtsein der gegenseitigen Abhängigkeit der Anbieter allgemein vorhanden ist, wird die Hypothese, daß der Gesamtgewinn aller Anbieter durch das gemeinsame Marktverhalten der Oligopolisten entscheidend bestimmt wird, weitgehend akzeptiert. Daraus kann logischerweise nur der Schluß gezogen werden, *verhalten sich alle Anbieter* auf einem Oliopolmarkt *nur richtig*, dann *ergibt sich* insgesamt (für alle) das *Marktgewinnmaximum.* Damit ist der Weg für ein gemeinsames Marktverhalten insbesondere im Rahmen der Preispolitik der Oligopolisten schon vorgezeichnet, bzw. man gelangt zu den *Formen der kollektiven Preispolitik.*

> Unter kollektiver Preispolitik versteht man eine *Kartellpreispolitik*, die Preispolitik eines *Quasi-Kartells* und die *Preisführerschaft.*

Ein **Preiskartell** bezeichnet man auch als ein *Kollektivmonopol*, damit läßt es sich mit Hilfe der Monopolpreispolitik darstellen. Die beiden entscheidenden Unterschiede gegenüber dem Individualmonopol (nämlich, daß die Kostensituation in den einzelnen Firmen meist unterschiedlich ist und daß infolge der verbleibenden rechtlichen und wirtschaftlichen Selbständigkeit der einzelnen Unternehmen immer die Gefahr eines Auseinanderbrechens des Kartells besteht) können ohne Schwierigkeiten in der Analyse einbezogen werden. Ein **Quasi-Kartell** (oft auch als Frühstückskartell bezeichnet) liegt vor, wenn die vertraglichen und organisatorischen Vereinbarungen des echten Kartells fehlen, man aber sich doch wie in einem Kartell verhält, z.B. infolge einer mündlichen Übereinkunft. Die Beurteilung ist analog wie beim Preiskartell möglich.
Da heute in den meisten westlichen Industriestaaten mehr oder weniger straffe gesetzliche Bestimmungen gegen Kartelle bestehen (in der BRD das sog. Kartellgesetz), sind, wie die Praxis zeigt, Kartelle zwar nicht verschwunden, sie dominieren aber auf den Oligopolmärkten nicht. Wesentlich typischer im Rahmen der kollektiven Preispolitik ist die **Preisführerschaft.** Bei der häufig zu beobachtenden Preisführerschaft (in letzter Zeit deutlich bei Benzinpreisanhebungen, fast regelmäßig bei Preisanhebungen für Pkw's feststellbar) fehlt im Gegensatz zum Quasi-Kartell auch die mündliche Absprache, trotzdem stellt man fest, daß Preisänderungen in einem Zuge sehr dicht aufeinander folgen. Dieses gleichgerichtete, stillschweigende Verhalten der Oligopolisten läßt sich erklären, wenn man analysiert, wie Preisführerschaft zustande kommt.

Zunächst gibt es hier die **dominierende Preisführerschaft**, d.h. einer der Oligopolisten hat einen bedeutenden Marktanteil (z.B. 40 %), während z.B. die 5 übrigen Firmen gleichmäßig 15 % Marktanteil haben. Die kleineren Unternehmen schließen sich in ihrer Preispolitik dem Großen an, wobei die Trabanten oft mit dieser Situation recht zufrieden sind. Sie glauben, daß der Preisführer für alle das Optimalste tut und ihnen somit der größtmögliche Gewinn zufällt.
Dann gibt es die **barometrische Preisführerschaft**, bei der die Oligopolisten zwar gleich stark sind (kein Unternehmen dominiert deutlich), trotzdem aber einem die

Führung überlassen. Worauf sich jetzt die Stellung des preislich führenden Unternehmens stützt, läßt sich nicht generell sagen. Meist wirken eine Reihe von Aspekten zusammen, z.B. daß er als besonderes risikofreudig angesehen wird, oder man ist der Meinung, er sei sehr sachkundig und mache immer das Richtige im geeigneten Zeitpunkt und dergl. Für die Trabanten kann hinsichtlich ihrer unternehmerischen Qualitäten nur der Satz gelten: "Nachahmung minimiert das Risiko."

Zusammenfassend zeigen die heutigen Preisbildungstendenzen auf den Oligopolmärkten: Innerhalb des absatzpolitischen Instrumentariums dominiert nicht mehr die Preispolitik. Preise sind nach unten relativ starr und unbeweglich. Von immer feststellbaren Ausnahmen abgesehen, bewegen sich die Preise verhältnismäßig gleichmäßig nach oben (oder auch nach unten). Typischer, echter Preiswettbewerb ist selten.

Andere absatzpolitische Instrumente

Zur Abrundung des Themas soll kurz auf das Besondere des Oligopolmarktes eingegangen werden. Zwei Gründe sind im wesentlichen dafür anzuführen, daß heute auf Oligopolmärkten die übrigen absatzpolitischen Instrumente vorherrschen:
Einmal wurde eben dargelegt, daß heute die Preispolitik aus einer Reihe von Gründen zurückgedrängt wurde. Dies führt dazu, daß die Unternehmen (teilweise umso intensiver) mit den übrigen Instrumenten im Wettbewerb zueinander stehen, besonders deutlich in der Werbung.
Zum anderen ist jedem Oligopolisten das Besondere der Oligopolsituation bewußt, vor allem, daß trotz aller Ruhe ständig ein Konflikt mit der Konkurrenz ausbrechen kann. Er versucht deshalb, seine eigene Marktstellung möglichst unangreifbar zu machen. Dazu eignen sich aber die anderen Instrumente besser, denn damit lassen sich beim Verbraucher nachhaltiger Präferenzen aufbauen. Ein guter Service und Kundendienst, persönlicher Kontakt über Vertreter, Werbung für Qualität eines Markennamens sorgen im Falle einer Auseinandersetzung mit der Konkurrenz besser als günstige Preise dafür, daß der Anbieter bestehen kann.

Beurteilung der Oligopole

Unter volkswirtschaftlichen Aspekten zeigen Oligopole folgende *negative Gesichtspunkte*:

1. Viele der neuen Produkte (Substitute) stellen keine Produktverbesserung dar.

2. Oligopole haben die Tendenz zur Risikominderung; immer neue Produktionsbereiche an sich zu ziehen (Diversifikation) um damit noch größer zu werden.

3. Durch nutzlose Konkurrenzwerbung werden Teile des Sozialproduktes sinnlos verwendet. Der Konsument bezahlt diese Werbung über die eigentlich überhöhten Preise.

4. Oligopole produzieren wieder Oligopole, d.h. einem Oligopol stellt sich wieder ein Oligopol gegenüber, um ein gleichberechtigter Partner zu sein (man sehe die Einkaufsgenossenschaften des Einzelhandels gegenüber der Industrie).

5. Oligopole können sich in Kollektivmonopole oder echte Monopole (Fusion) verwandeln.

6. Der Einfluß der Oligopole auf die politischen Träger und ihr Einfluß auf die Massenmedien (über die Werbeetats) übt letztlich einen Einfluß auf die Öffentlichkeit schlechthin aus.

Als *positive Gesichtspunkte* sah man lange nur den Drang der Oligopole zur Forschung und damit ihren Beitrag zur Produktverbesserung und Produktentwicklung an.
Erst in neuester Zeit bewertet man den oligopolistischen Wettbewerb teilweise positiver (vor allem durch die Schriften von *Erhard Kantzenbach*), indem man seine Innovationsflexibilität betont (d.h., daß die technischen und organisatorischen Novitäten der Oligopole auch gesamtwirtschaftliche Vorteile erbringen).

Zusammenfassung der Oligopolpreisbildung:

1. Da ein Oligopolist bei seinen Preis-Absatzplanungen immer auch evtl. Reaktionen der Mitbewerber beachten muß, spielen die Verhaltensweisen (Reaktionshypothese) eine wichtige Rolle. Da es eine große Zahl denkbarer Verhaltensweisen gibt, existieren eine große Menge von Oligopolmodellen.

2. Oligopolpreisbildung auf vollkommenen Märkten:
Hier wurde nur der einfachste Fall nach Cournot für ein Dyopol analysiert, der auf Erkenntnissen der Monopolpreisbildung aufbaut. Entscheidend war dabei die unterstellte Verhaltensweise der Dyopolisten für den Preisbildungsvorgang.

3. Oligopolpreisbildung auf unvollkommenen Märkten:
   a. Hinsichtlich der Verhaltensweisen der Konkurrenz kann ein Oligopolist zwei Erwartungsstrukturen haben: Erstens er erwartet, daß die Konkur-

renz nicht reagiert, oder er erwartet, daß die Konkurrenz auf seine Aktionen mit Gegenmaßnahmen reagiert. Daraus resultiert die Marktverdrängungspolitik, der friedliche Wettbewerb, die Verständigungspolitik als Preisführerschaft hin bis zur kollektiven Preispolitik.

b. Auf Oligopolmärkten ist heute Preisstarrheit und das Bestreben einer gemeinsamen Gewinnmaximierung (z.B. Preisführerschaft) erkennbar.

Literaturverzeichnis

Augsburger Volkswirtschaftliche Studientexte, Bd. 1 Volkswirtschaftslehre, 3. Auflage, München 1971

Bartling H. und Luzius F., Grundzüge der Volkswirtschaftslehre, München 1977

Baßeler U., Heinrich J., Koch W., Grundlagen und Probleme der Volkswirtschaft, Köln 1981

Bayerisches Statistisches Landesamt, Zeitschrift des Bayerischen Statistischen Landesamtes, 103. Jahrgang 1971, Heft II, Input-Output-Tabellen

Blecher M., China, politics, economics and society, Boulder 1986

Bohnet A., Zhong-Hong, Chinas Wirtschaft am Scheideweg, in: Osteuropa Wirtschaft, 35 (1990), 2; S. 143 - 176

Brümmerhoff D., Volkswirtschaftliche Gesamtrechnung, München, Wien 1989

Cassell D. und Müller H., Kreislaufanalyse und Volkswirtschaftliche Gesamtrechnung, UTB, Stuttgart 1975

Chen, Kuan I., Economic Reform of Mainland China and its Future, in: Issues and Studies, Bd. 27 (1991), S. 98 - 115

Draguhn W. (Hrsg.), Politisches Lexikon Asien, Australien, Pazifik, München 1989[2]

Fehl U. und Oberender P., Grundlagen der Mikroökonomie, München 1976

Fischbach R., Soziale Marktwirtschaft - Wirtschaftssysteme in: Lexikon zur Arbeits- und Soziallehre, Donauwörth 1976

Frank W., Volkswirtschaft, Rinteln und München 1970

Friedrich H., Grundkonzeptionen der Stabilisierungspolitik, Opladen 1983

Götz H., Volkswirtschaftslehre, Braunschweig 1977

Gutenberg E., Grundlagen der Betriebswirtschaftslehre, Bd. 2 Der Absatz, Berlin und München 1968 - 70

Häuser K., Volkswirtschaftslehre, Frankfurt/Main 1967

Hartmann G.B., Volks- und Weltwirtschaft in Plan und Gestalt, Rinteln 1975[2]

Haslinger F., Volkswirtschaftliche Gesamtrechnung, München, Wien 1990[5]

Hedtkamp G., Wirtschaftssysteme - Theorie und Vergleich, München 1974

Heertje A., Grundbegriffe der Volkswirtschaftslehre, Berlin, Heidelberg, New York 1975[2]

Henderson J.M. und Quandt R.E. Mikroökonomische Theorie, eine mathematische Darstellung, München 1973

Heubes J., Marktwirtschaft, München 1991

Klaus J., Produktions- und Kostentheorie, UTB, Stuttgart 1974

Kraus W., Private Unternehmerwirtschaft in der Volksrepublik China, Hamburg 1989

Krelle W., Volkswirtschaftliche Gesamtrechnung, Berlin 1967[2]

Krycha K.Th., Produktionswirtschaft, Bd. 3 der Gieseking Wirtschaftsgrundrisse, Bielefeld und Köln 1978

Louven E., Chinas Wirtschaft zu Beginn der 90er Jahre, Hamburg 1989

Mändle E., Allg. Volkswirtschaftslehre I, Grundlagen, Produktions- und Markttheorie, Stuttgart 1969

Mahr W., Einführung in die Allg. Volkswirtschaftslehre, Wiesbaden 1966

Mauer R., Volkswirtschaftslehre, Herne/Berlin 1973

Merk G., Programmierte Einführung in die Volkswirtschaftslehre, Bd. I und II, Wiesbaden 1973 und 1974

Merk G., Mikroökonomik, Stuttgart 1976

Müller U. und Pöhlmann H., Allg. Volkswirtschaftslehre, Einführung und Mikroökonomik, Wiesbaden 1977

Olten R., Volkswirtschaftslehre, 1981

Paulsen A., Allg. Volkswirtschaftslehre, Bd. I, 9. Auflage 1970, Bd. II, 9. Auflage 1970, Bd. III, 6. Auflage 1969, Berlin

Peto R., Einführung in das volkswirtschaftliche Rechnungswesen, München 1985

Preiser E., Nationalökonomie heute, München 1969

Preiser E., Die Zukunft unserer Wirtschaftsordnung, Göttingen, 1968

Samuelson P.A., Volkswirtschaftslehre, Band 1 und 2, Köln 1981

Schneider E., Einführung in die Wirtschaftstheorie, Bd. II, Tübingen 1958[5]

Schneider H., Mikroökonomie, 2. Auflage, München 1975

Scholz H.G., Heinen H.P. und Hagemann F., Volkswirtschaftslehre, Porz am Rhein 1974

Schroer J., Produktions- und Kostentheorie, München 1991

Stackelberg H. von, Grundlagen der theoretischen Volkswirtschaftslehre, 2. Auflage, Tübingen 1951

Statistisches Bundesamt, Wiesbaden, Fachserie 18 - Volkswirtschaftliche Gesamtrechnungen, Jahrgang 1976/77, Jahrgang 1991/92

Stobbe A., Volkswirtschaftslehre I, Volkswirtschaftliches Rechnungswesen, Berlin u.a. 1984[6]

Streissler M., Theorie des Haushaltes, UTB, Stuttgart 1974

Vetter H., Chinas neue Wirklichkeit, Frankfurt/Main 1983

Wang, Jianmin, Ordnungskonzeptionen für die Wirtschaftsreform in der VR China, Frankfurt/Main 1990

Woll A., Allg. Volkswirtschaftslehre, München 1981

Stichwortverzeichnis